编 著 黄永明 陈静安

数学课程标准与学科教学

Mathematics

南京大学出版社

图书在版编目(CIP)数据

数学课程标准与学科教学/黄永明,陈静安编著.
—南京:南京大学出版社,2011.6(2020.7重印)
ISBN 978-7-305-08662-5

Ⅰ.①数… Ⅱ.①黄…②陈… Ⅲ.①数学课—教学研究—中小学 Ⅳ.①G633.602

中国版本图书馆 CIP 数据核字(2011)第 147293 号

出版发行	南京大学出版社
社　　址	南京市汉口路 22 号　　邮　编 210093
网　　址	http://www.NjupCo.com
出 版 人	金鑫荣

书　　名	**数学课程标准与学科教学**
编　　著	黄永明　陈静安
责任编辑	蔡文彬　　　　　　编辑热线　025-83592146
照　　排	南京紫藤制版印务中心
印　　刷	盐城市华光印刷厂
开　　本	787×1092　1/16　印张 17　字数 412 千
版　　次	2011 年 6 月第 1 版　2020 年 7 月第 2 次印刷
ISBN	978-7-305-08662-5
定　　价	42.00 元

发行热线　025-83594756　83686452
电子邮箱　Press@NjupCo.com
　　　　　Sales@NjupCo.com(市场部)

* 版权所有,侵权必究
* 凡购买南大版图书,如有印装质量问题,请与所购
　图书销售部门联系调换

前　言

　　本书较以往的数学教育教材,具有自身的特点和发展.主要有四方面的特色:一是书中的理念叙述通俗易懂、深入浅出,它在理念的阐述上不是用理论去阐述理论,用概念去解释概念,而是用事实来阐述理念,在课程标准的指导下进行中小学数学教学的实践;二是站在对数学新课程教学理念认识的高度,充分考虑到一名数学教师所需要的教育教学能力,重点分析说明了"数学课教什么?如何教?为什么这样教?"的问题,用鲜活的案例来阐释内容要点,生动易懂;三是更具有实用性、操作性、通俗性、活泼性,同时还具有一定的开放性.增设了数学教学讲习活动(教学模拟训练),并通过教学讲习解决好体验教学的问题以及与教学技能的实训活动相匹配的问题,理论联系实际,学以致用;四是不仅帮助学习者尽快获得有关数学教学的基本知识和技能,而且对自身的教师专业化发展产生积极的影响.希望本书对学习者在理解、熟悉和实施数学新课程、胜任中小学数学教学工作以及促进自身的专业化发展等方面起到切实有效的帮助.

　　本书可作为高师院校数学与应用数学(师范)专业以及教育学(教师教育数学方向)专业"双学位"本科学科教学法的教材,也可作为中学数学教师继续教育培训教材以及教育专业硕士学位课程的阅读材料和中小学数学教师的教学参考书.

　　本书由云南师范大学数学学院黄永明副教授和陈静安教授合作编著.全书由黄永明负责修改与统稿,并负责编写第一章的第一、二、三节以及二、三、四、七、九章,陈静安负责编写第一章第四节以及五、六、八章.

　　在编写本书的过程中,我们参考了许多著作和文章,很受教益.在此向有关的作者致谢!

　　云南师范大学数学学院、南京大学出版社对本书的编写与出版给予了极大的关心和支持,在此一并致谢!

　　由于编写时间仓促,加之编者水平有限,书中难免存在疏漏和不足,恳请读者批评指正.

编　者
2010 年 7 月于昆明

目　　录

第一章　《数学课程标准》解读 ·· 1
　　第一节　《数学课程标准》与《教学大纲》的比较 ························ 1
　　第二节　《高中数学课程标准》与《教学大纲》的比较 ····················· 5
　　第三节　《课程标准》与《教学大纲》比较的几点总结与思考 ··············· 10
　　第四节　《数学课程标准》的教学建议 ······························· 11

第二章　数学课程资源的开发与利用 ······································ 18
　　第一节　数学课程资源的含义 ·· 18
　　第二节　数学课程资源的合理开发和有效利用 ··························· 19
　　第三节　开发利用数学课程资源案例分析 ······························ 22

第三章　数学教学的基本原则与方法 ······································ 27
　　第一节　数学教学的基本原则 ·· 27
　　第二节　数学教学方法选介 ·· 32

第四章　数学教学设计 ·· 45
　　第一节　数学教学设计概述 ·· 45
　　第二节　数学教学设计过程 ·· 47
　　第三节　数学教学的模式 ·· 51
　　第四节　数学教学设计方案与教案的编制 ······························ 54
　　第五节　数学教学设计案例与评析 ···································· 59

第五章　数学概念及其教学 ·· 65
　　第一节　数学概念及其产生与发展 ···································· 65
　　第二节　数学概念的结构和概念之间的关系 ···························· 68
　　第三节　数学概念的定义及其规则 ···································· 71
　　第四节　数学概念的教学 ·· 77
　　第五节　数学概念的教学案例及评析 ·································· 88
　　第六节　数学概念教学讲习 ·· 118

第六章　数学命题及其教学 …… 122

第一节　判断与命题概述 …… 122
第二节　命题演算 …… 124
第三节　数学中的推理与证明 …… 136
第四节　数学命题的教学 …… 145
第五节　数学命题的教学案例及评析 …… 156
第六节　数学命题教学讲习 …… 176

第七章　数学解题及其教学 …… 180

第一节　数学解题的基本认识 …… 180
第二节　数学解题教学 …… 182
第三节　数学解题的教学课例及评析 …… 188
第四节　数学解题教学讲习 …… 198

第八章　数学教学评价 …… 201

第一节　数学教育评价概述 …… 201
第二节　《数学课程标准》倡导的评价理念 …… 208
第三节　数学学习评价及案例分析 …… 216
第四节　数学课堂教学评价及案例 …… 231

第九章　数学教学研究 …… 241

第一节　数学教学研究的方法 …… 241
第二节　数学教学的研究工作 …… 242
第三节　数学教学案例研究 …… 251
第四节　数学教育论文的习作 …… 261

第一章 《数学课程标准》解读

2001年7月和2003年4月我国教育部分别颁布了《全日制义务教育数学课程标准(实验稿)》与《普通高中数学课程标准(实验稿)》(以下简称《课程标准》),目前已经进入实验推广阶段. 这个《课程标准》作为我国21世纪初期数学教育(基础教育阶段)工作的纲领性文件,系统地给出了未来10年内我国数学教育的基本目标和实施建议,为新一轮数学教育改革指明了方向,学习和用好新课标、新课程以及置身其中并参与这一改革进程,已经成为每一个数学教师义不容辞的责任. 本章主要对2000年3月教育部颁布《九年义务教育全日制初级中学数学教学大纲(试用修订版)》和《全日制普通高级中学数学教学大纲(试用修订版)》(以下简称《教学大纲》)分别与全日制义务教育《课程标准》中的第三学段(相当于初中阶段)和普通高中《课程标准》进行比较,并对《课程标准》与《教学大纲》的比较进行几点总结和思考,以期对新《课程标准》的解读有一些帮助.

> **学习目标**

学习本章后,你将会:
- ◆ 列举《课程标准》与《教学大纲》的共性及差异;
- ◆ 体会《课程标准》的特征,有效指导教学实践;
- ◆ 了解《课程标准》下数学新课程的内容体系与教学建议.

第一节 《数学课程标准》与《教学大纲》的比较

一、《课程标准》与《教学大纲》

什么是《课程标准》? 它与《教学大纲》有何联系、区别? 这是学习新《课程标准》首先必须搞清的问题.

《课程标准》是国家对基础教育课程的基本规范和质量要求,它是教材编写、教学、评估和考试命题的依据,是国家管理和评价课程的基础. 它体现了国家对不同阶段的学生在知识与技能、过程与方法、情感态度与价值观等方面的基本要求,规定各门课程的性质、目标、内容框架,提出教学和评价建议. 由此可见,《课程标准》是学科课程的总体设计.

《教学大纲》是规定一门学科教学的指导性文件,是联系课程计划与课程教学的中间桥梁.《教学大纲》使得有目的学习的组织与结构能在教师之间及师生之间进行交流.《教学大纲》一般包括一门课程教学目的与目标、该学科的主要内容和要求、教学中应注意的问题、学生学习结果的考查与考核. 由此可见,《教学大纲》是对学科教学的规范要求.

二者有很大的区别. 我国1952年以前一直使用《课程标准》的叫法,1952年全面学习前苏联才改称《教学大纲》，现在我国为何又采用《课程标准》的称谓？原因是考虑到当代科学技术的发展、数学学科自身的发展、教育观念的更新、教育政策目标等的深刻变革、课程理论背景的巨大转型、中小学生数学学习的心理规律等多方面因素对数学教育的影响，考虑到当前数学教学的现状，考虑到与国际数学教育接轨，抓住机遇，与时俱进.《课程标准》表达了比《教学大纲》更丰富的内涵. 因此，我国现在有必要采用《课程标准》的称谓. 这样我国的课程体系可由图 1-1 表示.

课程计划 ↔ 课程标准 ↔ 教材 ↔ { 教科书 / 其他形式的教材 }

图 1-1　我国的课程体系

二、指导思想上的变化

新的《课程标准》着眼于未来国民的素质. 在素质教育目标下注重实现"人的发展"，由单纯强调知识和技能转向同时关注学生的学习过程和方法，从强调以获取知识为首要目标转变为首先关注学生的情感、态度、价值观等方面的培养，建立了知识与技能、过程与方法、情感态度与价值观三位一体的完整的个体发展观，着眼于学生的终身学习与可持续性发展.

新的《课程标准》主要是对学生经过某一学段之后的学习结果的行为描述，而不是对教学内容的具体规定——这一任务现在都留给了教科书.

新的《课程标准》隐含着教师不仅是教科书的执行者，还是课程（教的补充）的开发者，帮助教师树立"用教科书教，而不是教教科书"的观念.

《教学大纲》反映国家对教学工作做出的规定，主要在教学目的、教学内容、教学中应注意的问题做出相应的要求，对什么数学知识该教，教到什么程度规定得具体而细致，使教师较为关注学生对知识点的掌握情况，重视的是如何领会教材、如何教教材，出发点主要改进教师的教学.《教学大纲》中也谈到了技能、个性品质等，但只是在数学知识之后追加的，既不具体也不自然.

三、数学课程理念上的变化

中学数学《课程标准》提出义务教育阶段数学课程的基本出发点是，促进学生全面、持续、和谐的发展. 因而它的基本理念是：义务教育阶段的数学课程应突出体现基础性、普及性和发展性，使数学教育面向全体学生，实现人人学有价值的数学，人人都能获得必需的数学，不同的人在数学上得到不同的发展. 要让学生明白数学的重要性；学生的数学学习内容应当是现实的、有意义的、富有挑战性的，这些内容要有利于学生主动地进行观察、猜测、验证、推理与交流等数学活动；数学的教学活动必须建立在学生的认知发展水平和已有的知识经验基础之上；评价的主要目的是为了全面了解学生的数学学习历程，激励学生的学习和改进教师的教学，应建立评价目标多元、评价方法多样的评价体系；数学课程的设计与实施应重视运用现代信息技术，特别要充分考虑计算器、计算机对数学学习内容和方式的影响，大力开发并向学生提供更为丰富的学习资源，把现代信息技术作为学生学习数学和解决问题的强有力工具，致力于改变学生的学习方式，使学生乐意并有更多的精力投入到现实的、探索性的数学活动中去.

《教学大纲》确立了以学科为本的课程理念，注重知识的系统性，过分强调基础知识、基本技能和形式化的逻辑推理，教学活动以教师为中心单向传授，学生接受性学习，被动或反应；关注的是教学的事实问题，忽视教学的价值问题；探讨的是规律，却很少讨论人的主体性、能动性；在统一教材、统一内容、统一要求、统一教参下同一年级的课堂教学如出一辙，从而忽视了数学教育的育人性，忽视了学生包括态度、情感、人格等的发展，忽视了社会和数学自身的进步，忽视了学生实践探索和交流的主动学习过程和个性的差异．虽然《教学大纲》经过多次修订，但实质上并没有得到多大的变化．

对比可以看出，《教学大纲》缺少对数学课程的界定，缺少课程理念，缺乏弹性和灵活性，是对数学课程的一种片面的理解．而《课程标准》则用基础性、普及性、多样性、选择性、主动性、探索性、发展性等的课程理念，对数学课程进行了全面的设计，是真正意义上的课程．

四、课程目标体系上的变化

《课程标准》的课程目标包括总体目标和学段目标．总体目标明确了义务教育阶段数学课程的总目标，并从知识与技能、数学思考、解决问题、情感与态度四个方面作了进一步的阐述．学段目标是针对以上四个方面又根据学生在不同学阶的发展提出不同的要求．（初中即第三学段 7—9 年级的目标详见《课程标准》）．

《教学大纲》的课程目标是在它的教学目的中体现的，即以培养学生获取数学知识、技能和能力为首要目标，将发展思维能力作为能力培养的核心．随着时代的发展，《教学大纲》也越来越重视在创新意识、实践能力、良好个性品质、唯物辩证观点等方面的培养．

《课程标准》的课程目标体系，可分为发展性领域与知识技能领域，发展性领域的实现以数学知识技能的学习为基础，但对于知识技能领域来说，发展性领域又具有导向功能．发展性领域（数学学习中的情感与态度、对数学的认识、数学思考、解决问题等）的提出是《课程标准》的一大特色，知识技能领域方面的目标包括知识技能目标与过程性目标，过程性目标即指学生在数学活动中经历（感受）了什么、体验（体会）了什么、探索了什么等，这是《教学大纲》中没有提到的，而《课程标准》仍沿用《教学大纲》中已有的"了解（认识）、理解、掌握、灵活运用"等词语来刻画在数学认知方面四个不同层次的要求，不过《课程标准》用大量的案例加以说明，以减小理解的偏差，较《教学大纲》更进一步．

对比发现，在重视培养学生获得数学知识与技能的同时，《课程标准》比《教学大纲》更注重每一个学生的情感、态度、价值观和一般能力的发展，关注学生潜在个性的挖掘与开发，全方位为学生的可持续发展奠定良好的基础．

五、框架结构体系上的变化

《课程标准》的框架是同一套《课程标准》的具体格式和陈述方式．新的数学《课程标准》的框架由前言、课程目标、内容标准和课程实施建议四部分组成．其中前言包括数学课程的特点、背景、性质，基本理念与设计思路；课程目标包括总体目标、学段目标；内容标准包括三个学段中"数与代数"、"空间与图形"、"统计与概率"、"实践与综合应用"四个领域的内容标准；课程实施建议包括教学建议、评价建议、教材编写建议、课程资源开发和利用建议等．

《教学大纲》由引言、教学目的、教学内容的确定与安排、教学中应注意的几个问题、教学内容和教学要求组成．引言简短，对数学学科的性质、价值与功能等作了简要的描述，这一点与《课程标准》相同，不过《课程标准》在前言中还阐述了基本理念，并对设计思路作了详细的说明，这有利于教材编写者和教师整体把握《课程标准》．为了保证新数学课程的开发与顺利实施，《课程标准》用了大量的篇幅提出了课程实施建议．在实施建议中，采用论述与实例相结合的方式,具体阐明了《课程标准》所倡导的基本理念的内涵,以及它们在教材编写、教学过程和评价指标等方面的具体体现,便于数学教育工作者从整体上把握数学课程.

六、课程内容上的选择变化

1. 内容结构

《课程标准》通盘设计义务教育阶段的数学课程,每个学段的教学内容都划分为四个并列领域:数与代数、空间与图形、统计与概率、实践与综合应用(第三学段即初中安排了课题学习),打破了原来的结构体系,对内容呈现的顺序不作限定,为教材编写的多样化和教师创造性地教学留下了较大的空间.而《教学大纲》的教学内容分为代数、几何二块,按一定逻辑递进关系来呈现教学内容.

2. 课程内容

为了实现各自的课程目标,《课程标准》和《教学大纲》呈现了各自的内容.二者相比较,课程内容有很大的变化,《课程标准》既有加强又有削弱的方面.

《课程标准》增加的教学内容,主要有:① 能对含有较大数字的信息作出合理的解释和推断;② 能用有理数估计一个无理数的大致范围;③ 能解释一些简单代数式的实际背景或几何意义;④ 经历用观察、画图或计算器等手段估计方程解的过程;⑤ 探索具体问题中的数量关系和变化规律;⑥ 能用适当的函数表示法刻画某些实际问题中变量之间的关系;⑦ 探索并了解线段、矩形、平行四边形、三角形的重心及物理意义;⑧ 视图与投影相关的基本内容;⑨ 图形的平移、图形的旋转相关的基本内容;⑩ 通过实例,体会反证法的含义;⑪ 通过欧几里得《几何原本》的介绍,感受几何的演绎体系对数学发展和人类文明的价值;⑫ 概率相关的基本内容;⑬ 课题学习.

《课程标准》删减的教学内容,主要有:①《数学用表》(统一改用计算);② 因式分解中的十字相乘法、分组分解法;③ 立方和(差)公式;④ 一元二次方程根的判别式,根与系数的关系(韦达定理);⑤ 二次根式的分母有理化;⑥ 三元一次方程组;⑦ 二元二次方程、二元二次方程组;⑧ 无理方程;⑨ 可化为一元二次方程的分式方程;⑩ 邻补角的概念;⑪ 与圆有关的定理:垂径定理、切线长定理、弦切角定理、相交弦定理、切割线定理;⑫ 两圆的内、外公切线.

七、课程实施上的变化

《课程标准》的课程实施分教学建议、评价建议、教材编写建议以及课程资源的开发与利用,其中教材编写建议以及课程资源的开发与利用是《教学大纲》基本未涉及的内容.

关于教学建议,主要有如下的变化:

(1) 让学生经历数学知识的形成与应用过程.如对数学概念的教学,要关注概念的实际背景与形成过程,帮助学生克服机械记忆概念的学习方式,发展应用数学知识的意识与能力,增强学好数学的愿望和信心.

(2) 关注证明的必要性、基本过程和基本方法.在教学中,应使学生认识到、有些命题可以通过观察和实验得到并获得大家的认可,但也有些命题仅仅通过观察和实验是不够的,从而使学生体会证明的必要性;应把证明作为探索活动的自然延续和必要发展,引导学生从问题出发,根据观察、实验的结果,运用归纳、类比的方法首先得出猜想.

(3) 要关注学生的个体差异,有效地实施有差异的教学,使每一个学生都得到充分发展.

(4) 要重视现代教育技术在教学中的应用,有条件的地区,要尽可能合理、有效地使用计算机和有关软件,提高教学效益.

关于评价建议,主要有以下变化:

(1) 评价要既关注学生学习的结果,又关注他们的学习过程,既关注学生数学学习水平,又关注他们在学习活动中所表现出来的情感、态度和个性倾向,强调学生暴露"做数学"的思维过程.

(2) 提倡多元化的评价方法,改变单一的书面测试的模式(既是对基础知识与技能的考查,也是与实际背景和解决问题的过程结合起来,注重考查学生对知识本身意义的理解和在理解基础上的应用),建议将考试、课题活动、撰写论文、活动报告、学生档案等各种方法有机结合起来.

(3) 评价的主体也呈现多元化的趋势,不再是单一的教师评价模式,而是将自我评价、学生互评、教师评价、家长评价和社会有关人员评价结合起来,提倡形成一种科学、合理的评价机制.

(4) 评价的结果的呈现不再是单纯的分数或等级,采取定量与定性相结合的方式呈现,充分重视学生的个性发展,力争使每个学生都能得到成功的体验.

关于教材编写的建议是:选取自然、社会与其他学科中的素材;给学生提供探索与交流的空间;体现数学知识的形成与应用过程;呈现形式要丰富多彩;内容设计要有一定的弹性;重要的数学概念与数学思想宜体现螺旋上升的原则;重视知识之间的联系与综合;介绍有关的数学背景知识.

关于课程资源主要就实践活动材料、音像与信息技术、其他学科的资源、课外活动小组、图书馆资源、报刊杂志和电视广播等媒体、社区、少年宫、博物馆等活动场所、智力资源等八个方面的开发与利用提出了建议.

第二节 《高中数学课程标准》与《教学大纲》的比较

从某种意义上说,数学《课程标准》带来了一场教育观念的革新,一场人才培养模式的革新,一场课堂教学方式、学生学习质量以及日常教育教学管理、评价等等一系列的革新,与原高中数学《教学大纲》相比发生了较大的变化,主要表现在数学课程理念、课程目标体系、课程内容选择、课程实施、课程评价等几个方面的变化.

一、数学课程理念的变化

《课程标准》提出,高中阶段的数学课程是义务教育后普通高级中学的一门主要课程.它是参加社会生产、日常生活的基础,也是学习高中物理、化学、计算机等课程和进一步学习的基础,对于培养学生的创新意识和应用意识,认识数学的科学和文化价值,形成理性思维、发展智力有积极作用.因此,使学生在高中阶段继续受到数学教育,提高数学素养,对于提高全民族素质,为培养人才打好基础是十分必要的.高中阶段又是学生成长和个性发展的重要时期,高中的数学课程应为优秀人才的培养提供发展空间.基于这些认识,《课程标准》提出了十大基本理念:① 构建共同基础,提供发展平台;② 提供多样课程,适应个性选择;③ 倡导积极主动,勇于探索的学习方式;④ 注重提高学生的数学思维能力;⑤ 发展学生的应用意识;⑥ 与时俱进地认识"双基";⑦ 强调本质,注重适度的形式化;⑧ 体现数学的文化价值;⑨ 注重信息技术与数学课程的整合;⑩ 建立合理、科学的评价体系.这十大理念在数学教育观、教学观、学习观、教育技术观、教育评价观等方面发生了较大变化,体现了以人为本.

二、课程目标的变化

高中数学《教学大纲》与《课程标准》的总目标对比如下.

表 1-1 高中数学《教学大纲》与《课程标准》的总目标对比

教学大纲	课程标准
基础知识,基本技能,数学思想方法、数学地提出问题、分析问题和解决问题的能力,创新意识和应用意识,数学探究能力、数学建模能力、数学交流能力、数学实践能力 数学思维能力(空间想象、直觉猜想、归纳抽象、符号表示、运算求解、演绎证明、体系建构),做出数学思考和判断,兴趣,信心,科学态度,钻研精神,科学价值和人文价值,辩证唯物主义世界观	基础知识,基本技能,数学知识的本质、背景及其应用,数学思想方法及其应用,数学发现和创造的过程体验 空间想象,抽象概括,推理论证,运算求解,数据处理,数学地提出问题、分析和解决问题的能力,数学表达和交流能力,独力获取数学知识的能力 数学应用意识和创新意识,做出数学思考和判断 兴趣,信心,钻研精神,科学态度,数学视野,科学价值,应用价值,文化价值,思维习惯,理性精神,美学意义,辩证唯物主义和历史唯物主义世界观

通过比较看出,课程标准对目标有所增加,我们可以将增加的目标大致分为三类:一类是我国以往的数学教学缺失的,如理解基本的数学概念、数学结论的本质,了解概念、结论等产生的背景和应用,通过不同形式的自主学习、探究活动,体验数学发现和数学创造的历程;一类是时代发展要求作为一个合格社会公民必须具备的基本数学素养,如提高数据处理能力,发展独立获取数学知识的能力;一类是对数学的文化效应和育人功能的丰富与发展,如形成批判思维习惯、崇尚数学理性精神和体会数学的美学意义.

《课程标准》中不仅使用了"了解、理解、掌握、灵活运用"等刻画知识技能的目标动词,而使用了"经历、模仿、发现、探索"等刻画数学活动的过程性目标动词,以及还使用了"反映、认同、领悟、内化"等情感与态度目标动词,从而更好地体现了对学生的具体要求.

三、课程结构与内容的变化

《教学大纲》将高中数学分为必修课(280 学时)、选修课(156 学时),选修课包括选修Ⅰ(52 学时)和选修Ⅱ(104 学时).学校根据教学实际自行安排必修课、选修课的开设.每学期至少安排一个研究性课题.其课程结构如图 1-2 所示.

《课程标准》将高中数学课程分为必修和选修.必修课由 5 个模块组成;选修课程有 4 个系列,其中系列 1、系列 2 由若干模块组成,系列 3、系列 4 由若干专题组成;每个模块 2 学分,每个专题 1 学分、每 2 个专题可组成 1 个模块.

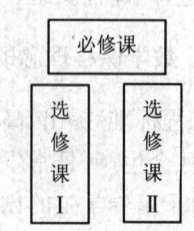

图 1-2 《教学大纲》课程结构

必修课程是整个高中数学课程的基础,是所有学生都要学习的内容.其内容的确定遵行两个原则:一是满足未来公民的基本数学需求,二是为学生进一步的学习提供必要的数学准备.选修课程系列 1 是为那些希望在人文、社会科学等方面发展的学生而设置的,系列 2 则是为那些希望在理工、经济等方面发展的学生而设置的.系列 1、系列 2 内容是选修系列课程中的基础性内容.系列 3、系列 4 是为对数学有兴趣和希望进一步提高数学素养的学生而设置的.必修课程是选修课程中系列 1、系列 2 课程的基础.选修课程中系列 3、系列 4 基本上不依赖其他系列的课程,可以与其他系列的课程同时开设,这些专题的开设可以不考虑先后顺序.必修课程中,数学 1 是数学 2、数学 3、数学 4 和数学 5 的基础.

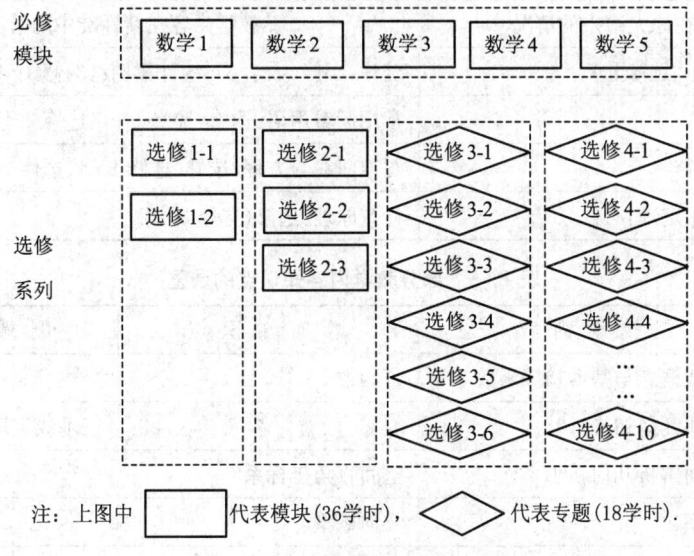

图 1-3 《课程标准》课程结构

课程标准按 18 学时记一个学分,则合格高中毕业生的弹性分数一般应至少 10 学分,最多 24 学分.

与现行《教学大纲》相比,《课程标准》的课程内容除保证学生必备的基础知识与技能外,主要有以下变化:

表 1-2 课程标准新增教学内容

课　程	教学内容	课时数	课　程	教学内容	课时数
数学 3(必修)	算法初步(含程序框图)	12	选修 3-6	三等分角与数域扩充	18
选修 1-2	推理与证明	10	选修 4-2	矩阵与变换	18
选修 1-2	框图(流程图、结构图)	6	选修 4-3	数列与差分	18
选修 2-2	推理与证明	8	选修 4-6	初等数论初步	18
选修 3-1	数学史选讲	18	选修 4-7	优选法与试验设计初步	18
选修 3-2	信息安全与密码	18	选修 4-8	统筹法与图论初步	18
选修 3-3	球面上的几何	18	选修 4-9	风险与决策	18
选修 3-4	对称与群	18	选修 4-10	开关电路与布尔代数	18
选修 3-5	欧拉公式与闭曲面分类	18			

另外,新增数学建模、数学文化是贯穿于整个高中课程的主要内容,这些内容不单独设置,渗透在每个模块和专题中.

表1-3 删减的教学内容

(原大纲的)课程	教学内容	课时数
选修Ⅱ	极限	12

注:原大纲的"极限"内容被删减,但该内容的"数学归纳法与数学归纳法举例"在课程标准中被安排在选修2-2"推理与证明"、选修4-5"不等式选讲"中.

表1-4 部分教学内容必修与选修的调整

教学内容在原大纲中的情况	教学内容在新标准中的情况
统计:选修(选修Ⅰ、选修Ⅱ)	统计:必修(数学3);统计案例:(选修1-2、选修2-3)
简易逻辑:必修	常用逻辑用语:选修(选修1-1、选修2-1)
圆锥曲线方程:必修	圆锥曲线与方程:选修(选修1-1、选修2-1)
排列、组合、二项式定理:必修	计数原理:选修(选修2-3)

表1-5 部分教学内容知识点的调整

课程	教学内容	增加知识点	删减知识点
数学1	函数概念与基本初等函数Ⅰ	幂函数	
数学2	立体几何初步		三垂线定理及其逆定理
数学2	平面解析几何初步	空间直角坐标系	
数学3	概率	几何概型	
数学3	统计	茎叶图	
数学4	基本初等函数Ⅱ(三角函数)		已知三角函数值求角
数学4	平面上的向量		线段定比分点、平移公式
数学5	不等式		分式不等式
数学1-1 数学2-1	常用逻辑用语	全称量词与存在量词	
数学2-2	导数及其应用	定积分与微积分基本定理	
数学4-4	坐标系与参数方程	柱坐标系、球坐标系	

通过对比看出,《课程标准》的必修课程内容进一步关注学生的接受能力,在《教学大纲》的基础上删除或降低了有关内容与要求;选修课程内容强调选择性,有关计算机初步和数学应用的内容被引入,不仅体现现代数学的新发展,而且适当展现其历史发展中的光辉成就;课程设置致力于学生学习方式的转变,数学探究、数学建模与数学文化这三方面的内容不单独设置,而是渗透在每个模块或专题之中,提倡一种多样化的学习方式.

四、课程实施的变化

数学《课程标准》的课程实施分教学建议、评价建议、教材编写建议,也是《教学大纲》基本未涉及到的内容.

关于教学建议与评价建议,主要有如下的变化:

(1) 以学生发展为本,指导学生合理选择学习内容. 为了体现高中数学课程时代性、基础性、选择性、多样性的基本理念,使不同学生学习不同的数学,在数学上获得不同的发展,高中数学设置了必修系列和四个选修系列课程. 教学中,一方面要鼓励学生根据国家规定的课程方案和毕业要求,以及各自的潜能和兴趣爱好,制定数学学习计划,自主选择数学学习内容;另一方面,要根据学生的基础、水平和发展方向,指导学生选择适合自己的学习内容,安排学习顺序.

(2) 注重联系,提高对数学整体的认识. 数学的发展既有内在的动力,也有外在的动力. 在高中数学的教学中,要注重数学的不同分支和不同内容之间的联系,数学与日常生活的联系,数学与其他学科的联系. 数学中应注意沟通各部分内容之间的联系,通过类比联想、知识的迁移和应用等方式,使学生体会知识之间的有机联系,初步感受数学的整体性,提高解决问题的能力.

(3) 改善教与学的方式,使学生主动地学习. 改善学生的学习方式是高中数学课程追求的基本理念. 在教学中,教师应根据学生的认知特征和数学的特点,积极探索适合高中学生数学学习的教学方式. 应注意以下几个方面:

① 教师角色的转变. 学生的数学学习活动不仅仅限于对概念、结论和技能的记忆、模仿和积累,独立思考、自主探索、动手实践、合作交流、阅读自学等都是学习数学的重要方式. 在高中数学教学中,教师的讲授仍然是重要的教学方式之一,但必须关注学生的主体参与、师生互动,应鼓励学生的行为参与和思维参与,既要有教师的讲授和指导,更要学生的独立思考. 教师要创设适当的问题情境,让学生经历知识形成的过程,鼓励学生自主探索数学的规律和问题解决的途径. 为此,要让教师成为学生学习的引导者、组织者,在教学中与学生共同进步、成长.

② 加强几何直观,重视图形、几何直观在数学学习中的作用,鼓励学生借助直观进行思考. 在几何教学中,应借助几何直观,揭示图形中几何要素之间的关系;在其他内容的学习中,也应借助几何直观,揭示研究对象的性质与关系.

③ 避免过分形式化. 在数学教学中,学习形式化的表达是一项基本要求. 但是,数学教学不能过分地形式化,否则会将生动活泼的数学思维活动淹没在形式化的海洋里. 在数学教学中要力求"返璞归真",努力揭示数学的本质. "要讲推理,更要讲道理",要通过典型例子的分析,使学生理解数学概念、结论、方法、思想,追寻数学发展的历史足迹,把数学的学术形态转化为学生易于接受的教育形态.

④ 教师应根据不同的内容、目标以及学生的实际情况,给学生留有适当的拓展、延伸的空间和时间(如反函数的概念、几何概型的计算等都可作为拓展、延伸的内容),对有关课题作进一步探索、研究.

⑤ 注重对学生非智力因素的培养. 在数学学习和解决问题的过程中,教师要注意磨炼学生克服困难的意志,帮助学生形成良好的学习习惯、勤奋好学的精神,顽强的毅力,培养学生对数学的兴趣、积极的态度和对数学美的鉴赏力.

(4) 在评价建议中提出:重视对学生数学学习过程的评价;正确评价学生的数学基础知识和基本技能;重视对学生基本能力的评价;实施促进学生发展多元化评价.

教材编写的建议主要是：反映课程内容的素材应体现数学的本质，联系实际，适应学生的特点；体现知识的发生发展过程，促进学生的自主探索；体现相关内容的联系，帮助学生全面地理解和认识数学；注意新理念、新内容在教材编写上的特殊处理；渗透数学文化，体现人文精神；内容设计要有一定的弹性；反映现代信息技术与数学的整合.

新《课程标准》体系是对传统课程体系的革新，是由过去以学科为中心逐渐转变为以学生为中心，以学生的身心发展规律为基础，改善学生的学习方式，把学生从简单、机械的重复中解放出来，参与到实践、探索、交流的主动学习的过程中，以促进人的终身发展为目标，并在这个过程中，整合社会、时代的要求，学科的发展. 总之，新的高中数学课程为学生的终身发展奠定了良好的基础.

第三节 《课程标准》与《教学大纲》比较的几点总结与思考

一、几点总结

无论《教学大纲》的修订还是《课程标准》的研制，都试图更好地指导学校数学教学工作的开展，《课程标准》与《教学大纲》相比，既有继承方面，也有发展与创新，上述比较可以概括为以下几点：

(1)《教学大纲》与《课程标准》在数学观上有差异. 前者简单地把数学等同于数学知识汇集的传统观点；后者对数学本质有了新的认识，这种新认识体现了一种动态的模式论的现代数学观，把数学看成人类的一种创造性活动，从而把学生的数学学习重点由结果扩展到数学活动的整个过程.

(2)《教学大纲》与《课程标准》所体现的课程理念有很大的差异. 前者体现数学课程主要是为了传授数学知识和技能，注重教师的教学，重视改进教学方法；后者体现数学课程不仅仅是为了传授数学知识和技能，更重要的是为了让学生掌握数学思想、方法、领会数学理性精神，认识数学的价值，注重学生的学习，重视改变学生的学习方式.

(3)《教学大纲》与《课程标准》的课程目标同中有异. 二者都重视知识和技能的培养，但后者更加关注学生的学习过程、情感、态度与个性的发展.

(4)《教学大纲》与《课程标准》的课程内容同中有异. 后者继承了前者重视学生对必要的基础知识和基本技能的熟练掌握的优点，但《课程标准》对有些内容进行了加强或削弱，设置现实的、富有挑战性和很大弹性的内容，提供了广阔的发展空间，让学生在自主探索、合作交流中体验"做数学"的乐趣，体验数学发现和创造的历程.

(5)《教学大纲》与《课程标准》在评价理念上存在很大的差异. 前者提倡终结性评价，注重评价的筛选功能，如设置分数与等级，后者强调过程性评价和评价的教育功能，评价不仅考察学生对知识的掌握，而且重视学习过程与体验，给出了具体评价内容的建议与要求.

总之，《课程标准》是在总结和反思以前数学教育的基础上研制出来的，保持了《教学大纲》的一些特色，同时也修正了一些不足之处，这是一种继承基础上的创新，在创新的前提下继承，而不是一种简单的否定. 事实上，《教学大纲》恰恰局限于教学上的目标要求、知识要求、能力要求和德育要求等方面，在这些方面的要求似乎过于具体，反而有时限制了教师的创造性，而且难以兼顾到不同地区的不同要求. 而《课程标准》呈现出一个开放性体系，为教材编写者、教师教学、学生学习及学业评价提供了较为广阔的发展空间,也引导学生自主思考并规划人生.

二、一些思考

由于我国首次研制《课程标准》,肯定存在某些不足,需要在实施中进行检验与修正,根据上述分析,提出以下几点思考:

(1) 由于课程理念的变化,教师与学生的关系也发生了彻底的改变,即以教师为中心转变为以学生为主体.怎样实现这一转变很重要,这给师资培训提出了新的任务,怎样加强高等师范学校的数学课程和基础课程之间的联系?同时对于在校师范生的培养方式是否应该有所改变?怎样改变?在考虑不同地区的师资状况的前提下,是否应该制订数学教师应该达到的目标,并予以明确而不是隐含其中?

(2) 新《课程程标》淡化了评价的筛选功能,这是为大家赞赏的.但毕竟我国仍需要考试手段来选拔人才,那么应该怎样来对待考试的选拔功能呢?新课程理念、新课程内容和考试内容、形式怎样相匹配?怎样更好体现?怎样科学评价?新《课程标准》与考试制度之间应该是怎样的关系?应该怎样处理二者的关系?

(3) 新《课程标准》的建立只是第一步,要体现新《课程标准》思想还必须通过教材编写,教材是教师教学的蓝本,学生获取知识主要源泉,师生的中介,教材编写的好坏直接影响《课程标准》的实现.《课程标准》鼓励编写有地方特色的教材以及开发校本特色课程,那么地方特色怎样在课程内容中得到体现呢?校本课程的开发应该注意哪些问题?

(4)《课程标准》非常重视新技术,那么新技术究竟应该从一个怎样的"度"体现于数学的教与学中呢?怎样将现代教育技术与课程内容整合起来?

(5) 新的教改尝试常常会导致排异、表面化、形式化、浅尝辄止或盲目等,怎样处理这些问题?

(6) 学生自主探索、交流的时间、空间与教学内容多,课时容量大的矛盾,习题跨度性较大,学生做题的准确率低的矛盾,怎样解决?

第四节 《数学课程标准》的教学建议

《九年义务教育数学课程标准》强调:教学活动是师生积极参与、交往互动、共同发展的过程.数学教学应根据具体的教学内容,注意使学生在获得间接经验的同时也能够有机会获得直接经验,即从学生实际出发,创设有助于学生自主学习的问题情境,引导学生通过实践、思考、探索、交流等,获得数学的基础知识、基本技能、基本思想、基本活动经验,促使学生主动地、富有个性地学习,不断提高发现问题和提出问题的能力、分析问题和解决问题的能力.

在数学教学活动中,教师要把数学课程标准的基本理念转化为自己的教学行为,处理好教师讲授与学生自主学习的关系,注重启发学生积极思考;发扬教学民主,当好学生数学活动的组织者、引导者、合作者;激发学生的学习潜能,鼓励学生大胆创新与实践;创造性地使用教材,积极开发、利用各种教学资源,为学生提供丰富多彩的学习素材;关注学生的个体差异,有效地实施有差异的教学,使每个学生都得到充分的发展;合理地运用现代信息技术,有条件的地区,要尽可能合理、有效地使用计算机和有关软件,提高数学教学的质量和效益.

1. 数学教学活动要注重课程目标的整体实现

为使每个学生都受到良好的数学教育,数学教学不仅要使学生获得数学的知识技能,而且要把"知识技能"、"数学思考"、"问题解决"、"情感态度"四个方面目标有机结合,整体实现课程目标.

课程目标的整体实现需要日积月累.在日常的教学活动中,教师应努力挖掘教学内容中可能蕴涵的、与上述四个方面目标有关的教育价值,通过长期的教学过程,逐渐实现课程的整体目标.因此,无论是设计、实施课堂教学方案,还是组织各类教学活动,不仅要重视学生获得知识技能,而且要激发学生的学习兴趣,通过独立思考或者合作交流感悟数学的基本思想,引导学生在参与数学活动的过程中积累基本经验,帮助学生形成认真勤奋、独立思考、合作交流、反思质疑等良好的学习习惯.

例如,关于"零指数"教学方案的设计可作如下考虑:教学目标不仅要包括了解零指数幂的"规定"、会进行简单计算,还要包括感受这个"规定"的合理性,并在这个过程中学会数学思考、感悟理性精神.

2. 重视学生在学习活动中的主体地位

有效的数学教学活动是教师教与学生学的统一,应体现"以人为本"的理念,促进学生的全面发展.

(1) 学生是数学学习的主体,在积极参与学习活动的过程中不断得到发展.

学生获得知识,必须建立在自己思考的基础上,可以通过接受学习的方式,也可以通过自主探索等方式;学生应用知识并逐步形成技能,离不开自己的实践;学生在获得知识技能的过程中,只有亲身参与教师精心设计的教学活动,才能在数学思考、问题解决和情感态度方面得到发展.

(2) 教师应成为学生学习活动的组织者、引导者、合作者,为学生的发展提供良好的环境和条件.

教师的"组织"作用主要体现在两个方面:第一,教师应当准确把握教学内容的数学实质和学生的实际情况,确定合理的教学目标,设计一个好的教学方案.第二,在教学活动中,教师要选择适当的教学方式,因势利导、适时调控、努力营造师生互动、生生互动、生动活泼的课堂氛围,形成有效的学习活动.

教师的"引导"作用主要体现在:通过恰当的问题,或者准确、清晰、富有启发性的讲授,引导学生积极思考、求知求真,激发学生的好奇心;通过恰当的归纳和示范,使学生理解知识、掌握技能、积累经验、感悟思想;能关注学生的差异,用不同层次的问题或教学手段,引导每一个学生都能积极参与学习活动.

教师与学生的"合作"主要体现在:教师以平等、尊重的态度鼓励学生积极参与教学活动,启发学生共同探索,与学生一起感受成功和挫折、分享发现和成果.

(3) 处理好学生主体地位和教师主导作用的关系.

好的教学活动,应是学生主体地位和教师主导作用的和谐统一.一方面,学生主体地位的真正落实,依赖于教师主导作用的有效发挥;另一方面,有效发挥教师主导作用的标志,是学生能够真正成为学习的主体,得到全面的发展.

实行启发式教学有助于落实学生的主体地位和发挥教师的主导作用．教师富有启发性的讲授；创设情境、设计问题，引导学生自主探索、合作交流；组织学生操作实验、观察现象、提出猜想、推理论证等，都能有效地启发学生的思考，使学生成为学习的主体．

3. 注重学生对基础知识、基本技能的理解和掌握

"知识技能"既是学生发展的基础性目标，又是落实"数学思考"、"问题解决"、"情感态度"目标的载体．

（1）数学知识的教学，应注重学生对所学知识的理解，体会数学知识之间的关联．

学生掌握数学知识，不能依赖死记硬背，而应以理解为基础，并在知识的应用中不断巩固和深化．为了帮助学生真正理解数学知识，教师应注重数学知识与学生生活经验的联系、与学生学科知识的联系，组织学生开展实验、操作、尝试等活动，引导学生进行观察、分析，抽象概括，运用知识进行判断．教师还应揭示知识的数学实质及其体现的数学思想，帮助学生厘清相关知识之间的区别和联系等．

数学知识的教学，要注重知识的"生长点"与"延伸点"，把每堂课教学的知识置于整体知识的体系中，注重知识的结构和体系，处理好局部知识与整体知识的关系，引导学生感受数学的整体性，体会对于某些数学知识可以从不同的角度加以分析、从不同的层次进行理解．

（2）在基本技能的教学中，不仅要使学生掌握技能操作的程序和步骤，还要使学生理解程序和步骤的道理．例如，对于整数乘法计算，学生不仅要掌握如何进行计算，而且要知道相应的算理；对于尺规作图，学生不仅要知道作图的步骤，而且要能知道实施这些步骤的理由．

基本技能的形成，需要一定量的训练，但要适度，不能依赖机械的重复操作，要注重训练的实效性．教师应把握技能形成的阶段性，根据内容的要求和学生的实际，分层次地落实．

4. 引导学生积累数学活动经验、感悟数学思想

数学思想蕴涵在数学知识形成、发展和应用的过程中，是数学知识和方法在更高层次上的抽象与概括，如归纳、演绎、抽象、转化、分类、模型、数形结合、随机等．学生在积极参与教学活动的过程中，通过独立思考、合作交流，逐步积累数学活动经验、感悟数学思想．

（1）合理创设情境

教学中应当努力创设源于学生生活的现实情境．好的"现实情境"，应当是学生熟悉的、简明的、有利于引向数学实质的、真实或合理的．

此外，教学中也可以根据具体内容创设其他类型的情境，包括根据已有数学知识创设的情境、已有其他学科知识创设的情境．

（2）引导学生自主探索

数学知识的形成以及逐渐完善的过程中往往蕴涵着一定的数学思想．在教学活动中，教师应选择适当的形式和素材组织学生进行自主探索．探索活动的价值不仅在于获得知识，还包括引导学生在探索的过程中积累基本的数学活动经验，感悟基本的数学思想．

有效地开展探索活动，首先要选择合适的问题，还需要整体设计探索活动．

组织学生开展探索活动应当注意以下几点：

① 鼓励学生在独立思考的基础上，与他人合作交流．没有每个学生的独立思考，合作交流就缺乏基础；没有同伴间的合作交流，个人的思考有时难以深入．

② 课堂教学的时间是有限的,教师必须把握好学生自主探索活动的时间,给最终的归纳总结留有余地. 教师需要在实践中不断提高自己组织、引导学生开展探索活动的能力,提高探索活动的实效.

③ 为学生自主探索提供适当的空间. 既要关注学生获得的结果,更要关注学生探索的过程.

④ 处理好学生自主探索与教师示范的关系. 对于学生的探索活动,教师不仅要给予启发、引导,而且应适时地进行归纳,示范阶段性结论,明晰进一步探索的思路.

⑤ 对于进行自主探索有困难的学生,教师应给以具体的帮助、鼓励和指导,努力使他们也能参与探索活动并积极地思考.

5. 关注学生情感态度的发展

根据课程目标,广大教师要把落实情感态度的目标作为己任,努力把情感态度目标有机地融合在数学教学过程之中. 设计教学方案、进行课堂教学活动时,应当经常考虑如下问题:

如何引导学生积极参与教学过程?

如何组织学生探索,鼓励学生创新?

如何引导学生感受数学的价值?

如何使他们愿意学,喜欢学,对数学感兴趣?

如何让学生体验成功的喜悦,从而增强自信心?

如何引导学生善于与同伴合作交流,既能理解、尊重他人的意见,又能独立思考、大胆质疑?

如何让学生做自己能做的事,并对自己做的事情负责?

如何帮助学生锻炼克服困难的意志?

如何培养学生良好的学习习惯?

在教育教学活动中,教师要尊重学生,以强烈的责任心,严谨的治学态度,健全的人格感染和影响学生;要不断提高自身的数学素养,善于挖掘教学内容的教育价值;要在教学实践中善于用《数学课程标准》的理念分析各种现象,恰当地进行养成教育.

例如,当学生知道自己课堂练习有误、能够改正却又不努力改正时,教师就应该对学生说:"你已经知道解题有错误,必须自己改正,相信你自己能够改正."这里,"必须自己改正"就是要求学生"对自己做的事负责","相信你自己能够改正"则是给学生以鼓励,激发学生的自信心.

又如,学生不能合适地回答教师的课堂提问时,教师不应随意地打断学生的回答,而应倾听学生的意见,也不要以自己预设的"标准"简单地否定学生的意见,而应判断学生的解答是否具有合理的成分并加以恰当的引导.

6. 合理把握"综合与实践"的实施

"综合与实践"的实施是以问题为载体、以学生自主参与为主的学习活动. 它有别于学习具体知识的探索活动,更有别于课堂上教师的直接讲授. 它是教师通过问题引领、学生全程参与、实践过程相对完整的学习活动.

积累数学活动经验、培养学生应用意识和创新意识是数学课程的重要目标,应贯穿于整个数学课程之中."综合与实践"是实现这些目标的重要和有效的载体."综合与实践"的教学,重在实践、重在综合.重在实践是指在活动中,注重学生自主参与、全过程参与,重视学生积极动脑、动手、动口.重在综合是指在活动中,注重数学与生活实际、数学与其他学科、数学内部知识的联系和综合应用.

教师在教学设计和实施时应特别关注的几个环节是:问题的选择,问题的展开过程,学生参与的方式,学生的合作交流,活动过程和结果的展示与评价等.

要使学生能充分、自主地参与"综合与实践"活动,选择恰当的问题是关键.这些问题既可来自教材,也可以由教师、学生开发.提倡教师研制、开发、生成出更多适合本地学生特点的、有利于实现"综合与实践"课程目标的好问题.

实施"综合与实践"时,教师要放手让学生参与,启发和引导学生进入角色,组织好学生之间的合作交流,并照顾到所有的学生.教师不仅要关注结果,更要关注过程,不要急于求成,要鼓励引导学生充分利用"综合与实践"的过程,积累活动经验、展现思考过程、交流收获体会、激发创造潜能.

在实施过程中,教师要注意观察、积累、分析、反思,使"综合与实践"的实施成为提高教师自身和学生素质的互动过程.

教师应该根据不同学段学生的年龄特征和认知水平,根据学段目标,合理设计并组织实施"综合与实践"活动.

7. 教学中应当注意的几个关系

(1)"预设"与"生成"的关系

教学方案是教师对教学过程的"预设",教学方案的形成依赖于教师对教材的理解、钻研和再创造.理解和钻研教材,应以《数学课程标准》为依据,把握好教材的编写意图和教学内容的教育价值;对教材的再创造,集中表现在:能根据所教班级学生的实际情况,选择贴切的教学素材和教学流程,准确地体现基本理念和内容标准规定的要求.

实施教学方案,是把"预设"转化为实际的教学活动.在这个过程中,师生双方的互动往往会"生成"一些新的教学资源,这就需要教师能够及时把握,因势利导,适时调整预案,使教学活动收到更好的效果.

(2)面向全体学生与关注学生个体差异的关系

教学活动应努力使全体学生达到课程目标的基本要求,同时要关注学生的个体差异.对于学习有困难的学生,教师要给予及时的关注与帮助,鼓励他们主动参与数学学习活动,并尝试用自己的方式解决问题、发表自己的看法,要及时地肯定他们的点滴进步,耐心地引导他们分析产生困难或错误的原因,并鼓励他们自己去改正,从而增强学习数学的兴趣和信心.对于学有余力并对数学有兴趣的学生,教师要为他们提供足够的材料和思维空间,指导他们阅读,发展他们的数学才能.

在教学活动中,要鼓励与提倡解决问题策略的多样化,恰当评价学生在解决问题过程中所表现出的不同水平;问题情境的设计、教学过程的展开、练习的安排等要尽可能地让所有学生都能主动参与,提出各自解决问题的策略,并引导学生通过与他人的交流选择合适的策略,丰富数学活动的经验,提高思维水平.

(3)合情推理与演绎推理的关系

推理贯穿于数学教学的始终,推理能力的形成和提高需要一个长期的、循序渐进的过程.义务教育阶段要注重学生思考的条理性,不要过分强调推理的形式.

推理包括合情推理和演绎推理.教师在教学过程中,应该设计适当的学习活动,引导学生通过观察、尝试、估算、归纳、类比、画图等活动发现一些规律,猜测某些结论,发展合情推理能力;通过实例使学生逐步意识到,结论的正确性需要演绎推理的确认,可以根据学生的年龄特征提出不同程度的要求.

在第三学段中,应把证明作为探索活动的自然延续和必要发展,使学生知道合情推理与演绎推理是相辅相成的两种推理形式."证明"的教学应关注学生对证明必要性的感受,对证明基本方法的掌握和证明过程的体验.证明命题时,应要求证明过程及其表述符合逻辑,清晰而有条理.此外,还可以恰当地引导学生探索证明同一命题的不同思路和方法,进行比较和讨论,激发学生对数学证明的兴趣,发展学生思维的广阔性和灵活性.

(4) 使用现代信息技术与教学手段多样化的关系

合理地应用现代信息技术,注重信息技术与课程内容的整合,能有效地改变教学方式,提高课堂教学的效益.有条件的地区,教学中要尽可能地使用计算器、计算机以及有关软件;暂时没有这种条件的地区,一方面要积极创造条件改善教学设施,另一方面广大教师应努力自制教具以弥补教学设施的不足.

在学生理解并能正确应用公式、法则进行计算的基础上,鼓励学生用计算器完成较为繁杂的计算.课堂教学、课外作业、实践活动中,应当根据内容标准的要求,允许学生使用计算器,还应当鼓励学生用计算器进行探索规律等活动.

现代信息技术的作用不能完全替代原有的教学手段,其真正价值在于实现原有的教学手段难以达到甚至达不到的效果.例如,利用计算机展示函数图像、几何图形的运动变化过程;从数据库中获得数据,绘制合适的统计图表;利用计算机的随机模拟结果,引导学生更好地理解随机事件以及随机事件发生的概率等等.

在应用现代信息技术的同时,教师还应注重课堂教学的板书设计.必要的板书有利于实现学生的思维与教学过程同步,有助于学生更好地把握教学内容的脉络.

思考与练习

1. 通过阅读上文中《课程标准》与《教学大纲》的比较,你有什么收获?
2. 《课程标准》中的四个领域的内容与传统教学内容相比各有什么不同?对于内容上的删与增,你有什么不同的看法?
3. 新课标下高中数学教材是怎样改变的,删减了哪些内容,增加了哪些内容?
4. 新课标有些什么新的数学理念,以及这些理念如何落实?

资源链接

1. 黄永明,亢红道.中学数学教学法概论[M].昆明:云南大学出版社,2005:255—261.

介绍了我国中学数学教学方法的现状与发展.不仅分析中学数学如何教,而且注意分析中学数学教学发展的内在逻辑、特征、方法、规律及学生的认知特点,对《课程标准》与《教学大纲》进行了比较分析,有助于读者了解、研究课程标准与数学教学.

2. 吕世虎,石永生.初中数学新课程教学法[M].北京:首都师范大学出版社,2004:15—47.

走进我国初中数学新课程.阐明了新课程理论下初中数学教学方法的一些基本问题.注重从问题切入,

对带有普遍性的问题进行了分析和探讨,反映了课改实验中的新问题、新策略.有较强的可读性,方便读者(教师)操作借鉴.

3. 钱佩玲,马波,郭玉峰,等.高中数学新课程教学法[M].北京:高等教育出版社,2007:33—64.

走进高中数学新课程.除了对我国数学新课程的发展作了简单的回顾外,对我国高中数学新课程教学的基本理念和结构定位进行了阐释,有利于读者对我国高中数学课程改革和教学产生正确的认识.

本章参考文献

[1] 黄永明,亢红道.中学数学教学方法概论[M].昆明:云南大学出版社,2005.
[2] 吕世虎,石永生.初中数学新课程教学法[M].北京:首都师范大学出版社,2004.
[3] 钱佩玲,马波,郭玉峰,等.高中数学新课程教学法[M].北京:高等教育出版社,2007.
[4] 方明一.新编高中数学教学大纲简介[J].数学通报,2000(8):1—4.
[5] 中华人民共和国教育部.九年义务教育全日制初级中学数学教学大纲[M].试用修订版.北京:人民教育出版社,2000.
[6] 中华人民共和国教育部.全日制高级中学数学教学大纲[M].试用修订版.北京:人民教育出版社,2000.
[7] 中华人民共和国教育部.全日制义务教育数学课程标准(实验稿)[M].北京师范大学出版社,2001.
[8] 中华人民共和国教育部.普通高中数学课程标准(实验)[M].北京:人民教育出版社,2003.
[9] 叶尧城,向鹤梅.全日制义务教育数学课程标准教师读本[M].武汉:华中师范大学出版社,2002.
[10] 叶尧城.高中数学课程标准教师读本[M].武汉:华中师范大学出版社,2003.

第二章 数学课程资源的开发与利用

课程资源是国家基础教育课程新一轮改革所提出的一个重要概念,数学课程资源的开发和利用是决定课程目标能否有效达成的重要因素,也是保证新课程实施质量的基本条件.

本章主要介绍数学课程资源的含义,探讨数学课程资源的合理开发和有效利用,并从开发利用课程资源的角度来分析教学案例.

学习目标

学习本章后,你将会:
◆ 认识数学课程资源的含义;
◆ 了解数学课程资源的有效开发和利用的相关途径.

第一节 数学课程资源的含义

至今为止,学术界对于课程资源的概念并无统一的定义,而且课程资源的概念也在不断地发展和丰富.当前对课程资源的界定主要从课程目标、教育目的、课程实施、教学活动等角度,以实现课程目标或计划的需要为出发点,去寻求满足它的资源.从数学学科来看,《课程标准》认为:数学课程资源是指依据数学课程标准所开发的各种教学材料以及数学课程可以利用的各种教学资源、工具和场所等,主要包括各种纸质的文字材料、实践活动材料、录像带、多媒体光盘、计算机软件及网络、图书馆,以及报刊杂志、电视广播、少年宫、博物馆等.《课程标准》对课程资源所下的定义从一个方面刻画了数学课程资源的范围,其内容基本限定在"物质的"范围.根据信息资源学的观点,资源是指自然界和人类社会中能创造物质和精神财富的各种客观存在或存在物.由此我们可以这样认为,数学课程资源应该包括《课程标准》所说的各种教学材料以及数学课程可以利用的各种教学资源、工具和场所等,也包括有利于数学课程实施的各种无形资源、隐形资源,如智力资源、文化资源、习俗等社会资源等等.但将课程资源泛化,把课程资源扩展到几乎无处不在的地步的倾向也值得我们关注,应该重视课程资源的优化和整合.

第二节 数学课程资源的合理开发和有效利用

数学课程资源的开发和利用对于转变数学课程功能,转变学生学习方式和教师教学行为具有重要意义.一方面,可以超越狭隘的教育内容,让师生的生活和经验进入数学课程实施过程,让教学"活"起来,让"静态"的数学内容"动态"化;另一方面,可以改变学生在数学教学中的地位,从被动的知识接受者转变为知识的共同建构者,从而激发学生数学学习的主动性,增强数学学习的自信心.同时,可以开阔教师的教育视野,转变教师的教育观念和教学行为,更好地激发教师的创造智慧.

创设有助于学生主动学习与全面、和谐发展的情境和条件是中小学数学课程资源合理开发和有效利用的基本出发点.开发数学课程资源,特别是开发素材性数学课程资源,必须反映教育的理念、社会发展需要、学生发展需求,体现学习内容的数学结构与师生的心理结构和融合,恰当处理数学的现代趋势与学生数学现实的反差.为此,在数学课程资源开发和利用的实际操作中,必须注意两个要点:其一,优先性原则——学生需要学习的内容很多,远非学校教育所能包揽,必须在可能的课程资源范围内,在充分考虑数学课程成本的前提下,突出重点,精选那些对学生终身发展具有决定意义的数学课程资源,使之优先得到运用;其二,适应性原则——课程的设计和课程资源的开发利用不仅要考虑典型性和普适性,更要考虑特定学生对象的具体实际.如果要为特定教育对象确定课程资源,仅仅考虑他们已有的知识还不够,还需要考虑他们现有的智能水平和经验背景.

合理开发和有效利用现实的数学课程资源有很多种渠道,近年来,在数学课程标准实验教材的开发和新课程的实验中,许多数学教育工作者进行了一些探索和研究,逐步形成了相对独立和完整的数学课程资源开发利用体系.以下是数学课程资源开发利用的一些渠道和要求.

一、数学教材资源的开发和利用

数学教材是数学课程资源的核心部分,是最基本的课程资源.在新课程理念的指导下,数学教材是教师教和学生学的基本素材和重要工具,它是为学生的数学学习活动提供了基本线索、基本内容和主要的数学活动机会.教材作为丰富而重要的课程资源,蕴涵着或多或少、或深或浅的潜在价值,这就需要教师正确地处理教材,充分地挖掘教材的潜在价值.

1. "活"用教材提供的材料,充分发挥教材功能

用"活"教材体现在创造性地使用数学教材.选择学习材料首先要考虑的是用好教材提供的材料,要尊重教材又不"唯"教材,"基于"教材又能"再生"教材.

首先,教师要钻研教材,把握教材,深刻领会教材的编写意图,善于对教材进行教学法加工,将教材中静态的数学知识转化为学生能主动参与的数学活动,引导学生在"做数学"过程中经历知识的形成过程.

其次,教师要善于把握学生学习的现实起点,关注学生的经验和兴趣,注意挖掘材料的价值,充分发挥材料的功能.要合理呈现学习材料,学习材料的呈现方式要多样化,可以是文字、图表、实物、媒体等种形式;呈现的时间要适当,可以整体呈现也可以分步呈现.注意充分挖掘学习材料的价值,可以是同一材料在一节课中多次使用,可以是材料的分层使用,还可以是通过教师的追问、引申使学习材料的教育价值发挥得更加充分.

2. 改编教材提供材料,拓展学习资源

教材不可能把所有的问题都设计得十全十美,也不可能考虑到所有学生的情况,难免有些题材脱离学生的实际,也有可能处理简单化、典型化和理想化.因此,教师要能突破教材的束缚,创造性地使用教材,挖掘其中的潜在价值,要善于从学生的实际出发对教材内容、呈现

方式、编排顺序等方面进行适当的调整、改变、展开和联想，变"教教材"为"用教材教"，实现教材功能的最优化.

二、广泛的人力资源和智力资源的开发和利用

人力资源是决定数学课程资源开发程度、水平和范围的关键因素. 数学课程人力资源主要包括数学教师、学生、家庭、社区以及中小学、高校、科研和教研单位等人力资源. 在信息化社会里，知识的综合程度越来越高，传统的分科教学显得日益局促，更注重人力资源、智力资源以及资源整合.

1. 提升教师开发课程资源的主体价值

数学教师是重要的数学课程人力资源. 他们不仅决定课程资源的鉴别、开发、利用和积累，还决定着能否实现自身的主体价值. 发挥数学教师这一人力资源的优势，要注意以下几个方面：一是加强理论学习，提高对课程资源的认识. 要系统了解数学课程资源的类型，加深自身对课程资源开发主体的认识，不断提升自己开发课程资源的意识与能力. 二是要掌握各种教育技术，动手制作一些有用的课件，训练操作技能. 熟练掌握在图书馆、网络上查询资料的方法，提高自身收集资料的能力. 三是要根据自己的特点，发挥专长，形成自己与众不同的风格，塑造自己的个性. 四是教师之间互相学习，取长补短，探索网络环境下课程资源开发利用的新方法，发挥教师集体合力.

2. 重视学生积极参与资源的开发

学生既是课程资源的消费者，又是课程资源的开发者，尤其是在现代信息技术被广泛运用到教学与生活的各个方面的背景下，学生获取知识与信息的途径多元化，学生之间的互相交流与学习显得越来越频繁和重要了，他们本身就成了特殊的课程资源的开发者，他们已有的知识、经验、经历、兴趣等都可能成为课程资源. 与此同时，学生的学习方式也发生了根本性的变革，在自主、合作、探究学习的过程中，相互之间形成了丰富多彩的课程资源. 因此作为数学教师要重视学生积极参与资源的开发与建设.

3. 发挥"家长委员会"联系社会、开发校外课程资源的桥梁作用

重视教育是我国的优良传统，每一个中国家庭几乎都把孩子的教育问题放在首位. 家长普遍愿意与学校和教师积极配合，共同为孩子的发展出谋划策，对学校和教师的教育、教学工作给予大力支持. 许多学校转变办学思想，为了加强学校与家长的联系，便于开展工作，成立了家长委员会和家长学校，并且定期召开会议，对学校、班级的工作进行指导和监督，对学校、班级工作和课程改革提出建议和意见；同时，为某些课程实施需要在社会上开展的活动，提供必要的帮助.

4. 加强与高校、科研和教研等单位的协作

例如，新课程实施的过程中出现的各种问题，地方和学校资源的开发利用，教师的继续教育和在职培训问题，教育、教学课题研究、学生科技创新活动等. 这些问题既需要中小学去积极探索和实践，也需要社会各界，特别是高校、科研和教研单位的大力支持，以实现课程资

源的开发、互补和共享.

三、信息化系列媒体资源开发利用

信息化系列媒体资源包括音像资料与信息技术、网络资源,以及报刊杂志、电视广播等媒体资源.这些资源为所有学生提供了探索复杂问题,多角度理解数学思想方法、观念意识的机会,能够丰富学生数学探索的视野,为一些需要的学生提供个体学习的机会,以便为特殊需要的学生提供帮助,也为偏远地区的学生提供教学指导和智力资源,有效地吸引和帮助这些学生的数学学习.

计算机辅助教学和学习是新课程的一大亮点.信息技术的发展必然会带动教学手段、学习方式的变革,数学课程应提倡利用信息技术来呈现以往教学中难以呈现的课程内容,尽可能使用计算器、计算机和各种数学教育技术平台,加强数学课程与信息技术的整合.新的技术带给学生们声情并茂、色彩逼真、动画优美的全新感受的同时,也在改变着传统的教和学的方式.例如,"几何画板"以及张景中院士项目组开发的"Z+Z智能教育平台"等软件,学生和教师可以利用这些软件在图形处理、多媒体和智能解题等方面强大的功能,做传统教学中难以实现的数学实验和图形变换等,进行测量、分析、计算、变换、猜测、证明,使学生从被动接受的后台走出来,真正感受到自己的主体地位.

互联网在教学活动中的应用日益广泛,它在获取资源和进行交流等方面的作用和价值越来越突出,它将成为一种不可缺少的课程资源.在互联网上还可以找到很多国内外的数学教育网站,教师和学生可以在这些网站中收集一些学习素材,下载一些与课程直接相关的内容在教学中应用,同时教师还可以介绍一些好的网站(如国家基础教育资源网 http://www.cbern.gov.cn)供学生选择,鼓励并引导学生通过网络来获取信息,主动学习.

需要注意的是,不同的教学目标、内容和对象对教学媒体的要求也不同.因此,不能一味地去追求使用固定类型的教学媒体.另外我们不提倡利用计算机上的模拟实验来代替学生能够从事的实践活动以及利用计算机演示来代替学生的直观想象、来代替学生对数学规律的探索.同时学校之间要加强交流,共享资源,避免课件的低水平重复,也可以积极引进国内外先进的教育软件,并根据本学校学生的特点加以改进.

四、校内外的场馆文化资源和乡土特色资源的开发利用

教学资源包括图书馆、社区、少年宫、博物馆、科技馆等活动场所,以及乡土资源.

1. 图书馆

学校图书馆应该基本满足学生课外阅读的需要,这对于扩大学生的知识面,激发学生学习数学的兴趣都起着重要的作用.目前大多数学校的图书馆除了书籍数量太少外,一个主要问题是数学辅导类图书所占的比例太大,这样的局面必须改变.学校还应充分利用校外的图书馆,用以开阔学生的视野,丰富教师的教学资源.

2. 社区、少年宫、博物馆等活动场所

学校要充分利用社区、少年宫、博物馆等活动场所,一方面可以从这些场所中寻找合适的学习材料,如学生感兴趣的自然现象和社会问题,一方面可以组织学生开展活动,如参观

博物馆中的人文遗址,这样可以激发学生的学习兴趣,培养学生的实践能力.

3. 乡土资源

乡土资源主要是指学校所在的社区的自然生态和文化生态方面的资源,包括乡土地理、民风民俗、传统文化、生产和生活经验等.这些资源可以有选择地进入地方课程、技术课程乃至国家课程的实施过程中,成为师生共同构建的知识平台.

五、课堂内外的实践活动资源的开发与利用

1. 实践活动材料

实践活动材料是最基本的课程资源之一.事实上,数学教学是数学活动的教学,数学活动依附于必要的活动材料.为了使学生在数学课堂中能够充分地参与数学活动并在数学活动中更好地理解重要的数学概念和方法,各个学校、各位教师都有必要、而且尽可能充分利用并开发学校内外的各种实物材料和设备,如几何模型、校园设施、在中小学数学教学活动中一切可以利用的实物等,供学生开展课堂内外的各种数学实践活动.

2. 课外活动小组

学校可以开展数学课外小组活动,用以激发学生的学习兴趣,引导学生深入学习,培养学生的实践能力,发展学生的个性与创新精神.在课外活动小组中,教师还可以向学生提供一些阅读材料,内容可以包括数学在生活中的应用、趣味数学、数学史和数学家的故事、拓展性知识等,用来拓宽学生的学习领域,激发学生学习数学的兴趣.

需要注意的是,课外活动小组应由学生自愿参加,避免其沦为竞赛的工具.阅读材料的编写要符合学生的认知特征和生活经验,并由学生选择阅读.

课程资源的开发和利用任重而道远,它既是推行新课程改革的物质基础,又是新课程改革的重要内容.它不仅是制定新课程标准的教育专家的分内事,更是实施新课程教学实验的一线教师的神圣职责.

第三节 开发利用数学课程资源案例分析

下面我们从开发利用课程资源的角度来分析一个教学案例.

【案例 2-1】

椭圆的简单几何性质

1. 提出问题,引入新课

问题 1 根据前面所学的有关知识画出椭圆 $\frac{x^2}{25}+\frac{y^2}{16}=1$ 的图形.

教师巡视,发现绝大多数学生是先列表后描点,可是有不少同学不知道 x 该如何取值,还有部分同学在四个象限分别描点画图,此时教师提出问题 2.

问题 2 x 在哪个范围内取值?可否通过某一个象限的图像画出整个椭圆?

(教师指出:只需要画出第一象限椭圆的草图就可画出其他象限的图像,这是为什么呢?这就是今天要研究的问题——利用曲线方程研究曲线的几何性质.)

2. 观察发现问题

问题 3 请同学们观察图 2-1 椭圆有什么特征?

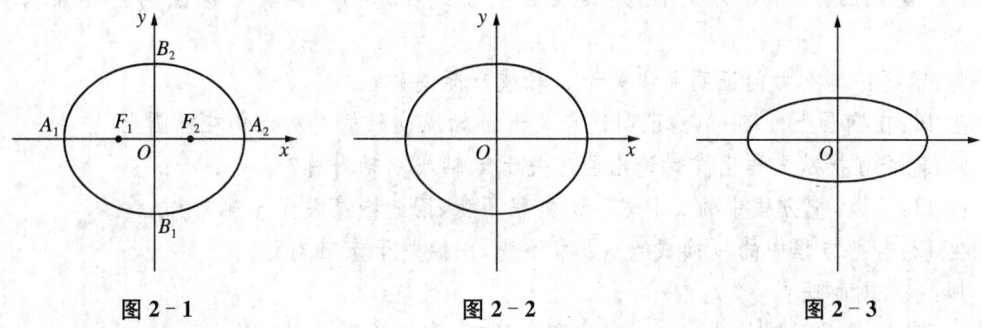

图 2-1　　　　　　　　图 2-2　　　　　　　　图 2-3

图形上点的坐标在哪个范围内取值?

生1:椭圆是对称的图形,上下关于 x 轴对称,左右关于 y 轴对称.

生2:图形还关于原点对称.

师:观察得很好,正是由于椭圆关于 x 轴、y 轴和原点对称,所以画椭圆时,可以画出第一象限的图形,然后利用其对称性画出整个椭圆.

生3:图形与 x 轴、y 轴分别有两个不同交点,这四个交点的坐标是$(-5,0)$、$(5,0)$、$(0,-4)$、$(0,4)$,这些交点的坐标恰好与方程中的 $a=5$ 和 $b=4$ 相关.

生4:从图形中可以看出 x 的取值范围是$[-5,5]$,y 的取值范围是$[-4,4]$,这有点像函数定义域与值域.

师:观察很仔细,既然这些点很特殊,用处大,我们给它们取个名字.

生5:就叫端点 A,B,C,D 吧.

师:当然可以,但大家已习惯把它们叫顶点 A_1,A_2,B_1,B_2,与前面学习过的焦 F_1,F_2 一起构成椭圆的六个特殊点.像焦距 F_1F_2 一样我们把 A_1A_2 叫椭圆的长轴,B_1B_2 叫椭圆的短轴.

3. 探索证明

师:很好!刚才这些结论都很精彩,它们是我们直接从椭圆图形中观察出来的.能否从椭圆的方程中直接推出这些结论并给予证明呢?现在请同学们根据前面的结论自己进行探究.

(让学生进行探索尝试,教师巡视指导)

生6:我们可以把椭圆标准方程变形得到 $\frac{x^2}{a^2}\leqslant 1,\frac{y^2}{b^2}\leqslant 1$,即有$-a\leqslant x\leqslant a,-b\leqslant y\leqslant b$,可知椭圆落在 $x=\pm a,y=\pm b$ 组成的矩形中,与前面的观察相吻合.

生7:四个顶点的坐标可以在方程中,通过令 $y=0$,得到 $x=\pm a$,和令 $x=0$ 得到 $y=\pm b$,即 $A_1(-a,0),A_2(a,0),B_1(0,-b),B_2(0,b)$.

生8:在三角形 B_1OF_1 中,由于 $OF_1=c,OB_1=b$ 且 $a^2=b^2+c^2$,所以以 O 为顶点的 Rt$\triangle B_1OF_1$ 的三边长恰好为 a,b,c.

问题 4 如何从方程中推出椭圆的对称性？即如何证明曲线关于 x 轴对称？如何证明曲线关于 y 轴对称？如何证明曲线关于原点对称？

(教师引导学生从曲线与方程以及求对称曲线的角度分析讨论)

生 9：要证明曲线关于直线对称，就是要证明曲线任意的一点关于直线的对称点仍在曲线上，要证明曲线关于原点对称，就是要证明曲线任意的一点关于原点的对称点仍在曲线上.

师：很好！那么如何证明曲线关于 x 轴或 y 轴对称？

生 10：在椭圆上任取一点，证明这点关于 x 轴或 y 轴的对称点仍在椭圆上.

师：能否直接从方程出发讨论出曲线关于 x 轴或 y 轴对称？

生 11：可以，把方程中的 x 换成 $-x$ 方程不变，因此图像关于 y 轴对称.

生 12：若把方程中的 y 换成 $-y$ 方程不变，图像关于 x 轴对称.

师：中心对称吗？

生 13：把 x,y 同时换成 $-x,-y$ 方程也不变，图像关于原点对称.

师：同学们的看法有道理，结论也得到了，这是为什么呢？

生 14：将点 $P(x,y)$ 中的 x 换成 $-x$ 方程不变，则 $P_1(-x,y)$ 必在曲线上，曲线关于 y 轴对称；又将 $P_1(-x,y)$ 中的 y 换成 $-y$ 方程不变，则 $P_2(-x,-y)$ 必在曲线上，曲线关于 x 轴对称. 因为 $P(x,y),P_2(-x,-y)$ 都在曲线上，所以曲线关于原点对称.

师：很好！这与从图形中直接观察出的对称性完全吻合. 其实关于 x 轴、y 轴、原点三种对称中任意两种成立，第三种也成立. 因而原点叫椭圆的对称中心，简称中心，x 轴、y 轴叫椭圆的对称轴. 所以我们从椭圆的方程中直接可以看出它的范围、对称性. 因此作图时只要描出第一象限的图像就可以正确作图.

问题 5 请同学们观察图 2-2 和图 2-3，指出它们有何不同？

生 15：图 2-3 所示的椭圆比图 2-2 所示的椭圆更扁一些.

师：对！椭圆与圆不同，它们有的偏圆些有的偏扁些，这种扁平程度，又由什么来决定呢？

(教师利用几何画板拖动鼠标，改变 b 的大小而保持 a 不变，让学生观察变化过程，然后找出其规律)

生 16：长轴不变，b 变小，图形越来越扁.

生 17：可否用 $\dfrac{b}{a}$ 来表示这一性质呢？a 不变，b 变小，则 $\dfrac{b}{a}$ 越小，椭圆越扁；a 不变，b 变大，则 $\dfrac{b}{a}$ 越大，椭圆越偏圆，很直观.

师：很好！能否用 $\dfrac{c}{a}$ 来刻画反映椭圆的扁平程度呢？

生 18：a 不变，当 b 变小时 c 变大，即当 $\dfrac{c}{a}$ 越大时椭圆越扁，当 $\dfrac{c}{a}$ 越小时椭圆变得越接近于圆，所以也可用 $\dfrac{c}{a}$ 来表示，也很直观.

师：其实用 $\dfrac{b}{a}$ 与 $\dfrac{c}{a}$ 都能反映椭圆的扁平程度，但由于 $\dfrac{c}{a}$ 还有另外的几何意义，这在后面将会学习到,所以我们用 $\dfrac{c}{a}$ 来刻画椭圆的扁平程度,叫离心率,它也是椭圆的一个性质.现在来研究 e 对椭圆的影响.

师:从上面的研究可以看出 e 的变化正好反映了椭圆的形状变化,e 越小,椭圆越圆,e 越大,椭圆越扁.但是由于在椭圆中 $0<c<a$,因而 $0<e<1$.

当 $a=b$,则 $c=0$,两个焦点重合,这时椭圆标准方程变为 $x^2+y^2=a^2$,图形就是圆了.

师:这样从方程出发,研究了椭圆的范围、对称性、顶点坐标、离心率,使我们对椭圆有了一个比较清楚的认识.

4. 推广应用,发展能力

问题6 类比 $\dfrac{x^2}{a^2}+\dfrac{y^2}{b^2}=1(a>b>0)$ 的几何性质讨论方法,讨论焦点在 y 轴上的椭圆 $\dfrac{x^2}{b^2}+\dfrac{y^2}{a^2}=1(a>b>0)$ 的几何性质,并填写下表.(略)

(学生在练习本上讨论,教师巡视进行个别指导,最后用多媒体展示表格订正.)

【评析】 在这篇教学案例中,一个突出的特点是教师充分利用了显形课程资源——数学教科书.教师在整节课的教学中,十分注意理清知识间的逻辑关系,知识的展示很有层次性,问题设计一环扣一环,并结合学生的实际情况,与学生所学的其他知识产生一定的联系,在此基础上分析了知识的来龙去脉,使知识得以系统化地呈现.例如,教师在引入新课题时,联系前面所学的知识画出椭圆的图形,充分利用学生已经掌握的知识提出问题,从而使这节课将要讨论的问题与学生已经学习过的课程资源之间建立起了逻辑的联系.

第二个显著特点是教师在教学中有效地利用了多媒体资源——几何画板,为学生的学习搭建了一个很好的平台.学生通过老师在几何画板上的实际操作,容易直观地把握住问题的实质.这样通过教师用几何画板对数学对象进行灵活的操作,为学生的归纳、猜想作了铺垫;另外,教师利用几何画板为学生提供了别样的课程氛围,提高了学生的学习积极性.利用几何画板,教师可以通过直观的方式让学生知道椭圆的扁平程度与椭圆的两个参数 a,b 有关,当固定一个,另一个变时,椭圆的扁平程度随之而变,但效果不一样,一个成正比,一个成反比,这样学生很容易知道椭圆的扁平程度由 $\dfrac{b}{a}$ 所确定,为突破教学的难点打下基础.

这节课的第三个特点是教师注意隐形课程资源的剖析——这对于数学教学也是非常重要的,就是要对隐含在数学知识内部的隐形的数学背景知识和数学思想方法作本质的揭示.例如,教师通过特殊的椭圆方程引导同学们探索,进行循序渐进地设问;然后过渡到一般的椭圆方程,渗透了从特殊到一般的数学思想方法.教师在其中的地位就是一个引导者、合作者和组织者.通过让学生自己画出特殊的椭圆方程,观察特征,过渡到思考一般的椭圆是否有这一性质,并大胆猜想,再给出证明的过程,体现了探究式的教学活动,对学习资源进行了有力的开发.教师正是通过让学生从特殊情况去发现,到猜想,再到证明的教学过程,揭示了"特殊化"的思想方法,这样就挖掘了隐形课程资源,培养了学生"合情推理"的思想.学生的资源通过这种非单一的教师教的方式使学生的数学活动体验增多了.

另外,教师在有效利用前述资源之前,必须作好前期的准备工作,也就是在探究学习之前,就要考虑为学生搭建利于本节课活动的学习氛围和情境.例如,情境引入、启发和引导的问题,课堂上学生可能出现的各种反应和未曾预料的变化等等,这种教学前考虑和创设的有利于学生完成学习任务的资源也属于隐形课程资源的范畴.综上可以看出,课程资源是丰富多彩的,从一定程度上可以说,教师对课程资源理解得越深刻,对课堂教学就把握得更好,从而更有利于学生的学和教师的教.这则案例还给我们启示,由于教学主要是学生的学,因此教师要根据自己所教学生的特点,注意学生资源的开发,由于学生对新事物的好奇心,多给学生自我探索的空间,在教学过程中突出知识的发生、形成和探索,其中以问题为载体,让学生自主探索解决问题是一种有效的途径.

思考与练习

1. 对数学课程资源的理解有不同的声音,那么究竟数学课程资源的含义是什么?
2. 你认为哪些数学资源可以为我们所利用?
3. 请从开发和利用数学课程资源的角度举一个教学案例并加以分析.

资源链接

1. 孔凡哲,马云鹏.论数学课程实验中的数学课程资源[J].数学教育学报,2004,13(2):27—30.

    作者从数学的学科特点出发,探讨了数学课程资源的含义,研究了数学课程资源的有效开发和合理利用的相关途径.

2. 张红,冯国卫.高中数学新课程的理论与实践[M].北京:高等教育出版社,2008:221—238.

    对新课程背景下数学教育理论、教学策略的变化,高中数学课程教学与多媒体技术,教学评价及课程资源的开发与利用进行阐述.特别对数学课程资源的开发利用的案例分析值得我们仔细体会.

本章参考文献

[1] 孔凡哲,马云鹏.论数学课程实验中的数学课程资源[J].数学教育学报,2004,13(2):27—30.

[2] 张红,冯国卫.高中数学新课程的理论与实践[M].北京:高等教育出版社,2008:221—238.

[3] 张廷凯.新课程设计的变革[M].北京:人民教育出版社,2003:282—323.

[4] 中华人民共和国教育部.全日制义务教育数学课程标准(实验稿)[M].北京:北京师范大学出版社,2000:100—102.

第三章　数学教学的基本原则与方法

学习目标

学习本章后,你将会:
◆ 知道数学教学必须遵循的一些基本原则;
◆ 了解数学教学中常用的几种教学方法;
◆ 初步认识和理解如何有效地应用这些基本原则与方法进行数学教学.

第一节　数学教学的基本原则

数学教学原则是根据数学教学目标,为反映数学教学规律而制定的指导数学教学工作的基本要求.作为一种教学活动,毫无疑问,数学教学是在基本的教学论原则的指导下进行的.但数学教学作为一种特殊的学科教学,必然有其自身的特点及规律性,也需遵循自身的一些基本要求.

本节从中小学数学的特点和学生学习数学的心理特征及数学教学目的出发,结合我国当前数学新课程理念和数学新课程改革的教学实践,讨论中小学数学教学的一些基本原则.

一、抽象与具体相结合的原则

1. 对数学抽象性含义的理解

高度的抽象性是数学学科理论的基本特点之一.数学以现实世界的空间形式和数量关系作为研究对象,所以数学是将客观对象的所有其他特性抛开,而只取其空间形式和数量关系进行系统的、理论的研究.因此,数学具有比其他学科更显著的抽象性.这种抽象性还表现为高度的概括性.一般说来,数学的抽象程度越高,其概括性越强.

数学的抽象性还表现为广泛而系统地使用了数学符号,具有字词、字义、符号三位一体的特性,这是其他学科所无法比拟的.例如,"平行"的词义是表示空间直线与直线、直线与平面、平面与平面的一种特定位置关系,有专门符号"∥"表示,并可用具体图形表示.

当然,数学的抽象性必须以具体素材为基础.任何抽象的数学概念和数学命题,甚至于抽象的数学思想和教学方法,都有具体、生动的现实原型.

数学的抽象性还有逐级抽象的特点.一个抽象的数学概念,在它形成的过程中,不仅以具体对象作为基础,也以一些相对具体的抽象概念作为基础.例如,数、式、函数、映射、关系等就是逐级抽象的.前一级抽象是后一级抽象的直观背景材料,尽管前一级本身就是抽象的.这样,所谓的直观背景材料,不仅是指实物、模型、教具等,而且还指所学过的概念、实例等.数学的这种逐级抽象性反映着数学的系统性.数学教学中充分注意这个特点,就能有效地培养学生的抽象概括能力.

由于受年龄、理解问题的能力、认识问题的规律等特点的影响,学生抽象思维的局限性主要表现在:过分地依赖具体素材;抽象与具体相割裂,不能将抽象理论应用于具体问题之中;对抽象的数学对象之间的关系不易掌握等方面.例如,在引入比较抽象的概念时,往往需要从具体实例出发;若不举出一定数量的实例,初一学生就连"相反方向的量"也不好接受;若不以多位数乘除法作为实例,直接引入多项式乘除法的分离系数法,学生会难以理解而步履维艰.又如,把无理数仅理解为$\sqrt{2},\sqrt{3},\sqrt{5},\cdots\cdots$之类的数.再如,学过函数概念后,常常把分段函数的表达式认作两个函数或者认为不是函数.出现这些原因是多方面的,就数学教学本身而言,要求正确处理抽象与具体的关系.

2. 如何有效地运用抽象与具体相结合的原则进行教学

在数学教学中,贯彻抽象与具体相结合的原则,可以从以下三个方面入手:

(1) 注意从实例引入,阐明数学概念

通过实物直观(包括直观教具)、图像直观或语言直观形成直观形象,提供感性材料.例如,通过温度的升降、货物的进出等实例,来引进相反意义的量.在数学教学中,引用直观事物说明某个概念是非常有利的,这是因为对具体、生动的事物的感知有利于理解和记忆抽象概念.但是个别事物总有它的特殊性和与概念的不一致性.因此,在使用直观说明概念时,一定要有语言加以指导、概括和说明.

(2) 注意数学逐级抽象的特点,做好有关知识的复习工作

数学的逐级抽象性反映着数学的系统性.如果前面一些概念没有学好,就难以学好依赖于这些概念抽象出来的更高一个层次的概念.从这个意义上来说,要打好基础,一步一个脚印地前进.因此,教师在讲较高层次的数学知识时,必须做好有关知识的复习工作,这样就为新知识的抽象创造了必要的条件.这种方法既符合数学的发展规律,又符合学生认识的发展规律,容易取得好的教学效果.

(3) 要注意培养学生抓住数学实质的能力

学生产生抽象与具体脱节的现象,解决实际问题的能力差,这与他们抓不住数学实质有关.有些学生尽管可以背诵某些概念或定理的条文,但并没有真正理解问题的实质,只是机械地记忆某些结论,从而不能使所学知识灵活运用.

抽象与具体相结合,就是为了使学生对抽象的理论理解得正确、认识得深刻.发展学生的抽象思维,使抽象理论的教学具体化,具体、直观仅仅是手段,而培养抽象思维能力才是根本的目的.因此,如果在教学中不注意培养抽象思维能力,学生就不可能学好数学.反之,如果不依赖于具体、直观,抽象思维也难以培养.只有在教学中不断地实施具体与抽象相结合,具体—抽象—具体,循环往复,才能不断将学习引向纵深,使认识逐步提高和深化.

二、严谨性与量力性相结合的原则

1. 对数学严谨性和量力性含义的理解

(1) 数学理论和逻辑的严谨性

严谨性是数学学科的基本特征之一. 其涵义主要是指数学逻辑的严格性及结论的精确性. 在中学数学的理论体系中,它主要表现在以下两个方面:其一,概念(除原始概念外)必须定义,命题(除公理外)必须证明;其二,在数学内容的安排上,要符合学科内在的逻辑结构.

每个数学分科所包含的数学概念都分为两类:原始概念和被定义过的概念. 原始概念是这个学科中定义其他概念的基础,在该学科中,它们的本质属性无法用定义方式来表述,只能用公理来揭示. 被定义的概念都必须有确切的、符合逻辑要求的定义. 同样,每个数学分科所包含的真命题也分为两类:公理和定理. 公理是证明其他真命题的正确性的原始依据,它们本身的正确性不加逻辑证明而被承认. 公理体系必须满足相容性、独立性和完备性. 而定理都必须经过逻辑证明.

在数学内容的安排上,要符合学科内在的逻辑结构,既严格又周密. 每个数学分科的概念和真命题要按一定的逻辑顺序构成一个体系. 在该体系中,每个被定义的概念必须用前面已知的概念来定义,每个定理必须由前面已知其正确性的命题推导出来.

随着概念和命题的陈述以及命题的论证过程日益符号化、形式化,数学学科的严谨性,还有日益加强的趋势. 但是,数学的严谨性是相对的,是随着历史的发展而不断充实提高的. 例如,函数概念达到当前的严谨程度,经历了七个发展阶段. 又如,欧氏几何直到 19 世纪希尔伯特公理体系建立后,才得以严谨. 数学的严谨性还有另一方面的相对性,侧重于理论的基础数学和侧重于应用的应用数学,二者对于严谨性的要求是不尽相同的. 前者要求高,后者要求相对要低一些. 相应地,数学专业工作者与一般工程技术人员所需要掌握的数学理论和方法,在严谨程度的要求上也有区别.

(2) 数学教学的量力性

教学的量力性就是量力而行,要求教学内容能容易被学生接受,这是由青少年的生理与心理发展的阶段性所决定的.

数学的严谨性的要求,有一个随着人们认识能力的发展而逐步提高的过程. 开始学习数学时,往往都是不够严谨的. 理解上依赖于直观,解题中依赖于模仿. 例如,将点理解为很小很小的球,相似理解为相像等,只有在系统学习这些概念,明确其真正含义,作深入探讨,进入理性认识阶段后,才能达到严谨的要求.

另外,中学生对数学严谨性的认识具有相对性. 前面指出过,数学的严谨性本身具有相对性. 人类认识数学的严谨性经历了相当长期的过程. 中学生学习的数学是人类已经获得的认识成果,没有必要也不可能再重复人类原有的漫长认识过程. 但是,学习本身是一种认识活动,必须遵循由低级到高级、由简单到复杂、由浅入深、逐步深化的一般认识规律. 由于中学的学时以及中学生原有的知识和能力都有限,因此,中学阶段学生对数学严谨性的认识只是基本的和初步的.

严谨性与量力性相结合的原则的实质就是数学教学要兼顾严谨性与量力性这两方面的要求. 一方面,对数学教学的各个阶段要提出恰当而又明确的目标和任务;另一方面,要循序渐进地培养学生的逻辑思维能力.

2. 如何有效地应用严谨性与量力性相结合的原则进行教学

在数学教学中,主要是通过下列各项要求来贯彻严谨性与量力性相结合原则.

(1) 教学要求应明确、恰当

一般来说,课程标准、教材对各个部分的教学内容都有明确的要求,虽然对其严谨性没有明确指出,但通过分析思考课标、教材对教学内容要求的深浅度,就可以把握其严谨性要求的高低.处理数学教学内容,切不可违背科学观点.为了符合学生的认识规律,适应学生原有的认知基础和认知水平,某些数学课可以分作几个阶段,逐步深化、精确化.初步讲授某些数学知识时,可以用经验来促使学生信服,但不能代替逻辑证明.

(2) 教学中要逻辑严谨、思路清晰、语言准确

这就是说,在讲解数学知识时,要有意识地渗透形式逻辑方面的知识,注意培养逻辑思维,学会推理论证.数学中的每一个名词、术语、公式、法则都有准确的涵义.学生能否确切地理解它们的涵义是能否保证数学教学的科学性的重要标志之一.同时,应该要求学生掌握精确的数学语言和符号.初中平面几何入门难,其重要原因是难以过好语言关、论证关.这是由于学生习惯于使用日常语言,不会使用数学语言;习惯于计算求解,不习惯于推理论证所造成的.这只有通过教师的耐心启发、详细讲解,同时,通过学生自己反复练习后才能逐步掌握.

为了培养学生语言精确,教师在数学语言上应有较高的素养.新教师在语言上要克服两种偏向:一是滥用学生还接受不了的语言和符号;二是把日常流行但又不太准确的习惯语言带到教学中.

(3) 教学安排上要有适当的梯度

注意由浅入深、由易到难、由已知到未知、由具体到抽象、由特殊到一般地讲解数学知识.要善于激发学生的求知欲,但所涉及的问题不宜太难,这样才能取得好的教学效果.

总之,在强调严谨性时,不可忽视学生的可接受性,在强调量力性时,又不可忽视内容的科学性.只有将两者有机地结合起来,才能促进教学质量的提高.

三、培养"双基"与策略创新相结合的原则

1. 对数学"双基"与策略创新的含义的理解

数学"双基"就是指数学基础知识和基本技能.数学基础知识,即数学知识网络中的"结点",包括中学数学中的概念、定理、公式、法则、方法等.基本技能是指与数学基础知识相关的按照一定程序与步骤进行的操作方式,包括运算、推理、数据处理、画图、绘制表格等心智活动.正确理解数学概念是掌握数学知识的前提,而牢固掌握定义、性质、公理、定理、公式、法则等数学规律和解题、证题的方法,则是学好数学的必要条件.

策略创新是根据数学的探索性特征提出来的,其内涵就是波利亚推崇的"合情推理",包括观察与实验、想象与直觉、猜想与验证等数学的探索性特征和创造性思维方式,它们体现了数学的策略创新精神.对大多数学生来说,培养策略创新精神比起数学基础知识的学习更为重要,因为这种数学的策略创新精神一旦转化成学生的素质,就会大大提高学生的创造力,成为他们受用终身、取之不竭的力量源泉.

2. 如何有效地运用培养"双基"与策略创新相结合的原则进行教学

(1) 转变观念,与时俱进地认识数学"双基"

数学"双基"是一个动态的概念,随着时代的发展也在发生变化.数学的基础知识是在变

化着的. 比如,随着计算器、计算机的使用,珠算必将退出数学课本,心算、笔算的计算能力可以降低要求;在新课程中,一些繁、难、偏、旧的课题已退出必修课程内容;与此同时,概率统计、算法、与日常生活相联系的数学内容,则成为数学课程的"基础";运用现代技术学习数学,也将是"双基"的一部分. 过去的基本技能强调形式化的逻辑演绎能力,这也是不完整的,学习数学知识的背景及其应用,培养数学建模的能力同样是数学基本技能的组成部分. 因此,数学"双基"也需要与时俱进,我们要在继承传统的数学"双基"的合理成分的同时,摒弃不必要的烦琐记忆要求,增加新兴的数学知识和技能要求.

(2) 重视"双基"教学,加强合情推理培养

数学"双基"教学是中国数学教学的传统和特长,现在世界上许多国家的数学教育在向我们学习,这是中国数学教育界长期实践经验的总结和理论研究的成果,对世界数学教育是一个重要贡献,我们不能丢,也不应该丢. 特别是在当前数学课程改革实践过程中,我们要以新的、发展的数学"双基"观重新认识数学"双基",继承和发扬"双基"教学的优点,避免和克服"双基"教学中的不足和缺点,比如,只重视逻辑推理忽视合情推理的培养、强调记忆忽视理解、注重解题训练忽视思维过程等.

(3) 把握数学"双基"和数学创新的关系

在我国传统的数学教育中,由于过分强调统一的数学基础,忽视了学生的个性和创造能力的培养,致使学生产生"基础过剩"的现象,而导致创新意识失落、创造能力低下. 因此,我们不能仅仅把"重视基础"作为中国数学教育的关键课题来处理. 一个完整的数学教育模式、教学原则,一个科学的数学教育理论,必须把"基础"和"创新"这两个方面同时加以研究. 没有基础的创新是空想,没有创新指导的"打基础"是傻练. 基础要为发展服务,盲目地打基础、过量的练习是无效的劳动. 在花岗岩上建一个茅草房,不是我们想看到的. 强调数学"双基"需要把握适当的"度"."以学生的发展为本",把数学"双基"和数学创新放在一起进行研究,找出适度的平衡,必将成为数学"双基"教学原则研究的指导思想.

四、精讲多练与自主建构相结合的原则

1. 对精讲多练与自主建构含义的理解

我国数学教学目标经历了由掌握知识、发展能力,到素质培养的不断前进提升的过程,数学课堂教学也从多讲多练、高密度、大容量,逐步走向精讲多练、变式练习、关注过程的教学模式. 精讲多练是当前数学课堂教学的主要做法. 精讲,是针对教师讲解提出的,要求教师要精选典型问题做出讲解,对数学概念、定理中的关键点做出精辟讲解. 讲解要少而精,要有针对性、代表性、普遍性,不搞一言堂,个别问题作个别教学. 多练,是要求学生练习解题必须达到一定的数量.

建构性是数学学科的又一基本特性. 对于数学知识的建构性,社会建构主义哲学家欧内斯特给出了阐述:

① 数学知识的基础是语言知识、约定和规则,而语言知识是一种社会建构;

② 个人的主观数学知识发表后转化成让人接受的客观数学知识,这需要人际交流和交往的社会性过程;

③ 客观性本身应该理解为社会性的认同.

郑毓信教授也认为:"即使就最简单的数学对象而言,它们都是抽象思维的产物,从而,数学就其本质而言就是一种建构的活动;数学的研究对象正是通过这样的活动得到建构的."其实,不仅数学的研究对象是建构的,即数学知识是人建构的产物,而且,数学的研究方法、研究工具、研究模式、理论体系等一系列内在成分都是建构的产物.建构性是数学的基本属性.

数学的建构性特征,决定了数学学习的建构性.所谓建构就是"建立"和"构造"关于新知识认知结构的过程."建立",一般是指从无到有的兴建;"构造",则是指对已有资料、结构、框架加以调整、整合或者重组.对建构主义来说,更是认为学习是学生依据自己已有的知识经验主动建构的过程;知识不能被动接受,不能被传递,需要学生主动地自我建构其意义;就数学学习来说,有意义的接受学习和有意义的发现学习是数学建构性学习的两个基本过程.对数学知识意义的理解、数学能力的提高、数学素质的养成,需要学生智力参与、自主活动和个人体验,别人是无法替代和包办的.可以说,建构性学习也是数学学习的根本途径.

2. 如何有效地应用精讲多练与自主建构相结合的原则进行教学

(1) 确立学生学习的主体地位

学生是学习的主体,但在实际教学中,主体性常常受到教师主导性的排斥,是否真正确立和发挥了学生学习的主体性,可以从以下几个方面去衡量:学生学习的积极性、自主性、探索性、深刻性.

(2) 教师要为学生自主建构而精讲

在数学教学中,教师的地位和作用是绝对不容忽视的,教师也绝对不能自我放弃.教师的讲解应当为学生学习服务,为学生的发展服务,在"精"字上下工夫,使精讲具有针对性、有效性.为此,教师需要深入了解学生真实的思维活动,努力帮助学生获得必要的经验和预备知识,使学生自主建构获得必要的基础;高度重视对学生错误的诊断与纠正,克服自我建构的偏差;充分注意学生在认识上的特殊性.因此,教师要善于创设数学问题情境,引导学生经历观察、实验、归纳、猜想、验证、应用等建构活动,不搞一言堂.进行民主教学,给学生自主建构留有充分的空间和时间.

(3) 注重数学过程教学

学生的认知活动遵循数学知识的历史发生过程,教师的讲解为了促进学生的自主建构,应当创设数学问题的情境,让学生提出问题、分析问题、解决问题,在问题情境——解决过程中学习数学知识、建构意义.在这个活动中,不是让学生简单地重复人类漫长的认识过程,而是通过教师的"精讲",减缩其中的曲折,让学生经历"再发现"和"再创造"的自我建构活动.

上面讨论了中小学数学教学的一些基本原则.正确地运用各项教学原则,有助于我们自觉地按照教学工作的客观规律办事,在教学过程中充分发挥教师的主导作用和学生的主体作用,为全面提高数学教学质量创造条件.

第二节 数学教学方法选介

教学方法是为了达到教学目标、完成教学任务所采取的教学方式和手段的一套完整体系.它包括教师的工作方式、学生的学习活动方式及其相互之间的有机联系.在数学教学中,当教学内容和其他条件确定以后,教学方法将是取得预期教学效果的决定因素,因此优先选教学方法以达到最佳教学效果就十分必要了.

我国的中小学教学教育,历来十分重视数学教学方法的研究和应用.广大的数学教育工作者将国外先进的教育理论与我国数学教育实践相结合,积累了大量的经验,摸索出许许多多具有中国特色的数学教学方法,丰富了我国数学教学方法的宝库.虽然对基本的教学方法,目前国内外的提法很多都不一致,经过仔细分析,这些丰富多彩、千姿百态的新方法,都是它的创造者在它所处的教学条件下灵活运用启发式教学法、讲解法、谈话法、发现法、程序教学方法等基本教学方法和基本的数学教学方式,根据某种理论或某些经验创造出来的.因此,可以说,以上五种数学教学方法,能起到"基本颜料"的作用,而千姿百态的"油画"都是由这些基本颜料调配后画出来的.本节从传统、改革与发展的角度,介绍几种基本的和教改实践提出的几种主要的数学教学方法.

一、数学教学的基本方法

1. 启发式教学法

启发式教学法,是教师遵循认识规律,从学生的实际出发,在充分发挥主导作用的前提下,善于激发学生的求知欲和学习兴趣,引导学生积极开展思维活动,主动获得知识的一种教学方法.它是中学数学教学中最重要、最基本也是应用最广泛的一种教学方法.

启发式教学不只是指某一种具体的教学方法,它实际上是一种对各种教学方法和教学活动都具指导意义的教学思想,启发式教学法就是贯彻启发性教学思想的教学法.也就是说,在数学教学中不论采取何种方法,都应该注意贯彻启发式教学法的精神.

启发式教学,它认为学生是学习的主体,而教师的主要任务在于引导学生发现问题、思考问题、解决问题.学生在课堂上始终是主动的、积极的、能动的,学习上特别强调理解、运用、发挥、创造,并通过学习活动使学生的智力和非智力因素都得到发展.据此,启发式教学法的本质特征主要体现在以下四个方面:一是在教学观上,确立学生的主体地位.课堂教学不是教师教、学生学,而是通过教师启发、诱导,主要依靠学习者自身的活动来实现教学目标.师生共同活动,民主相处,教学相长.二是在教学过程中,强调学生的能动作用.学生不是消极地接受知识,而要靠自己动手、动口、动脑来获得活的知识,增加创造能力.三是在教学手段上,通过创造良好的学习氛围来激发学习者的学习热情和内在潜能,不断提高教学效果和学生能力.四是在教学目标上,重视学生的全面发展.视知识与能力并重,学习与创造并重,智力因素与非智力因素并重,把学生培养成全方位发展的有创造力的人才.

启发式教学法的基本内容为:

(1)"教为主导"和"学为主体"

启发式教学,它是在教师指导下,充分调动学生的学习积极性,师生一起共同完成教师事先精心设计的教学活动:

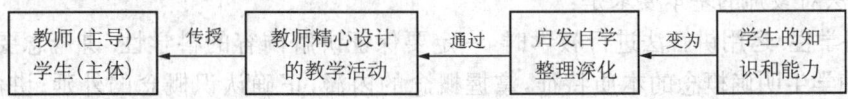

图 3-1

(2) 主要活动

启发式教学不是简单地向学生"灌注"的过程,它要经过一系列的课堂教学环节的活动才能完成.主要有如下一些教学活动:

教师启发:目的教育、方法指导、设疑启发、实验启发;

学生摸索:预习自学、阅读教材、设疑提问、自做实验;

整理提高:学生作业、实验设计、整理分类、知识小结;

发展深化:复习深化、自我检查、笔试口试、综合运用.

(3) 读、议、讲、练、做相结合的教学方式

教师应开动脑筋,根据教材内容、教学实际情况,在注意调动学生积极性的前提下,设计好每堂课的教学活动,在教学时,采用读(书)、议(论)、讲(解)、练(习)、做(实验)五个方面的有机结合.

(4) 注重自学能力的培养

启发式教学的主要特点是强调自学为主,学生在教师主导作用下,通过自学主动地学习掌握知识.

2. 讲解法

讲解法是教师通过语言系统连贯地向学生传授知识的方法.这也是一种最基本的教学方法,其应用广泛,是各种教学方式的基础.

许多知识只有通过教师的讲授,学生才能比较透彻地理解与掌握.通过讲授,学生不仅可以学到知识本身,还可以潜移默化地学到教师观察问题、分析问题和解决问题的方法,提高思维能力.

(1) 讲解法的要点和要求

讲解法的要点是:

① 教师对教学内容作系统概括、精辟生动地讲解.在讲解中突出重点、启发思维、演示解题技巧,向学生提出思考问题等.

② 教师在讲解过程中对每一概念、原理、定律的概括解释和论证,必须在学生能够理解的基础上进行.充分运用分析与综合、归纳与演绎、类比与比较,以及直观因素等手段向学生阐明、论证教学内容,使学生既获得"双基"知识,又培养能力、发展智力.

③ 学生则集中注意力倾听教师讲解,适当做笔记,并认真思考教师在讲解中提出的各种问题或演练指定的习题,亦可向教师提出有关问题.

讲解法对学生的基本要求是:

① 应具有一定的理解力.

② 能够保持较长时间注意力的集中.

③ 具有一定的随堂笔记能力.

④ 能跟上教学中的演练进度.

讲解法对教师的基本要求是:

① 科学性.运用讲解法进行教学时,一定要保证讲解内容的科学性.讲概念要清楚、准确,必须使学生明确概念的本质特征,掌握概念的内涵,正确认识概念的外延;讲命题证明时,推理要合逻辑,并要着重讲述证题的思路和方法.总之,对讲解的内容要做到准确无误.

② 启发性. 运用讲解法要贯彻启发性原则(如前所述). 对讲解的内容要进行恰当的设计和安排,通过设疑和释疑达到传授知识的目的. 教师提出的问题应是讲授知识中关键性的问题,难度要适度,要揭示出学生认识上的矛盾,要能引起学生的思索. 努力做到"不愤不启,不悱不发".

③ 系统性. 就是既要讲究教学内容的逻辑系统,还要遵循学生的认识程序. 就是说,讲解的内容要主题明确、重点突出、层次分明,既符合逻辑系统,又符合认识规律.

④ 针对性. 运用讲解法目的不是讲知识,而是教学生,所以讲解一定要有针对性,有的放矢. 学生易懂之处不必多讲,难懂之处应详细讲解;要注意学生的反应,如果发现多数学生对某个问题没有听懂,就要把这个问题从另一个角度再讲一遍,有个别学生不用心,也要注意提醒,使大多数学生都能够参与学习,得到发展.

⑤ 深刻性. 对关键性的重点内容力求讲深、讲透,使学生深刻理解. 不仅要讲清逻辑,特别要讲清学生不易发现的教学内容后面的数学思想、数学方法的来龙去脉,达到《课程标准》要求的深度.

⑥ 艺术性. 就是要善于运用通俗易懂、生动形象、引人入胜的语言,简明扼要、条理清楚、重点突出的板书,准确地表达出教学内容,并力求板书与讲解同步进行,合理配合使用直观教具和现代教育技术的辅助,保证教学活动和谐、连贯地顺利进行.

(2) 讲解法的优缺点

讲解法的优点是:

① 教师可以充分发挥主导作用,能在较短的时间内系统地、有论据地启发引导讲述新的内容.

② 使整个讲述过程形成一个完整的推理系统,从而使学生获得科学的、系统的数学知识,同时又学到分析推理的思维方法.

讲解法的缺点是:

① 运用讲解法教学时,学生只须专心听讲,随着教师的讲解去理解教材,而较少独立思考,它不利于培养学生思维活动的独立性、灵活性和创造性.

② 难以及时反馈,容易造成教与学的分离,难以贯彻因材施教的原则. 应当指出,由于运用讲解法教学对学生的理解力和注意力水平都有较高要求,因而,这种教学方法多用于较高年级的教学;对于低年级的学生,在教学中就要从实际出发,适当控制讲解时间,配合其他教学方法. 另外,在讲解时既要注意培养学生的学习动机和兴趣,启发学生积极思维,又要讲解与练习相结合,边讲边练,提高教学效果.

3. 谈话法

谈话法是由教师提出并设计好若干相关问题,在师生对话、问答的过程中,用谈话的方式启发引导学生积极思考、探索从而获得知识的一种教学方法.

(1) 谈话法的要点和要求

谈话法的要点是:

① 谈话法是通过教师与学生的对话来进行教学. 不仅教师讲,而且也要学生讲;不仅教师推理,学生也要积极思考.

② 教师在透彻理解教材、掌握教材重点、难点和关键的基础上,充分估计教学进程中可

能出现的各种情况,把教材内容编成若干个有内在联系的问题,在课堂上逐一提出来,指定不同的学生回答问题,使问题逐渐引申,逐步完成教学任务.

谈话法对学生的基本要求是:

① 要积极参与教学活动.

② 要主动思考和积极应答.

③ 要敢于发现,勇于坚持真理,修正错误.

谈话法对教师的基本要求是:

① 要精心设计谈话的"问题系统". 在吃透教材、摸准学生水平的基础上,根据教学内容的特点和重点、围绕教学目的实现,设计出一系列有内在联系的问题;要求问题明确、简练、逻辑性强,问题之间彼此衔接,向着总的教学目标和要求步步深入;问题能激发学生的兴趣,吸引学生注意,促进学生积极思维;问题既有思考价值,又不超越或落后于学生的水平.

② 要善于应变,及时排除障碍. 在运用谈话法教学时,学生的回答很可能不尽如人意,甚至出乎意外,教师就要善于应变,及时排除障碍,确保教学的正常进行. 这就要求教师在备课时充分作出估计,对可能出现的问题要有备用对策;同时,对课堂出现的意外情况,要冷静思考,及时作出正确判断,并给予耐心的解释;实在无法解决的,也应实事求是地向学生说明,课后解决,以便课堂教学的正常进行.

③ 要善于引导探讨、启发发现. 在教学中运用谈话法时,教师应当把提出的问题看作是引导、启发学生去探讨、发现的工具,要循循善诱,倡导学生积极答问和发问,允许学生答错或答偏,教师要从中引导、教育学生吸取教训、总结经验;在学生的回答中,教师不宜过多去打扰,应顺其思路发展,使学生能在成功或失败中都得到收益,逐步学会探索和发现.

④ 要面向全体学生,因材施教. 在谈话中要面向全体学生提出问题,并给他们一定的思考时间,这样全体学生都能处于积极思维的参与状态;要鼓励学生主动回答问题,指定学生回答问题时,要因人因题而宜;要适当照顾学习先进和后进的学生,特别是对后进学生要以鼓励为主,以增加其学习信心,提高学习成绩.

⑤ 要恰当掌握时间,防止形式主义. 谈话法教学课程教学气氛活跃,但时间不易控制. 因此,要求教师既要恰当掌握提出问题的难、易水平,避免"是不是,对不对"等让全班齐声回答的形式主义问题;也要避免问题过难,不经学生思考而由教师"包办代答"的形式主义.

⑥ 要注意小结. 谈话结束时,教师应对讨论的问题进行小结,把谈话的内容系统化,明确新学知识的结论,并对讨论情况作出评价,鼓励学生多发言.

(2) 谈话法的优缺点

谈话法的优点是:

① 突出课堂教学中的双边活动,教学气氛活跃,易于提高学生的注意力,调动学生思维的积极性,对培养学生的分析问题、解决问题的能力以及发展语言的表达能力都有较大的益处.

② 有足够多的机会让学生陈述己见,便于教师及时了解学生的智力活动、反应速度和理解程度.

③ 有利于学生了解问题的来龙去脉和掌握教师的思路. 对于学习中的疑点和难点也易于发现和解决.

④ 由于谈话法在信息传递上是双向传递,因此有利于消除学习上的障碍,避免学习上

的形式主义偏向,学生能及时得到教师的指点,容易在大脑中留下深刻的印象,利于知识的巩固和记忆强化.

谈话法的缺点是:

教学进程中由于教师要用灵活变通的技巧,因势利导,排除故障,确保教学主题和重点内容的教学.因此,教学时间不易掌握,往往会影响教学任务的完成.

谈话法宜在传授知识、总结、复习、检查已学过知识或作业时采用,尤其适用于低年级及高年级关于基本概念和计算法则等内容的教学.目前有不少教师在运用谈话法时引导学生质疑问难,给学生提供思索材料和思维方法,进行启发、组织讨论,打破了谈话法都是教师提问、学生回答的固定程序,这是值得提倡的.

4. 发现法

发现法是指依据教师或教材所提供的材料和问题,通过学生自己积极主动的思维活动,亲自去探索和发现数学的概念、定理、公式、解题方法等的一种教学方法.

发现法是美国心理学家布鲁纳根据他的认知学习理论提倡的.他认为教学方法要认真考虑的一个事实是一门课程不但要反映知识本身的性质,而且要反映求知者获得知识的过程,学生应当像数学家那样思考数学.

布鲁纳之所以倡导"发现法",主要有三个理由:一是他赞同"关于人类的全部生活中最独特之点,在于人类能够亲自发现"这一观点,他认为人不是一个被动的有机体,而掌握一个概念,解决一个问题都是一个主动的过程;二是他认为学习的中心环节是头脑中的"重新组织"或"转换",以便有所发现;三是他十分强调"直觉思维"在学习中的作用.他认为"直觉思维"是从事任何一项工作的思想家极其珍贵的财富,要对这种品质及早加以培养.

布鲁纳认为,过去教学方法的理论是强调给学生某种刺激,使学生作出某种反应,在刺激与反应之间形成联结,通过不断地练习来强化这种联系.这种学习不需要较高级的心理活动过程,它不断重复旧的,而不是去发现创造新的东西.发现法则要求应付新的问题,发现新的东西,它需要运用分析、综合、归纳、演绎等较高级的心理活动过程.

(1) 发现法的一般步骤和要求

运用发现法进行教学具有很大的灵活性,没有固定不变的模式可以套用.但通常可以按下述一般步骤进行:

① 创设问题情景,激发学生学习的积极性和主动性.这是明确发现的目标和中心,唤起学生注意、激起学生探求的愿望和学习兴趣的过程.通常是由教师提出问题、介绍有关资料和现象,或由学生进行观察实验、演算、阅读教材等方式进行.

② 推测问题结论,探讨问题的解法.这是在尽可能占有发现依据的基础上,调控思维方向,发现、推测结论的过程.通常是在教师的启发下,学生积极思考,对照材料、回忆有关知识和方法,进行分析、综合,并展开不同观点的讨论,直到发现结论、探索到解决问题的途径和方法.

③ 完善问题的解答,总结思路方法.这是整理、完善和评价发现成果,强化学习动机的过程.通常在教师的启发、点拨和帮助下,由学生对整个发现、解决问题的过程进行整理小结,评价不同方法、途径,总结思路方法.这样可以使学生在巩固知识的同时得到发现后的满足,从而既掌握了知识技能、基本的数学思想和方法,又强化了内在的学习动机.

④ 必要时,进行知识综合、充实和改善学生的认知结构.这是在解决问题后,引导学生再与已有知识综合成一个新的、完整的知识体系,使原有的认知结构更加充实完善.

发现法的实质是学生活动为主,亲自参与发现学习.而教师的主导作用主要体现在创设问题的情景、组织引导、激发动机的过程中.因此,运用发现法进行教学的基本要求是:

① 教师要发挥主导作用,选择恰当的课题、创设情景,组织、引导学生有系统、有目的地发现、讨论.

② 学生要占据主体地位,积极主动地参与发现过程,并充分运用观察、试验、分析、比较、综合、概括等方法,积极提出猜想,进行论证.

③ 教师要突出强调发现问题、提出问题的重要思维环节,逐步使学生能独立地发现和提出问题.

④ 发现中要引导学生注意掌握知识的系统和学科的基本结构,突出强调数学的基本思想和基本方法.

(2) 发现法的主要优缺点

发现法的主要优点是:

① 有利于发展学生的智力.

② 有利于激发学生的兴趣,产生学习的内部动机.

③ 有利于培养学生发现问题、解决问题的探索方法和能力.

④ 有利于知识的记忆.

发现法的主要缺点:

① 花费时间长.

② 不利于学生掌握系统的知识,不利于学生加强基本技能的训练.

③ 缺乏经验的教师难以随机应变解决学生所发现的问题,难以控制教学时间.

在数学教学中,恰当地运用发现法,会起到提高教学质量的作用.但由于费时、难以控制,运用时要做充分准备,不可能也没有必要事事都要学生自己去发现.运用发现法的目的,在于启发学生的求知欲,学习到发现、探索问题的一般方法,养成探索和研究的习惯.

5. 程序教学法

程序教学法是指让学生按照一定程序独立获取知识的一种教学方法.

程序教学法的理论基础是斯金纳的新行为主义操作条件反射学说和强化理论.这种理论把人类学习活动视为一种有序的行为过程,通过有序地选择教学信息,把教学活动按一定程序有步骤地进行强化,从而有效地控制学习过程,提高教学效率.

程序教学由程序编制者根据学习者学习过程发展的特点设计,把教材分解为许多小的项目,按一定的顺序加以排列,供学习者学习.每一项目或以填空,或以选择,或以问答的方式提出问题(通过教学机器或程序教材呈现),要求学生作出构答反应或选择反应,然后给出正确答案以便核对.

程序教学强调每一个学生自学的重要性和独特性,主张教师要依照个别化的教学来行动和思考.

一个好的程序,课程是按照合理的和累积的方式设计的,能最充分地利用教材的内在组织系统性.它使学生的学习循序渐进,并不断感受到成功的愉快;能以良好的情绪持续学习,这无疑在一定程度上是有效的.

(1) 程序教学法的一般步骤和原则

① 把学习的内容分成小步子的问题. 由于严格控制了刺激,便能循序渐进地掌握材料. 材料一步步地呈现,容易被理解.

② 学生作出积极的反应. 必须使学生在读、写时经常处于积极状态. 程序教学使学生产生一个反应,然后给予强化和奖励,这样就巩固了一个反应,又促进了进一步反应.

③ 对每一个反应即时反馈以获强化. 当一个反应很快地得到教师的评价时,学习就会提高. 奖赏正确答案,给学习者以信心,并有助于保持. 心理学上称之为强化."知道结果"是程序教学中最常用的强化公式.

④ 自定步调. 学习者可按自己的情况来确定掌握材料的速率. 程序教学以学习者为中心,鼓励每一个学生以学习者最适宜的速度进行学习,使他们有适合自身情况的思考时机. 同时通过不断的强化,得到了稳步前进的诱因.

⑤ 学习者的低错误率. 这是以上四点共同作用的结果. 少错误或无错误的学习不仅更为简单,同时还能提高学生学习的积极性,提高巩固的效果.

(2) 程序教学法的优缺点

程序教学法的优点:

① 有利于培养学生的自学能力和养成自学习惯. 程序教学是学生和教材直接发生联系,要求他们自己动脑、动手,独立去完成学习. 内容安排由浅入深、循序渐进,掌握一个单元后再进入下一单元学习,加强了学习的责任心,易于形成自学习惯和提高自学能力.

② 有利于不同程度的学生都能发挥学习的积极性和提高学习的能力. 程序教学法采用小步子走,学生可以用适合于自己的能力和水平的速度进行学习,这样可以使不同程度的学生在学习中都能充分发挥积极性,学生完全掌握学习的主动权.

③ 可以减少学生的错误率. 程序教学可以根据学生学习中出现的错误提供补充教材,及时帮助学生纠错补漏,也可协助教师了解学生学习过程中的问题,更有效地进行教学.

④ 可以排除师资条件对教学的影响,保证教学质量的不断提高.

程序教学法的缺点:

① 程序教学过程呆板,缺乏灵活性,容易束缚学生的思维,不利于培养学生的创造性.

② 过分强调和夸大"程序"的作用,导致忽视教师的主导作用和班级学习中的交流促进作用,不利于学生的全面发展.

程序教学法的引进,在我国教学方法的改革中也起到了积极的作用. 由北京师范大学出版社出版的《初中数学程序教学》、中科院心理研究所卢仲衡教授编写的《中学数学自学辅导教材》都是结合我国的实际引进程序教学法后所取得的成果.

这些基本数学教学方法是在教学实践的长期积累中,在不断修正完善中形成的,为广大教师所应用,对数学教学发挥了重要作用.

二、当前教改中的几种主要教学方法

1. 尝试指导、效果回授法

尝试指导、效果回授教学法就是教师将教材组成一定尝试层次,学生通过尝试进行学习,同时,教师十分注重回授学习的效果,以强化学生所获得的知识技能,达到传授基本知识、基本技能及获得和运用知识能力的教学方法.

尝试指导、效果回授法是上海市青浦县以顾泠沅为代表的数学教改实验小组从 1997 年起经过 3 年的教学调查、1 年的筛选经验、3 年的科学实验和 3 年推广应用而提出来的一种新型教学方法.

(1) 尝试指导、效果回授法的指导思想和教学原理

这项改革以辩证唯物主义和教育科学为指导,认真考察"接受式"教学和"活动式"教学两类教学模式及其派生模式的优点,寻找教育者与受教育者这一教育理论体系主要矛盾的运动规律,重视组织学生的自主学习活动,致力于人才素质的提高,充分运用尝试指导和效果回授等心理的效应. 提出了情意、序进、活动、反馈四个教学基本原理和四条较为有效的教学措施:

① 让学生在强烈的求知欲下学习.
② 安排好课堂教学的层次.
③ 在采用讲授法的同时辅之以"尝试指导法".
④ 及时搜集反馈信息,随时调节教学.

(2) 尝试指导、效果回授法的一般步骤

① 启发诱导,创设问题情境. 教师根据教材的重点和难点选择尝试点,编成问题,努力使学生在注意力最集中、思维最积极的状态中去尝试学习.

② 探求知识的尝试. 学生进入问题情境之后,为充分发挥学生学习的主动性,教师组织学生阅读、实验、观察、讨论,试着找出解决问题的策略.

③ 归纳结论,纳入知识系统. 学生探究尝试结束后,教师组织学生根据尝试所得,归纳出一般结论,然后通过必要的讲解,使之纳入教材的知识系统中去.

④ 变式练习的尝试. 它以培养学生灵活转换、独立思考能力为目标,教师精心设计好一组由简到繁、由易到难的变式练习题,犹如搭好一级级台阶,把学生的思维逐渐引向新的高度.

⑤ 回授尝试效果,组织质疑的讲解. 就是在课堂上教师要随时收集与评定学生尝试探究学习的效果,并及时调节教学的进度和方法;在课后教师要尽快、尽早批改作业,了解学生掌握知识技能的情况,并尽快通过补授,帮助学生克服学习障碍,以避免学生的学习问题累积和学生学习的分化.

⑥ 阶段教学结果的回授调节. 就是在某一阶段教学完毕后,要根据教学目标的分类细目,通过测试进行教学效果反馈,然后再采取必要的补授措施. 特别要为学有困难的学生提供再次学习的机会,帮助他们克服障碍、通过难关,使他们的学习越来越顺利,逐步提高他们的学习兴趣和信心.

在运用这一教学方法中,还要注意:六个步骤是统一的整体,尝试学习是中心环节,它包括探求知识和变式练习两个方面. 启发诱导、创设问题情境是为学生尝试创造条件;归纳结论,纳入知识系统则是把尝试学习所得的知识更加明确化和系统化;回授尝试效果,组织质疑的讲解以及阶段教学结果的回授调节,则是为了进一步强化学得的知识和技能,提高尝试学习的效果. 重视课内外教学的结合,课内要"面向多数、兼顾两头",课外还应开展活动,进行必要的个别辅导;整个课堂教学不能把这六个步骤当成固定模式去套用,而要灵活掌握,

有时可侧重于某些方面.

(3) 尝试指导、效果回授法的优点

① 这种教学方法有利于激发学生学习的积极主动精神,培养学科兴趣,发展能力,尤其是思维能力和阅读能力,又能在不加重学生负担的前提下按时完成教学任务,注意到学生的个别差异,降低分化程度.

② 注重教师的指导作用.这种指导,常常通过激发学习动机、设计尝试内容、及时检验结果等心理手段而起作用.

③ 这种教学方法反映和吸收了现代教学论的新思想,而且与传统的经验结合得自然,不仅适用于重点中学,而且在普通中学和农村基础差的学校也收到了良好的效果.在普及九年制义务教育的今天,更具有现实意义.

2. 研究性教学法

研究性教学法,就是教师并不把现成的结论以及对某一定正确性的证明直接告诉学生,而是让学生对学习对象进行研究的一种教学方法.

(1) 研究性教学法的指导思想

研究性教学法是上海师大附中胡炯涛老师依据前苏联著名教育家苏霍姆林斯基的教育思想,即学校教育的"主要任务"应该是"教会学生思考"等提出来的.在教学活动中,教师作为教学的组织者,职责是为学生的活动创设一个有利的环境,为他们制定一些初步的计划,提供一些富有思考价值且符合实际的问题及反面的例证,借此引导学生通过自己的实践、观察、类比、分析、讨论以及教师必要的点拨,去理解概念、掌握知识、证明或推翻一个结论,进而产生创见并能够发现和解决新的问题.

(2) 研究性教学法的课堂教学基本形式

教师把教材组织好,把学生划分为小组.课上一般采用阅读、讨论、交流和答辩等教学形式,教师的主要工作是组织、引导、汇总、答疑、发问、检查、评选和小结.

(3) 运用研究性教学法课堂教学一般要进行的四个阶段

① 阅读阶段.任何知识的学习,都将知识结构转化为学习者认识结构的过程,为完成这一转化,就需要相应的学习能力,而独立学习能力则是学习能力最重要的方面,它只能在学习活动中形成.阅读与思考是培养独立学习能力的有效途径,所以它常为一般教学所采用.但重要的问题在于阅读的目的性.因此,必须在阅读中安排"问题情境",引起解决问题的动机,且这些问题应与学生已有知识产生矛盾,驱使他们在好奇心的诱发下进入探索的境界.这时,由于阅读带有"解决问题"的性质,学生的思维常常带有明确的目标,从而使阅读成为一种饶有兴趣的智力活动.

在阅读前,教师需要精心编拟一组思考题,让学生带着问题读书.

② 交流阶段.传统的教学信息采用由点(教师)到面(学生)的传递方式,既不能适应学生差异,也无法使每一个学生都主动进行较充分的活动.开展学生间的交流,形成"立体化"的信息传递方式,可以提高思维活动的质与量.

在交流阶段,可选择1~2个问题进行全班的交流,一个小组的代表讲,其余的同学可进行质疑,集思广益.

③ 典型题目剖析阶段.这是承上启下的关键环节.为了使学生初步掌握解题的思路,课

上用一定时间围绕某一个题目全班进行集体讨论、分析、交流、质疑,对提出的解法进行补充. 最后,在教师的指导下,由一个学生进行归纳小结.

④ 创造阶段. 学习是创造的基础,而创造是学习的目的. 创造的起点是质疑,要精心扶植学生发现和提出问题的闪光点,尽量创设质疑提问、发表见解的情境;应热情鼓励学生有根据地"标新立异",使他们的思维发散于不同方向,从而使学生的思维自由驰骋,并积极进行引申探究的尝试.

在这一阶段,以典型题目剖析为基础,学生全面开展独立的研究探讨活动. 学生先各自对习题进行独立思考,然后分组进行交流、争论,同学之间、师生之间融会在一种求索的意境之中. 其间,教师还可以提出一些典型、新颖且有一定难度的习题,用以指导尖子生进行"攻坚".

(4) 研究性教学法的优点

① 突出了教学方法的基本功能在于促进学生认知的形成和发展这一本质,符合辩证唯物主义的认识论. 认识到学习是一个辩证过程,就会使教学更生动、更易于为学生所接受,从而取得良好的教学效果.

② 突出了能力,特别是思维能力的培养,体现了数学教学以教会学生学习,教会学生思考为根本目的这一时代要求.

③ 创造适宜的教学情境,调动学生多感官功能积极主动地参与学习活动,体现了以学生自主学习为主线的教与学的和谐统一,由于教学信息传递立体化结构的建立,使学生获得的信息量加大,时间的有效利用率得到提高,较好地解决了教学体制班级化与学生学习行为个别化之间的矛盾,使因材施教的原则得以落实.

④ 根据学生身心发展的实际、学习状况和教学内容,安排合理的、形式多样的、生动活泼的课堂教学结构,遵循规律,但不墨守成规.

总之,研究性教学法较好地处理了"授人以鱼"还是"授人以渔"的问题. 运用研究性教学法,不仅可以使学生得以主动地拓展知识并使之系统化,而且可以使学生通过解决问题,逐步认识和掌握思维的一般规律,进而学会如何研究问题,学会如何发现和创造. 事实上,所谓发现和创造,并非是高深莫测的,法国数学家阿达玛曾指出:"一个学生解决某一个代数问题或几何问题的过程,与数学家做出发现或创造的过程具有相同的性质,至多只有程度上的差异."这也正是把研究引入到教学过程中的根据和意义之所在.

研究性教学法要求的选择条件比较高,诚如别洛夫斯基所言:"教学方法必须跟教师在教学中对自己和对学生提出的直接的教学目的相符合."为此,应注意其适用范围.

① 从学生和教材的实际出发,选择与之相适应的实践方式,才能使实践达到预期的效果. 要求学生必须有较浓的探索气氛,有一定的自学、阅读能力,要求教材素材丰富.

② 要求教师具有较高的教学修养. 特别是应具备组织教材和组织学生的能力.

3. 小组教学法

实施新课程以来,许多实验区的数学课堂里出现了小组合作的教学方式,或称小组教学法.

(1) 小组教学法的基本含义

小组教学法是指这样一种教学方法,学生通常被分成 4～6 人/组,通过独立思考与合作交流的方式展开学习活动,每名学生既作为认知个体,也作为社会个体加入学习活动;学习氛围与来自环境的知识在学习过程中起着重要作用;小组活动的结果被视为每一名成员的成就——不管是成功还是失败.小组教学法的核心是提倡学生之间的合作学习.

(2) 小组教学法的实施

实施小组教学法的第一步是分组,在班级内形成相对固定的学习小组,通常是 4~6 人/组,每一次开展学习活动的一般过程如下:

① 由教师提供学习任务.这些任务或是需要解决的问题,或是需要研究的素材,或是用于产生某个概念或法则等.值得提醒的是,为了凸显小组教学法的价值,教师提供的任务最好容易引发认知冲突.

② 小组活动.首先是小组成员在明确任务要求的情况下,通过思考对任务形成自己的理解和初步的求解思路,然后,成员间交流对问题的理解和解决问题的策略.

③ 采用分工合作的方式解决问题.

④ 组内交流问题解决的过程,使每一名成员都知道本组对问题求解的过程和最终结论.

⑤ 全班交流各小组的研究成果,形成若干基本结论.

这其中:第①步的任务是向学生提供与学生主题相关的可研讨课题.第②步是主要的学习过程,基本任务是使每一名学生都参与到学习活动中来,并通过个人活动如操作、运算、推理等,以及与他人交流的方式进入到学习主题中来.第③步力图使小组中的每一名成员都能发挥自己的专长,为小组的荣誉作出自己的贡献.第④步的任务是保证每一名小组成员都能分享本小组获得的成果,并且能够根据需要向其他同学介绍自己小组的成果.第⑤步的首要目的是让每一个小组都有机会展示自己的成果,同时使全班同学能够分享集体的智慧.

从小组教学法实施的角度来看,有许多需要注意的地方.对教师而言需要注意的是:

① 研究课题的选择.显然,合适的课题应具备以下特征:学生不能马上解决,但可以起步;问题有利于引起认知冲突或导致不同解决途径的产生;问题有利于用语言来表达、交流.

② 分组.一个小组内应包括具有不同能力特征、不同数学水平、不同性别的学生,而且小组成员之间的"认知距离"——认知水平、风格等不宜差别太大.

③ 小组活动时间.由于交流是在彼此理解的基础上进行的,而且从产生"认知冲突"到"合作"需要一定的磨合,因此,小组活动的时间不宜太短.

④ 教师的地位和作用.实施小组教学法的一个明显难点是教师对自身教学角色的定位问题,当"我"作为主讲者出现在课堂上时,对自己的角色定位要很清楚.而当学生以小组的形式展开数学学习时,教师怎样发挥引导者、组织者、参与者的作用,值得在实践中不断探讨研究.

⑤ 记分方式.如果给每一个小组记分,怎样记分比较合适?显然,这里的记分方式应当既可以表现出每一名学生的学习状况,又能体现小组的集体意识.

对于学生而言需要注意的是:

① 每一名成员应清楚自己在小组中的角色和义务.

② 必须了解研究课题的要求,知道自己所要达到的目标.

③ 应当具备交流的意识和基本技能.

改革开放以后,特别是数学新课程改革以来,我国倡导素质教育和创新教育,一些新的教学模式和方法不断产生.如有尝试教学法、学导式教学法、引导发现法、自学辅导法、开放式教学法、活动式教学、情境教学法、合作性教学法等.以上这些教学方法的改革都突出地反映了当代一些教学方法的共同点,这就是提倡自学,注重对学生智力的开发和能力的培养;注重对学生学习心理的探讨和研究,提倡学生在愉快的环境中学习,注重对传统的教学法的适当保留并加以改进,提倡现代化教学,而且注重教学方法的多样化.

思考与练习

1. 什么是数学教学原则?
2. 如何理解数学的具体性和抽象性?举例说明如何运用抽象与具体相结合的原则进行教学?
3. 如何理解数学的严谨性和量力性?举例说明如何运用严谨性和量力性相结合的原则进行教学?
4. 何谓教学方法?教学方法的意义和作用是什么?
5. 中小学数学教学的主要方法应当是讲解法.你对这一论断有何看法?
6. 发现法在中学数学教学中有何意义?有何优点与不足?
7. 有位老师在讲授"三角形的分类"时,设计了三种教法.在此我们仅选其中一部分,请你根据启发式教学本质特征和实施要求分别对所设计三种教法作简要的分析.

教法一:"为了今后研究三角形的方便,我们需要把三角形分类,三角形有三条边和三个角,按边和角分别来分类……"

教法二:"教师出示教具,并说:'这里有六个铁丝做成的三角形,大家观察一下,看它各有什么特点?'这时学生纷纷猜测,有的说有大有小,有的说有正有斜……".学生回答不出老师所需要的话,最后只好再由老师讲解.

教法三:"我们知道,车、船都是交通工具,人们在生产与生活中需要将其分类.如果不分类,所有的车都用一个'车'来表示,所有的船都用一个'船'字来表示,应用起来很不方便.同样,我们今天研究三角形,也必须将它分类.同时出示挂图,其中六个三角形都标上了边长和内角度数,你们看,这些三角形以边或角考虑,各有什么特点呢?"

资源链接

1. 翁凯庆,袁南桥,张红,等.数学教育学教程[M].成都:四川大学出版社,2002:41—46.

既反映数学教学的基本理论,又注重这些基础理论对中学数学实践活动的指导作用.

2. 崔克忍.中学数学教学论[M].北京:北京师范大学出版社,2010:68—68,75—77.

对重要的数学教育理论进行了论述,较具体阐述了中学数学课堂教学技能的培养,并引用了丰富的教学案例.

3. 黄永明,亢红道.中学数学教学法概论[M].昆明:云南大学出版社.2005:143—169.

介绍了我国中学数学教学方法的研究现状与发展,讨论了中学数学教学的主要方法.

本章参考文献

[1] 翁凯庆,袁南桥,张红,等.数学教育学教程[M].成都:四川大学出版社,2002.
[2] 崔克忍.中学数学教学论[M].北京:北京师范大学出版社,2010.
[3] 黄永明,亢红道.中学数学教学法概论[M].昆明:云南大学出版社,2003.
[4] 陆书环,傅海伦.数学教学论[M].北京:科学出版社,2004.
[5] 丁尔陞.中学数学教材教法总论[M].北京:高等教育出版社,1990.
[6] 涂荣豹.数学教学认识论[M].南京:南京师范大学出版社,2006.

第四章 数学教学设计

数学教学是数学教师引起、维持、促进学生数学学习的行为.数学教师通过这些行为活动,在课堂上有计划、有组织、有目的地使学生获得数学知识、技能,形成道德品质和世界观,发展智能和个性.为了提高数学教学的质量,在实施教学前,数学教师要对教学行为进行认真思考和周密安排,充分考虑教什么,如何教,要达到什么要求等,也就是先必须对数学教学活动进行设计.本章介绍数学教学设计的一般常识,并尝试设计和编制教案,为投入实际教学作准备.

学习目标

学习本章后,你将会:
◆ 对数学教学设计有一个初步的了解;
◆ 知道数学教学设计的内容、过程与模式;
◆ 能对数学教学活动进行科学、合理的设计.

第一节 数学教学设计概述

一、数学教学设计的概念

所谓数学教学设计,简单地说,就是指教师为达到一定的教学目标,对数学教学活动进行的系统规划、安排与决策.具体说来,数学教学设计是教师以现代教学理论为基础,依据教学对象的特点和自己的教学观念、经验、风格,运用系统的理论与方法,分析数学教学中的问题和需要,确定教学目标,建立解决问题的步骤,合理组合和安排各种教学要素,为优化教学效果而制定实施方案的系统计划过程.

由此可见,数学教学设计实际上是对数学活动进行构想.通过数学教学设计,教师可以对数学教学活动的基本过程有个整体的把握,可以根据教学情境的需要和教学对象的特点确定合理的教学目标,选择适当的教学方法和策略,采取有效的教学的手段,创设良好的教学环境,实施可行的评价方案,从而保证数学教学活动的顺利进行.同时,通过数学教学设计,教师可以有效地了解和掌握学生数学学习的原有水平与学习的状态,从而及时调整教学策略与方法,采取必要的教学措施,为下一阶段的教学奠定基础.所以,数学教学设计是数学活动顺利进行的基本保证.

数学教学设计是一项多因素、多层次的系统工程.数学教学设计可以是一个学段的教学设计、一个学年的教学设计、一个学期的教学设计、一个单元的教学设计、一个课时的教学设计.本章主要研究一个单元的教学设计和一个课时的教学设计.

一个单元的数学教学设计是针对一个单元内容进行的设计,如函数单元的教学设计、不等式单元的教学设计等.单元数学教学设计是相对较微观的教学设计,它需要确定本单元的教学目标与要求,知识的重点与难点,课时的计划安排,例题与习题的选择,现代化教学设备与教具的使用,课件的配置等内容.

一个课时的数学教学设计是针对一个课时内容的设计,是最微观而具体的设计.它关系到一节课的教学质量,每一节课的质量都能够达到,整个学期的质量就能够达到,整个学年、学段的质量就能够达到,所以,一个课时的教学设计是非常基本和重要的.

二、数学教学设计的基本特征

尽管在具体的教学实践活动中,教学设计者形成的教学设计方案各不相同,但教学设计在教学活动中体现出的基本特征是普遍的,所起的作用是共同的.教学设计具有如下一些基本特征:

1. 指导性

教学设计是教师为组织和指导教学活动而精心设计的教学预案,教师有关教学活动的设想都反映在教学设计中,所以教学设计的方案一旦形成并付诸行动,它就成为教师教学的基本依据,对教学活动起到指导、约束和控制的作用.为此,教师在进行教学设计时,一定要认真思考、全面规划.

2. 系统性

教学是由多种教学要素组成的一个复杂系统,教学设计则是对这诸多要素进行系统安排与组合.以系统科学的方法指导教学设计,是科学的教学设计与经验的教学设计之间的根本区别.建立在经验基础上的教学设计往往只注重教学的某个部分,具有较大的局限性.而从系统科学的方法出发,就要求对由诸多要素构成的教学活动进行综合的、整体的规划与安排.为此,进行教学设计时应全面考虑教学内容,仔细分析每一个教学要素,以达到所有的教学要素在所要实现的教学目标中有机综合,成为一个完整的统一体.

3. 操作性

教学设计为教学理论与教学实践的有效结合提供了现实的结合点,它既有一定的理论色彩,又有明确的教学实践指向.在成型的教学设计方案中,各类教学目标被分解成具体的、可操作的目标,教学内容的选择、教学方法的运用、教学时间的分配、教学环境的调适、教学媒体的使用以及教学评价手段的实施等都作了具体的规定和安排,这一系列的规定和安排都具有很强的可操作性.

4. 预演性

教师进行教学设计,实际上是对实际教学活动的预演,如同演员上台表演节目一样,在正式演出前,都要经过多次的排练.所以,教师在进行教学设计时,对整个教学活动过程的每一个环节、每一项步骤都要在头脑中进行预演,并要有如临真实教学情境的体验,从而为教学活动的顺利实施提供保证.

5. 创造性

教学是一项创造性的活动,教学设计也是一项极富创造性的工作.教学设计的过程实际上是教师在深入钻研教材的基础上,认真分析学生的实际,并依据不同的教学目标要求,进行创造性地设计教学实施方案的过程.教学设计尽管使教学程序化、合理化和精确化,但它并不束缚教学实践的自由,更不会扼杀教师的教学创造性.相反,教学设计更强调具体情况具体对待,强调把教师个人的教学风格、教学经验和教学智慧等都要融入教学设计方案,这为教师个人创造性才能的发挥提供了广阔的空间.

第二节 数学教学设计过程

前面我们介绍了数学教学设计的含义与基本特点,下面我们来研究如何进行具体操作,解决怎样进行数学教学设计的问题.为了解决这个问题,根据系统论的观点,我们先来研究数学教学设计的基本要素,然后具体研究数学教学设计的过程.

一、数学教学设计过程的基本要素

数学教学设计有各种不同的设计过程模式,但是不管什么模式,它们都包含以下四个共同的要素:

1. 数学教学对象

由于数学教学设计是以学生为中心,所设计的一切活动是为了学生学好数学,因此,要使数学教学设计取得好的效果,必须重视对学生情况和教学内容的分析.

2. 数学教学目标

要进行数学活动和过程的设计,必须首先明确为什么要教这些内容,通过教学要达到什么目标.这样进行教学设计,才有明确的方向和要求.

3. 数学教学策略

这是解决如何进行数学教学的问题,是数学教学设计的重点.它包括教学方法、教学形式、教学活动和教学媒体等的选择和设计.

4. 数学教学设计方案评价

为了知道数学教学设计的方案是否能取得理想的教学效果,必须对数学教学设计的方案进行评价,并在此基础上对方案进行修改.

二、数学教学设计过程

数学教学设计过程虽有各种不同的模式,根据数学学习理论、教学理论和课程标准的要求,以及数学教学的实践需要,我们通常采用以下的过程:

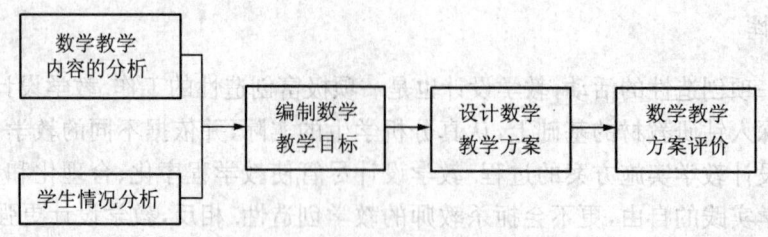

图 4-1 数学教学设计过程

1. 数学教学设计前期分析

(1) 数学教学内容的分析

数学教师在进行教学设计时,第一步先要了解教师教什么,学生学什么,也就是先要知道教学内容,并对它进行详细分析.

数学教学内容,是指为了实现数学教学目标,要求学生学习的数学知识和技能的总和.数学教材是数学教学内容的基本组成部分,是数学教学内容的主要依据,我们这里所说的数学教学内容的分析主要是指对数学教材的分析.数学教材是一个系统,要用系统的方法来进行研究.系统方法是按照事物本身的系统性,把对象放在系统中进行研究的一种方法.它从系统观点出发,坚持从整体与环境之间、整体与要素之间、要素与要素之间的相互联系、相互作用、相互制约的关系中去考察对象,以求最优化地解决问题.运用系统方法对数学教材进行分析包括背景分析、功能分析、结构分析、要素分析等.数学教材又是教师进行数学教学和学生学习数学的重要依据,因此还必须在数学教学论和数学学习论的指导下对教材进行学习心理分析.下面分别作简要说明.

① 背景分析.背景是对人物或事件起作用的历史情境和现实环境,是任何学习和教学事件中始终渗透着的潜在因素.数学教学活动是在一定的背景中进行的,背景对数学教学有着很重要的影响.数学教材的背景分析,主要是分析数学知识的产生、发展的过程,它与其他有关知识的联系,以及在社会生产、生活和科学技术中的应用.

② 功能分析.功能是指系统与外部环境相互联系、相互作用中所表现出来的能力.数学教材的功能分析主要是分析这一部分数学内容在整个数学内容中的地位和作用,以及对于培养和提高学生数学素质所具有的功能和价值,包括智力价值、教育价值和应用价值.

③ 结构分析.任何事物都有一定的结构体系.所谓结构,是指事物内部组成要素组合在一起的方式.数学教材也有自己的结构体系.结构分析主要分析数学知识、技能、方法、思想的系统、层次及其相互之间的关系,以及这种关系的性质、特点,从而确定这些数学知识、技能、方法、思想的掌握程度和训练要求.从篇幅来分,结构分析包括整个学科的结构分析、单元结构分析和单课结构分析.从内容来分,整体结构分析包括数学知识结构分析和思想方法结构分析.单课结构分析包括数学知识结构分析、数学教学结构分析、以及重点、难点和关键分析.

④ 要素分析.系统是要素组成的,系统整体功能的实现要以系统各要素的功能的实现为基础.数学教材是一个系统,它也是由要素构成的.数学教材内容包括下列要素:感性材料、数学概念原理、例题和习题.对这四个要素分别进行分析.

⑤ 学习类型和学习任务分析. 学习类型分为学习结果类型和学习形式类型.

(i) 学习结果类型分析. 学习任务是有差别的,不同类型的学习任务对学生的能力要求(学习的内部条件)和教学要求(学习的外部条件)有很大的差异,对学习结果的类型进行分析,就是把学习任务分门别类. 根据加涅的学习结果分类理论,结合数学学习的实际情况,数学学习结果有八种类型:数学事实、数学概念、数学原理、数学问题解决、数学思想方法、数学技能、数学认知策略和态度.

(ii) 学习形式类型分析. 根据奥苏伯尔同化理论,数学概念和原理的学习可以分为上位学习、下位学习和并列学习. 将教学内容中数学概念和原理按这三种类型进行分类,并加以分析.

(iii) 学习任务分析. 在学习新的知识技能之前,学生原有的知识技能水平的准备称为起点能力. 通过一定的教学活动,学生获得的知识技能称为终点能力. 介于起点能力到终点能力之间的知识技能力称为先决技能. 学习任务的分析就是对学生的起点能力转化为终点能力所需要的先决技能及其上下左右的关系进行详细剖析的过程. 通过学习任务的分析,为教学顺序的安排和教学条件的创设提供心理依据.

(2) 学生情况分析

为了使教学设计能符合学生的实际情况,取得更好的教学效果,学生情况分析包括以两个方面:

① 学习准备情况分析. 学生的学习准备情况分成如下两类:

第一,学生的起点能力. 学生的起点能力是对从事特定的内容和任务的学习已经具备示的知识与技能的基础,以及对有关学习内容的认识水平与态度.

第二,学生数学学习的心理特点分析. 学生学习数学的心理特点分析是指对学生学习有关数学内容产生影响的年龄、性别、认知成熟度、学习动机、情感、意志和气质等因素的分析. 这些因素影响教师对教学内容、教学方法和教学媒体的选择和运用.

② 学习风格分析. 学习风格是指学生对感知不同的刺激、并对不同刺激作出反应这两方面产生影响的所有心理特征. 学生学习有不同的风格,学习风格的差异对学生的学习和教师的教学都会产生一定的影响,通过对学生学习风格的分析,使我们能更好地针对学生的实际情况进行教学.

学生情况分析为教学内容的选择和组织、教学目标的编制,教学活动设计、教学方法与教学媒体的使用提供可靠的依据.

2. 编制数学教学目标

教学目标是教学活动预期达到的结果,是学生通过学习以后预期产生的行为变化. 它表现为对学生学习成果及终结行为的具体描述. 在教学活动开始之前,教师必须明确学生学习结果类型,并且用清晰的语言陈述教学目标. 编制数学教学目标是数学教学设计中非常重要的组成部分. 在数学课程标准中,课程目标及内容标准的陈述方式和技术有了新的变化,教学目标的陈述方式和技术也应其保持一致.

(1) 两类陈述方式

在数学课程标准中,课程目标的陈述方式可以分两类:

第一类,采用结果性目标的方式,即明确告诉人们学生的数学学习结果是什么,所采用的行为动词要求明确、可测量、可评价,如"了解、认识、理解、掌握、灵活运用于"等.这种方式指向可以结果化的课程目标,主要应用于"知识与技能"领域.如"了解无理数和实数的概念"、"理解有理数的运算律"、"了解线段垂直平分线的性质"、"认识统计在社会生活中的应用"等.

第二类,采用过程性目标的方式,即描述学生应从事的活动或应经历的活动过程,所采用的行为动词往往是过程性的,如"经历、探索"等.这种方式指向无需结果化或难以结果化的课程目标,主要应用于"过程与方法"、"情感态度与价值观"领域.如"探索两个三角形相似的条件"、"经历用观察、画图或计算器等手段估计方程解的过程"等.

(2) 教学目标的 ABCD 陈述技术

在教学目标的陈述中,一般包括四个要素:行为主体(Audience)、行为动词(Behaviour)、行为条件(Condition)和表现程度(Degree),简称 ABCD 型,利用这四个要素陈述教学目标称为 ABCD 陈述技术.

① 行为主体.即学习者,目标描述的不是教师的行为,而应是学生的行为.如把目标陈述成"教给学生……""使学生……"等就是不妥的.

② 行为动词.即用以描述学生所形成的、可观察的、可测量的具体行为的动词.如"写出、认出、识别、指明、做出、画出"等.

③ 行为条件.指影响学生产生学习结果的特定的限制范围.如"根据下面的式子,能……""如图所示,会……"等.

④ 表现程度.是指学生所应达到的最低表现水准,用以衡量学习表现或学习结果所达到的程度,如"至少写出两种解题方案"等.

在陈述教学目标时,至少应包括行为和内容两个方面,既要指出期望学生采取哪种行为方式,又要说明这种行为运用的内容或领域.

例如,在"一元一次方程及其解法"一节中,其教学目标可确定为:能够判断形如"$ax+b=0$"的式子是否是一元一次方程;会解形如"$ax+b=0$"的方程.这两个教学目标所涉及的行为是"能判断"和"会解",所涉及的内容分别是"一元一次方程的概念"和"一元一次方程的解法".行为主体和行为条件则被省略.

(3) 教学目标的内外结合陈述技术

ABCD 陈述技术虽然描述教学目标比较具体可测,避免了模糊性.但是也有缺点,它过分强调行为的结果,而不注意内在的心理过程.只注意行为的变化,忽视内在能力的变化和情感的变化.而且在目前情况下,具体教学实践中有好多心理过程还无法行为化.因此,描述心理过程的术语尚不能完全避免.为此,可以采取内外结合的方法,先用描述心理过程的术语陈述教学目标,再用可观察的行为作为例子使这个目标具体化,将内部心理过程和外显行为结合起来描述教学目标,既避免了用内部心理过程描述教学目标的抽象性,又防止了行为目标的机械性和局限性.

例如,"培养事物运动变化的观点",这是内在心理的变化,不能直接观察和测量,只能列举一些反映内在心理变化的行为的例子.通过对这些具体行为的观察,来判断学生是否培养了运动变化的观点.如"圆和圆的位置关系"中有一个目标是"培养运动变化的观点",可以这样来陈述:

培养事物运动变化的观点.

① 通过两个圆在运动时,两圆公共点的个数的变化,体会事物是运动变化的.

② 通过两个圆在运动时,两圆圆心距与半径之间关系的变化,进一步体会事物是怎样运动变化的.

3. 设计数学教学方案

这是数学教学设计的中心环节.包括确定课的类型、选择教学模式、教学顺序设计、教学活动设计、教学形式设计和教学媒体设计等.

(1) 确定课的类型.由于数学课有各种不同的类型,有新授课、练习课、复习课和测验课等,不同类型的课有不同的功能,要采取不同的教学方法,有不同的教学过程.因此在设计数学教学过程时,首先必须确定数学课的类型.

(2) 选择教学模式.在课的类型确定以后,进一步根据不同的教学内容和目标选择不同的教学模式,再具体设计整个数学教学过程的各个环节.

(3) 设计教学顺序.教学顺序是教学过程的前后次序,也就是先做什么,后做什么.它包括以下三个方面:

① 数学教学内容呈现顺序.指的是数学知识和技能出现的前后次序,先教什么内容,后教什么内容.

② 教师活动顺序.指的是教师进行教学活动的前后次序,教师先进行什么教学活动,后进行什么教学活动.

③ 学生活动顺序.指的是学生进行学习活动的前后次序,学生先进行什么学习活动,后进行什么学习活动.

这三个方面是同步进行的,必须进行整体设计.

(4) 设计教学活动.在教学顺序设计的基础上,还要对每一项教学活动进行设计.包括导入设计、情境设计、提问设计、例题设计、练习设计、讨论设计和小结设计等.

(5) 选择教学形式.为了使数学教学取得较好的效果,还必须选择适当的教学形式.教学形式有集体授课、小组学习和个人自学等.要根据不同的教学目标、学生特点选择不同的教学形式.

(6) 选择和设计教学媒体.为了进一步激发学生学习的兴趣,提高数学教学的效率,在数学教学设计过程中,必须注意教学媒体的选择和设计.根据学习任务的要求、教学媒体的功能和教学条件等因素,选用适当的教学媒体.

4. 数学教学方案评价

在数学教学设计过程的后期,需要对设计的成果进行评价.根据试行的结果判断它达到教学目标的程度,并由此对设计的方案进行修改,以使其不断完善.

第三节 数学教学的模式

数学教学模式是在数学教育理论指导下,根据数学教学目标所设计的数学教学结构和相关的教学策略与教学评价.它是数学教育理论和数学教学实践之间的中介和桥梁,对数学教学设计过程有直接的指导和具体的描述作用.在数学教学设计过程中,需要将数学教育的理论应用于数学教学的实践,也需要将数学教学的实践经验提升为理论.数学教学模式很多,各种教学理论有各种教学模式,很多优秀数学教师在数学教学实践中也创造了不少数学教学模式.每一个数学教师,特别是缺乏教学经验的青年教师,需要掌握几种常用的数学教学模式.在进行数学教学时,可以根据不同的教学内容、不同的教学目标、不同的学习类型、不同的学生选用相应的教学模式,以激发学生学习数学的兴趣,鼓励学生积极参与教学过程,取得较好的教学效果.

在数学教学设计过程中,课的类型确定以后,接着就要根据教学目标、教学内容、学生情况选择适当的教学模式.

一、常用的数学教学模式

1. 讲练结合模式

这是当前数学教学中常用的一种教学模式.

(1) 功能目标:传授数学基础知识;训练数学基本技能;培养数学基本能力.

(2) 教学结构:复习旧知识—讲解新课—巩固练习—小结—布置作业.

(3) 特点:以传授数学基础知识和训练数学基本技能为主,教学方式是教师讲解和提问,结合学生练习.教学组织形式以全班同步学习为主.

2. 引导发现模式

(1) 功能目标:培养发现问题和探究问题的能力;掌握研究问题的方法.

(2) 教学结构:创设情境—提出问题—探究猜测—提出假设—推理验证—得到结论.

(3) 特点:这种教学模式学生在学习数学知识的过程中,不是通过教师讲解接受知识,而是在教师引导下自己发现知识.先由教师设置问题情境,引导学生提出要研究的问题,然后启发学生对问题进行探究和猜测,提出解决问题的假设,再进行推理和验证,最后得出结论.这种模式以数学问题为中心,安排教学程序,强调学生自己发现,强调发现的过程,强调获得知识的方法.

3. 实践活动模式

(1) 功能目标:培养动手操作能力;培养实践活动能力.

(2) 教学结构:创设情境—实践活动—讲解—小结.

(3) 特点:教师和学生共同参加实践活动,学生既动手又动脑,查资料、搞调查、做实验、搞制作.能充分调动学生的主动性和积极性,有利于培养创新精神和实践能力.

4. 讨论交流模式

(1) 功能目标:养成积极思维的习惯,培养批判性思维的能力;培养数学交流的能力和协作的能力.

(2) 教学结构:提出问题—课堂讨论—交流反馈—小结.

(3) 特点:对学习的内容通过问题的形式开展讨论.学生积极思考,充分发表自己的意见和看法.通过讨论,交流思想,探究结论,掌握知识和技能.

5. 自学辅导模式

(1) 功能目标：掌握学习方法，养成学习习惯；培养自学能力．

(2) 教学结构：提出要求—自学—提问—讨论交流—答疑讲解—练习．

(3) 特点：以学生自学为主，自己阅读课本，自己探索、研究和总结，教师引导和点拨．突出学生是学习的主体，教师在教学过程中起指导作用，充分发挥学生的学习积极性、主动性和创造性．

6. 复习总结模式

(1) 功能目标：复习巩固已经学过的知识和技能；提高综合运用知识分析问题、解决问题的能力．

(2) 教学结构：知识归类—举例—练习—小结．

(3) 特点：

① 系统化．将已经学过的知识通过整理形成一个系统，帮助学生形成知识结构．

② 综合化．在巩固基础知识基本技能的基础上，选取综合型的例题，提高学生综合运用知识分析问题、解决问题的能力．

③ 纠错补漏．纠正学习过程中的错误，弥补前一阶段学习中的漏洞．

二、如何选择数学教学模式

要选择数学教学模式必须首先熟悉常用的数学教学模式，了解它们的功能、结构和适用范围，既要清楚各种数学教学模式的优点，又要明白它们的局限性．例如，讲练结合教学模式可以在较少的时间内接受较多的信息，让学生通过练习掌握数学的基本技能，但它不能充分调动学生的主动性和积极性，培养学生的能力也不够理想．引导发现模式有利于培养学生发现问题、分析问题和解决问题的能力，但它需要花费较多的时间．其他各种数学教学模式也都是利弊共存．因此必须根据自己教学的实际情况选择合适的数学教学模式．选择数学教学模式通常可以从以下几个方面考虑：

1. 根据数学教学目标进行选择

每一节课有特定的教学目标，不同的教学目标需要不同的数学教学模式．

教学目标主要是掌握基础知识和基本技能的课，常常采用讲练结合模式．

教学目标主要是培养发现和探究能力的课，常常采用引导发现模式．

教学目标主要是培养实践能力的课，常常采用实践活动模式．

教学目标主要是培养交流、表达能力的课，常常采用讨论交流模式．

教学目标主要是培养自学和独立思考能力的课，常常采用自学辅导模式．

教学目标主要是复习巩固已学知识和技能的课，常常采用复习总结模式．

2. 根据数学教学内容进行选择

各种教学内容都有各自的特点，难易程度也不尽相同，有的是概念，有的是定理、公式和法则，有的是例题．教师必须根据不同的数学教学内容选择相应的数学教学模式．

学习数学的基本概念和基本技能的课,一般选用讲练结合模式.

学习数学定理、公式和法则的课,一般选用讲练结合模式或引导发现模式.

学习内容比较容易理解和掌握的课,一般选用自学辅导模式.

学习容易产生混淆的数学知识、容易产生争议的内容的课,一般选用讨论交流模式.

学习实践内容比较丰富、可以进行操作的课,一般选用实践活动模式.

3. 根据学生情况进行选择

由于在数学教学活动中,学生是学习的主体,因此学生情况是选择数学教学模式的重要依据. 每一个班级的学生的年龄、知识基础、认识水平、学习动机、学习能力、学习风格和学习态度各不相同,必须根据他们的特点选用相应的教学模式.

学生的数学知识基础比较好、自学能力也比较强,通常选用自学辅导模式或引导发现模式. 学生年龄比较小,认识水平比较低,如有可能尽量选用实践活动模式,一般少用讨论交流的教学模式.

4. 根据教师特点进行选择

每一个数学教师有自己不同的特长,数学素养和教学风格,这也是选择数学教学模式的依据之一. 有的教师对数学教学内容有透彻的理解,又善于用生动的语言表达自己的思想,这样的教师运用讲练结合教学模式往往效果比较好. 有的教师洞悉数学思想发展的脉络,又善于启发学生的思维,这样的教师运用引导发现模式就比较适当.

上述几方面的依据可供选择数学教学模式时参考,但不是绝对的. 因为没有一种万能的数学教学模式,没有一种数学教学模式可以普遍适用于任何情况. 也没有一种数学教学模式是最好的. 对某一种教学目标、某一类数学教学内容、某一个班级的学生也不一定只有一种数学教学模式,有多种模式可以选用. 因此必须全面地、具体地、综合地考虑各种有关的因素,灵活地进行选择. 而且在很多情况下,一节课需要同时选用多种数学教学模式,互相配合交替运用.

例如,一元二次方程根与系数关系——韦达定理,是数学中的重要定理,由于可以从具体的一元二次方程根与系数的数字,通过观察发现它们的关系,因此一元二次方程根与系数关系这一课时常常采用引导发现模式进行教学. 又如,由于点的位置和坐标是初中学生学习的内容,又是数学的基本概念,与实际生活有密切的联系,因此这一内容采用实践活动模式进行教学往往效果比较好.

第四节 数学教学设计方案与教案的编制

数学教学设计与教案,恰如一份工程总体设计蓝图和具体的施工图纸. 那么一份数学教学设计方案与教案也会有些什么内容?一般形式如何?二者有些什么区别和联系?下面我们作较具体说明.

一、数学教学设计方案的内容

在完成上面一系列数学教学设计工作的基础上,接着编制数学教学设计的方案. 数学教学设计方案既是数学教学设计的总结和书面的记录,又是数学课堂教学的主要依据.这是数学教学设计过程中的一个重要步骤,必须认真地把数学教学设计过程的每一阶段所做的工作,在方案中具体地反映出来.

根据数学教学设计的过程,不同的教师、不同的课可以有不同的数学教学设计方案的形式,数学教学设计方案应该包括以下几项内容:

1. 学习类型

在对教学内容进行分析的基础上,写出本课时学习结果和学习形式的类型.

2. 学习任务分析

写出学生的起点能力转化为终点能力所需要的先决技能,及其上下左右的关系.

3. 学生的起点能力

写出学生在学习本课时前必须掌握的数学知识和技能.

以上三个方面传统的教案一般都不写.主要原因是教师在备课时根本没有进行这些分析.实际上这一部分内容是很重要的,是数学教学设计的基础.如果没有进行这些方面的分析,就不可能对教学内容有深刻的理解和掌握,也不知道学生原有知识、技能等方面的起始状态,因而也就不可能设计出好的教学方案.通过书写教学内容的分析,还可以为下面书写教学过程提供更明确的依据.

4. 教学目标

根据不同的教学内容和要求达到的水平,明确地写出本课时的教学目标.

5. 教学重点和难点

在教学内容分析的基础上,写出本课时的教学重点和难点.

6. 教学过程

根据教学设计的结果具体地写出教学过程,包括以下几个方面:

(1) 教学步骤.按照教学过程,结合教学内容呈现的先后次序,写出教学的步骤,即"先做什么,后做什么".

(2) 教师活动.对每一个教学步骤写出教师活动的内容和方式,即"教师做什么,怎样做".

(3) 学生活动.对每一个教学步骤写出学生活动的内容和方式,即"学生做什么,怎样做".

(4) 教学媒体.说明在哪些教学步骤需要使用教学媒体(除了教科书、语言、板书等以外),教学媒体的种类、使用的要求,即"使用什么教学媒体,怎样使用".

(5) 教学形式.对一些需要小组学习和个别学习的教学步骤特别加以说明.

7. 教学后记

教师在课堂教学结束后写出自己的体会、经验、教训、认识以及对这一堂课的评价.

二、数学教案的构成要素与基本格式

教案也称课时计划,是教师上课的主要依据. 教案质量的高低,在很大程度上影响到教学质量的高低. 一个科学、标准的教案应该包含以下必要的要素:

(1) 教学目标或学习目标;
(2) 教学内容,其中区别出教学的重点与难点;
(3) 教学方法和教具使用;
(4) 教学活动进程,即教师教学行为和学生学习行为;
(5) 教学时间分配.

由于各节课的课型不一,书写详略不同,教案也很难有统一的格式,但必须有课题、教学目标、教学过程等三项基本内容. 下面列出几种常见教案的格式(以新授课为例):

1. 详案格式

详案格式(一)

(1) 课题;
(2) 教学目标;
(3) 教材分析(重点、难点、关键);
(4) 课型与教法;
(5) 教学过程(复习引入,讲解新课,巩固小结,布置作业);
(6) 教学后记.

详案格式(二)

教学设计理念:

(1) 课题;
(2) 课型;
(3) 教材和教学内容分析;
(4) 教学目标;
(5) 教学重点、难点;
(6) 教具;
(7) 教法与学法;
(8) 教学支持条件分析;
(9) 教学流程(框图);
(10) 教学过程;
(11) 板书设计;
(12) 教学后记.

2. 简案格式

(1) 课题；
(2) 教学目标；
(3) 教学过程（复习引入，讲解新课，巩固练小结，布置作业）.

3. 公开课教案格式

(1) 课题；
(2) 教学时间、教学地点、教学班级、执教人；
(3) 教学目标；
(4) 教材分析（重点、难点、关键）；
(5) 课型和教法；
(6) 教具；
(7) 教学过程（复习引入，讲解新课，巩固小结，布置作业）；
(8) 教学后记.

4. 实习课教案

同详案格式，但教学过程应更具体、更详尽，并附有时间分配和板书计划等.

三、数学教学设计方案与教案的区别与联系

教学设计与编写教案是两个不完全相同的概念. 它们的不同点有：① 教学设计从整体入手对教学进行规划，如怎样确定教学目标，怎样展开教学过程等；编写教案则更多地考虑具体内容与细节，如新知识如何引入，例题怎样选择等；这一点是两者的最大区别. ② 教学设计是原则性的、指导性的和纲领性的，它适用的范围非常广泛；教案通常是针对一个班级或一类学生撰写的，它的适用范围较窄. ③ 教学设计不能直接用于教学，要对其进行加工、创造，使其具体化，适合本班学生的实际情况方能实施教学；教案则可以直接用于本班的教学，但用于其他班，则必须对其进行改造，改造的力度有可能相当大，甚至面目全非.

当然，教学设计和编写教案也有相同的地方，具体有：① 目的相同，它们都是为教学服务的，都希望实现教学目标，取得好的教学效果；② 考虑的因素相同，无论是教学设计还是编写教案，都需要认真学习课程标准、分析处理教学内容、研究学生的特点以及现代教育技术如何与教学整合等. 表 4-1 是新课程中"球的体积"的教学设计与教案，读者可以从中更好地体会两者的异同.

表 4-1 "球的体积"的教学设计与教案

	教学设计	教案（略案）
教学目的	1. 了解球的体积公式（不要求记忆） 2. 会使用球的体积公式	
教学重点	应用公式处理实际问题	

续 表

	教学设计	教案(略案)
教学难点	应用公式处理实际问题	

教学过程	1. 设计实验,引导学生探讨半球的体积的求法
	2. 教师引导学生观察、归纳与简单推导获得球的体积公式
	3. 明确球的体积公式
	4. 应用球的体积公式于数学问题和实际问题中
	5. 小结
	6. 布置作业
		1. 完成实验
		  将底面半径和高都是 R 的圆锥放入同样底面半径和高都是 R 的圆桶内,圆锥的底面与圆桶的底面恰好重合;将半径是 R 的半球中装满水,再将半球中的水倒入圆锥和圆桶的组合体中,观察结果(见图 4-2),可以重复上面的实验多次,以便学生观察.
		
		图 4-2
		
		2. 教师引导学生观察、归纳与简单推导获得半球的体积:
		$$V_{半球}=V_{圆柱}-V_{圆锥}=\pi R^3-\frac{1}{3}\pi R^3=\frac{2}{3}\pi R^3$$
		进一步获得球的体积公式: $V_{球}=\frac{4}{3}\pi R^3$
		3. 明确球的体积公式:
		(1) 只要已知球体的半径,就可以求出它的体积;
		(2) 球体的体积与半径的立方成正比;
		(3) 使用公式时需要注意系数 4/3.
		4. 巩固与应用球体体积公式
		例 1 半径为 3 cm 的半圆,绕其直径旋转一周形成一个球体,求该球体的体积是多少? 解(略)
		例 2 一个球体内切于一个正方体内部,如果正方体的体积是 125,那么球体的体积是多少? 解(略)
		5. 小结
		  本节课重点学习了球体的体积公式及其应用,在使用公式时需要注意 R^3 和系数 4/3
		6. 布置作业

第五节　数学教学设计案例与评析

一、函数概念的教学设计案例与评析

1. 知识结构框图

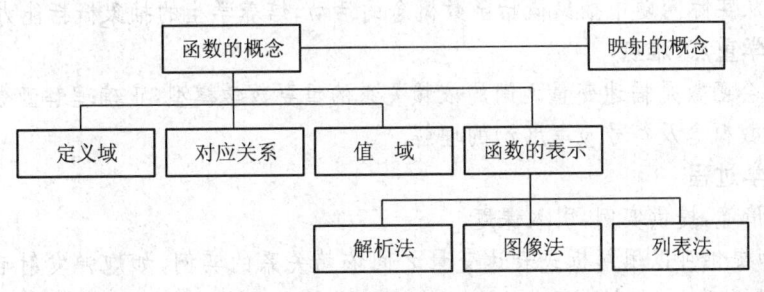

图 4-3　函数知识结构框图

2. 关于函数概念内容与教学的整体定位和要求

函数是描述客观世界变化规律的重要数学模型,高中数学中不仅把函数看成变量之间的依赖关系;同时还用集合与对应的语言刻画函数.

函数概念是高中数学中联系面广、起统帅作用的概念,函数的思想方法将贯穿高中数学课程的始终.学生将通过丰富的背景实例学习用集合与对应的语言刻画函数的形式化定义,再通过指数函数、对数函数、幂函数、三角函数等具体的基本初等函数,进一步认识和理解函数概念.并结合实际问题,感受运用函数概念建立模型的过程和方法,初步运用函数思想理解和处理现实社会生活中的简单问题,体会函数在数学和其他学科中的重要性.

在函数概念的教学中,应强调对函数概念本质的理解.反复运用具体——抽象——具体的原则,逐步加深对函数本质的理解.从函数的背景实例引入,分析共同特征,概括函数定义.再在学习指数函数、对数函数、幂函数、三角函数等具体的基本初等函数中,结合实际问题,在感受运用函数概念建立模型的过程和方法中加深对函数概念的理解;也可通过根据不同需要选择恰当的方法(如图像法、列表法、解析法)表示函数来加深对函数概念的理解等等.

函数概念的教学应重在对函数"三要素"的整体理解,避免在求函数定义域、值域时出现过于繁琐的技巧训练,避免人为地编制一些求定义域和值域的偏题.

3. 教学设计案例与评析

下面给出函数概念第一课时教学案例的设计.该案例设计的基本出发点是将函数作为一个"模型"来学习,强调对函数概念本质的认识和理解.因此,要关注背景和应用,重在对函数"三要素"的整体理解.

【案例 4-1】

函 数 概 念

（一）教学目标

1. 通过丰富的背景实例体会函数是描述变量之间的依赖关系的重要数学模型，正确理解函数的概念．
2. 能用集合与对应的语言来刻画函数，了解构成函数的三要素．
3. 通过从实际问题中抽象概括函数概念的活动，培养学生的抽象概括能力．

（二）教学重点、难点

重点：体会函数是描述变量之间的依赖关系的重要数学模型，正确理解函数的概念．

难点：函数概念及符号 $y=f(x)$ 的理解．

（三）教学过程

1. 创设情境，提供实例，引入课题

（1）教师提供可以用解析式表达变量之间依赖关系的实例，如炮弹发射后的飞行高度与发射时间的关系，启发学生用集合与对应的语言描述这种依赖关系，体会用解析式刻画的这种变量依赖关系．

（2）教师提供可以用图像表达变量之间依赖关系的实例，如气温随时间变化的例子，启发学生用集合与对应的语言描述这种依赖关系，体会用图像刻画的这种变量依赖关系．

（3）教师提供可以用表格表达变量之间依赖关系的实例，启发学生用集合对应的语言描述这种依赖关系，体会用表格刻画的这种变量依赖关系．如三角函数表中，角度与三角函数值之间的关系是否和前两个实例中的两个变量之间的关系相似？如何用集合与对应的语言来描述这种关系？

2. 结合实例，分析、概括得出函数的定义

分析、概括以上三个实例的共同特点，归纳得出函数的定义，并用集合与对应的语言严格描述函数定义．

3. 用函数的集合与对应的定义解释已学函数

（1）回顾初中的函数的定义．

（2）回顾初中已学过的一些函数，如一次函数、二次函数、反比例函数，用函数的集合对应定义描述这些函数，使初中学习的对函数的描述性定义上升到用集合与对应语言刻画的形式化定义，加深对函数概念的理解．

（3）反例练习，进一步体会函数的这种集合之间变量对应关系．

4. 了解函数的三要素

结合实例，了解构成函数的三要素以及函数的符号表示．

5. 练习、小结、布置作业

（1）练习．

（2）提示学生思考并讨论，对"函数是描述变量之间的依赖关系的重要数学模型"这句话有什么体会？构成函数的要素有哪些？列举生活中一些函数的实例．引导学生做出学习内容的小结．

（3）布置作业．

【评析】 新课程将函数作为描述客观世界变化规律的重要数学模型来学习,故设计体现了这一理念,从创设具有实际背景的实例引入,以思考问题"对'函数是描述变量之间的依赖关系的重要数学模型'这句话有什么体会?构成函数的要素有哪些?列举生活中一些函数的实例."结束.教师在设计教学时可以结合当地的情况采取合适的实例进行教学.

该教学设计较好地体现了教师的主导和学生的主体这两个"双主体"的地位.在教师的引导下,帮助学生通过实例分析,去发现函数的本质特征,概括出函数的概念,在学习知识的同时,发展和提高学生的抽象概括能力.

该教学设计较好地处理了与初中已学过的函数内容的"衔接",体现了函数概念学习的螺旋上升过程.要求学生对已学过的函数,如一次函数、二次函数、反比例函数,比较描述性定义和集合与对应语言刻画的定义,谈谈体会.起到承上启下的作用,并通过比较两种定义方式,加深对函数概念的认识和理解.

重点、难点把握准确,并对教学重点作了较好的处理,自始至终都在贯彻"函数是描述变量之间的依赖关系的重要数学模型"这一理念.

二、立体几何初步的教学设计案例与评析

1. 知识结构框图

立体几何初步包括"空间几何体"和"点、线、面之间的位置关系"两部分内容,其知识结构框图分别如下:

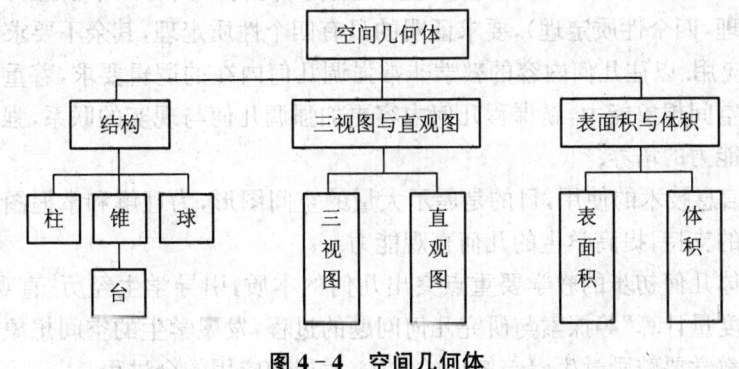

图 4-4 空间几何体

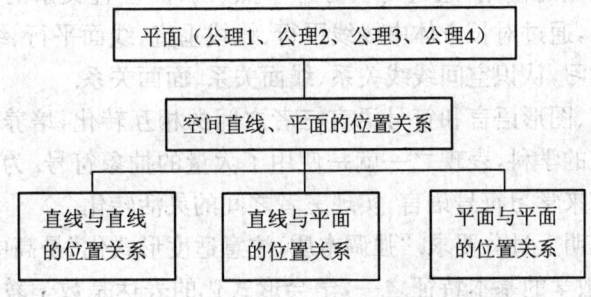

图 4-5 点、线、面之间的位置关系

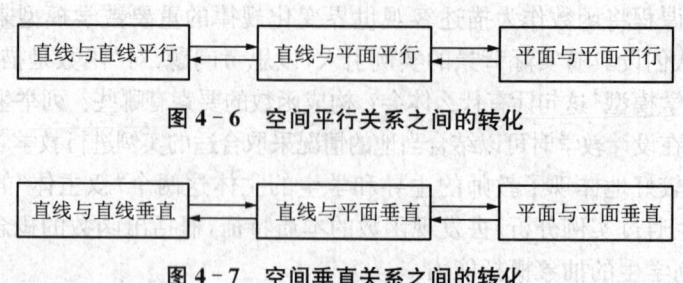

图4-6 空间平行关系之间的转化

图4-7 空间垂直关系之间的转化

2. 关于立体几何初步内容与教学的整体定位和要求

新课程立体几何初步大部分内容与以往课程相同,所不同的是增加了几何体三视图画法的要求,强调几何体及其三视图、直观图之间的相互转化;而减少了许多定理的教学(包括三垂线定理),处理的方法是将它们用向量转化为代数问题放在选修课程2-1中.对于相同的内容,新课程在处理上有很大的不同.具体体现在如下几点:

(1) 课程体系的处理.以往教材的安排是从局部到整体,先介绍点、线、面,再讲解几何体.新课程教材的安排则是从整体到局部,先展示大量的几何体,在学生感性认识的基础上,再深入研究构成几何体的元素——点、线、面.

(2) 将合情推理与逻辑推理有机地结合起来,避免以往几何课程以论证为主线所造成的过于形式化的面貌,以及由此给学生带来的学习负担,全面看待几何课程的教育价值.新课程立体几何初步弱化了对证明的要求.整个立体几何初步共有四个公理,九个定理(其中有五个判定定理,四个性质定理),要求证明的只有四个性质定理,其余不要求证明.

(3) 重视应用.以往几何内容的教学非常强调几何内在的逻辑要求,着重培养学生的逻辑思维能力和空间想象能力,新课程几何内容更加强调几何与现实的联系,强调几何直观能力和空间想象能力的培养.

(4) 强调信息技术的使用,目的是展示大量的空间图形,为理解和掌握图形几何性质的教学提供形象的支持,提高学生的几何直观能力.

新课程立体几何初步的教学要重点突出几何的本质,引导学生经历"直观感知、操作确认、思辨论证、度量计算"等探索与研究几何问题的过程,发展学生的空间想象能力和几何直观能力.为此,教学要鼓励学生参与知识的发生、发展和应用的全过程.

要注重长方体模型的使用,通过对长方体中点、线、面位置关系的学习,认识空间一般点、线、面的位置关系,通过对长方体中线线平行、线线垂直、线面平行、线面垂直、面面平行、面面垂直等关系的学习,认识空间线线关系、线面关系、面面关系.

要注重自然语言、图形语言和符号语言三者之间的相互转化,培养学生这种转化能力.数学是一门高度抽象的学科,表现之一就是使用了大量的抽象符号.为此,教学时要借助于自然语言和图形语言来学习符号语言,实现三者之间的灵活转化.

教学中不要在证明上过分要求."强调本质,注意适度形式化"是高中数学新课程改革的基本理念.形式化是数学的基本特征之一,学会形式化的表达是数学教学的一项基本要求,但数学教学更重要的是使学生认识数学的本质,发展思维能力.数学课程要讲逻辑推理,更要讲道理.

3. 教学设计案例与评析

新课程中立体几何变化较大,我们选择一些新增加的内容或者与以往课程相比处理上有较大变化的内容进行教学设计和评析,以便读者体会新课程教学设计的一些特点.

【案例 4-2】

直线与平面平行的判定

"平面外一条直线与此平面内的一条直线平行,则该直线与此平面平行"是直线与平面平行的判定定理.这个定理不要求证明,教学时可以设计一些活动,引导学生归纳出探究平面外直线与平面平行的判定定理.

(一) 教学目标

1. 使学生体会学习直线与平面平行的判定定理的必要性.
2. 掌握直线与平面平行的判定定理的内容并会使用它判别平面外一直线是否与平面平行.
3. 设计活动,使学生经历直观感知、操作确认等几何学习过程.

(二) 教学重点、难点

重点:定理的内容和应用.

难点:定理的探究.

(三) 教学过程

1. 引入直线与平面平行的概念

(1) 列举生活中的大量实例使学生感受空间直线与平面平行的形象.

(2) 类比平面几何中直线与直线平行的概念引导学生获得直线与平面平行的概念.

(3) 同样类比平面几何中直线与直线平行的判定定理研究的必要性使学生认识到研究空间直线与平面平行的判定定理的必要性.

2. 引入判定定理

(1) 创设问题情境:如图 4-8,已知平面 α 内一条直线 b,直线 a 在 α 外,如果有 $a//b$,那么直线 a 与平面 α 是什么关系?

(2) 回忆平面外直线与平面的位置关系.

(3) 探究直线 a 与平面 α 是哪一种关系,获得判定定理.

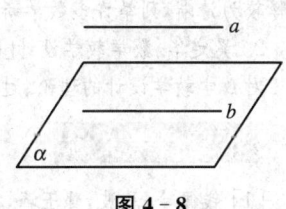

图 4-8

3. 明确定理

(1) 明确定理的条件、结论各是什么,用符号表示如下:

$$\left.\begin{array}{r}a \notin \alpha \\ b \in \alpha \\ a // b\end{array}\right\} \Rightarrow a // \alpha.$$

(2) 定理的适用范围是判定平面外一直线与平面平行,只要能够找到平面 α 内的一条直线 b 与平面外的直线 a 平行,那么就由上述定理推出直线 a 与平面 α 平行.

4. 巩固定理

(1) 多媒体动画展示长方体,引导学生指出长方体中直线与平面平行的情形.

(2) 引导学生列举周围世界中的直线与平面平行的实例.

(3) 总结判定平面外直线与平面平行的方法:一种是定义,一种是判定定理.

5. 应用定理
6. 布置作业

【评析】 直线与平面平行的判定定理是学生在立体几何学习中遇到的第一个判定定理,对其他判定定理的学习起到一个基础与借鉴的作用,其学习方法也为后续的学习奠定了基础,因此,该定理的教学非常重要,教师应给予足够的重视.

本设计的过程是先让学生感受学习直线与平面平行的判定定理的重要性,从而积极主动地参与到教学中来,然后创设问题情境,进一步调动学生的积极性,学生参与课堂活动,探究问题的答案,当问题解决时,定理也就获得了,接下来明确定理的条件和结论,符号表示,最后安排了定理的巩固和应用,整个过程符合学生的认知规律,相信能够取得较好的教学效果.

本教学设计重点是定理内容的探究和应用,从而使课堂教学主次分明,重点突出.

新课程几何学习强调让学生经历直观感知、操作确认、思辨论证、度量计算等几何学习过程. 本设计在这方面也做了些尝试,如动画演示长方体使学生直观感知直线与平面平行的概念,通过活动使学生动手操作、探究确认定理的内容等.

思考与练习

1. 数学教材分析有何意义?请从初中或高中数学教材中的任意选一章内容,运用系统方法加以分析.
2. 课本中两个数学教学设计案例,请你在所给出的教学设计下,编写出较详的教案.
3. 通过学习本章内容,你认为教学设计的重点是什么?请从初中或高中数学教材中任意选中一节课进行教学设计,将你的设计与同事(或同学)进行交流.

资源链接

1. 钱佩玲,马波,郭玉峰,等. 高中数学新课程教学法[M]. 北京:高等教育出版社,2007:66—75,102—104.

对我国高中数学新课程教学的基本理念和结构定位进行了阐释,对数学教学设计的相关概念和过程也阐释较为清晰,列举许多数学新课程教学设计的案例与评析.

2. 吴定华. 数学教学设计[M]. 上海:华东师范大学出版社,2001:1—21,146—152.

对数学教学设计的理论、过程、方法作了较全面的介绍,并给出相关的数学教学设计案例.

本章参考文献

[1] 钱佩玲,马波,郭玉峰,等. 高中数学课程教学法[M]. 北京:高等教育出版社,2007.
[2] 吴定华. 数学教学设计[M]. 上海:华东师范大学出版社,2001.
[3] 吕世虎,石永生. 初中数学新课程教学法[M]. 北京:首都师范大学出版社,2004,48—67.
[4] 王书臣,刘长华,蒋永晶. 数学新课程教学设计[M]. 大连:辽宁师范大学出版社,2002.
[5] 张刘祥,金其生. 新课程理念指导下的课堂教学策略[M]. 上海:华东师范大学出版社,2004,41—65.
[6] 张奠宙,宋乃庆. 数学教育概论[M]. 北京:高等教育出版社,2004:92—116.

第五章　数学概念及其教学

> **学习目标**

学习本章后,你将会:
◆ 知道概念、定义、原名以及数学概念的意义、产生与发展;
◆ 弄清概念的结构和概念之间的关系;
◆ 了解概念的划分及其作用,掌握定义数学概念的常用方法;
◆ 掌握数学概念的地位、作用和基本的学习方式;
◆ 掌握数学概念教学的基本要求、教学目标、一般方法和主要特点,能够设计和实施数学概念教学.

第一节　数学概念及其产生与发展

一、数学概念及其产生与发展

1. 概念与数学概念

列宁指出:"概念是人脑的高级产物". 逻辑学认为,反映事物本质属性和特征的思维形式叫做概念,其中所说的本质属性是指这类事物所独有的,而其他类事物所没有的性质. 如梯形是一类事物,它的本质属性是仅有一组对边平行的四边形. 这个本质属性是梯形所独有的,而其它事物如平行四边形、三角形等所不具有的.

数学研究的对象是现实世界的空间形式和数量关系. 因此,数学概念是反映现实世界空间形式和数量关系本质属性的思维形式. 正确的概念是科学抽象与概括的结果. 人们在实践中得到丰富的感性认识材料,经过思维去粗取精、去伪存真、由此及彼、由表及里的改造制作,舍去了事物的一些次要方面,保留了事物的本质属性形成了概念. 例如点、线、面、体等形的概念以及数的概念皆不例外.

概念作为哲学、逻辑学、心理学等许多学科领域的研究对象,由于研究角度的不同,各学科对概念的理解存在差异. 例如,哲学中把概念定义为人脑对事物本质特征的反映,而心理学则把概念与人类的行为分类紧密地联系在一起. 如行为主义认为概念是有机体对相似刺激物或同类刺激物作出共同反映的结果,这种解释对初级的具体概念比较适宜,但它没有指出概念应该抽象出事物的本质属性. 认知心理学把概念定义为"符号所代表的具有标准共同属性的对象、事物、情境或性质",这里的符号主要是指具有一般意义的词. 现代认知心理学则揭示了概念的发展性,随着知识结构的不断完善,人们对概念的理解从具体水平向抽象性水平发展,从日常概念(有时这种概念是错误的)向科学概念发展. 例如,看到"椭圆"这个词语,人们的脑子里会呈现一般的椭圆的表象,如运动场的椭圆形跑道,西瓜的椭圆形截面等.但是,数学中的椭圆与生活中的这些椭圆是有区别的,它是指经过数学抽象后对现实世界中这类对象的非数学本质属性如质地、颜色、用途等等进行了剥离,而抽取了这类对象所共有的空间形式和数量关系本质属性的图形,这时椭圆这个词才代表了一个科学概念.

2. 属性与本质属性

深入的研究使人们觉察到属性可分为两类,一类是本质的属性,一类是派生的属性.那些对某类事物有决定性的,并使之与其它事物有区别性的属性,即这类事物所独有、而其他事物所没有的属性,是本质属性;那些非本质的、附属的属性是派生属性.例如,直角三角形是一类事物,它的本质属性是"有一个角为直角的三角形",这个本质属性是直角三角形所独有的,其它事物如钝角三角形、四边形等所不具有的.

事物的本质属性是它区别于其他事物的属性.而事物的派生属性,可以是其他事物也具有的属性.例如,"一组对边平行"是平行四边形的属性,但不是它独有的属性;"对角线相等"是正方形的属性,但不是它独有的属性.一般地,事物的性质和事物间的关系统称为事物的属性.因此概念的认知与教学中,应注意"属性"与"本质属性"的区别.

3. 数学概念的产生与发展

数学概念就是反映现实世界空间形式和数量关系本质属性的思维形式.最初的数学概念大多是直接从现实模型中抽象概括得来的.例如,利用平静的湖面获得平面的概念,利用笔直的(没有弯曲)、可无限延伸(没有边界)、绝对的细(没有宽窄、厚度)等特征来获得直线这个概念.事实上,几何中点、线、面等最基本的概念,都是人们对客观事物的属性进行理想化和纯粹化的抽象,从现实模型中抽象概括得来的.作为数学科学发展的起点,自然数概念的形成与产生则经历了数数、计数、记数等等漫长的过程与演变.例如,对"3"的认识,最初总是与"3棵树"、"3头牛"、"3个手指"等具体事物联系在一起,随着实践活动的发展,人们从"3个手指"、"3条河"、"3座山"等大量具体事物中抽取出数量的共同特征,最终形成了3的概念.

上述例子表明了认识论以及数学概念形成与产生的一个基本规律,人们对现实世界客观事物的认识过程,主要由感性认识和理性认识两个阶段构成.感性认识是对事物认识的低级阶段,它是由于人的感觉器官和被认识的对象直接接触而实现的.感性认识主要由三种形式构成:感觉、知觉、表象.感觉与知觉都是客观事物直接作用于人的感觉器官如眼睛和手时所产生的反映.感觉和知觉统称为感知,是人们认识客观事物的基础.感觉反映的只是个别的属性.知觉比感觉复杂,它综合了事物的各个属性,是对事物整体表面特征和外部联系的反映.

表象则是比感知更高一级的感性认识形式,是感知的保存与再现.与感知相比,它不仅具有具体形象性,而且具有一定的概括性.它不仅反映了个别事物表面特征的主要轮廓和特点,而且还反映了一类事物的共同的表面特征,它不仅反映在某一次感知中所认识到的形象,还常常把多次认识到的形象综合起来.因此,表象是感性认识和理性认识的中介与桥梁.

但是,人们对客观事物的认识仅仅停留在对事物表面特征的认识,即感性认识上往往是不够的.要想达到对感性认识感知不到的对象及其本质和规律性的认识,就要对感性认识进行再加工.而以感性认识为基础又超越于感性认识的认识就是理性认识,这就是思维.思维是有意识的人脑对客观事物的本质属性和内部规律性的概括与间接地反映,是对客观事物的间接的理性认识.

综上所述,客观事物都有各自的特征或者称为性质、属性.人们在实践活动中,首先通过感觉、知觉、表象,接受客观事物的各种信息,形成感性认识,逐渐认识了所接触对象的各种属性.在以上感性认识的基础上,经过比较、分析、综合、抽象、概括等思维活动,对丰富的感性材料进行去粗取精、去伪存真、由此及彼、由表及里的加工整理和改造制作,舍弃了事物的一些次要方面,保留了事物所独有而其他事物所不具有的属性,即这类事物的本质属性,就形成了概念.

随着人类认知能力的与时俱进和数学自身的发展,数学概念形成和产生的途径越来越多样化.有的概念是在一定的数学对象结构中产生的,如"三线八角"等数学概念;有的概念则是伴随数学内部的矛盾运动和发展,并根据理论上的需要而提出的,如负数、虚数、n维空间等;还有的是在已有数学概念的基础上,经过多次的抽象概括而形成的"心智的产物",如近代数学中的群、环、域等概念.

概念是人们对客观事物的一种本质认识.事物本身是发展变化的,随着人们实践的发展,人们的认识也是不断发展和不断深化的,因此反映事物的概念也会随之发展变化.例如,角的概念,起初角是作为具有公共端点的两条射线所构成的图形,其外延在小学阶段为$0°$到$180°$的角,到初中发展为$0°$到$360°$的角.后来发展成,角是一条射线绕着端点旋转所形成的图形,其外延,在平面几何中为$0°$到$360°$的角,在三角中发展为任意角.再如,指数概念,从最初的正整数指数扩充了零指数、负整数指数进而发展到整数指数,再扩充分数指数进而发展到有理数指数和实数指数(在中学数学中,仅通过特例列表讨论了无理数指数,并没有从一般意义上引入概念).在以上的发展变化过程中,相关概念的外延与内涵都发生了变化.类似地,中学三角函数的概念,从锐角三角函数发展为任意角三角函数.

二、数学概念及其表现形式

概念是反映事物本质属性的思维形式,数学概念则是反映现实世界空间形式和数量关系本质属性的思维形式.而思维是有意识的人脑对客观事物的本质属性和内部规律性的概括与间接地反映.由于表达、交流、应用的需要,反映现实世界空间形式和数量关系本质属性的思维形式的数学概念必须借助外显的语词(即名称或符号)来表示.因此,数学概念通常用特有的名称或符号来表示.例如,圆($\odot$)、角($\angle$)、三角形($\triangle$)、相似($\backsim$)、平行($\parallel$)、阶乘($!$)等.

名称或符号与它表示的概念二者之间既有联系又有区别.概念决定着名称与符号的思想内容,表达人们认识事物的结果,而名称与符号则是概念的物质外壳,是反映概念的语言形式.两者之间紧密联系,不可分割;同时要注意,二者之间并非一一对应.例如,同一个概念可以有不同的词语或符号表示,如"正三角形"、"等边三角形"都表示同一个概念.因此,学习与使用名称或符号时,最重要的是掌握它所表达的内容,即相关联的概念本身.

第二节 数学概念的结构和概念之间的关系

一、数学概念的结构

1. 概念的内涵和外延

任何一个概念都有确定的涵义、意义,并反映了确定的对象范围,这就是概念的内涵和外延. 换句话说,概念在反映事物的本质属性的同时也反映了具有这种本质属性的事物全体. 一个概念所反映的对象的本质属性的集合称为这个概念的内涵. 概念的内涵也称内包,是指概念所反映的这类事物的共同本质,是对概念的质的规定. 例如,平行四边形的内涵是"两组对边分别平行的四边形",偶数的内涵是"能被 2 整除的数".

一个概念所反映的对象全体所组成的集合,称为这个概念的外延. 概念的外延也称外包,是指概念所反映的这类事物的全体,是对概念的量的规定. 例如,在自然数系中,偶数这个概念的外延是集合:$\{0,2,4,\cdots,2n,\cdots\}$;"偶素数"这一概念的外延是"2";而"平行四边形"这一概念的外延是"所有平行四边形的集合".

特别地,当用集合 $A=\{x|f(x)\}$ 表示一个概念的外延时,$f(x)$ 则给出了这个概念的内涵.

一个概念的内涵和外延分别从质和量两个方面刻画和规定了这个概念,每个概念都是其内涵与外延的统一体. 概念的内涵严格确定了概念的外延,反之,概念的外延也完全确定了概念的内涵. 因此,概念之间是彼此互相区别、界限分明的,不容混淆、更不容互换的.

值得注意的是,概念的外延和内涵反映着主观对客观的认识. 人们(尤其是作为教学对象的学生)对客观事物的认识是发展和变化的,因此对数学概念的外延和内涵的认知相应地也在发生变化,并且其发展变化在不同的阶段有其相对的稳定性. 例如前面所述"角"的概念. 又如"函数"概念,初中学生只能作"对于给定区间上的每一个 x 值都有唯一的一个实数 y 值与之对应,则 y 就是 x 的函数"之类的直观认识;而高中学生就可以用集合的语言,从映射的观点来理解;数学专业大学生则可以用"关系语言"来把握. 这启示我们,尽管在数学科学体系发展的每一个特定阶段,每一个数学概念的外延和内涵都是确定的,但是在人类发展进程中抽象水平的层次性特点反映了学习者已有数学认知结构和思维水平对概念掌握的制约性,这正是我们科学界定不同学段数学概念教学目标与要求的依据之一,也是数学作为科学与学科的区别的一种体现.

2. 内涵与外延之间的关系

我们先看一个例:如果矩形增加了"有一组邻边相等"的内涵后,就成为外延缩小的正方形的概念;如果在矩形内涵中减少"有一个角是直角"的属性,就得到外延扩大的平行四边形的概念. 这表明概念的内涵和外延之间存在发展中的反变关系:当增加概念的内涵时,就会得到使概念的外延缩小的一个新概念;如果减少一个概念的内涵时,就会得到使这一概念外延扩大的新概念. 简言之,内涵增加,外延减小;内涵减少,外延增大. 这同时也说明,概念与概念之间除了具有个体的独立性和明确性之外,还具有相互的依存性.

在数学中,为了对某一个概念加深认识,或者为了用较一般的概念来说明特殊概念,采取逐步增加概念的内涵,使概念的外延缩小,从而得到一系列具有从属关系的概念,这种逻辑方法叫做概念的限定.例如,在四边形的内涵中增加"有一组对边平行并且相等"这一性质,就成为平行四边形的内涵了;同时,也从四边形的外延缩小到了平行四边形的外延.相反的情况,为了从特殊概念来认识一般概念,而把某一概念的内涵逐步减少,使概念的外延逐步扩大,从而得到一系列具有从属关系的概念的方法叫做概念的概括.例如,与上面的例子相反的过程就是概念的概括.再如,从二次根式到 n 次根式,从有理式到代数式,从平面直线到空间直线,都是进行概念的概括.概念的概括是使概念越来越趋于一般化的思维活动.

概念的限定和概括是明确概念内涵和外延的逻辑方法,正确运用概念的限定和概括,不仅有利于数学概念体系的构建,还有助于深刻理解数学概念之间的内在联系和本质区别.

二、概念间的关系

一方面,概念之间是彼此互相区别、界限分明的,不容混淆,更不容互换的.但是,另一方面,认识论告诉我们,客观事物或现象之间是普遍联系、相互依存的,因而反映客观事物与现象的概念彼此之间也存在着一定的关系.因此,数学概念的学习和掌握,还包括对概念进行比较,即通过比较它们的外延与内涵,进一步弄清相互间的关系.

在逻辑学中,概念间的关系是指概念外延间的关系.对于两个可比较概念,它们的外延或者有公共元素,或者无公共元素.因此,根据概念的外延集有无重合之处,概念间的关系可分为相容关系和不相容关系.为叙述方便,设 A,B,C 分别为概念甲、乙、丙的外延集合.

1. 相容关系

若 $A \cap B \neq \varnothing$,即概念甲与概念乙的外延至少有一部分重合,则称它们之间的关系为相容关系.相容关系还可进一步分为同一关系、属种关系和交叉关系.

(1) 同一关系

当 $A=B$ 时,即概念甲与概念乙的外延集完全相同,它们之间的关系叫做同一关系(或全同关系),如图 5-1 所示.

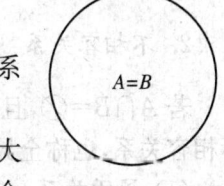

图 5-1

在中学数学中,相容关系的例子很多.例如,圆的直径和圆的最大弦、多项式和有理整式、矩形和长方形等,都是具有同一关系的两个概念.

值得注意的是,概念的内涵相同必然导致概念的外延相同,但内涵的不同也可导致外延相同.例如,平行四边形概念的内涵的不同选取方式.因此,研究同一关系可以帮助我们更深刻、更全面地认识概念的本质属性;在推理证明中,这些等价的本质属性还可以互相代换,使问题易于解决.例如,数学中的恒等变形就是利用概念间的同一关系进行的.

【例 5-1】 下列各组概念是同一概念:

(i) 最小质数;最小的正偶数.

(ii) 有理数;形如 $\dfrac{p}{q}$(p,q 是整数,$p \neq 0$)的数.

(iii) 等腰三角形底边上的高、中线、顶角的平分线.

(2) 属种关系

当 $(A \supsetneq B)$ 时,即概念乙的外延集 B 真包含于概念甲的外延集 A,就称这两个概念为属种关系(或从属关系),而且称外延集较大的概念甲为属概念(或上位概念),称外延集较小的概念乙为种概念(或下位概念),如图 5-2 所示.

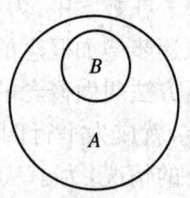

图 5-2

在中学数学中,等式和方程、弦和直径、四边形和平行四边形、三角形和钝角三角形等,都是具有属种关系的概念. 当然,属种关系是相对的,例如,有理数是整数的属概念,但同时它又是实数的种概念.

从内涵方面看,显然种概念具有属概念的一切属性,而两者的本质属性又不相同,所以属概念的本质属性都是种概念的属性,种概念的内涵真包含属概念的内涵. 即是说,具有从属关系的概念之间,外延愈小,内涵愈多;外延愈大,内涵愈少. 反之,内涵愈多,外延愈小;内涵愈少,外延愈大. 这种特性称为外延与内涵的反变关系.

(3) 交叉关系

当 $(A \cap B) \subsetneq A$,且 $(A \cap B) \subsetneq B$ 时,即两个概念的外延集仅有一部分相交,则称这两概念为交叉关系. 如图 5-3 所示.

在中学数学中,矩形和菱形、负数和整数、奇函数和偶函数等,就是具有交叉关系的概念. 两个交叉概念的外延重合部分所反映的对象,同时具有这两个概念的一切属性. 利用存在交叉关系的两个概念的共同属性,可概括出新的、公有的种概念. 如矩形和菱形交叉后公有"正方形",负数和整数交叉后公有"负整数"等.

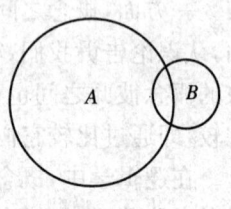

图 5-3

【例 4-2】 下列各组概念是交叉概念:

(i) 正数,整数.

(ii) 等腰三角形,直角三角形.

(iii) 等差数列,等比数列.

2. 不相容关系

若 $A \cap B = \varnothing$,且 $A \subset C, B \subset C$,则将同一属概念下的两个种概念甲和乙间的关系,称为不相容关系,也称全异关系. 概念的不相容还可进一步分为矛盾关系和反对关系.

(1) 矛盾关系

当 $(A \cup B) = C$ 时,即两种概念的外延集之并恰好为其属概念的外延集,就称这两种概念甲和乙之间为矛盾关系,如图 5-4 所示.

矛盾概念都具有给定属概念的属性,又是互相排斥的. 同时,给定的属概念所反映的任一对象,对这两个种概念来说,有非此即彼的关系. 例如,对于无限小数,或是循环小数,或是不循环小数,二者只居其一,同时二者必居其一.

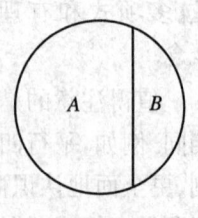

图 5-4

【例 5-3】 下列各组概念是矛盾概念:

(i) 零,非零整数(相对于属概念"整数"而言).

(ii) 直角三角形,非直角三角形(相对于属概念"三角形"而言).

(iii) 整式方程,分式方程(相对于属概念"有理方程"而言).

(2) 反对关系

当$(A \cup B) \neq C$时,即两种概念的外延集之并小于其属概念的外延集,就称这两个种概念甲和乙之间为反对关系,如图5-5所示.

在中学数学中,不相容关系的概念也不少. 例如,相对于属概念实数而言,有理数和无理数就是具有矛盾关系的两个种概念,而相对于属概念梯形而言,等腰梯形和直角梯形是具有反对关系的两个种概念. 反对概念虽然都具有给定属概念的属性,但是它们是相互排斥的,所反映的对象没有一个是相同的;另一方面,在给定的属概念所反映的对象中存在着不属于两个概念中任何的一个对象,即存在非此非彼的对象. 例5-4的(iii)中,无理方程既非整式方程又非分式方程.

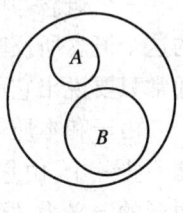

图5-5

【例5-4】 下列各组概念是反对概念:

(i) 正有理数,负有理数(相对于属概念"有理数"而言).

(ii) 锐角三角形,钝角三角形(相对于属概念"三角形"而言).

(iii) 整式方程,分式方程(相对于属概念"代数方程"而言).

值得注意的是,如果说明两个概念是不相容概念,只要直接去比较二者的外延;但如果要进一步说明,是矛盾概念还是反对概念,则一定要相对于它们的一个给定的共同的属概念才能讨论. 例如"正整数"和"负整数"两个概念,相对于属概念"非零整数"来说是矛盾概念,而相对于属概念"整数"来说,则是反对概念.

任何两个联系着的可比较的概念之间必具有相容关系和不相容关系中的一种. 进而分析,必具有同一关系、从属关系、交叉关系、矛盾关系、反对关系之一种. 概念的不相容关系是数学中反证法、穷举法的依据之一,应用很广泛.

综上所述说明,当把一个概念置身于一个逻辑链中进行纵向和横向比较之后,这个概念的意义才会更为明确. 因此,在概念教学研究与设计中,应特别注意,不要把概念作为个别的、孤立的事物来看,而是要将其置于相应的概念体系中去考察,这是明确概念的内涵与外延十分必要并且行之有效的方法.

第三节 数学概念的定义及其规则

一、定义及其组成和表达

1. 定义

人们在认识事物的过程中,经过抽象形成了概念,这时就需要借助语言或符号,加以明确、固定和表述,这就是给概念下定义. 换句话说,概念必须借助定义来明确其内涵与外延,以使人们在思维和科学活动中具有同一标准.

定义是建立概念的逻辑方法,是在抽象出一类事物的本质属性之后,运用逻辑的方法和精练的语言或符号揭示出这类事物及其本质属性. 下定义的方式,可以是直接揭示对象的本质属性来给出定义,也可以是通过揭示概念的外延来给出定义,这是因为概念的外延完全确定了它的内涵. 因此,也可以说,定义是揭示概念内涵或外延的逻辑方法. 揭示内涵的定义称为内涵定义,明确外延的定义称为外延定义.中学数学中的定义大多是内涵定义.

一个概念,其对象的所有属性都可以由定义推出.对于用内涵定义的概念,定义所揭示的这个概念所反映的本质属性,称为这个概念的基本内涵.当要求说出一个概念的内涵时,通常只要说出它的基本内涵.

由于和本质属性等价的属性也是本质属性,所以一个概念,其反映的对象的本质属性常常不止一个,由它的任意一个本质属性都可以得到这个概念的一个等价定义.例如,平行四边形的定义为:"两组对边分别平行的四边形叫做平行四边形."定义中直接揭示的"两组对边分别平行的四边形"就是平行四边形概念的基本内涵.而与之等价的,"两组对边分别相等的四边形","一组对边平行且相等的四边形","两组对角分别相等的四边形","对角线互相平分的四边形"等,都是平行四边形的本质属性,由其中任一个都可得到平行四边形的一个等价定义.不过,中学数学教学中,一般不提等价定义.

2. 定义的组成与表达

先看直角梯形的定义:"有一个角是直角的梯形叫做直角梯形".其中,"直角梯形"是被定义的概念,称为被定义项;"有一个角是直角的梯形"称为定义项,"叫做"称为联项.

事实上,任何定义都由被定义项(Ds)、定义项(Dp)和定义联项(是、叫做、称为等)三部分组成.需要加以明确的概念称为被定义项,用来明确被定义项的概念称为定义项,联结被定义项和定义项的语词称为定义联项.由于定义联项表达语词的多样性,所以定义的表达方式也有多种情形.如:Ds 就是 Dp;Ds 等于 Dp;Ds 当且仅当 Dp;Dp 叫做 Ds 等等.总之,不管使用什么语词作为定义联项,定义的含义都是说 Dp 是 Ds 的充要条件,即 Ds 等价于 Dp.例如:正方形就是有一个角是直角的菱形.

二、定义的规则

1. 要使定义合理,表述正确,必须遵循以下规则

规则 1 定义要相称.即定义项与被定义项外延必须全同.因为"Ds 就是 Dp",若定义项的外延大于被定义项的外延,则定义过宽;若定义项的外延小于被定义项的外延,则定义过窄.

例如,"不循环小数叫无理数",这样定义的无理数就犯了过宽的错误;而将无理数定义为"有理数的不尽方根",则又犯了定义过窄的错误,因为无理数概念外延中还包括了除此而外的许多其它数,如 π、e、$\tan 2$、$\sin 1°$等等.又如,不能把"两条不相交的直线"当作平行线的定义,因为在空间,不相交的直线还有异面直线的情形.应该是"在同一平面内,两条不相交的直线叫做平行线".

规则 2 定义不得循环,不能同义反复.即定义项的内涵不能直接或间接地依赖于被定义项.若把甲概念作为已知概念来定义乙概念,又把乙概念作为已知概念来定义甲概念,就犯了循环定义的逻辑错误.循环定义既不能揭示概念的基本内涵,又不能确定概念的外延.

例如,"互为质数的数叫做互质数",这个定义在定义项中直接包含了被定义项,属同义反复;又如,用两直线垂直来定义直角,反过来又用直角来定义直线垂直,这在定义项中间接的包含了被定义项,属循环定义.

规则3 定义必须完整、简明、确切."简明"指定义应简单、明确,不能有多余的语词或派生的属性,不能含混不清.另外,数学概念的定义不能用比喻.

例如,把"四个角都是直角的平行四边形叫做矩形"当作矩形定义,条件就多余了.又如将"越来越靠近的线叫做渐近线","周而复始变化的函数叫做周期函数",或"压扁的圆叫做椭圆",显然都不确切,都不是科学的定义.再如,"两组对边分别相等的四边形叫做平行四边形",少了"平面"的内涵界定,犯了"不完整"的错误;而定义"两组对边分别平行且相等的平面四边形叫做平行四边形"则犯了"不简明"的错误.定义中列举的属性对于揭示概念反映的对象的本质属性来说应是必不可少的.所谓必不可少是指每一个属性都是独立的,不能由列举出的其他属性推出.凡是可由列举的其他属性推出的,对于定义来说都是多余的条件,应删去.

规则4 定义一般不用否定形式.即是说,应尽量避免使用否定其他概念的方式来下定义.定义要揭示概念所反映对象的本质属性,而否定形式一般不能做到这一点.

例如,不能把"不是有理数的数叫做无理数"当作无理数的定义,因为这既没有揭示出无理数的本质属性(内涵),也没有明确无理数的外延,定义后同样不知什么是无理数.特别地,如果某些事物的本质属性就是缺乏某种属性,则定义也可采用否定形式.例如,"无限不循环的小数叫做无理数".再如,平行线的定义:"同一平面内不相交的直线叫做平行线".从表面上看,这个定义是否定形式,但它实际上揭示出了平行线"在同一平面内,没有公共点"的本质属性.

2. 原始概念

根据下定义的规则,定义项必须是已被定义过的概念,这样顺次上溯,追根溯源,终必出现不能用前述方式定义的概念,这些概念即为概念体系的出发点.数学中把这些不能用别的概念来定义,并且又要用来定义其他概念的概念叫做原始概念,或不定义概念,或原名.原始概念虽不能用更大的属概念来定义,但它们却是定义其他概念的基础.在中学数学中,"点、线、面、集合、元素、空间"等都是原始概念,教材中对它们作了描述性的解释,但都不是定义.

在数学中总是力求对数学概念下定义,就是说用一些已知的概念来定义新概念,由此就构成了一个概念的体系.如上所述,这正是对概念逐步进行限定的过程,反过来看则是概念的概括,但是这个过程只能进行有限个步骤,就必然归结为原始概念.例如,在几何中,"角"的定义依赖于"射线";"射线"的定义依赖于"点和直线".再如图5-6所示,正方形是特殊的菱形,菱形是特殊的平行四边形,平行四边形是特殊的四边形,四边形是特殊的多边形,多边形是特殊的几何图形,几何图形是点集.这样,就追溯到了原始概念:点和集合.

综上可知,定义概念不是一个个的孤立的活动,而是一连串的概念之间的一个递进——限制或概括的过程.因为概念与概念之间除了具有个体的独立性和明确性之外,还具有相互的依存性,这是十分明显的事实.对概念之间的相互依存性的追溯,或者使之成为一个不断追溯,终不可知的过程,或者使之停

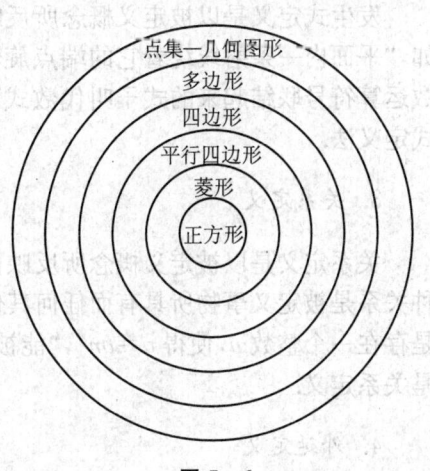

图 5-6

止于一批原始概念.

在数学科学中,对原始概念可用公理来间接定义.如点、直线、平面的概念,由希尔伯特公理系统间接给出,它们除了满足公理系外,不需要再给出任何其他意义.自然数(序数理论)由皮亚诺公理,集合则由公理化方法来间接定义.但是在中学数学里,对原始概念常采用直观描述的办法.如拉紧的线、纸的折痕给我们以直线的形象,平静的水面给我们以平面的形象.又如中学数学里对集合所作的描述,只是使用一些同义语帮助学生意会,并非集合的定义.再如,"0,1,2,3,……叫自然数",这是直观说明的方法,不是自然数的定义,这些概念在中学数学中都是不定义的概念.

三、数学概念定义的几种常用方法

1. 内涵定义

这种定义方式一般可用下面公式表示:
$$\text{被定义项}(Ds) = \text{邻近的属} + \text{种差}(Dp)$$
"邻近的属"是指被定义概念最邻近的属概念(内涵最多的属概念),"种差"是指被定义项概念区别于同一属概念下的其他种概念的特有属性.例如:

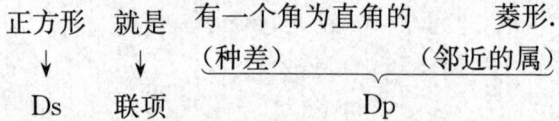

用这种方法给概念下定义要解决两个问题:
① 要找出被定义项的概念的最邻近的属概念;
② 要指出它区别于这个属概念下其他种概念的属性,即种差.

对于同一个概念,选择同一个属的不同种差,可以作出不同的定义.属种定义是中学数学中最常见的一种内涵定义方式,常派生出两种特殊形式:发生式定义和关系定义.

2. 发生式定义

发生式定义是以被定义概念所反映的对象产生或形成过程作为种差下定义的方式.例如,"平面内一条射线绕着它的端点旋转所形成的图形叫做角","把数和表示数的字母用代数运算符号联结起来的式子叫代数式,单独一个数或一个字母也是代数式".用的都是发生式定义法.

3. 关系定义

关系定义是以被定义概念所反映的对象之间的关系作为种差下定义的方式.它指出这种关系是被定义事物所具有而任何其他事物所不具有的本质属性.例如,"$b(b \neq 0)$整除a,就是存在一个整数n,使得$a=bn$","能被2整除的数叫偶数"以及"共线"、"相切""互质"等,都是关系定义.

4. 外延定义

外延定义是揭示概念外延,明确被定义概念所反映对象的全体范围,用并列的种概念给属概念下定义的方法. 在外延定义中被定义项是属,定义项是几个种的并集,实质是直接指出被定义项所指对象的外延. 例如,整式和分式统称为有理式.

另外,有一种约定性定义,也属于揭示外延的定义方法. 例如,"规定 $0! = 1, a^0 = 1(a \neq 0)$"等都是揭示外延的定义方法.

5. 词语定义

词语定义是用语词说明或规定被定义项概念意义的定义. 例如,规定"$\in$"表示属于关系,"$\sum$"表示求和,"$\perp$"表示垂直于等等.

6. 递归定义

当被定义项与自然数有关时,可以用递归公式给出定义. 例如,用递推公式 $a_n = a_{n-1} + d$ 定义等差数列、数列前 n 项和 $S(n) = \sum_{i=1}^{n} X_i$ 的定义等.

7. 公理化定义

公理化定义是用一组公理来描述被定义项概念的本质属性的定义方式. 例如,群的定义:在集合 G 上定义了一个运算,如果满足封闭性、结合性、有零元,对 G 内每个元有逆元,那么 G 对这个运算来说就叫做一个群.

此外,数学概念定义还有构造性定义等方法.

四、概念的划分及其规则

由于概念的存在和应用,人们可以对复杂事物作简化、概括或分类的反映;概念也可以使人们在没有直接经验的条件下获得抽象观念,而这些观念可以用于新的情景分类,也可以用作同化或发现新知识的固着点. 因此概念作为思维的基本单位,将事物依其共同属性而分类,依其属性的差异而区别. 概念的划分(分类)就是指把一个概念按照某一属性分成若干个不相容关系的种概念的逻辑方法.

明确概念就是要明确概念的内涵与外延. 在数学中常用定义来明确其内涵,而用划分来明确概念的外延,由于一个概念的外延往往包含无穷多对象,人们不可能一一穷尽认知,因此通过划分可以达到概念系统化认识与掌握的目的.

1. 划分的要素

一个正确的划分,通常由三要素构成,即划分的母项、子项和划分的标准. 被分的属概念称为划分的母项,分得的若干种概念称为划分的子项,所依据的属性称为划分的标准. 将一个概念进行划分,必须根据一个统一的标准. 选择的标准不同,划分的结果也不一样. 例如,依据"角"来划分,三角形可划分为锐角三角形、直角三角形和钝角三角形;而依据"边"来划分,则三角形又可划分为等边三角形、等腰三角形和不等边三角形.

2. 划分的规则

要使划分正确,必须遵循以下规则:

(1) 划分应相称. 即划分后的各子项既是不相容而独立的, 又是穷尽母项而完备的, 即各子项外延的并集应等于母项的外延. 简言之, 划分应不重、不漏. 否则, 就会犯"不完全划分"或"子项相容"的逻辑错误.

【例 5 - 5】 把"平行四边形"作如下"划分"是错误的.

$$\text{平行四边形}\begin{cases}\text{矩形}\\\text{菱形}\\\text{正方形}\\\text{不是矩形、菱形、正方形的平行四边形}\end{cases}$$

因为"矩形"和"菱形"的外延有重合部分, 就是"正方形"的外延.

(2) 每次划分要用同一标准. 违反这一规则, 就犯了"标准不同一"的逻辑错误.

【例 5 - 6】 把"三角形"作如下"划分"是错误的.

这破坏了划分要用同一标准的规则——把边和角两种标准混在一起.

$$\text{三角形}\begin{cases}\text{锐角三角形}\\\text{直角三角形}\\\text{等边三角形}\end{cases}$$

(3) 划分不应越级. 即每个层次的划分, 母项必须是子项最邻近的属概念, 不得越级划分. 否则, 就犯了"越级划分"的逻辑错误.

例如, 把实数划分为整数、分数、无理数就是越级划分.

3. 划分的种类

划分有一次划分、连续划分和二分法等基本形式.

(1) 一次划分: 即对一个概念只划分一次就达到划分的目的, 无需继续划分.

例如, 数列分为有限数列与无限数列, 有理式分为整式与分式.

又如,

$$\text{高中角可分为}\begin{cases}\text{线线角, 异面直线所成的角}\\\text{线面角, 斜线与平面所成的角}\\\text{面面角, 二面角的平面角}\end{cases}$$

(2) 连续划分: 即在一次划分后, 再将所得子项作为母项进行划分, 直到满足需要为止. 例如,

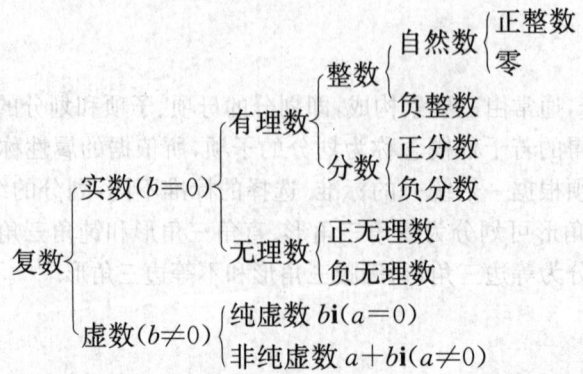

(3) 二分法: 即将被分概念逐次划分为两个矛盾子项, 直到满意为止. 二分法作为一种

常用的分类方法,是把一个概念的外延中具有某个属性的对象作为一类,把不具有这个属性的对象作为另一类.换言之,就是把属概念分成两个矛盾的种概念.二分法,由于集中注意概念的某个属性,而且自然满足了上面关于正确划分的条件,因此常常被采用.

例如,把"小数"分为"有限小数"和"非有限小数",就是用的二分法.

划分是人类认知世界和分析与解决问题的基本手段和方法.凭借这种方法,人们就可以将接收到环境信息做出分类,并利用类别做出推理,从而超越信息,达到认知世界和分析与解决问题的目的.例如,当我们遇到一个数学问题时,往往会将问题归结为几何问题或代数问题等;对于几何问题,又会进一步归结为平面几何或立体几何,然后又归结为是度量问题(求角度、长度、面积、体积等)或是关系问题(形状、位置、大小关系等),再归结到三角形、四边形……,最后用具体知识解答之.因此,整个解题活动往往要借助一系列的划分来完成.

第四节 数学概念的教学

数学概念教学的高质和有效离不开教学方案的有效设计.《数学课程标准》明确指出:"教学方案是教师对教学过程的'预设'",是教师对将要进行的教学行为、教学过程的总体设想和预设的具体实施方案,是实施课堂教学活动的基础.教案设计的基本过程主要包括:确定目标(依据数学课程标准界定三位一体教学目标)、明确任务(确定数学教学内容及其重点、难点和关键点,关键是设计如何将数学的学术形态转化为适合学生认知的教育形态)、分析学情(学生的知识储备、认知规律、思维特征、个性差异等)、设计活动(以师生双方的活动设计为主线,注重启发、重视参与、引导发现)、反思改进等几个环节.教学方案设计的优劣直接影响着课堂教学的质量和效益,而有效的数学教学设计必须建立在数学的认知规律和学生原有认知结构基础上,必然遵循陶行知先生的"怎样做就应该怎样学,怎样学就应该怎样教",也就是弗莱登塔尔的数学教学的第一原则"让学生经历数学化的过程".

一、数学概念的学习

1. 数学概念学习的内容

数学概念通常包括四个方面:概念的名称、定义、例子和属性.以概念"圆"为例,语词"圆"是概念的名称;"到定点的距离等于定长的点的集合叫做圆"是概念的定义;符合定义特征的具体图形都是"圆"的例子,称为正例,否则叫做反例;"圆"的属性有:平面图形、封闭性、存在一个圆心(定点)、圆心到圆上各点的距离为定长(半径),等等.值得注意的是,学生对概念的学习不可能仅仅通过抽象的定义与符号的记忆来实现和完成,而是要依赖特定的情境才能获得其意义.事实上,所有的思维、学习和认知都是在特定的情境中发生,不存在非情境化的学习.因此,数学概念教学必须创设问题情景,并在问题的发现与探究中揭示清楚概念的形成和发展、来龙与去脉.

2. 数学概念学习的基本形式

数学概念的学习,是在已有认知结构的基础上进行的.新概念的获得,主要依赖认知结构中原有的相关概念,通过新旧概念之间发生联系而完成.获得数学新概念最基本的形式有两种:一是概念的形成,二是概念的同化.

(1) 概念的形成

概念的形成是指从大量具体例子出发,经过观察、比较、分类从中找出一类事物的各种属性,归纳出共同属性,抽象出本质属性,然后再通过具体的例子对所发现的属性进行检验与修正,最后以归纳的方法概括出一类事物的本质属性,获得新概念的学习方式.

数学概念形成的过程主要有以下几个阶段:① 观察与辨析实例;② 分析与归纳共同属性;③ 抽象出本质属性;④ 检验与确认本质属性;⑤ 概括定义和符号表示;⑥ 简单运用与再辨析.

概念形成以直接经验为基础,在反复感知各种例证的基础上,归纳抽取出事物的本质属性. 其学习形式接近于人类自发形成概念,但是,在教学条件下,学生掌握概念不必经历概念形成的漫长过程,可以运用教学情景和典型实例的有效创设,在教师的帮助下"速成". 通过教师提供大量明显的具体例子,引导学生从实际经验的肯定例证中,运用观察、比较、分析,归纳、概括出事物的本质属性,较快地获得新概念. 例如,把铁轨、黑板的上下两边,门框的上下两边等抽象地看成两条直线,抽取出在"在同一平面内且不相交"的本质属性,而形成平行线的概念.

数学概念通常要用特定的符号表示,这在使得数学表达简明的同时又增加了其抽象程度,因此数学概念有抽象性和具体性双重特点. 一方面它反映了一类数学对象的本质属性,而舍弃了这类对象的其他属性,脱离了这些对象的个体,所以是抽象的. 另一方面,数学概念是从本质上刻画了这类事物全体,这就是它具体性的一面. 所以,数学概念的学习,必须经过具体——抽象——具体的认识过程,才能使概念得以真正掌握.

(2) 概念的同化

概念的同化是指利用学生认知结构中的原有概念,使新信息与认知结构中原有的相关概念相互联系、相互作用,实现新旧知识意义的同化,并以定义的方式直接向学生揭示新概念的本质属性,从而获得新概念并领会新概念的本质属性的学习方式.

数学概念的形成与数学概念的同化是有区别的,数学概念的形成是依靠对具体物体或事件的直接经验,从这些具体物体或事件中归纳和抽象出它们的共同属性. 概念的同化则主要以间接经验为基础,依据对新旧知识的认知与联系,以数学语言为工具、直接揭示事物的本质属性. 在数学概念的同化的过程中,新概念的共同属性是由定义直接揭示出来,往往不需要学生自己去发现. 因此,在教学中重要的是要引导学生把新知识与头脑中已有的相关知识联系起来.

数学概念的同化的过程有以下几个阶段:① 建立新知识与已有相关概念本质属性的联系;② 辨析与明确新知识的本质属性;③ 从原有的概念中分离出新概念,纳入概念系统;④ 新旧概念的实例辨析与巩固;⑤ 具体运用.

通常,由于数学学习是掌握前人已经发现的数学知识,把前人的数学活动经验转变成自己的经验,使其成为自己解决问题的工具、策略与智慧的过程,因此概念的同化是获得数学概念的最基本的方式. 但是,由于学生的认知结构处于发展过程之中,他们的数学认知结构比较简单、数学知识比较贫乏而具体,在学习新的数学知识时,作为"最近发展区"与"固着点"的已有知识常常很少或者不具备,这时往往只能采取概念形成的方式学习才更有效. 一般地,年龄越小,认知结构越简单而具体,概念形成的教学方式就用得越多. 但是,随着年龄的增长,知识经验的不断丰富,学生所掌握的概念系统也从具体到抽象、从简单到复杂、从未分化到分化、从分散到统一,连续不断地获得发展,相应地,学生获得概念的方式也在发生变化.因此,随着年龄增大,认知结构越来越丰富,概念同化的学习方式就用得越来越多.

综上所述,概念的同化主要是从抽象定义出发,以演绎的思维方式理解和掌握概念;而概念形成则主要是从大量的实例和学习者的实际经验出发,以归纳的思维方式获得概念.在数学概念的学习中,两种方式并非互相独立、互不干涉的,而是交织在一起、协调发挥作用的.概念形成的学习方式需要学生对具体的、直接的感性材料进行观察、感知、操作等活动,比较耗费时间;而概念同化的学习方式则容易使学生对一些本来就抽象、晦涩难懂的数学概念流于浅层次的表面理解,还需要借助一些直观、感性材料帮助学生把握概念背后的丰富内容.因此,应当根据所要学习的数学概念的特点和学生的认知发展水平,使概念形成和概念同化有机地结合起来,共同发挥作用,才能提高概念教学的效率.

3. 数学概念的地位与作用

数学与其他科学不仅有着不同的研究对象,而且有其自身独特的逻辑体系.中学数学主要由概念体系和命题体系构成.其中,概念是反映事物本质属性和特征的思维形式;而命题是揭示概念与概念之间的关系、是由判断构成的;判断则构成推理,由判断和推理构成证明.因此,数学概念既是数学思维的基本结构单位、数学思维的起点和细胞以及数学命题、推理和论证的基础,也是人类进行数学科学活动和有意义的思维活动所要遵循的规则、建设数学体系最基本的基石以及构成数学知识体系的基本要素和数学基础知识的核心.

数学概念作为数学思维基本结构单位和数学知识中最基本的内容,反映着人们对现实世界空间形式与数量关系的丰富和深刻的认识,一切数学思维都以数学概念为基础,凭借数学概念来进行.因此,数学概念的学习在数学学习中占有十分重要的地位.要掌握数学,首先要掌握数学的基本概念;要做一个合格的中学教师,首先要掌握数学概念及其相关的逻辑基础知识.正如李邦河院士所强调的"数学根本上是玩概念的,不是玩技巧.技巧不足道也!"因此,搞好数学概念的课堂教学,是促进学生数学能力发展和提高数学教学质量与效益的关键.

二、数学概念教学的基本要求

数学概念是对数学对象本质属性的抽象和反映.数学概念教学的实质在于揭示隐含在概念所指对象中的共同和不变的本质属性,了解数学概念的来龙去脉,帮助学生深入理解和掌握概念的内涵与外延,能用概念及其蕴含的数学思想与方法去分析和解决问题.因此在数学概念教学设计中,应注意瞻前顾后、忆旧引新,为新概念的认知铺路搭桥,扫清认知的障碍;应注重具体问题情景的创设,让学生在问题解决的过程中,感受引入概念的必要性和可行性,从而弄清概念的来龙去脉;应重视运用类比、归纳、抽象、概括等数学思想方法去分析与揭示概念的本质属性;应重视正例与反例的运用与比较,以加强对抽象概念本质的理解和掌握.为此,数学教师要从教材分析、目标界定、问题设计、启发策略等方面入手,作好课前备课的"十年功",为概念教学课上的每"一分钟"打好基础.

1. 要在概念体系中掌握概念

掌握概念就是掌握同类事物的本质属性. 认识论原理告诉我们, 人们不可能一次地和孤立地认识一类事物的本质属性, 必须用联系的、变化的观点与方法, 并且要经历一个由感性到理性的发展过程. 所谓用联系的方法, 就是把概念放到一定的体系中去认识, 了解它的来龙去脉.

这里体系有两方面的意义, 一是指存在于数学客体的知识体系结构, 二是指存在于学习主体的认知结构. 从教学知识结构体系去掌握概念就是要把概念的来龙去脉搞清楚. 因此, 讲授一个数学概念时, 教师首先应弄清楚它需要怎样的基础、学习了这个概念以后又为谁服务. 这样做的目的在于: 第一, 弄清概念在整个体系中的地位, 如是否是重要概念、它从哪里来、又发展到哪儿去, 以及该用多大的力量组织教学; 第二, 为后继概念的学习铺设认知的台阶, 既要对即将用到的已有概念进行复习, 又可以为后面要讲的概念铺路搭桥; 扫清认知的障碍; 第三, 有助于把新概念的学习与相关的知识网络联系在一起, 可以打通新旧概念的联系与认知, 这点更重要. 例如, "对数"概念是从"指数"概念发展而来的, 并成为后续学习"对数函数"的基础.

在教科书中数学概念的安排有直线式的, 即始终是以同一意义出现(中小学数学中的大部分概念都是如此), 也有螺旋式的, 即概念在发展的意义上多次出现, 并且每次出现在内涵与外延上都有新的发展, 这是需要教师特别注意的. 例如, 前面所述角的概念, 以及数、函数、切线等概念, 都将随着学习阶段的发展在内涵与外延上相应地发展和变化, 在教学实践中教师应特别注意引导学生弄清它们的联系与区别.

2. 要按照学生的认知规律来设计和组织教学

《数学课程标准》明确提出"数学教学活动必须建立在学生的认知发展水平和已有的知识经验基础之上. 教师应激发学生的学习积极性, 向学生提供充分从事数学活动的机会, 帮助他们在自主探索和合作交流的过程中真正理解和掌握基本的数学知识与技能、数学思想和方法, 获得广泛的数学活动经验. 学生是数学学习的主人, 教师是数学学习的组织者、引导者与合作者". 这就要求在概念教学中, 教师应在透彻理解概念本质和来龙去脉的基础上, 按照学生的认知规律用学生能够理解的方式来设计和组织教学, 切忌照本宣科、生搬硬套的"空降式"教学.

有效的概念教学首先应让学生充分认识到学习这个新概念的必要性, 这是数学概念教学的特点与要求. 尤其是核心概念的教学, 常常需要教师"不惜力、不惜时", 费一番周折. 例如, 概念的引入要注意通过与已有概念的类比或问题情景中产生的需要来引入. 如不等式概念可类比方程概念引入; 分式概念可类比分数概念引入; 立体几何中的许多概念可类比平面几何中相应的概念引入. 从已有概念类比引入新概念的教学往往揭示了新概念的来龙去脉, 比较自然又有助于发展学生发现、探究和创新的意识与能力.

又如, 在学习"数轴"概念时, 如果直接告知"把一条规定了方向、原点和单位长度的直线叫做数轴", 这种照本宣科、"天上掉下一个林妹妹"式的概念引入, 不仅无助于解决学习这一概念的必要性认识, 而且无助于理解这个概念本身. 事实上, 如果教师能够引导学生回顾和思考日常生活中人们是怎样用直线和直线上的点表示各种数量的, 如秤杆上的"点"表示物体的重量,温度计上的"点"表示温度,标尺上的"点"表示长度等.进而引导学生比较:秤杆、温度计、标尺都具有哪些共同属性? 如具有:① 度量的起点,② 度量的单位,③ 明确增减方向等共同属性的直线.通过这种问题情景的创设,经由学习主体的比较、分析、归纳、概括等思维活动,思考和抽象出这类对象共同的、不变的本质属性,自然引入"数轴"概念,就有助于学生理解和接受概念本身及其产生的必要性.再如,平面直角坐标系的引入,可以通过讨论:如果到电影院看电影,怎样找到你的位置? 要回答这个问题,必然涉及到,座位是第几排、第几号及其数学表示,进而思考和解决引入坐标系与坐标的意义、目的.解析几何中双曲线、椭圆等概念的引入,则可借助于教具或多媒体辅助教学,动态演示曲线产生的过程,使学生形成实感,加深对概念本质属性的认知与领悟.又如,对数概念可以从简化计算的需要来引入,即将同底数幂的一些复杂运算简化为加、减运算.

值得注意的是,在数学教学中,无论是概念或法则、性质、定理的学习,引入的第一例子往往具有重要的意义.因为先入为主的心理机制,在概念教学中第一个恰当例子的引入常常具有意象表征的作用.如高中函数概念的教学,有人举了两个实例来引入映射的概念,一个例子是给学生指定座位,另一个例子是给学校寄宿生安排宿舍,学生借助对生活中熟悉的这类范例的分析、概括与抽象,很自然地建构映射的概念,既简洁明了又意义清晰,这对抽象的概念教学而言往往具有事半功倍的效果.事实上,随着学习的深入,数学概念的定义会变得很抽象,学生不易理解,这时,一个简洁的实例或一个明了的图形往往有助于学生在心理上建立概念的意象表征,从而有利于学生对它所表征的概念的认知、理解和掌握.因此,在概念教学的导入环节,应注重创设和引入贴近学生生活实际或是比较典型、简明和有趣的,并且能够把学生带入问题情境、引发学生问题意识的实例.如果教学中对这类范例的积极意义认识不足,不善于运用范例来进行概念教学,或轻视范例的这种意象表征作用,只关注概念的形式定义分析,将会极大地增加概念认知、理解和记忆的难度.总之,概念教学应当遵循学生的认知规律,注重运用和发挥概念范例的意象表征作用.

3. 要重视概念的自然形成

掌握数学概念是指掌握数学概念所反映的这类事物的本质属性和对象全体,并且认识到其符号表达的是一类事物而不是具体、个别、特殊的事物.因此,"数学概念课的主旋律是让学生参与概念本质特征的概括活动.为了实现这一目标,概念教学应力求返璞归真,使学生自然地、水到渠成地实现概念的形成.而概念教学的自然和水到渠成应包括两个方面,一是知识的逻辑顺序自然,二是学生的心理逻辑自然,主要是思维过程的自然".为此,概念教学应从实例出发,而不是从抽象定义开始,教学中应采用适当的方法引领学生通过概念形成方式学习概念.当然这并不是要完全重复前人的社会实践,重走人类形成这个概念时走过的漫长道路,只是说以这种方式学习概念与前人形成概念有相似之处.这种相似之处主要反映在学生学习概念时的心理过程之中,即从大量具体的实例出发,在观察、比较、分析、综合、归纳、抽象以及概括等一系列思维活动的基础上,提出假设、反驳、验证,来实现对概念意义的理解,并学会用适当的语言、符号去代替概念的内容,完成对概念的符号与概念实质的联系与理解.

4. 明确概念的内涵与外延

每个概念都是其内涵与外延的统一体. 概念的内涵严格确定了概念的外延, 反之, 概念的外延也完全确定了概念的内涵. 因此, 概念之间是彼此互相区别、界限分明的, 不容混淆, 更不容偷换. 这必然要求在数学教学中, 特别强调使学生获得明确的概念意义. 数学概念的明确, 就是要明确数学概念的内涵与外延, 只有对概念的内涵与外延两方面都有准确的了解, 才能说对概念是明确的.

(1) 明确概念的内涵

明确概念的内涵, 就是要明确包含在定义中的词语的意义. 数学概念意义的形成与描述有自身突出的特点, 首先, 它总是在已有概念的基础上, 或经由弱抽象形成, 或经由强抽象形成, 或经由理想化抽象形成, 其间所涉及对象的相互关系都是纯粹数学意义上的; 其次, 数学的概念总是用数学自身的语言描述, 数学的语言不仅符号化, 而且精确简练, 往往一字不多, 一字不少. 数学概念的这些特点给学生对概念的认知和掌握带来困难, 这就需要教师在设计建构概念意义的过程中, 注重引导和帮助学生对概念的本质特征和形式化表达获得准确地概括与理解.

首先, 要注重明确包含在定义中关键词语的意义. 定义是揭示数学概念内涵与外延的逻辑方法, 其中的关键词往往隐含着条件, 关键词少了或多了都会发生歧义. 因此在概念教学中, 教师要特别注意引导学生抓住定义中关键词的理解与掌握. 例如, 直线与平面垂直的定义: 一条直线和一个平面内的所有直线都垂直, 称这条直线与这个平面互相垂直. 一个关键词是"平面内". 漏掉了这个条件, 就犯了缩小概念外延的错误; 如果用它来判定直线与平面是否垂直, 则不能找到满足条件的直线与平面. 另一个关键词是"所有"; 对这个关键词学生常常会把它漏掉, 或是理解错误. 如果忽略了这个词及其隐含的条件, 就犯了扩大概念外延的逻辑错误; 如果错误地把"所有直线"与"许多直线"、或者与"无数条直线"混淆, 就会推出与平面内无数条平行直线垂直的直线与平面垂直的错误结论, 仍然是犯了扩大概念外延的错误.

其次, 对概念中的本质属性作必要的概括. 数学概念的定义十分精练, 一字不多, 一字不少, 经常是失之毫厘谬以千里, 甚至意义截然相反. 所以获得概念的意义以后, 教师还要引导和帮助学生对概念内涵作准确的辨析与概括, 进一步地同化编码, 对一般情形做规律性的认识.

例如, 算术平方根的定义: 正数 a 的正的平方根叫作 a 的算术平方根, 零的算术平方根是零. 概括起来就是, 非负数 a 的算术平方根非负. 实际上, 中学教材对正数的算术平方根是分类下定义的: 一类是正数的正方根; 另一类是零. 言外之意, 即正数的负的平方根不是算术平方根. 经过这样的辨析与概括, 进一步明确"非负数的非负二次方根叫作这个非负数的算术平方根".

(2) 明确概念的外延

明确概念的外延, 就是要言之有物. 概念的内涵决定了概念的外延, 对概念外延的清晰将有利于辨析与明确概念内涵与外延的关系, 防止概念的非本质泛化, 促进对概念内涵的理解和把握. 明确概念的外延可从以下角度入手:

① 举出符合概念和概念属性的例子. 使学生掌握概念外延的方法, 是举出符合概念意

义的例子. 一般来说, 形成概念后, 应注重选择刺激强度大的典型正反例, 通过举出肯定例证, 使学生能实际把握住概念的内涵; 举出否定例证, 使学生能依据定义进行辨别, 从反面进一步弄清概念的本质特征, 两者是相辅相成的. 对于中学生来说, 他们的智力发展处于具体运演的后期和形式运演的前期, 按照这一阶段学生发展的思维特点, 不仅要求学生能够辨析教师举出的例子, 而且还要求学生自己能够举出例子来, 特别是要举出符合概念本质属性的例子来. 能举出符合概念本质属性的例子, 意味着不但明确了概念的外延, 而且说明能用概念的本质属性去检验例子. 例如, 举出正方形作为矩形的例子, 说明掌握了正方形是有一个角为直角的平行四边形; 举出正方形为菱形的例子, 说明掌握了正方形是邻边相等的平行四边形.

② 构建概念体系. 数学是一门演绎科学, 数学根据概念和定理的互相联系而构成数学知识体系, 掌握概念体系是掌握整个演绎理论的必要条件. 因此, 数学概念学习的一项重要工作是要把所获得的新概念及时地纳入到相应的概念体系中去, 从而明确新概念与已有概念之间的关系.

因此, 在数学教学中, 不仅要掌握单个概念, 而且还要掌握这个概念所属的概念体系, 要注意在概念的体系下学习概念. 除了前面已讲过的引入新概念时, 要搞清它与已有概念的逻辑关系外, 还要把新概念及时纳入相应的概念体系, 以形成新的认知结构. 例如, 讲到分式时, 应总结出整式与分式, 分式与分数等概念的关系, 并再一次比较各个概念间的异同和关系. 在单元或一个阶段学习结束时, 把概念进行分类是使概念系统化的有效措施. 只有把知识系统化, 学生才能对概念有较完整和深刻的理解. 所以, 在教学中逐步教会学生自己整理知识的系统, 具有重要的意义.

5. 明确概念的符号

当学生对概念的内涵和外延都有了比较准确、清晰的理解, 就应及时引进数学符号. 在引入数学符号的教学中, 要注重帮助学生把符号与它所代表的实质内容联系起来, 使学生一看到符号就能够联想到符号所代表的概念及其本质特征. 事实上, 如果概念的符号能够与概念的实质内容建立起内在联系, 那么, 符号的掌握可以提高学生的抽象能力和概括能力.

用符号表示概念, 是数学的特点, 也是数学的优点, 这使得数学思想材料形式化. 但是, 概念本身就是抽象的, 而符号又成为概念的外在形式和代表, 从这个意义上讲符号就更抽象. 因此, 概念教学中要防止两个脱节: 一是概念与具体对象脱节; 二是概念与符号脱节. 在教学过程中, 在引入和使用概念的名称或符号时, 要注重引导学生对概念本质属性的认知或回忆. 例如, "乘方"与"幂"两个概念, 虽然使用中有时不那么严格区分, 但两者内涵不同, 前者是指运算, 后者是指运算的结果. 又如, 函数的符号 $y=f(x), x \in A$, 由于函数是联系着定义域的对应法则, 所以它与 $s=f(t), t \in A$, 以及 $x=f(y), y \in A$, 都是表示同一个函数, 只是所采用的字母不同而已, 这种辨析与认知对于后续学习反函数及其表示有重要的意义.

数学中的逻辑推理也往往借助符号化表达, 其正确性直接依赖于对符号实质意义的理解和掌握. 在概念学习中, 形式地掌握符号而不懂得符号的本质涵义的情况是经常发生的, 这将导致数学推理的错误和后续学习的困难. 例如, 在函数的学习中, 对函数的一般表达式 $y=f(x)$ 中 x、y、f 的意义不理解时, 类似于 $f(t+s)=f(t)+f(s)$ 的错误是经常发生的. 因此, 在概念教学中应特别注意帮助学生防止和纠正这类错误的发生.

从思维的角度来认识概念的意象表征,从一定意义上来说它是一种符号思维方式,即用高度浓缩信息的物质携带者——符号来进行思维,能够缩短思维劳动,加速思维过程.符号以直观、鲜明的形式将抽象的概念显现在眼前,往往具有简洁明了、易为心灵感受的特点和优点,从而有效获得创造性思维.

综上所述,数学概念是反映数学对象的一种思维形式,数学概念的认知过程实质上是认知主体对数学对象的思维过程.导致思维结果的思维方法既是数学研究的方法,也是数学教学的依据.因此,"数学概念的教学,重要的不是形式化的定义及几个相关概念,而是获得数学研究对象和认识数学新对象的思维方法,其中蕴含了用数学观点刻画和研究客观事物的方法和途径,这是一个带有'本原'性质的再创造过程.要使学生从中体验和领悟到认识数学概念的基本策略和路径".为此,在数学概念教学设计中要特别重视把观察与实验、比较与类比、分析与综合、抽象与概括、猜想与反驳、一般化与特殊化等思想方法贯穿和应用于概念教学活动之中.

四、数学概念有效教学设计的策略及案例分析

《数学课程标准》明确指出"教学方案是教师对教学过程的'预设',教学方案的形成依赖于教师对教材的理解、钻研和再创造".理解和钻研教材,应以《标准》为依据,把握好教材的编写意图和教学内容的教育价值;对教材的再创造,集中表现在:能根据所教班级学生的实际情况,选择贴切的教学素材和教学流程,准确地体现基本理念和内容标准规定的要求.

实施教学方案,是把"预设"转化为实际的教学活动.在这个过程中,师生双方的互动往往会"生成"一些新的教学资源,这就需要教师能够及时把握,因势利导,适时调整预案,使教学活动收到更好的效果.下面通过案例分析来探讨数学概念教学设计的有效性是怎样炼成的?教学方案的形成怎样依赖于教师对教材的理解、钻研和再创造?教师的理解是怎样促进学生的理解?

数学离不开推理,推理离不开判断,判断是以概念为基础的.数学概念作为反映现实世界空间形式与数量关系的思维形式,既是构成数学命题和实施数学推理与论证的基础,也是形成数学知识体系的基本要素,是数学基础知识的核心.如果我们把历经了几千年发展的数学比作一棵参天大树,那么,数学概念就是这棵参天大树的基本单位与细胞.若数学教师不能帮助学生准确地认知和理解概念,便意味着学生在课堂上获得的数学思维细胞是"病态、残疾的",那么建立在概念基础上的数学学习将难以健康、持续地发展,学生分析问题和解决问题的能力就会因"数学思维细胞的残疾"变成无源之水、无本之木而无法生长,当然数学教学的质量和效益就无从谈起,也没有保障.因此,数学概念教学的有效性是学生发展数学知识与能力的基础,是提高中学数学教学质量的关键.而数学概念教学"台上45分钟"的有效性,关键在于教师在作"台下十年功"的教材分析与教学设计时对数学概念的认知与理解要到位,要通过教师的理解来促进学生的理解,并把握好以下三个关键性的"支点",从这三个方面认识、分析和设计到位,而不要错位.

1. 把握好认知的"支点",对概念的来龙去脉和所属体系的认知与分析要到位

概念是人们在实践中,通过感知获得对客观事物丰富的感性认识的基础上,经过比较、分析、综合、概括、抽象等思维活动,去伪存真、由表及里、从感性到理性,逐步认识和保留它

的本质属性所形成的对这类事物的本质认识.因此,数学概念作为反映现实世界空间形式与数量关系本质属性的思维形式,其产生与发展也必然地经历这种由特殊到一般、多次抽象和逐级抽象的过程.正如认识论原理告诉我们的,人类认识产生和发展的基本规律,是由感性到理性,从低级到高级,由具体到抽象.《数学课程标准》明确指出"教学中应强调对基本概念和基本思想的理解与掌握.要注重体现基本概念的来龙去脉.在教学中要引导学生经历从具体实例抽象出数学概念的过程,在初步运用中逐步理解概念的本质".这从方法论的角度启示我们,在数学概念的教学设计中,不能孤立地、甚至"天上掉下个林妹妹"式的来"传授"一个概念,而需要把概念放在所属的体系和具体的情景中进行考察.这就要求教师在数学概念的教材分析与教学设计中首先要弄清楚与揭示出这一概念从哪里来,为什么产生或需要这个数学概念,它的基础概念是什么,它牵涉了哪些知识点,学习了这个概念后它又为谁(概念或定理、公式等)服务,还将发展到哪儿去.尤其要获得对它和它相邻的已有概念在本质属性上的区别与联系的清晰和透彻的认识.只有教师在思想上对概念从内涵质的规定到外延量的描述的来龙去脉、区别与联系认识和分析到位,为概念的引入和建构探明前进的方向、扫清认知上的障碍、找到最近发展区,进而找准和把握好概念认知的"支点",为实施有效高质的概念教学做好知识上和方法上的准备,才可能在此后的教学设计与组织中为学生主动探究与建构概念搭建起有效的思维台阶、打通认知的通道,进而有效地组织和引导学生去辨析与弄清新旧对象本质上的联系和区别,从而将"教师对教材的认知→转化为教学的设计→内化为学生的认识",进而在教学设计者、组织者的启发和引导下,在数学课堂上实现数学知识的再创造.

例如,分式概念是初中数学一个看似简单实则具有承上启下、承前启后作用与地位的重要概念.由定义"整式A除以整式B,可以表示成$\frac{A}{B}$的形式.如果除式B中含有字母,那么称$\frac{A}{B}$为分式"的表述容易看到,分式由整式发展而来,教学内容似乎比较简单.实践中也常常看到不少教师会进行形式化的复习提问:"什么是整式?——单项式与多项式统称为整式,例如……",便匆匆进入新课讲解.事实上,教师在教材分析和教学设计时必须透过现象看本质,透过概念看属性,通过实例去进一步追溯和剖析单项式与多项式的代数式意义是代表无限多对实数作加、减、乘运算,进而发现和辨析出整式概念的内涵与实质是刻画而且只能刻画实数与代数字母作加、减、乘三种运算$\left(如\frac{x}{2}可化归为\frac{1}{2}x,而\frac{2}{x}则不然\right)$,从而为准确认知和把握分式的内涵与本质是描述两个整式作实质性相除、并类比分数表示的那一类代数式(故此,B中含有字母直接导致$\frac{A}{B}$既不是单项式也不是多项式,从而不是整式.)探明前进的方向、扫清认知上的障碍、并找到最近发展区.因此,在教学设计与实施中,只有紧紧抓住除法这一认知的源头和思维的起点,才能领会和感悟在建构分式概念之后,水到渠成地必然牵引出分式有意义的条件讨论(即除式B的取值不能为零)、分式值为零的计算(讨论了分母,类比联想到分子)、以及类似整数与分数的整体认知去类比建构有理式的概念等三个知识点.再顺藤摸瓜,又会发现这几个知识点是发展分式方程、分式不等式、有理函数等高中概念及其"化分为整"的解法、算理及思想所必备的思维细胞与知识基础.从而在结构和思想上彻底弄清分式的来龙去脉、概念体系及地位作用——它不仅是整数、分数、除法、整式和代数式等已学知识的发展,而且是学习分式方程、分式不等式、有理函数等高中知识所必备的基础.

但遗憾的是,教学实践中不少教师的教材分析与教学设计仅仅止步于看到和提问"单项式与多项式统称为整式"这一外延定义,而不去思考如何引导学生进一步追溯和理解单项式与多项式的代数式意义,进而难于辨析和明确整式概念的内涵与本质,因此导致学生难于准确认知和界定教材中以问题情景出现的那些新的研究对象.如,$\frac{a+1}{2a}$,$\frac{x(x+2)}{xy}$,$\frac{2400}{x+30}$,$\frac{(n-2)180°}{n}$,$\frac{(x+3)^2}{4x+1}$以及$\frac{x-5}{x-5}$等与学生已有的知识和经验中的整式如$\frac{x}{90}$,$\frac{m-9}{\pi}$在形式上的相似(① 两个整式A、B相除,② $A÷B$表示为$\frac{A}{B}$)与本质上的区别(③ 分母B中含有字母——刻画$\frac{A}{B}$是两个整式作实质性相除、并类比分数表示的那一类代数式,它再不是整式). 致使学生对分式本质属性①②③的认知与建构变成了无源之水、无本之木而难于完成和实现.事实上,笔者经多次实验证明,在这种教学之下,即使数学系的大学生也不能准确把握分式与整式的本质区别,以至于往往把形如$\frac{m-9}{\pi}$、$\frac{|x|}{x}$的式子和运算$\frac{x^2}{x}=x$混同为分式.

而经由具体实例去追溯与再认知整式的本质属性及其代数式意义,不仅从内涵质的规定、到外延量的描述揭开了分式概念来龙去脉与所属概念体系"整数→分数→代数式→整式→分式→有理式→有理方程→有理不等式……"的神秘面纱,找到分式概念认知的"支点"分数.还因为"聚焦"除法,找到了启发引导学生去准确认知与辨析新的研究对象与已有的知识和经验中的整式在形式上的相似与本质上的区别(即有意义建构和抽取出分式概念本质属性①②③)的突破口,进而为引导学生探究和弄清分式有意义的条件(除式B的取值不能为零)、分式值为零的算理(先保证意义、后进行计算)、以及分式与整式统称为有理式的合理建构探明了前进的方向,扫清了认知上的障碍.

2. 把握好数学思想方法这一"支点",对概念蕴含的数学思想方法的认知和揭示要到位

如果说数学概念是数学思维的细胞,那么,数学思想方法就是数学这棵参天大树的经络与血脉,是数学的精髓.要使数学思维的细胞充满勃勃生机与活力,就必须让鲜活的思想方法流淌和贯穿在数学概念的教学之中.但是,传统的数学教学,往往过于强调知识点,教师会千方百计地去强化、深化各个知识点,却忽视了对数学思想与方法的揭示和领悟,不重视把知识作为载体,去揭示数学思想方法的作用与价值、去发展学生分析问题和解决问题的能力.对此,布鲁纳已明确指出"教学若无思想之供给,教授便必枯燥而寡味".米山国藏则进一步强调:"作为数学的知识,学生出校门后两年就忘了.惟有深深铭记在头脑中的数学精神、数学思想、研究方法和着眼点等,却随时随地发生作用,使他们受益终身".所以,有效的概念教学,必然要求我们在数学概念的教材分析与教学设计中把握好数学思想方法这一"支点",要对隐含在各知识点中的数学思想与方法认知并揭示到位,帮助学生认知和掌握蕴含在数学概念中的数学思想与方法,注重从中发展学生分析问题、解决问题和数学思维的能力.

这就要求数学教师必须练就一双透过现象看本质、透过知识见方法的慧眼,能够根据和运用数学联系、发展和变化的特点,从认识论和方法论的角度与制高点,对概念教学中包含的知识点进行分解、重组与加工,从中洞察隐含在各知识点中的数学思想与方法,进而能够

用数学的思想方法来串联、整合与组织数学概念的教学.例如,上述"分式"概念教学课题,从概念表述我们看到分式由整式发展而来,通过追溯整式的构成及其代数式意义,引导我们发现和弄清分式的本质与内涵是刻画两个整式作实质性相除、并类比整数相除表示为分数的那一类代数式.并因为"聚焦"到除法这一知识的源头和思维的起点,使我们领悟和发现分式概念建构之后,必然牵引出分式有意义的条件讨论、分式值为零的计算、以及对分式与整式的整体认知即有理式的概念建构等四个知识点,并洞察到联结分式与整式这两个新旧知识之间的桥梁——分数,以及隐含和贯穿在四个知识点中的那根"红线"——与整数相除从表示方法、条件讨论到特例计算等思维方法的类比.

根据以上分析,我们可以用类比这根"红线"来串联上述四个知识点,设计四次由浅入深的类比探究,引导学生通过与两个整数相除的表法类比、有意义的条件类比、值为零的计算类比、以及整数与分数统称为有理数的概念类比,由表及里、层层设问,实施"剥大蒜"式的启发与探索,从定性与定量等角度,建构和探究分式的概念与有意义的条件,并发现和完成分式值为零的算理、整式与分式概念的整体认知,使学生在掌握知识的同时,获得数学思想方法的熏陶与训练,学会数学地思维,进而发展开拓创新和独立获取知识的能力,在课堂上实现"分式"概念知识的再创造.

又如,初一数学的绝对值概念既是初中数学的重点和也是教学的难点.从定义的表述"在数轴上,一个数所对应的点与原点的距离叫做这个数的绝对值",容易看到它涉及到数轴、数所对应的点、距离等几何概念.而追溯之前学过的数,会发现它还涉及有理数、正负数、相反数等代数知识.因此在教材分析中,教师应专业的敏感和认识到绝对值概念是一个数形结合的产物,是高度体现"数学是研究现实世界空间形式与数量关系科学"的典型案例.深入探究概念内涵教师还能发现:① 它不仅界定了绝对值的概念,而且还给出了绝对值的一个算法,即"在数轴上描点→确定距离→算绝对值"的三步法,其实质是"几何算法";② 但当这个算法面对复杂的有理数如 0.321,1/54 和 $-98\,760$ 时,描点很困难、甚至无法实施,因此就产生了对"不描点的算法"的探究与需要! 然而,反复探究发现,找不到已有知识可以运用,只能回到问题的起点——通过对研究对象"数与点"的回顾与讨论,引领我们追根溯源探寻到"数有正负,点分左右"的分类讨论和归纳猜想等思想方法及其应用成果——那个简洁而著名的代数结论,不禁惊叹数学思想方法的价值与威力(将无限多实数的绝对值计算问题化归为有限的三类讨论和计算).至此,彻底洞悉了看似简单的绝对值概念实则蕴含了数学中最重要的数形结合、分类讨论、归纳猜想等数学思想以及代数、几何两种最基本的算法.

3. 把握好设问的"支点",对学生数学学习规律的认识与运用要到位

教育心理学指出,中学生思维活跃、开放,具有强烈的好奇心和丰富的想象力,他们常常希望自己或把自己当作是一个探索者、研究者和发现者,喜欢通过自己的独立思考去提出与弄懂问题,他们学习数学的动力往往与短暂的"直接兴趣"有关,面对较为抽象的数学知识时,容易丧失持续学习的积极性.认知心理学还强调"知识不能通过感官或交流被动获得,而要通过认知主体的反省抽象和内化过程来主动建构".这从心理学的角度表明,数学教学不应是从书本上准确无误搬运知识的过程,而是要根据学生的认知经验和水平,遵循数学的认知规律,把学术形态下按照一定格式编写的教材还原为生动活泼的数学创造活动,在对所学知识进行重组与加工、对教法进行设计与选择的基础上,将数学教材中已有的结论转化为探

索性的数学问题,创设各种诱因,促使学生"下海",引导学生主动探究与建构,在"做数学中学数学,在游泳中学会游泳".

这就要求教师在课前的教材分析与教学设计时,要充分重视对学生数学学习规律的认识与运用,并把握好设问这一"支点",通过创设目标明确、表意清晰、分层次、成系列的问题,创设探究的条件、提供发现的机会,搭建起思维的脚手架.使学生在分析问题和解决问题的过程中,经由分析、比较、类比、归纳、综合、概括等数学思维活动,"跳一跳,够得着"弄清概念的来龙去脉,发现新旧对象之间的联系与区别,辨析和明确概念的本质属性,自主探究与建构概念,进而从中体验创造的快乐、感受成功的喜悦、激发学好数学的信心.例如,初二分式概念的教学设计,在导入环节可以设问"上学期我们学习了整式和整式的四则运算.谁还记得什么是整式?并举例说明","整式的特征是什么?请观察上例,你能发现什么?"来达到以问勾忆、忆旧迎新,启动学生的思维、进而温故知新,深化对整式内涵的认知与理解,为辨析分式与整式的本质区别、进而有意义建构分式概念铺设好思维的台阶、扫清认知上的障碍.在接下来的情景问题探究环节可以设问"它可以转化为数学中的什么问题?","我们见过这类方程吗?会解它吗?","方程中有我们熟悉的对象吗?这些对象的共同特征是什么?它们的数学意义是什么?",从而,调动学生已有的知识与经验,引领学生进入建构分式概念的最近发展区.

实践证明,如果数学教师在课堂上不能明确地提出问题,学生的学习与思考就缺乏目标和方向,教学则容易滑入注入式、满堂灌的"泥潭",教学的质量和效益将无法保障.而"问题是数学的心脏,探索是数学教学的生命线,课堂上教师提的每一个问题都好比罗盘和路标,直接引导学生的思维与方向"正日益成为人们的共识.所以,我们应倡导和实践"为学习而设计,为学生的发展而设计"的课堂教学原则,在数学概念的教学设计中,自觉遵循数学的认知规律,注重从学生已有的认知结构和认知经验的现实出发,精心地设计和创设问题,充分启发和调动学生的思维,促进学生的全面参与,引导学生主动探究与建构.使学生在教学设计者、组织者和引导者的带领下,经由"忆旧迎新——问题探究——辨析比较——抽象概括"等一系列思维活动,参与到探究规律、发现结论、归纳概括等数学创造活动中,在掌握概念的同时,获得数学思想方法的熏陶与训练,学会数学的思维,最终实现和完成由特殊到一般、由具体到抽象、由低级到高级的概念学习与认知,从根本上提高数学概念教学的质量和效益,促进学生全面和可持续的和谐发展.

第五节 数学概念的教学案例及评析

正如第惠多斯所言"教学的艺术在于激励、唤醒和鼓舞".教学有法,教无定法,贵在得法,重在启发.请阅读以下的教学案例并结合数学课程标准的理念和概念教学的要求,思考下列问题,在小组活动中交流与研讨.

(1)该课例的教学目标设计是否恰当?重难点是否突出?整体设计思路有哪些特点?

(2)该课例中主要使用了哪些教学策略?对你有哪些启发?你认为需要改进什么?

(3)如果你来设计和组织这一节课,你会采用哪些教学策略?为什么要用这些策略?

一、义务教育阶段数学概念教学案例及评析

【案例 5-1】

方程的意义[①]

1. 教材分析

本节课的教学内容是方程的意义.方程是含有未知数的等式.教材首先从等式引入,采用连环画的形式,通过天平演示,说明天平平衡的条件是左右两边所放物体的质量相等,由不等到相等,引出含有未知数的等式称为方程.

2. 教学目标

知识与技能领域:了解天平的原理,初步理解"等式"、"不等式"和"方程"的意义,并能进行辨析.

过程与方法领域:通过用不等式和方程来描述天平状态的学习活动,经历运用数学符号描述现实世界的过程,建立符号感,发展抽象思维.

情感、态度与价值观领域:在数学学习活动中获得成功的体验,锻炼克服困难的意志,建立自信心.

3. 教学过程

(1) 创设问题情景

教师出示天平,并提问:天平可以用来做什么?

使学生明确天平的两个用途:称物体的质量和比较两个物体的质量.

师点明今天要用天平来学习新知识.

(2) 引导探究新知

首先,师课件出示教材第 53 页图 1.

引导学生说图意,让学生明确:图上天平处于平衡状态,左右两边的物体质量相等,所以图上空杯子的质量是 100 克.师板书:杯子的质量=100 克.

其次,师课件出示教材第 53 页图 2.

引导学生看图,并设杯中水的质量为 x.师板书:x 表示水的质量.

学生观察天平的状态后,得出结论:此时天平处于不平衡状态,说明左右两边的物体质量不相等,并且是左边的质量大于右边.

师引导学生用一个式子来表示此时天平左右两边物体的质量关系.学生汇报,师板书:$100+x>100$,并让学生说说这个式子表示的意思.(说明这杯水的质量大于 100 克)

然后,师课件出示教材第 53 页图 3 中的第一个天平图.

学生观察天平的状态和两边物体的质量关系,试着用式子表示把这个关系表示出来.

学生汇报,师板书:$100+x>200$,让列式的学生说说式子表示的意义.(说明这杯水的质量大于 200 克)

接下来,师课件出示教材第 53 页图 3 中的第二个天平图.

学生观察图,用式子将图意表示出来.师板书:$100+x<300$.

[①] 数学课程标准人教版实验教材五年级上册,本案例选自云南师范大学 06 级教育硕士赵云丽硕士论文.

师课件出示教材第54页的天平图.

学生观察图,用式子将天平的状态表示出来.得出式子$100+x=250$,师同时板书.

师课件出示北师大版教材第88页的第2幅图.

引导学生说图意.

明确图中给出的三个数量:月饼的数量(4块)、每块月饼的质量(用字母y表示)和月饼的总价(380元).

引导学生用式子将这三个量之间的关系表示出来.得到以下式子:

$4y=380$ $380÷y=4$ $380÷4=y$ $y=380÷4$

师将黑板上的式子分类:

第一组:
$100+x>100$
$100+x>200$
$100+x<300$

第二组:
$100+x=250$
$4y=380$
$380÷y=4$
$380÷4=y$
$y=380÷4$

师引导学生观察两组算式的不同点,发现它们的连接符号不同.

师讲解:像第一组这样用大于或小于号连接的式子,叫做"不等式",(师在第一组式子的下面板书:不等式)表示左右两边的量不相等;像第二组这样用等号连接是式子,叫做"等式"表示两边的量相等.

(3) 运用巩固练习

例 判断下面各式哪些是"等式",哪些是"不等式"?

$100+50=150$ $3x-6>57$ $y<2+7$ $5x-60=12$ $a÷7$

师引导学生观察第二组式子的相同点,得出:式子中都含有未知数用字母来表示.

师:像这样含有未知数的等式,我们把它成为"方程".

并指明这句话在数学书的第54页,让学生用笔画起来,全班齐读一遍.

师点明课题:这就是我们今天要学习的"方程的意义"(并板书).

师接着让学生找找这句话中的关键字:含有未知数、等式.

完成数学书第54页的"做一做"练习.

(4) 归纳小结,运用拓展

通过练习,引导学生归纳发现,一个式子要是方程需满足的条件:

① 要含有未知数,② 要是一个等式

师引导学生思考黑板上的两个方程是否有意义:

$380÷4=y$ $y=380÷4$

得出结论:这两个式子都可以直接算出得数,结果就没有并要用字母再来表示,所以这样的方程意义不大,方程一般不列成这样,也就是不单独把字母摆在等式的一边.(师同时将这两个式子擦掉)

师明确:一个式子要是方程,除了要满足含有未知数和是一个等式两个条件外,还要注意:不单独把字母摆在等式的一边.

【评析】 从看得见、摸得着的天平到抽象的方程,是学生认识上的一大飞跃.要让学生实现这一由具体到抽象的飞跃,要求老师在教学过程中把传授知识变为渗透思想,教给学生建构知识的方法.在本案例教学设计中,教师通过不断调整天平平衡的过程,引领学生将天平与方程中的"相等"联系起来,为学生理解方程的意义搭建了思维的脚手架.这不仅使学生亲身体验了"等式"与"方程"之间的关系,使教学难点得以分解、教学难点得到了很好的突破,而且使课堂的教与学充满生机.

在教材中,当得出式子 $100+x=250$ 后,由此便归纳得出方程的概念.赵老师在备课时,发现方程的概念仅由这一个式子的得出,显得过于急促和单薄,不够自然.于是参考了北师大版教材的相关内容,将其中的一个例题引用到自己的教学过程中,从而得出了另外的几个算式:$4y=380, 380÷y=4, 380÷4=y, y=380÷4$ 再由五个算式归纳其共同点,得出方程的概念.教师通过了解两套教材,扩大了视野,开拓了思路,并充分利用不同版本的教材,博采众长,结合学生实际,联系学生已有的知识和经验,有机整合教材内外的各种课程资源,既保证了教学目标的实现,又兼顾了学生的全面发展.

【案例 5-2】

直线、射线、线段

一、课型

概念新授课(第 1 课时).

二、教学目标

(1) 在了解直线概念的基础上,理解射线和线段的概念,并知道它们的区别与联系.

(2) 通过直线、射线、线段概念的教学,发展空间想象能力和观察能力,体会用运动的观点看待几何图形及其变化.

(3) 通过对来自实际问题的讨论,激发对几何图形的兴趣,提高学习数学的积极性.

三、教学重点和难点

教学重点:直线、射线、线段的概念.

教学难点:对直线的"无限延伸"性的理解.

四、教学方法

启发式讲解法.

五、教具准备

直尺、图片.

六、教学过程设计

(1) 联系实际,提出问题

① 请学生列举出实际生活中所见到的直线的实例(请 5~6 位学生发言).

② 教师归纳:铅笔、尺子、桌子边沿等都有长度,是可以度量的,它们都只是直线的一部分,进而概括给出直线的概念"直线是向两个方向无限延伸着的一种图形".并提问"无限延伸"怎样解释,教师可形象地归纳出"直线是无头无尾、要多长有多长".让学生闭起眼睛想象一下.

再提问:在我们以前学过的知识中有没有直线的例子?(数轴)

③ 通过前面学生所举的例子,给出线段概念"直线上两个点和它们之间的部分叫做线

段".

④ 教师画出一条直线,并在直线上标出一条线段,然后擦掉一部分,只剩下一条射线,引导学生观察和比较它与直线、线段的区别,归纳抽象出射线的概念:"直线上的一点和它一旁的部分叫做射线".

(2) 直线、射线和线段的表示方法

① 直线的表示有两种:一个小写字母或两个大写字母.但前面必须加"直线"两字,如:直线 l,直线 m,直线 AB,直线 CD.(板书表示出来)

② 线段的表示也有两种:一个小写字母或表示端点的两个大写字母.但前面必须加"线段"两字.如:线段 a;线段 AB.(板书表示出来)

③ 射线的表示同样有两种:一个小写字母或端点的大写字母与射线上的一个大写字母,前面必须加"射线"两字.如:射线 a;射线 OA.(板书表示出来)

(3) 运动变化,揭示联系

① 让学生找出三者之间的区别,端点的个数:0个,1个,2个.

② 教师通过图示将线段变化为射线、直线,以引导学生观察和发现事物并非孤立、静止存在的,而是互相联系着、并且在一定条件下可以相互转化的.

(a) 教师画出线段 AB,然后向一方延长,使之成为一条射线,再向相反的方向延长,使之成为一条直线.学生观察、发现:线段向一方延长就会成为射线,向两方延长就会成为直线.因此,直线、射线都可以看作是由线段运动而成的.

(b) 教师再画出一条直线,在直线上任找一点,擦掉一点一旁的部分,就成为一条射线;若在射线上再找一点,两点之间的部分就成为一条线段.

(4) 回到实际,巩固概念

① 让学生举出生活中的直线、射线和线段的事例.如:手电筒的光线,灯泡发出的光线等.

② 课堂练习:

(a) 设 A,B,C,D 为直线 l 上从左至右的四个点.

问:直线 l 中共有几条线段? 以 C 为端点的射线有哪几条?

(b) 设 A,B,C 为平面上的三个点,分别画出过点 A,B;点 A,C;点 B,C 的三条直线.

(c) 设 P 是直线 l 外一点,A 是直线 l 上一点.过 P,A 作一条直线;过 A 作一条射线.

(5) 小结(教师先提问题如下,在学生回答的基础上教师完善和补充,进一步强调三个概念之间的关系,并指出这三个概念是平面几何的基础)

① 本节课学习了哪些几何概念?

② 直线、射线和线段三者之间有何联系与区别?

③ 本节课帮助我们掌握概念的关键词有哪几个?

④ 直线、射线和线段的表示应注意什么?

⑤ 直线还有什么特点呢(为下节课讲直线的性质埋下伏笔)?

(6) 作业(略)

七、板书设计

直线、射线、线段

一、概念　　　　　　　　　　　　四、练习
　　1. 直线
　　2. 射线
　　3. 线段
二、表示　　　　　　　　　　　　五、小结
　　如：…………
三、联系　　　　　　　　　　　　六、作业
　　1. 端点个数：
　　2. 变化过程（图略）

【评析】　（1）本课题教案对教材内容的顺序做了调整和改动，先将直线、射线和线段的概念给出，然后再讲它们的性质，这样更有利于学生建构新知识．这节课为几何的起始课，因此，从感性认识和学生熟悉的实际问题出发，抽象出几何的概念，符合学生的认知规律和概念的形成．(2)不足与建议：① 作为几何入门课，尤其要注重"形数结合"、"看图说话"，引领学生体验和理解"数学是研究现实世界的空间形式与数量关系的科学"，从中亲历和掌握数学发现与创造的过程和方法．② 对直线、射线和线段三者关系的探究，若有条件应用计算机辅助教学，有助于学生更直观、生动地观察与理解几何图形运动、变化的意义，以引导学生探究直线、射线和线段之间的区别与联系、自主建构概念，充分发挥学生学习的主体作用，并发展他们的创新意识和能力．

【案例 5－3】

相 似 图 形

一、课型
概念新授课（第 1 课时）．

二、教学目标
(1) 知道线段比的概念．
(2) 会求两条线段的比．
(3) 通过有关比例尺的计算，体会数学在现实生活中的作用，增强学习数学的信心．

三、教学重点与难点
教学重点：求两条线段的比．
教学难点：当线段长度的单位不统一时，求两条线段的比．

四、教学方法
启发式讲解法．

五、教具准备
幻灯片（自制），三角板．

六、教学过程设计
(1) 创设问题情景，引入新课
教师：播放幻灯片1，我们先来欣赏两张美丽的图片．

欣赏图片后,提问:这两张图片之间有什么特点?

学生:形状相同,大小不同.

教师:播放片幻灯2,观察图片并设问:这些图片想告诉我们什么?

学生:……

教师:刚才大家所看见的"形状相同、大小不同的图形,叫做相似图形".第四章研究的就是相似图形及其相关的问题.研究相似图形要从线段的比开始学习.下面,我们一起来研究第四章"相似图形"的第一节:线段的比.

(2) 概念探究与讲解

① 探究两条线段的比的概念

教师播放幻灯片3并设问:有两个喇叭,甲喇叭高16分米,乙喇叭高75厘米,哪个喇叭高?

学生:甲喇叭.

教师:确定吗?喇叭的高在数学中是指什么?75厘米与16分米怎么比大小?

学生:喇叭的高在数学中是指一条线段.16分米和75厘米的单位不一致,要化为同一长度单位才能进行比较.

教师:对.这两个喇叭的高是两条线段,在它们长度单位不一致的时候是不能比较大小的,只有先将它们的长度单位化为相同长度单位后才能比较大小.

教师:因此要比较两条线段的大小,实际上是比较什么的大小?

学生:比较两条线段的大小就是比较两条线段长度的大小.

教师:很好!由此大家能否推测出"两条线段的比"是指什么?

学生:两条线段的比就是两条线段长度的比.

教师:很好!(板书并播放幻灯片4)出示问题如下:

例1 有两条线段 AB 和 CD,$AB=6$ 厘米,$CD=5$ 厘米,线段 AB,CD 的比如何表示?单位是什么?

学生:表示为 $AB:CD=6:5$;没有长度单位.

例2 一个长为30厘米,宽为21厘米的长方形,你能表示出这个长方形的长与宽的比吗?

教师:应怎样定义两条线段的比呢(定义由幻灯片5呈现)?我们在计算两条线段的比的时候应注意什么问题?

学生:长度单位要统一.

例3 (教师播放幻灯片6)线段 a 的长度为3厘米,线段 b 的长度为6米,所以两线段 a,b 的比为 $3:6=1:2$,对吗?为什么?

学生:不对.因为 a,b 的长度单位不一致!

教师:因此,我们在计算两条线段的比的时候要满足什么条件?

学生:两条线段的长度单位要一致.

(3) 课堂练习,运用与巩固

教师:量出数学书的长和宽(精确到1厘米),并求出长和宽的比.

学生:书长为21厘米,宽为15厘米,长和宽的比为:$21:15=7:5$

教师:如果把单位改成分米或米,比值还相同吗?

学生活动：长 21 厘米＝2.1 分米，宽 15 厘米＝1.5 分米，长：宽＝2.1：1.5＝21：15＝7：5

或　长 21 厘米＝0.12 米，宽 15 厘米＝0.15 米，长：宽＝0.21：0.15＝21：15＝7：5

教师：从以上计算，大家发现了什么吗？

师生：只要选用同一单位测量线段，不管采用什么单位，它们的比值不变．

教师小结：求两条线段的比时要注意的问题．

① 两条线段的长度必须为同一长度单位表示，如果单位长度不同，应先化成同一单位，再求它们的比．

② 两条线段的比，没有单位，比值与所采用的长度单位无关．

③ 两条线段的长度都是正数，所以两条线段的比值总是正数，并且要化为最简．

(4) 随堂练习

例 4　(教师播放片 1)在某市城区地图(比例尺 1：9000)上，春城大街的图上长度与学府路的图上长度分别是 16 厘米、10 厘米．

(a) 春城大街与学府路的实际长度各是多少米？

(b) 春城大街与学府路的图上长度之比是多少？它们的实际长度之比呢？(提示：图上长度：实际长度＝比例尺)

例 5　在比例尺为 1：8000 的某学校地图上，矩形运动场的图上尺寸是 1 厘米×2 厘米，矩形运动场的实际尺寸是多少？

(5) 课堂小结

① 相似图形

② 两条线段的比——两条线段的长度之比

表示法：线段 a,b 的长度分别为 m,n，则 $a:b=m:n$．

③ 求两条线段的比应注意的问题：

(a) 对两条线段的长度一定要用同一长度单位表示．

(b) 讨论线段的比时，不指明长度单位．

(c) 两线段的比值总是正数．

比例尺：图上长度与实际长度的比．

(6) 课后作业：习题 4.1

七、板书设计

4.1.1 线段的比

一、1. 两条线段的比的概念

　　2. 做一做

　　3. 求两条线段的比时要注意的问题

　　4. 例题(有关比例尺的问题)

二、随堂练习

三、课时小结

【评析】　(作业)．

二、高中数学概念教学案例与评析

【案例 5-4】

指数与指数幂的运算[①]

一、课题

指数与指数幂的运算(第 1 课时).

二、课型

概念新授课.

三、教法

启发式讲解法.

四、教学目标

(1) 知识与技能目标:理解 n 次方根的概念、n 次根式的性质及其符号化表达;会利用 n 次根式的性质求解或化简根指数为正整数时的根式.

(2) 过程与方法目标:体会随着数的发展,指数也在发展.将新问题与旧知识联系,类比旧知识解决问题,产生新知识.进一步体会类比归纳等数学思想在数学概念发展与建构中的作用.

五、教学重点、难点

重点:n 次方根的概念和 n 次根式的性质的理解与掌握.

难点:n 次根式的性质及其符号化表达与应用.

六、教学过程

(1) 复习回顾,探究新知

教师活动	学生活动	设计意图
设问 1 初中我们学习过几种运算?与之对应的运算结果分别叫什么? 设问 2 (1)加法与减法、乘法有没有联系?(板书) (2)乘法与除法、乘方有没有联系?(板书) 加(和)→乘(积)→乘方(幂) $2+2=2\times 2=2^2$ ↓ ↓ 差 商 指数 $n\in \mathbb{N}^*$ 底数 ← $\boxed{a^n}$ → 幂 (3)乘方有逆运算吗?特别地,平方和立方的逆运算是什么? (4)什么是平方根?什么是立方根?	回顾旧知识,思考得到: 加、减、乘、除、乘方 5 种运算. 对应的运算结果:和、差、积、商、幂. 思考得到: (1)加、减法为一级运算,并且减法为加法的逆运算.特别的,两个相同的数相加时可写成乘的形式. (2)乘、除法为二级运算,并且除法为乘法的逆运算.特别的,两个相同的数相乘时可写成乘方的形式.	通过回顾旧知识,打通新旧知识之间的联系,为探究新知识铺路搭桥.

[①] 高一数学课标人教版新教材,本案例选自云南师范大学数学学院 2010 届本科生王莎莎教育实习课题设计.

续 表

教 师 活 动	学 生 活 动	设 计 意 图
例1 计算： 4 的平方根是：_____ （$\pm\sqrt{4}=\pm2$） -4 的平方根是：_____ （无） 9 的平方根是：_____ （$\pm\sqrt{9}=\pm3$） -9 的平方根是：_____ （无） 16 的平方根是：_____ （$\pm\sqrt{16}=\pm4$） -16 的平方根是：_____ （无） 0 的平方根是：_____ （0） **设问3** （1）你能回忆总结出平方根的有关结论吗？ **例2** 计算： 8 的立方根是：_____ （$\sqrt[3]{8}=2$） -8 的立方根是：_____ （$\sqrt[3]{-8}=-2$） 27 的立方根是：_____ （$\sqrt[3]{27}=3$） -27 的立方根是：_____ （$\sqrt[3]{-27}=-3$） 64 的立方根是：_____ （$\sqrt[3]{64}=4$） -64 的立方根是：_____ （$\sqrt[3]{-64}=-4$） 0 的立方根是：_____ （0） (2) 你能回忆总结出立方根的有关结论吗？ **设问4** 如果 $x^2=a$，那么 x 叫做 a 的？（平方根，或2次方根） (2) 如果 $x^3=a$，那么 x 叫做 a 的？（立方根，或3次方根） (3) 类似地，$(\pm2)^4=16$，那么 ±2 可以叫做16 的？（4次方根） $2^5=32$，那么 2 叫做 32 的？（5次方根） ……… 请你类比给出 n 次方根的概念.	(3) 平方和立方的逆运算是：开平方和开立方. 回顾旧知识，得到： 如果 $x^2=a$，那么 x 叫做 a 的平方根.(2次方根) 如果 $x^3=a$，那么 x 叫做 a 的立方根.(3次方根) 通过具体的例子和分类归纳得到相关结论： 平方根： 正数有2个平方根，它们互为相反数； 0 的平方根为0； 负数没有平方根. 立方根： 正数有1个立方根，且为正数； 0 的立方根为0； 负数有1个立方根，且为负数. 类比平方根和立方根概念，建构 4 次方根和 5 次方根概念，最后得出 n 次方根概念. 若 $x^n=a$，则 x 叫做 a 的 n 次方根. ($n>1$，且 $n\in\mathbb{N}^*$)	复习巩固旧知识，并且为新知识的发展铺设思维与认知的台阶. 通过类比迁移，能动建构 n 次方根概念，从中体会类比归纳的数学思想在数学概念发展中的作用和价值.

(2) 揭示联系,探究新知

教 师 活 动	学 生 活 动	设 计 意 图
1.(板书)一般地,若 $x^n=a$,则 x 叫做 a 的 n 次方根.($n>1$,且 $n\in\mathbb{N}^*$) 设问 5 (1)相应地,平方根和立方根的有关结论能否推广到 n 次方根,如何推广? 这样的推广是否一定成立? 偶次方根: (1)正数有_____个偶次方根,它们有什么样的关系? (2)0 的偶次方根为_____; (3)负数有没有偶次方根? 奇次方根: (1)正数有_____个奇方根; (2)0 的奇次方根为_____; (3)负数有_____个奇方根; 2.归纳以上结论得:若 $x^n=a$ ($n>1$,且 $n\in\mathbb{N}^*$) | a \ n次方根	n 为偶	n 为奇
$a>0$	$\sqrt[n]{a}$(正) $-\sqrt[n]{a}$(负)	$\sqrt[n]{a}$(正)
$a=0$	$\sqrt[n]{0}=0$	$\sqrt[n]{0}=0$
$a<0$	无意义	$\sqrt[n]{a}$(负) | 例如,$\sqrt[4]{16}=2$,$-\sqrt[4]{16}=-2$,$\sqrt[5]{32}=2$,$-\sqrt[5]{32}=-2$. 3.$\sqrt[n]{a}$ 叫做根式,其中 a 叫做被开方数,n 叫做根指数.所以,乘方的逆运算是开方,其表达式是根式. 4.根据 n 次方根的意义可得: **性质 1** $(\sqrt[n]{a})^n=a$(先开方再乘方) 设问 6 (1)$\sqrt[n]{a^n}=a$(先乘方再开方)是否也成立?	加深理解与记忆 n 次方根的概念. 思考探究得出: 平方根的结论可以推广到偶次方根 立方根的结论可以推广到奇次方根 分析对比平方根、立方根结论讨论得到,偶次方根: (1)正数有 2 个偶次方根,它们互为相反数; 例如,16 的 4 次方根是 ±2,64 的 6 次方根是 ±2. (2)0 的偶次方根为 0; (3)$x^n\geqslant 0$($x>0$,负数没有偶次方根). 奇次方根: (1)正数有 1 个立方根,且为正数; 例如,32 的 5 次方根是 2 (2)0 的奇次方根为 0; (3)负数有 1 个立方根,且为负数; 例如,-32 的 5 次方根是 -2 所以,这样的推广是成立的. 类比平方根、立方根,记忆 n 次方根的内容.	通过讨论平方根和立方根的有关结论能否推广到 n 次方根. 归纳发现 n 次方根的相关结论. 对 n 次方根内容的巩固深化,并且将文字语言转化成符号语言.

续 表

教 师 活 动	学 生 活 动	设 计 意 图
(2) 那么，$\sqrt[n]{a^n}$ 等于什么？填下表，并归纳结论． 	$\sqrt[n]{a^n}$ | n为偶 | n为奇 $a>0$ | $\sqrt{2^2}=$ $\sqrt[4]{2^4}=$ | $\sqrt[3]{2^3}=$ $\sqrt[5]{2^5}=$ $a=0$ | | $a<0$ | $\sqrt{(-2)^2}=$ $\sqrt[4]{(-2)^4}=$ | $\sqrt[3]{(-2)^3}=$ $\sqrt[5]{(-2)^5}=$ 综上所述： **性质 2** 当 n 为奇数时，$\sqrt[n]{a^n}=a$ 当 n 为偶数时，$\sqrt[n]{a^n}=\|a\|=\begin{cases}a & (a\geq 0)\\ -a & (a<0)\end{cases}$	回顾 n 次方根的概念，用概念来解决该问题． 例如，$\sqrt{2^2}=2$，$\sqrt{(-2)^2}=2\neq -2$，所以，不一定成立． 先讨论、后填表，得到： $\sqrt[n]{a^n}$ | n为偶 | n为奇 $a>0$ | $\sqrt{2^2}=\sqrt{4}=2$ $\sqrt[4]{2^4}=\sqrt[4]{16}=2$ | $\sqrt[3]{2^3}=\sqrt[3]{8}=2$ $\sqrt[5]{2^5}=\sqrt[5]{32}=2$ $a=0$ | 0 | 0 $a<0$ | $\sqrt{(-2)^2}=\sqrt{4}=2$ $\sqrt[4]{(-2)^4}=\sqrt[4]{16}=2$ | $\sqrt[3]{(-2)^3}=\sqrt[3]{-8}=-2$ $\sqrt[5]{(-2)^5}=\sqrt[5]{-32}=-2$	巩固 n 次方根的概念，同时探讨 $(\sqrt[n]{a})^n$ 与 $\sqrt[n]{a^n}$ 的意义．

(3) 练习运用，巩固新知

教 师 活 动	学 生 活 动	设 计 意 图
例1 求下列各式的值： (1) $\sqrt[3]{(-8)^3}$； (2) $\sqrt{(-10)^2}$ (3) $\sqrt[4]{(3-\pi)^4}$； (4) $\sqrt{(a-b)^2}(a>b)$ **分析** 分析题意，寻找联系，运用性质2，计算解题 **解** (1) $\sqrt[3]{(-8)^3}=-8$； (2) $\sqrt{(-10)^2}=\|-10\|=10$； (3) $\sqrt[4]{(3-\pi)^4}=\|3-\pi\|=\pi-3$； (4) $\sqrt{(a-b)^2}=\|a-b\|=a-b$ **思考** 如果将(4) $\sqrt{(a-b)^2}$ 中条件 $a>b$ 去掉，结果是什么？ 课堂练习： 计算(1) $\sqrt[4]{(4-\pi)^4}$，(2) $\sqrt[3]{(4-\pi)^3}$． 教师巡视(学生代表板演)	思考分析问题，联系刚才所学知识． 寻找联系，运用性质，计算解题 **解** $\sqrt{(a-b)^2}=\|a-b\|=\begin{cases}a-b & a\geq b\\ b-a & a<b\end{cases}$ **分析** 利用性质2，计算解题 **解** (1) $\sqrt[4]{(4-\pi)^4}=\|4-\pi\|=4-\pi$ (2) $\sqrt[3]{(4-\pi)^3}=4-\pi$	巩固与应用性质2

(4) 归纳概括,课堂小结

教师活动	学生活动
(1) n 次方根的概念:一般地,如果 $x^n=a$,那么 x 叫做 a 的 n 次方根. ($n>1$,且 $n\in\mathbb{N}^*$)	
(2) n 次方根的内容:	

n次方根 \ a	n 为偶	n 为奇
$a>0$	$\sqrt[n]{a}$(正) $-\sqrt[n]{a}$(负)	$\sqrt[n]{a}$(正)
$a=0$	$\sqrt[n]{0}=0$	$\sqrt[n]{0}=0$
$a<0$	无意义	$\sqrt[n]{a}$(负)

(3) n 次方根的性质:

性质1 $(\sqrt[n]{a})^n=a$(先开方再乘方)

性质2 (先乘方再开方)

当 n 为奇数时,$\sqrt[n]{a^n}=a$

当 n 为偶数时,$\sqrt[n]{a^n}=|a|=\begin{cases}a & (a\geqslant 0)\\-a & (a<0)\end{cases}$

作业:习题 2.1 A 组 第 1 题

七、板书设计

一、n 次方根的概念　　　例1:　　　练习:

二、n 次方根的内容:

三、根式

四、n 次方根的性质　　　　　　　复习:

【评析】 案例特色:(1) 通过设问,引导学生回顾初中已学的运算以及整数指数幂的概念和运算性质,数的平方根、立方根等概念,并借助实例回顾二次根式的性质,揭示学习 n 次根式的必要性,为概念网络的整体构建铺设了思维台阶,有助于激发学生学习的积极性. (2) 教学设计以学生的发展为本,从学生所学知识的最近发展区出发,通过忆旧迎新,运用设问技能类比探究,启发和引导学生在原有认知结构的基础上,由特殊到一般对新知识加以探究、归纳和发现,建构与概括 n 次方根概念与性质. 符合学生的认知发展规律,提高了学生学习的积极性与学习效率,优化了课堂教学内容结构.

不足之处:(1) 语言表达不够简洁,对 n 次方根的性质之间的区别与联系的认知与揭示不够透彻. 例如,$(\sqrt[n]{a})^n$ 与 $\sqrt[n]{a^n}$ 结果可归纳为:(i) 当 n 为奇数时,等于 a;(ii) 当 n 为偶数时,等于 $|a|$. (2) 留给学生自己思考的时间少,给学生自己消化知识带来了一定的限制.

【案例 5-5】

函数奇偶性概念[①]

一、教材分析

奇偶性描述的是函数的整体性质. 教材沿用了处理函数单调性的方法, 遵循由特殊到一般、由直观到抽象的认知规律, 首先, 通过函数的图像法, 先给出几个特殊函数的图像, 通过图像让学生直观感知函数奇偶性的图像特征. 然后, 借助函数的列表法进一步探究图像特征的数量关系, 并由具体到抽象进行代数运算, 观察和发现 $f(-x)=f(x)$ 这一特别的数量关系对于定义域中的"任意取值"都成立这一共同的、不变的特征, 进而在此基础上概括和抽象出偶函数的概念. 教学时, 可运用多媒体创设教学情景, 更加形象、生动与自然地呈现和揭示数与形的关系及特征.

值得注意的问题: 对于奇函数, 教材在给出的表格中留出大部分空格, 旨在让学生自己动手计算填写数据, 类比偶函数概念的建构, 独立地去经历观察、发现、猜想与论证的全过程. 此外, 建立奇函数的概念后, 还需要及时补充反例、进行辨析和对比, 引导学生发现还存在非奇非偶和既奇又偶的函数(如函数 $y=x+3$ 与 $y=2x-5$ 既不是奇函数也不是偶函数), 以帮助学生深化对函数奇偶性的概念和分类的理解.

教学实践证明, 设问是实施启发式教学最重要而有效的教学策略. 以下教学设计和方案旨在通过成系列、分层次的提问, 促进中学生的全方位参与, 引导学生主动发现和探究, 帮助学生进行数学知识的再创造, 落实《数学课程标准》促进学生全面发展的教学目标.

二、教学目标

(1) 理解函数的奇偶性概念及其几何意义, 学会运用函数图像法理解和研究函数的性质, 掌握判断函数奇偶性的方法.

(2) 进一步领会形数结合、分类讨论、类比推理等数学思想方法在数学发现与创造中的运用和作用, 发展观察、类比、抽象、演绎推理的能力.

(3) 经历"特殊→一般→特殊"的认知过程, 完善认知结构, 体验数学探索、发现、创造的历程, 感悟数学的理性、严谨以及数与形的和谐统一, 体会数学的应用价值.

三、教学的重点与难点

教学重点: 函数奇偶性的概念和判定.

教学难点: 证明与判断函数奇偶性的方法.

四、教学方法

启发式探究法.

五、教学流程

忆旧迎新, 创设情境→探究问题, 建构新知→练习运用, 巩固新知→归纳小结, 布置作业.

教学过程设计:

1. 忆旧迎新, 创设问题情境

设问导入 1 常言道:"生活中并不缺少美, 而是缺少发现美的眼睛"请同学们想一想生活中、数学中都有哪些美呢?(学生可能回答有和谐美、自然美、对称美……)今天, 我们就来

[①]《普通高中数学课程标准》人教版高一新教材 1.3.2 第一课时.

讨论对称美,哪些事物给过你对称美的感觉呢?(学生举例,教师通过屏幕给出一组图片:喜字、蝴蝶、建筑物、麦当劳的标志)生活中的这种对称美在我们的数学中,是如何表述的呢?下面,我们以麦当劳的标志为例,为它适当地建立直角坐标系,你发现它有什么特点呢?(引导发现:图像关于 y 轴对称.)数学中对称的形式很多,这节课我们仅就同学们谈到的与 y 轴对称的函数展开研究.

设问复习2 什么叫轴对称图形?中心对称图形?函数有哪些要素?(为新概念的认知与辨析铺设思维台阶)并请同学们观察图形,说出函数 $y=x^2$ 和 $y=x^3$ 的图像各有怎样的对称性?

2. 探究问题,建构新知

设问探究3 请同学们观察图5-7,思考并讨论以下问题:

(1) 这两个图像有什么共同特征吗?——引导学生观察图像,发现两个函数的图像都关于 y 轴对称.

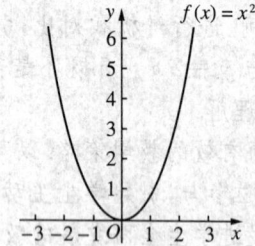 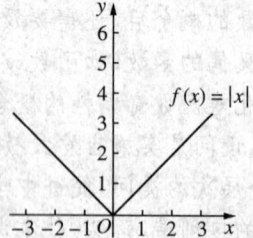

图 5-7

(2) 填写下面2个表格,探究相应的函数解析式是如何体现这些特征的?通过函数的解析式进行计算与对比,发现这两个函数的解析式都满足:
$f(-3)=f(3); f(-2)=f(2); f(-1)=f(1);\cdots\cdots$

x	-3	-2	-1	0	1	2	3
$f(x)=x^2$							

x	-3	-2	-1	0	1	2	3
$f(x)=|x|$							

(3) 这两个函数解析式的计算结果有哪些共同特征(可追问:二者的定义域、函数值各有哪些共同特征)?引导学生经比较发现:对于函数定义域内任意的一个 x,隐含了 $-x$ 也属于定义域;并且它们对应的函数值相等,亦即 $f(-x)=f(x)$ 在定义域内是一个恒等式.教师指出这类函数称为偶函数,并板书课题:函数的奇偶性.

(4) 你能抽象出偶函数的概念吗?通过个别提问、相互补充,引领学生尝试建构,然后师生合作完成偶函数的概念:一般地,对于函数 $f(x)$ 的定义域内的任意一个 x,都有 $f(-x)=f(x)$,那么 $f(x)$ 就叫做偶函数.

(5) 如何判断一个函数是否为偶函数?函数 $f(x)=x^2, x\in[-1,2]$ 是偶函数吗?帮助学生深入认知偶函数的本质属性：① 对于定义域中任意一个 x，它的相反数 $-x$ 一定也在定义域内——此时称函数的定义域关于原点对称（换句话说，函数的定义域关于原点不对称，则此函数不是偶函数）；② 当定义域关于原点对称时，判断 $f(-x)$ 与 $f(x)$ 是否相等，当 $f(-x)=f(x)$ 时，函数是偶函数.

对于函数 $f(x)=x^2,x\in[-1,2]$；因为 $2\in[-1,2]$，但 $f(-2)$ 不存在，所以定义域关于原点不对称（或函数图像关于 y 轴不对称），因此该函数不是偶函数.

⑥ 观察函数 $f(x)=x$ 和 $f(x)=1/x$ 的图像，类比偶函数的推导过程，你能给出奇函数的概念吗？先判断它们的图像的共同特征是关于原点对称，再列表格观察自变量互为相反数时，函数值的变化情况，进而抽象出奇函数的本质特征，带领学生类比建构奇函数的概念.

给出偶函数和奇函数的概念后，教师要及时补充界定和注释：函数是奇函数或是偶函数称为函数的奇偶性. 函数的奇偶性是函数在定义域上的整体性质，而函数的单调性是函数在定义域的子集上的性质.

3. 运用练习，巩固新知

例1 判断下列函数的奇偶性：
(1) $f(x)=x^4$；(2) $f(x)=x^5$；(3) $f(x)=x+x^{-1}$；(4) $f(x)=x^{-2}$.

设问分析4 依据奇偶函数的概念，通过执果索因的分析法，探究要解决此问题，需要知道什么？还需要知道什么？……从而带领学生探索和寻找解决问题的思路、步骤与方法，进而揭示奇偶函数概念的本质特征——① 先求函数的定义域，并判断定义域是否关于原点对称；② 如果定义域关于原点对称，那么再判断是否满足 $f(-x)=-f(x)$ 或 $f(-x)=f(x)$（注意：本例题旨在巩固与深化函数奇偶性概念的理解和掌握. 在教学设计与实施中，应防止脱离奇偶性概念的盲目计算）.

解 (1) 函数的定义域是 $\mathbb{R}$，对定义域内任意一个 x，都有 $f(-x)=(-x)^4=x^4=f(x)$，所以函数 $f(x)=x^4$ 是偶函数.

(2) 函数的定义域是 $\mathbb{R}$，对定义域内任意一个 x，都有 $f(-x)=(-x)^5=-x^5=-f(x)$，所以函数 $f(x)=x^5$ 是奇函数.

(3) 函数的定义域是 $(-\infty,0)\cup(0,+\infty)$，对定义域内任意一个 x，都有 $f(-x)=-x+(-x)^{-1}=-(x+x^{-1})=-f(x)$，所以函数 $f(x)=x+x^{-1}$ 是奇函数.

(4) 函数的定义域是 $(-\infty,0)\cup(0,+\infty)$，对定义域内任意一个 x，都有 $f(-x)=(-x)^{-2}=x^{-2}=f(x)$，所以函数 $f(x)=x^{-2}$ 是偶函数.

设问归纳5 判断函数奇偶性的步骤和方法是什么？
① 首先确定函数的定义域，并判断其定义域是否关于原点对称；
② 对定义域内任意的 x，计算并判断 $f(-x)$ 与 $f(x)$ 的关系；
③ 依据函数的奇偶性概念作出相应结论.

例2 判断下列函数的奇偶性.
(1) $f(x)=x^2,x\in[-10,9]$；
(2) $y=2x-5$；
(3) $f(x)=0$.

【分析】 （可以通过提问学生，口头完成）.

解 （可以留为学生作业）.

设问拓展6 通过上述两个例题你能够发现什么？根据奇偶性可将函数分为四类：奇函数、偶函数、既是奇函数又是偶函数、非奇非偶函数．任何一个函数在这四类中必居其一．

4．归纳小结，布置作业

(1) 本节我们学习了哪些知识？

(2) 判断函数奇偶性的依据是什么？

(3) 判断函数奇偶性的步骤是什么？

(4) 函数的奇偶性分别有哪些性质？

① 奇偶函数的定义域都关于原点对称；

② 奇函数的图像关于原点对称，偶函数的图像关于 y 轴对称；

③ 根据奇偶性可将函数分为四类：奇函数、偶函数、既奇又偶的函数、非奇非偶的函数．

作业：课本 P39 习题 1.3：A 组 6，B 组 3．

【评析】 教案准确地把握住奇偶性是描述函数整体性质这一关键点，并依据教材处理函数单调性的类似方法，遵循由特殊到一般、由直观到抽象的认知规律．首先，通过观察几个特殊函数的图像，由图像引导学生直观感知函数奇偶性的图像特征．紧接着，借助函数的列表法进一步探究图像特征的数量关系，并由具体到抽象进行代数运算，引领学生进一步观察和发现 $f(-x)=f(x)$ 这一特别的数量关系对于定义域中的"任意取值"都成立这一共同的、不变的特征，在此基础上由具体到抽象、水到渠成地建构偶函数的概念．教学设计有效带领学生亲历了数学知识产生与发展的过程，有助于激发学生学习数学的情感和态度．

对于奇函数，教案利用教材给出的留有大部分空格的表格，让学生自己动手计算填写数据，独立地去经历观察、发现、猜想与论证的全过程，类比完成偶函数概念的建构，充分发挥了学生作为学习主体的作用．此外，建立奇函数的概念后，教案又及时补充反例、组织学生进行辨析和对比，引导学生发现还存在非奇非偶和既奇又偶的函数（如函数 $y=x+3$ 与 $y=2x-5$ 既不是奇函数也不是偶函数），有助于深化学生对函数奇偶性的概念及分类的理解和掌握．

设问是实施启发式教学最重要而有效的教学策略．以上教学设计和方案通过成系列、分层次的六次提问，促进学生的全方位参与，引导学生主动发现和探究，帮助学生进行数学知识的再创造，为落实《数学课程标准》促进学生全面发展的教学目标提供了保障．教学时，还运用了多媒体创设教学情景，更加形象、生动与自然地呈现和揭示数与形的关系及特征．

【案例 5-6】

指 数 函 数[①]

一、教材分析

1．教材背景

指数函数是在学习了函数的现代定义及其图像、性质，掌握了研究函数的一般思路，并将幂指数从整数扩充到实数范围之后，学习的第一个重要的基本初等函数，是"函数"一章的

---

① 人教版全日制高中《数学》第一册（上）P70—74．本案例选自2006年全国高中数学优秀课展评教案，教案设计者为四川省荣县中学刘志刚老师．

重要内容.本节内容分三课时完成,第一课时学习指数函数的概念、图像、性质;第二、三课时为指数函数性质的应用,本课为第一课时.

2. 本课题的地位和作用

本节内容既是函数内容的深化,又是今后学习对数函数的基础,具有非常高的实用价值,在教材中起到了承上启下的关键作用.在指数函数的研究过程中蕴含了形数结合、分类讨论、归纳推理、演绎推理等数学思想方法,通过学习可以帮助学生进一步理解函数,培养学生的函数应用意识,增强学生对数学的兴趣.

二、重点、难点分析

1. 重点

本节课是围绕指数函数的概念和图像,并依据图像特征归纳其性质展开的.因此本节课的教学重点是掌握指数函数的图像和性质.

2. 难点

(1) 对于 $a>1$ 和 $0<a<1$ 时函数图像的不同特征,学生不容易归纳认识清楚.因此,弄清楚底数 a 对函数图像的影响是本节的难点之一.

(2) 底数相同的两个函数图像间的关系.

三、目标分析

1. 知识技能目标

掌握指数函数的概念、图像和性质.

2. 过程性目标

通过自主探索,经历"特殊→一般→特殊"的认知过程,完善认知结构,领会形数结合、分类讨论、归纳推理等数学思想方法.

3. 情感、价值观目标

学生感受数学问题探索的乐趣和成功的喜悦,体会数学的理性、严谨及数与形的和谐统一美,展现数学实用价值及其在社会进步、人类文明发展中的重要作用.

四、学情分析

1. 有利因素

学生刚刚学习了函数的定义、图像、性质,已经掌握了研究函数的一般思路,对于本节课的学习会有很大帮助.

2. 不利因素

本节内容思维量较大,对思维的严谨性和分类讨论、归纳推理等能力有较高要求,学生学习起来有一定难度.

五、教学方法

探究发现式教学法.

六、教学流程

七、教学过程设计

1. 复习旧知

函数的三要素是什么?函数的单调性反映了函数哪方面的特征?

答:函数的三要素包括:定义域、值域、对应法则.函数的单调性反映了函数值随自变量变化而发生变化的一种趋势,例如,某个函数当自变量取值增大时对应的函数值也增大则表明此函数为增函数,图像上反应出来越往右图像上的点越高.

2. 新课引入

观察视频解答下面两个问题:

问题 1 某种细胞分裂时,由 1 个分裂成 2 个,2 个分裂成 4 个,3 个分裂成 8 个,……这样的细胞分裂 x 次后,细胞个数 y 与 x 的函数关系式为:$y=2^x (x\in \mathbb{N}^*)$.

问题 2 铀核裂变能产生巨大的能量,它的裂变方式称为链式反应,假定 1 个中子击打 1 个铀核,此中子被吸收产生能量并释放出 3 个中子,这 3 个中子又打中另外 3 个铀核产生 3 倍的能量并释放出 9 个中子,这 9 个中子又击中 9 个铀核,……这样的击打进行了 x 次后释放出的中子数 y 与 x 的关系是:$y=3^x (x\in \mathbb{N}^*)$.

提问:$y=2^x$ 与 $y=3^x$ 这类函数的解析式有何共同特征?

答:函数解析式都是指数形式,底数为定值且自变量在指数位置.

(若用 a 代换两个式子中的底数,并将自变量的取值范围扩展到实数集则得到……)

3. 探索新知

(1)指数函数的概念

一般地,函数 $y=a^x (a>0$ 且 $a\neq 1)$ 叫做指数函数,其中 x 是自变量,函数的定义域是 $\mathbb{R}$.

提问:在本定义中要注意哪些要点?

1	自变量	x
2	定义域	$\mathbb{R}$
3	a 的范围	$a>0$ 且 $a\neq 1$
4	定义的形式(对应法则)	$y=a^x$

进一步提问:为什么定义中规定 $a>0$ 且 $a\neq 1$?

将 a 如数轴所示分为:$a<0, a=0, 0<a<1, a=1$ 和 $a>1$ 五部分进行讨论:

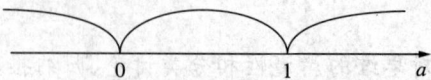

(i) 如果 $a<0$,比如 $y=(-4)^x$,这时对于 $x=1/4, x=1/2$ 等,在实数范围内函数值不存在;

(ii) 如果 $a=0$,$\begin{cases} 当 x>0 \text{ 时}, a^x \equiv 0 \\ 当 x\leq 0 \text{ 时}, a^x \text{ 无意义} \end{cases}$;

(iii) 如果 $a=1$,$y=1^x=1$,是个常值函数,没有研究的必要;

(iiii) 如果 $0<a<1$ 或 $a>1$ 即 $a>0$ 且 $a\neq 1$,x 可以是任意实数.

因为指数概念已经扩充到整个实数范围,所以在 $a>0$ 且 $a\neq 1$ 的前提下,x 可以是任意实数,即指数函数的定义域为 $\mathbb{R}$.

(2) 指数函数图像

指数函数的图像是怎样的呢？先看特殊例子(将同学们分两组用描点法分别画出下列函数的图像).

第一组:画出 $y=2^x$,$y=\left(\dfrac{1}{2}\right)^x$ 的图像;第二组:画出 $y=3^x$,$y=\left(\dfrac{1}{3}\right)^x$ 的图像.

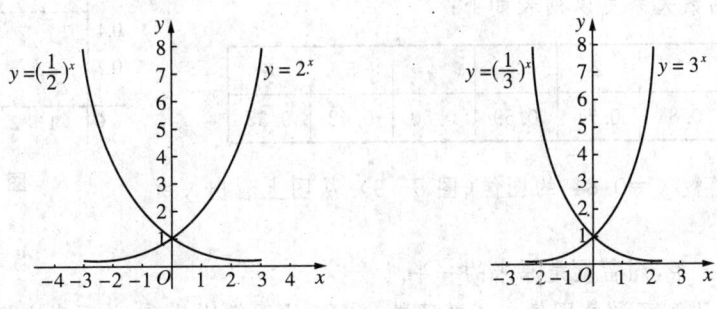

图 5-8

(及时指导学生作图,然后播放已经做好的函数图像,让学生比较与自己所画出来的有哪些异同点.)

提问:此两组图像有何共同特征？当底数 $0<a<1$ 和 $a>1$ 时图像有何区别？

(3) 指数函数性质

根据指数函数的图像特征,由特殊到一般的推理方法提炼指数函数的性质,完成下表:

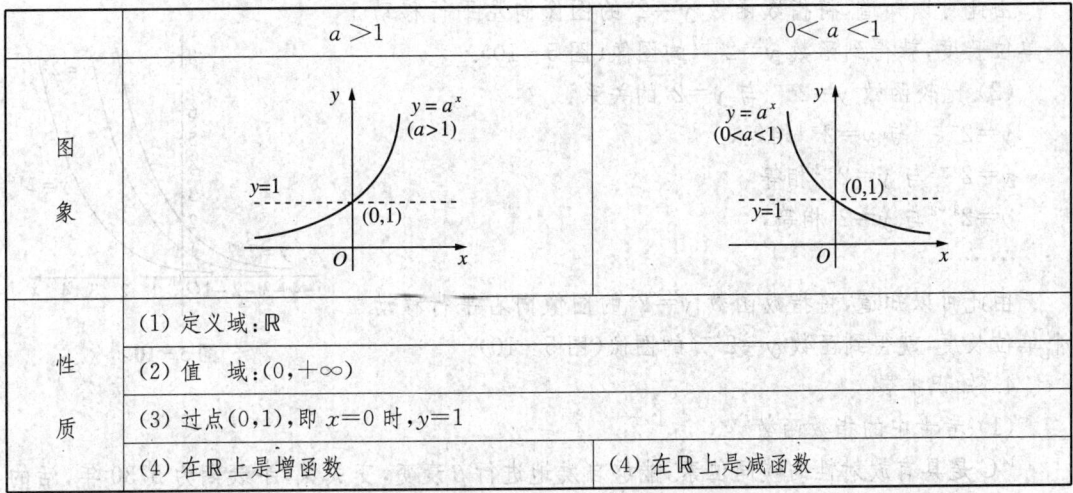

(说明:教材对于指数函数性质的处理,仅是观察图像发现的,其正确性理应严格证明,但教材不作要求)

(4) 指数函数性质的简单应用

例 1 某种放射性物质不断变化为其他物质,每经过一年剩留的这种物质是原来的84%.画出这种物质的剩留量随时间变化的图像,并从图像上求出经过多少年,剩留量是原来的一半？(保留一个有效数字)

解:设这种物质最初的质量是 1,

经过 x 年后,剩留量是 y.

经过 1 年,剩留量 $y=1\times 84\%=0.84^1$,

经过 2 年,剩留量 $y=1\times 84\%\times 84\%=0.84^2$,

……

一般地,经过 x 年,剩留量 $y=0.84^x$.

根据这个函数关系可以列表如下:

x	0	1	2	3	4	5	6
y	1	0.84	0.71	0.59	0.50	0.42	0.35

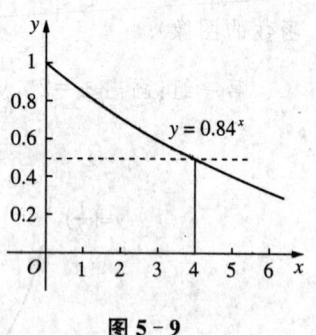

图 5-9

画出指数函数 $y=0.84^x$ 的图像(图 5-9).从图上看出 $y=0.5$ 只需 $x\approx 4$.

答:约经过 4 年,剩留量是原来的一半.

例 2 说明下列函数的图像与指数函数 $y=2^x$ 的图像的关系,并画出它们的示意图.

(1) $y=2^{x+1}$;(2) $y=2^{x-2}$.

解:(1) 比较函数 $y=2^{x+1}$ 与 $y=2^x$ 的关系:

$y=2^{-3+1}$ 与 $y=2^{-2}$ 相等,

$y=2^{-2+1}$ 与 $y=2^{-1}$ 相等,

$y=2^{2+1}$ 与 $y=2^3$ 相等,

……

由此可以知道,将指数函数 $y=2^x$ 的图像向左平行移动 1 个单位长度,就得到函数 $y=2^{x+1}$ 的图像(图 5-10).

(2) 比较函数 $y=2^{x-2}$ 与 $y=2^x$ 的关系:

$y=2^{-1-2}$ 与 $y=2^{-3}$ 相等,

$y=2^{0-2}$ 与 $y=2^{-2}$ 相等,

$y=2^{3-2}$ 与 $y=2^1$ 相等,

……

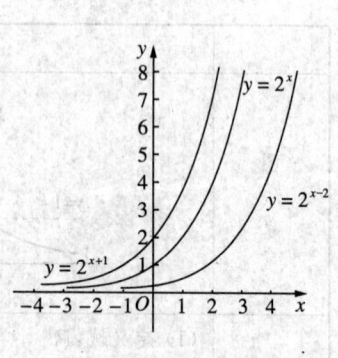

图 5-10

由此可以知道,将指数函数 $y=2^x$ 的图像向右平行移动 2 个单位长度,就得到函数 $y=2^{x-2}$ 的图像(图 5-10).

4. 知识扩展

(1) 考古中的指数函数

^{14}C 是具有放射性的碳同位素,能够自发地进行 β 衰变,变成氮,半衰期为 5730 年,活的植物通过光合作用和呼吸作用与环境交换碳元素,体内 ^{14}C 的比例与大气中的相同.植物枯死后,遗体内的 ^{14}C 仍在进行衰变,不断减少,但是不再得到补充.因此,根据放射性强度减小的情况就可以算出植物死亡的时间.

测年方法进入考古学研究被誉为考古学发展史上的一次革命,它将考古学研究中得到的相对年代转变为绝对年代,给考古学带来了质的飞跃,使研究更加科学化,促进了考古学研究的深入. 其中测算公式是一个指数式 $y=\left(\dfrac{1}{2}\right)^{\frac{x}{5730}}$.

(2) 音乐中的指数函数

钢琴是一种用琴槌击弦而振动发声的键盘乐器.从左往右逐个试弹所有琴键,我们听到琴声逐渐由低到高,这是因为琴声的高低与琴弦振动的频率有关,而琴弦振动的频率又与琴弦的长度有关.粗略地说,琴弦长则振动慢,频率小,故发出的声音低;琴弦短,则振动快,频率大,故发出的声音高.

音域宽度自大字二组的 A_2 至小字五组的 c_5.根据"十二平均律"的法则,任何两个相邻的键所发出的音相差半音阶(100音分),它们的振动频率之比是一个常数 Q,设最低的第一个音 A_2 的频率是 a,则第二个音 $^\sharp A_2$ 的频率是 aQ,第三个音 B_2 的频率是 aQ^2,……另外,音高每提高八度(如 A_2 到 A_1)频率增大为原来的2倍,而八度音域内包含12个半音(连续的7个白键和5个黑键),所以,第十三个音(A_1)的频率是第一个音(A_2)的频率的2倍.故 $aQ^{12}=a\times 2$,即 $Q^{12}=2$.

另一方面,弦振动的频率与弦长成反比.所以,从左向右,相邻两弦的长度之比是常数 $q=1/Q$,从而有 $q^{12}=1/2$.

设左边第一根弦的长度为 l,则第二根弦的长度为 $l\cdot q$,第三根弦的长度为 $l\cdot q^2$,……如图 5-11,取第一根弦所在直线为 y 轴,各弦靠近键盘的端点所在直线为 x 轴建立坐标系,相邻两弦间的距离为长度单位.这时,将弦的另一端点(上部)连成光滑曲线,那么曲线上任意点的坐标 (x,y) 都满足函数关系 $y=l\cdot q^x$.

若令 $c=\log_q l$,则 $y=l\cdot q^x$,可化为 $y=q^{x+c}$.

经过适当平移,就可知道光滑曲线是指数函数 $y=q^x$ 的图像——指数曲线.

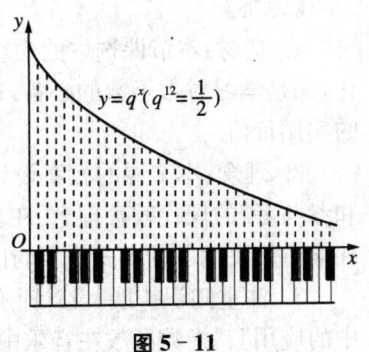

图 5-11

生活中到处都有数学,我们要学会用数学的眼光观察世界,用数学发现自然界的奥秘.

5. 课堂练习

(1) 求下列函数的定义域:① $y=3^{\frac{1}{x}}$;② $y=5^{\sqrt{x-1}}$.

(2) 函数 $y=a^{2x-3}+3$ 恒过定点_____.

(3) 作出函数 $y=2^{x-1}$ 和 $y=2^x+1$ 的图像,并说明两函数图像与 $y=2^x$ 图像的关系.

(4) 如图 5-12 是指数函数① $y=a^x$,② $y=b^x$,③ $y=c^x$,④ $y=d^x$ 的图像,则 a,b,c,d 的大小关系是(　　)

A. $a<b<1<c<d$　　　　B. $b<a<1<d<c$

C. $1<a<b<c<d$　　　　D. $a<b<1<d<c$

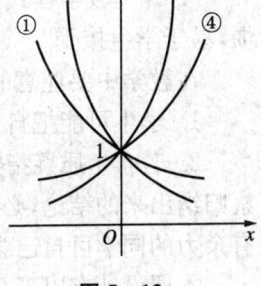

图 5-12

6. 课堂小结

设问:本课我们主要学习了哪些内容?应当注意些什么?

本节课主要学习了指数函数的定义、图像和性质.弄清楚底数 $a>1$ 和 $0<a<1$ 时函数图像的不同特征及性质是学好本节课的关键所在.

7. 课后作业

① 课本第73页习题2.6　1,2

② 收集关于指数函数应用的相关资料,通过分析整理,写一篇800字左右的报告.

附:板书设计

```
            指 数 函 数
一、指数函数定义    三、指数函数性质       例二……
   ……              ……
   ……              ……
二、指数函数图象    四、指数函数应用    五、课堂练习
   ……              例一
   ……              ……
   ……              ……
```

【评析】

1. 选材:本节课选取的内容为数学发展中具有代表性的知识. 指数函数既是函数的深化,又是学习对数函数的必备,通过本节内容的学习,让学生在掌握知识的同时感受到数学的实用价值.

2. 理念:本节课的教案设计体现了"以学生为主体,教师是课堂活动的组织者、引导者和参与者"的现代教育理念. 在教学的每一个环节中均设计了问题,始终以教师提出问题,引导学生解决问题的方式进行,让课堂活动变得生动而愉悦.

3. 注重知识扩展,设计时有意识地选取了"细胞分裂"、"铀核裂变"、"指数函数在考古中的应用"、"指数函数在音乐中的应用"等知识,让学生感受到生活中到处都有数学,要学会用数学的眼光观察世界,发现自然界的奥秘.

4. 课堂教学中的例题、习题和课后作业具有代表性、实用性和可操作性,均围绕着教学的重点、难点选取,选取题目数字简单易于操作,注重知识的运用. 选题时注重知识的延续性,为以后的学习奠定了基础,同时考虑到了学生学习过程中可能出现的各种错误,预先准备好了解决的方案.

5. 课堂教学模式:"特殊引例探求→一般知识探索→特殊练习题求解"符合学生认知习惯,易于学生接受.

在教学中要注意的几个问题:

1. 学生可能把自变量在指数上的函数都认为是指数函数,应予以及时纠正.

2. 若学生质疑指数函数单调性结论的正确性,应先肯定质疑是正确的,因为用图像观察归纳出来的结论,必须经过严格证明才是可靠的. 但由于教材对此不作要求,因此,鼓励学有余力的同学可自己尝试证明.

本课设计有以下几点值得借鉴:

1. 本课设计在注重引导学生学习书本知识的同时,还进行了知识的扩展,让学生感受到数学的应用价值.

2. 本课设计时考虑了学生在学习中最可能出现的各种情况,并采用合理方式进行引导、解决.

3. 教学过程中充分发挥学生主体作用,始终以问题的形式引导学生主动参与,在师生互动、生生互动中让学习过程成为学生心灵愉悦的主动认知过程,做到了把握重点、突破难点.

【案例 5-7】

函数的单调性[①]

一、教学方法
支架式教学法.

二、教材分析
本课时是人教版全日制普通高级中学教科书(必修)数学第一册(上)的内容. 函数的单调性是学生在学习了函数概念后所要探究的第一个性质,也是函数学习中第一个用数学符号语言刻画的概念,这将为进一步学习函数的其他性质提供方法上的依据.

对于函数单调性,学生的认知困难主要在两个方面:① 用准确的数学符号语言刻画图像的上升与下降,这种由形到数的翻译,从直观到抽象的转变对高一的学生是比较困难的;② 单调性的证明是学生在函数内容中首次接触到代数论证内容,而学生在代数方面的推理论证能力是比较薄弱的. 因此,本节课的教学重点是函数单调性的概念、判断及证明. 教学难点是根据定义证明函数的单调性.

三、教学流程

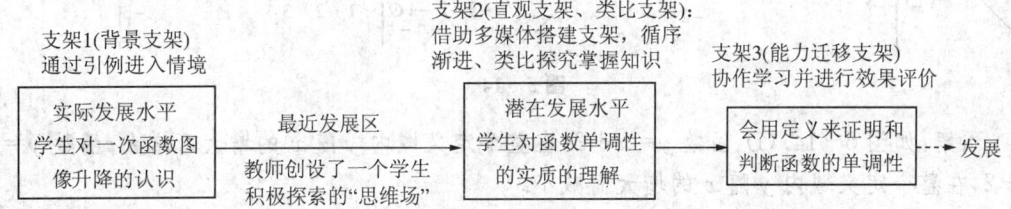

四、教学过程设计

1. 搭建支架,创设情境(搭建背景支架)(播放中央电视台天气预报的音乐)

如图 5-13 为望江县 2006 年元旦这一天 24 小时内的气温变化图,观察这张气温变化图:

引导学生识图,捕捉信息,启发学生思考.

问题:观察图形,能得到什么信息?

预案:(i) 当天的最高温度、最低温度以及

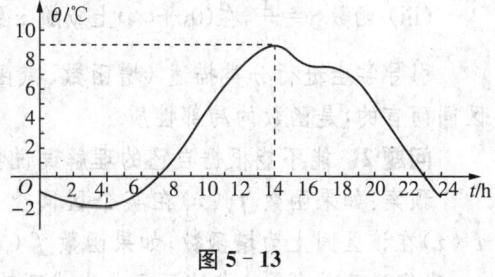

图 5-13

达到的时刻;(ii) 在某时刻的温度;(iii) 某些时段温度升高,某些时段温度降低.

教师指出:在生活中,我们关心很多数据的变化规律,了解这些数据的变化规律,对我们的生活是很有帮助的.

问题:还能举出生活中其他的数据变化情况吗?

预案:水位高低、降雨量、燃油价格、股票价格等.

归纳:用函数观点看,其实这些例子反映的就是随着自变量的变化,函数值是变大还是变小.

---

① 本案例选自云南师范大学数学学院 2007 届教育硕士吴和贵硕士论文.

设计意图:由生活情境入手,搭建背景支架,引入新课,符合学生的认知特点,易于激发学生的学习兴趣.

2. 归纳探索,形成概念

对于自变量变化时,函数值是变大还是变小,是函数的重要性质,称为函数的单调性,同学们在初中对函数的这种性质已有了一定的认识,但那时没有严格的定义,今天我们的任务首先就是建立函数单调性的严格定义.

(1) 借助图像,直观感知(搭建直观支架和类比支架)

问题 1 分别作出函数 $y=x+2, y=-x+2, y=x^2, y=\dfrac{1}{x}$ 的图像,并且观察自变量变化时,函数值的变化规律?

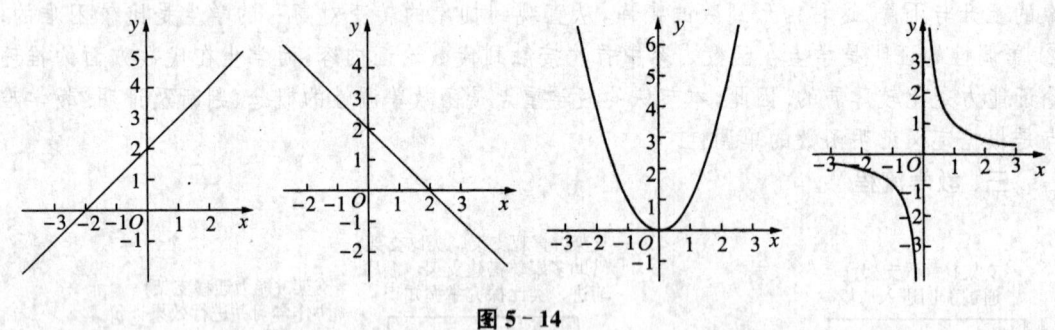

图 5-14

预案:如图 5-14. (i) 函数 $y=x+2$,在整个定义域内 y 随 x 的增大而增大;函数 $y=-x+2$,在整个定义域内 y 随 x 的增大而减小.

(ii) 函数 $y=x^2$,在 $[0,+\infty)$ 上 y 随 x 的增大而增大,在 $(-\infty,0)$ 上 y 随 x 的增大而减小.

(iii) 函数 $y=\dfrac{1}{x}$,在 $(0,+\infty)$ 上 y 随 x 的增大而减小,在 $(-\infty,0)$ 上 y 随 x 的增大而减小.

引导学生进行分类描述(增函数、减函数),同时明确函数的单调性是对定义域内某个区间而言的,是函数的局部性质.

问题 2 能不能根据自己的理解说说什么是增函数、减函数吗?

预案:如果函数 $f(x)$ 在某个区间上随自变量 x 的增大,y 也越来越大,我们说函数 $f(x)$ 在该区间上为增函数;如果函数 $f(x)$ 在某个区间上随自变量 x 的增大,y 反而越来越小,我们说函数 $f(x)$ 在该区间上为减函数.

教师指出:这种认识是从图像的角度得到的,是对函数单调性的直观、描述性的认识.

设计意图:从图像直观(直观支架)感知函数单调性,完成对函数单调性的第一次认识(增、减函数的生活语言的描述性定义).

(2) 抽象概括,形成概念(搭建认知支架)

问题 3 如图 5-15 是函数 $y=x+\dfrac{2}{x}(x>0)$ 的图像,能说出这个函数分别在哪个区间为增函数和减函数吗?

学生的困难是难以确定分界点的确切位置.

通过讨论,使学生感受到用函数图像判断函数单调性虽然比较直观,但有时不够精确,需要结合解析式进行严密化、精确化的

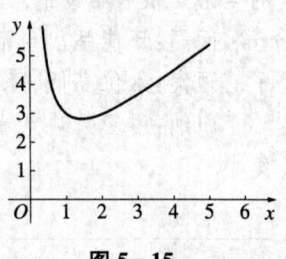

图 5-15

研究.

设计意图:通过思维支架的搭建和学生逐步地攀爬,使学生体会到用数量大小关系严格表述函数单调性的必要性.

问题 4 如何从解析式的角度说明 $f(x)=x^2$ 在 $[0,+\infty)$ 上为增函数?

预案:(i) 在给定区间内取两个数,例如 2 和 3,因为 $2^2<3^2$,所以 $f(x)=x^2$ 在 $[0,+\infty)$ 上为增函数.(ii) 仿(i),取多组数值验证均满足,所以 $f(x)=x^2$ 在 $[0,+\infty)$ 为增函数.(iii) 任取 $x_1,x_2\in[0,+\infty)$,且 $x_1<x_2$,因为 $x_1^2-x_2^2=(x_1+x_2)(x_1-x_2)<0$,即 $x_1^2<x_2^2$,所以 $f(x)=x^2$ 在 $[0,+\infty)$ 上为增函数.

对于学生错误的回答,引导学生分别用图形语言和文字语言进行辨析,使学生认识到问题的根源在于自变量不可能被穷举,从而引导学生在给定的区间内任意取两个自变量 x_1,x_2.

设计意图:把对单调性的认识由感性上升到理性的高度,完成对概念的第二次认识(从生活语言到数学叙述).事实上也给出了证明单调性的方法,为第三阶段的学习做好铺垫.

问题 5 你能用准确的数学符号语言表述出增函数的定义吗?

(i) 师生共同探究,得出增函数的严格定义,由学生类比得出减函数的定义(板书定义).

(ii) 巩固概念

判断题:① 已知 $f(x)=\dfrac{1}{x}$,因为 $f(-1)<f(2)$,所以函数 $f(x)$ 是增函数.

② 若函数 $f(x)$ 满足 $f(2)<f(3)$,则函数 $f(x)$ 在区间 $[2,3]$ 上为增函数.

③ 函数 $f(x)$ 在区间 $(1,2)$ 和 $(2,3)$ 上均为增函数,则函数 $f(x)$ 在 $(1,3)$ 上为增函数.

④ 因为函数 $f(x)=\dfrac{1}{x}$ 在区间 $(-\infty,0)$ 和 $(0,+\infty)$ 上都是减函数,所以 $f(x)=\dfrac{1}{x}$ 在 $(-\infty,0)\cup(0,+\infty)$ 上是减函数.

通过判断题,强调三点:

① 单调性是对定义域内某个区间而言的,离开定义域和相应区间就谈不上单调性.

② 有的函数在整个定义域内单调(如一次函数),有的函数只在定义域内的某些区间单调(如二次函数),有的函数根本没有单调区间(如常函数).

③ 函数在定义域内的两个区间 A,B 上都是增(或减)函数,函数在 $A\cup B$ 上未必是增(或减)函数.

思考:如何说明一个函数在某个区间上不是单调函数?

设计意图:让学生由特殊到一般,从具体到抽象归纳出单调性定义,通过对反例的辨析,加深学生对定义的理解,完成对概念的第三次认识(把数学叙述符号化).

3. 应用拓展,反馈评价

例 1 证明函数 $f(x)=x+\dfrac{2}{x}$ 在 $(\sqrt{2},+\infty)$ 上是增函数.

(1) 分析解决问题

针对学生可能出现的问题,组织学生讨论、交流(协作学习).

证明 任取 $x_1,x_2\in(\sqrt{2},+\infty)$,且 $x_1<x_2$, 设元

$$f(x_1)-f(x_2)=\left(x_1+\dfrac{2}{x_1}\right)-\left(x_2+\dfrac{2}{x_2}\right)$$ 求差

$$= (x_1 - x_2) + \left(\frac{2}{x_1} - \frac{2}{x_2}\right) \quad \text{变形}$$

$$= (x_1 - x_2) + \frac{2(x_2 - x_1)}{x_1 x_2} = (x_1 - x_2)\frac{x_1 x_2 - 2}{x_1 x_2},$$

∵ $\sqrt{2} < x_1 < x_2$, 断号

∴ $x_1 - x_2 < 0, x_1 x_2 > 2$,

∴ $f(x_1) - f(x_2) < 0$, 即 $f(x_1) < f(x_2)$,

∴ 函数 $f(x) = x + \dfrac{2}{x}$ 在 $(\sqrt{2}, +\infty)$ 上是增函数. 定论

(2) 归纳解题步骤

引导学生归纳证明函数单调性的步骤：设元、作差、变形、断号、定论.

练习：证明函数 $f(x) = \sqrt{x}$ 在 $[0, +\infty)$ 上是增函数.

问题：除用定义外，若证得对任意的 $x_1, x_2 \in (a, b)$，且 $x_1 \neq x_2$ 有 $\dfrac{f(x_2) - f(x_1)}{x_2 - x_1} > 0$，能断定函数 $f(x)$ 在区间 (a, b) 上是增函数吗？

引导学生分析这种叙述与定义的等价性. 让学生尝试用这种等价形式证明函数 $f(x) = \sqrt{x}$ 在 $[0, +\infty)$ 上是增函数.

设计意图：初步掌握根据定义证明函数单调性的方法和步骤. 了解等价形式进一步发展可以得到导数法，为今后用导数方法研究函数单调性埋下伏笔.

4. 归纳小结，提高认识

学生交流在本节课学习中的体会、收获，交流学习过程中的体验和感受，师生合作共同完成小结.

(1) 小结（先由学生从内容、思想和方法归纳，再由老师总结）

(2) 作业（分为书面作业课后探究作业组成）

【评析】 该案例教学设计的特色是：

(1) 采用了支架式教学方法启发引导学生探究与建构. 首先从学生熟知的生活背景入手，由教师创设情境，提出问题，搭建了一个"背景支架"，让学生体会到数学就在我们的身边，并唤起学生的原认知，即初中时对一次和二次函数图像升降的初步认识，为本节课的顺利进行打好基础. 接着又通过学生画具体函数的图像，搭建"直观支架和类比支架"，引导学生观察自变量变化时，函数值的变化规律，从中感悟、体验和尝试单调性概念的形成过程和对概念本质的认识. 然后通过举例应用搭建"能力迁移支架"，使学生学会运用函数单调性的定义去证明和判断具体函数的单调性，并突出判断、证明函数单调性的方法和形数结合思想的渗透，从中发展学生的语言表达能力、推理论证能力和解决问题的能力. 使学生不仅学到和获得所学知识及其蕴含的数学思想与方法，同时也体会到在解决问题的过程中与他人合作的重要性，为学生今后获取知识以及探索、发现和创造打下良好的基础，增强学生敢于实践、勇于探索、不断创新和努力学习数学知识的信心和勇气.

(2) 在教学设计中，为达到本节课的教学目标，突出重点，突破难点，教学上主要采取了以下措施：

① 在探索概念阶段，让学生经历从直观到抽象、从特殊到一般、从感性到理性的认知过

程,通过对函数单调性概念的三次认识,促进学生学会用准确的数学符号语言刻画图像的上升与下降,完成由形到数的翻译和直观到抽象的转变.

② 在应用概念阶段,通过对证明过程的分析,帮助学生掌握用定义证明函数单调性的常用方法和基本步骤.

③ 考虑到学生数学学习的特点,对判断方法进行适当的拓展应用,以加深对定义的理解,同时也为用导数研究函数单调性埋下伏笔.

【案例 5-8】

二面角数学概念[①]

一、教材分析

二面角是高中立体几何的一个重要概念,二面角的平面角的确定与构造过程中所蕴涵的"平面向空间拓广,空间向平面转化"的类比与化归思想,集中体现了中学立体几何课程的特点,因此上好这一课对整个立体几何的学习意义至关重大.

二、教学目标

知识目标:理解二面角以及二面角的平面角的概念,并会运用不同的方法构造二面角的平面角,会求二面角的大小.

能力目标:在进一步发展数学三大能力的基础上,通过对二面角的平面角的探索、交流,促进发现问题和能动获取数学知识的能力以及数学交流的能力.

情感目标:通过反思及变式练习,发展思维的深刻性、批判性和勇于创新的精神.

三、教学方法

为达到上述各项目标,依据支架式教学策略,教学中主要通过搭建情感、认知、交流和反思等支架,来引导学生探索发现,帮助学生实现对知识的意义建构.

四、教学流程

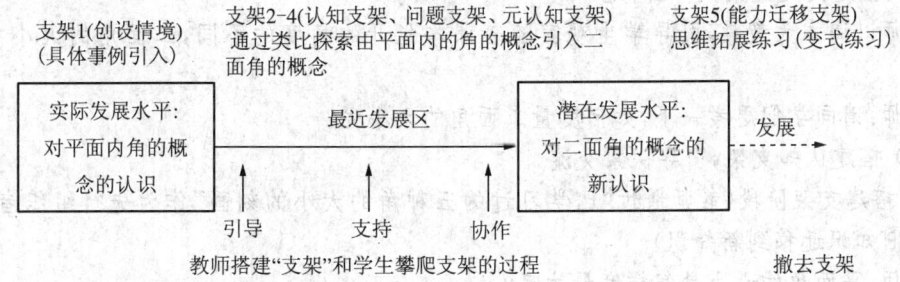

五、教学过程设计

1. 二面角概念的探究

(1) 创设情境,引入问题

① 复习旧知:前面我们学习了两平面平行.两个不重合的平面除了平行还会有怎样的位置关系呢?(相交)

② 创设情境:修筑水坝时,为了使水坝坚固耐久必须使水坝坝面和水面成适当的角度;

---

① 本案例选自云南师范大学数学学院 2007 届教育硕士吴和贵硕士论文.

发射人造地球卫星时,也要根据需要,使卫星的轨道平面和地球的赤道平面成一定的角度(可用多媒体进行展示).下面我们就来研究两个平面所成的角.为让学生对二面角先有一个感性认识,让学生观察一本书张开所成的角,教室相邻墙面所成的角.

③ 提出问题:什么叫二面角呢?

(2)搭建认知支架,引导独立探索

教师可通过设计如下一环扣一环的系列问题来为学生搭建认知支架,引导学生探索.

教师:同学们回忆一下,平面几何中的角是怎样定义的?

学生:由平面内一点出发的两条射线构成的图形.

教师:我们知道,点→直线;射线(半直线)→半平面;平面→空间(先行组织者),那么对空间二面角该如何定义呢?(引导学生进行二维到三维空间的类比).

学生:由空间一直线出发的两个半平面构成的图形.

教师通过多媒体列表展示以上对比结果.

	角	二面角
定义	由平面内一点出发的两条射线构成的图形	由空间一直线出发的两个半平面构成的图形
图形	(图:∠AOB)	(图:二面角 α-L-β)
表示方法	∠AOB	二面角 α-L-β

2. 二面角的平面角及二面角的度量的探究

(二面角的平面角是这节课的重点,也是难点,教师需要精心搭建支架,引导探索)

(1)搭建问题支架,引入问题

教师以课本为教具,引导学生观察随着课本张开的角度的不同,二面角的大小也有所不同.

教师:请同学们思考一下,如何度量二面角的大小呢?

(2)搭建认知支架,引导探索交流

① 搭建支架阶段(教师通过"已学习过的三种角的大小的刻画"作为先行组织者,引导学生将旧知识迁移到新知识)

教师:平面角的大小是怎样度量的呢?

学生:用量角器量.

教师:异面直线所成的角不能用量角器量怎么办呢?

学生:平移使其相交,再量相交成的平面角的大小.

教师:也就是说,我们把异面直线所成的角转化为平面角来度量的.那么直线和平面所成的角又怎样度量呢?

学生:作这条直线在这个平面内的射影,转化成直线和其射影所成的角.即转化成线和线所成的角.

教师:也就是说,直线和平面所成的角也是转化成直线和直线所成的平面角来度量的.

那么请同学们思考一下,二面角的大小又怎样度量呢?

② 独立探索阶段:经过以上点拨,学生的思维被激活了,以前后桌的形式积极紧张地思考、探索.

③ 协作交流阶段:经过一段时间的探索后,让学生互相交流自己的探索结果,通过交流产生了三种有代表性的方案:

方案 1 要度量二面角,必须先构造一个可以度量的线线角,于是在二面角的棱 L 上任取一点 O,分别在这两个平面内任作射线,这两条射线所成的角就可以度量了. 但是,这样的角的大小是不确定的,只有当两条射线与棱垂直时,角的大小才唯一确定. 故这样的角可以度量.

方案 2 能否构造一个可以度量的线面角呢?设 OA 是 α 内的一条射线,试图用 OA 与平面 β 所成的角来度量二面角 $\alpha-L-\beta$,但这个角也是不确定的,只有当 $OA \perp L$ 时,OA 与平面 β 所成的角才是唯一确定的. 而欲求 OA 与平面 β 的角,只需求 OA 与其在平面 β 内的射影所成的角,于是,在 OA 上取一点 P,作 $PH \perp \beta$ 于点 H,连 OH,则 $\angle POH$ 就可以度量二面角的大小.

方案 3 作一个垂直于二面角的棱的平面,那么这个平面与二面角的两个半平面所成的交线构成的角即可度量二面角.

(3) 搭建元认知支架,引导反思评价

教师:请大家思考一下,上述方案哪种最佳?并说出其中的原因,其它方案为何不好?

方案 1 最佳,方案 2 有局限性,当二面角大于 90° 时不适合,而方案 3 的垂面不易做出.

3. 巩固运用、变式练习

问题 1 从点 O 引不共面的三条射线 OA,OB,OC,使得 $\angle AOB=\angle AOC=45°$,$\angle BOC=60°$,求二面角 $B-OA-C$ 的大小. (由学生独立完成)

问题 2 山坡的倾斜度(坡面与水平面所成二面角的度数)是 60°,山坡上有一条直道 CD,它和坡角的水平线 AB 的夹角是 30°,沿这条路上山,行走 100 米后,升高多少米?(由学生独立完成)

4. 归纳小结(学生先说教师后导)

(1) 知识小结

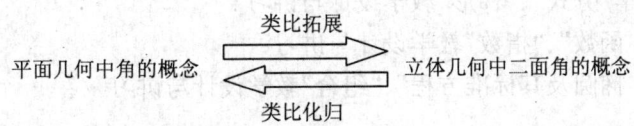

(2) 数学思想方法小结

运用了类比和化归的数学思想.

【评析】 本案例教学设计的特色是:

(1) 以实际问题作为情境引入,给学生搭建一个"背景支架",帮助学生理解概念产生的背景与需要,提高学生的学习兴趣,完全符合《数学课程标准》"从学生已有生活经验出发,让学生亲身经历将实际问题抽象为数学模型并进行解释与应用的过程"的教学理念.

(2) 根据学生的认知结构和心理特征,采用支架式教学法,遵循由浅入深、循序渐进的原则,由特殊到一般提出问题、探究问题,进而分析和解决问题,让学生经历观察、归纳、猜想、验证的数学发现过程,发展学生的合情推理能力,体验探求新知的乐趣.引导学生通过类比平面内的角的概念去建构二面角的概念,从中感悟平面几何与立体几何之间的联系,进一步体会类比和化归的数学思想.

(3) 本节课还通过师生互动、生生互动,向学生提供从事数学活动的时间与空间,为学生的自主探索与同伴的合作交流提供保障,从而促进学生学习方式的转变,使之获得广泛的数学活动经验,使学生在动脑、动口、动手的过程中,获取知识、掌握方法、提高能力、积累经验,符合"以学生的发展为本"的教育理念,体现了《数学课程标准》倡导的"数学教学是数学活动的教学,是师生之间、学生之间交往互动与共同发展的过程."

第六节　数学概念教学讲习

《数学课程标准》明确提出:"教学活动是师生积极参与、交往互动、共同发展的过程.数学教学应根据具体的教学内容,注意使学生在获得间接经验的同时也能够有机会获得直接经验,即从学生实际出发,创设有助于学生自主学习的问题情境,引导学生通过实践、思考、探索、交流等,获得数学的基础知识、基本技能、基本思想、基本活动经验,促使学生主动地、富有个性地学习,不断提高发现问题和提出问题的能力、分析问题和解决问题的能力.

在数学教学活动中,教师要把基本理念转化为自己的教学行为,处理好教师讲授与学生自主学习的关系,注重启发学生积极思考;发扬教学民主,当好学生数学活动的组织者、引导者、合作者;激发学生的学习潜能,鼓励学生大胆创新与实践;创造性地使用教材,积极开发、利用各种教学资源,为学生提供丰富多彩的学习素材;关注学生的个体差异,有效地实施有差异的教学,使每个学生都得到充分的发展;合理地运用现代信息技术,有条件的地区,要尽可能合理、有效使用计算机和有关软件,提高教学效益."下面请依据《数学课程标准》的基本理念和要求,进行数学概念教学的设计与讲习.

一、数学概念教学讲习课题

(1) 六年级数学"比的认识"教学设计与讲习
(2) 七年级数学"有理数的乘方"、"绝对值"教学设计与讲习
(3) 八年级数学"分式"、"梯形"教学设计与讲习
(4) 高一数学"函数"、"指数"教学设计与讲习
(5) 高二数学"椭圆及其标准方程"、"组合"教学设计与讲习

二、请你查阅和研读上述课题在中学数学教材中的内容及其相关背景材料

(1) 独立思考和尝试解决下列问题:① 这节课的教学目标是什么?② 这节课的重点、难点、关键点是什么?③ 如何设计教学过程:怎么导入、如何探究、设计哪几个活动、采用哪些教学策略、如何组织教与学双方的活动、活动应体现和落实哪些教学目标等?④ 各个活动之间的内在联系是什么?⑤ 如何设计归纳小结?⑥ 怎样设计作业?⑦ 怎么设计板书?⑧ 在上述基础之上给出教学方案的设计.

(2) 分小组就上述问题展开讨论,交流与分享你的思考和教学设计,在分享与讨论之后,改进和形成一份新的教案.

(3) 分小组讲习和展示汇报,在实践中检验你的教学方案,小组成员之间就教学方案进行研讨和点评.

(4) 再次反思与改进教学方案,并且在小组或班级中讲习、研讨、总结与点评.

三、数学概念教学讲习评价表

数学概念教学讲习评价表

内容: 　　　概念(高中/初中　　　年级)教学　　　　时间:25分钟/人

年级:_____　　班:_____　　学生姓名:_____　　学号:_____

评价项目		评价内容	权重%
教学过程	课题引入	忆旧迎新,创设情景,激发兴趣	10
	明确概念	正反例对比,归纳概括,突出概念本质属性	15
	方程推导	启发探究,突出数学思想与方法,推理正确	10
	例题讲解	注重分析,围绕概念、辨析关键词句,讲解熟练	10
	课堂小结	揭示联系,突出重点,强调关键	5
	时间掌握	各环节时间安排科学、合理,不提前、不拖堂	3
教法教态	教学方法	善于设问,注重启发,突出重点,突破难点	10
	内容衔接	自然语言与数学语言衔接良好,思路清晰	5
	教态表情	精神饱满,自然大方,能够恰当运用目光、表情、体态与学生交流,富有激情	4
	师生互动	善于提问,思维活跃,及时反馈,边讲边写	5
板书设计	科学性	公式图表正确、规范,板书清晰,形数结合	4
	计划性	主次分明,详略得当,一例(图)多用	4
	启发性	以简驭繁,前后呼应,无错别字,色彩运用适度	3
语言能力	普通话	发音准确清晰,语言流畅	4
	语速音量	声音洪亮,语速适中,有感染力	4
	表情达意	表达准确,有启发性,逻辑性强	4
总　分			

点评备忘录:(至少写三条优点及两个存在的问题)

1. 优　　点:

2. 问题及建议:

指导教师签名:

> 本章要点

- 数学概念既是数学思维的基本结构单位,又是数学命题、推理和论证的基础,因此是构成数学知识体系的基本要素和数学基础知识的核心.
- 概念的内涵和外延分别从质和量两个方面刻画了这个概念,每个概念都是其内涵与外延的统一体.概念的内涵严格确定了概念的外延,反之,概念的外延完全确定了概念的内涵.
- 任何两个联系着的可比较的概念之间必定具有相容关系和不相容关系中的一种.具体而言,必定具有同一关系、从属关系、交叉关系、矛盾关系、反对关系之一种.
- 任何定义都由被定义项(Ds)、定义项(Dp)和定义联项(是、叫做、称为等)三部分组成.中学数学中最常见的定义方法是"属+种差"的定义.
- 数学概念的学习,是在已有认知结构的基础上进行的.新概念的获得,主要依赖认知结构中原有的有关概念,通过新旧概念之间发生联系而完成.获得数学新概念最基本的形式有两种:一是概念的形成,二是概念的同化.
- 每个概念都是其内涵与外延的统一体.数学概念的明确,就是要明确数学概念的内涵与外延,只有对概念的内涵与外延两方面都准确的掌握,才能说对概念是明确的.
- 数学概念的教与学是促进学生数学能力的发展和提高数学课堂教学效益与质量的关键.
- 在数学概念教学中,不仅应当掌握单个概念,而且还应当掌握这个概念所属的概念体系,要注意在概念的体系下学习概念,并且注重帮助学生认知与掌握蕴涵在概念中的数学思想与方法.

> 思考与练习

1. 什么是数学概念?请举例分析一个数学概念的本质属性.
2. 什么是概念的内涵与外延?它们之间有什么关系?请举例说明.
3. 什么是定义?定义概念的常用方法有哪些?
4. 什么是划分?概念的划分有什么作用?
5. 正确的定义与划分要分别符合哪些要求?
6. 概念学习的方式主要有哪几种?分析它们各自的特点和使用的条件.
7. 数学概念教学的主要目标是什么?基本环节有哪些?
8. 数学概念教学中概念的引入有哪些常用的方法?各有什么功能?
9. 请选择初中和高中的各一个数学概念,在相应的概念体系中分析它的来龙去脉和蕴涵的数学思想与方法,加深对它的理解.
10. 选择一个中学数学概念,按照概念同化的方式进行教学设计.
11. 选择一个中学数学概念,按照概念形成的方式进行教学设计.
12. 调查和分析中学生对某一数学概念的错误认识、表现及其原因.
13. 比较高、初中数学概念教学策略有哪些相似点和不同点?
14. 对你设计或实施的数学概念教学的讲习进行反思,并思考自己数学概念教学中存在的问题,提出改进的措施.

> 相关文献链接

曹才翰.中学数学教学概论[M].北京:北京师范大学出版社,1990.

> 本章参考文献

[1] 丁尔升.中学数学教材教法总论[M].北京:高等教育出版社,1989.
[2] 中华人民共和国教育部制订.全日制义务教育数学课程标准[M].北京:北京师范大学出版

社,2001.
[3] 中华人民共和国教育部制订.普通高中数学课程标准[M].北京:人民教育出版社,2003.
[4] 范良火,等.华人如何学习数学[M].南京:江苏教育出版社,2005:186—212.
[5] 翁庆凯.数学教育学教程[M].成都:四川大学出版社,2003.
[6] 曹才翰,章建跃.数学教育心理学[M].北京:北京师范大学出版社,1999.
[7] 朱水根,王延文.中学数学教育导论[M].北京:教育科学出版社,2003.
[8] 涂荣豹,王光明,宁连华.新编数学教学论[M].上海:华东师范大学出版社,2006.
[9] 胡炯涛.数学教学论[M].南宁:广西教育出版社,1994.
[10] 弗赖登塔尔.作为教育任务的数学[M].陈昌平,唐瑞芬,译.上海:上海教育出版社,1992.
[11] 张奠宙,宋乃庆.数学教育概论[M].北京:高等教育出版社,2004.
[12] 唐瑞芬,朱成杰.数学教学理论选讲[M].上海:华东师范大学出版社,2001.
[13] 李邦河.数的概念的发展[J].数学通报.2009,48(8):1—3,9.
[14] 陈静安.关于中学数学教育现代化的构想——由日本数学教育改革与发展引出的思考[J].学科教育,1998(4):24—27.
[15] 陈静安.实施建构教学,适应素质教育转变[J].云南教育学院学报,1997(2)30—32.

第六章 数学命题及其教学

> **学习目标**

学习本章后,你将会:
◆ 知道判断、语句、命题及其之间的异同点;
◆ 理解推理和证明之间的区别与联系及其在命题教学中的应用;
◆ 会运用逻辑真值表求复合命题的值;
◆ 弄清一个命题的条件与结论,会制作一个命题的逆命题、否命题和逆否命题;
◆ 掌握数学推理与证明的常用方法,会分析数学命题的证明思想和方法;
◆ 掌握数学命题教学的基本要求、教学目标、一般方法和主要特点,能够设计和实施数学命题教学.

第一节 判断与命题概述

一、判断概述

1. 判断与语句

在前面我们讨论过,思维是有意识的人脑对客观事物的本质属性和内部规律性的概括与间接地反映,是对客观事物的间接的认识. 概念是反映事物本质属性和特征的思维形式. 产生概念之后,人们往往要运用已有的概念对客观事物进行表达、分析和讨论. 在逻辑学中,对客观事物(思维对象)有所肯定或否定的思维形式叫做判断.

判断有真有假. 一个判断如实反映了客观事物的情况,就是真判断;否则,就是假判断. 例如,"$6 \leqslant 6$"、"有些一元二次方程没有实根"、"一切正数都大于零"就是真判断;而"零是正数"却是一个假判断.

判断作为一种基本的思维形式、一种思想,不能离开语句赤裸裸地存在,其形成和表达都离不开语句. 表示判断的语句叫做命题. 需要注意的是,并非所有的语句都表达判断. 例如,"5 是 110 的约数"、"点 R 在直角 $\triangle ABC$ 的斜边上"等都表示判断;而"$x+9=7$"、"0.3 是有理数吗?"则不是判断. 因为后面两例对所思维的对象既没有肯定,也没有否定,所以无法判定其真假.

以上说明,判断作为一种基本的思维形式有两个基本特征,一是判定性,即对思维对象必须有所肯定或者有所否定,不能含糊其辞、模棱两可. 二是真假性,因为判断是主观对客观的认识,如果一个判断符合客观世界、与事实相一致,那么这个判断是真实判断;否则,就是虚假判断. 所以,任何判断都有真假性,并且要么为真,要么为假,二者必居其一,且只居其一.

在数学中,判断常表现为:① 某属性是否属于这个或那个思维对象;② 各思维对象间的关系;③ 各对象间的制约关系等等. 例如,"任何素数都不是偶数";"同位角不相等";"一切正数都大于零";"等腰△ABC 的两个底角相等"等. 其中"任何素数都不是偶数"、"同位角不相等"是虚假判断,后面两个则是真实判断. 判断的真假由实践来检验,在数学中还必须进行证明.

2. 判断的种类

判断可以按不同的标准进行分类. 按判断的组成形式可以分为简单判断和复合判断;按判断的内容可以分为性质判断和关系判断;按判断的量来分有全称判断、特称判断、单称判断;按判断的质来分有肯定判断、否定判断. 在数学中,常用的判断形式主要有四种:

(1) 全称肯定判断,通常用 A 表示. 它的逻辑形式为"所有的 S 是 P",可记为"SAP".

(2) 全称否定判断,通常用 E 表示. 它的逻辑形式为"所有的 S 都不是 P",可记为"SEP".

(3) 特称肯定判断,通常用 I 表示. 它的逻辑形式为"有的 S 是 P",可记为"SIP".

(4) 特称否定判断,通常用 O 表示. 它的逻辑形式为"有的 S 不是 P",可记为"SOP".

从以上四种判断形式可知,判断有三个组成部分:S 叫做判断的主项(或称主词),表示判断的对象;"所有的"或"有的",表示主项的数量,叫做量项(或称量词)(要注意的是,全称判断中的量词"所有的"常常省略不写). P 叫做谓项(或称宾词),表示性质;"是"或"不是"称为联项(或联结词),表示肯定或否定.

我们来看对于有相同主项、谓项的这四种判断之间,其真假有什么联系. 例如:

(1) 2 是质数;(单称肯定判断)

2 不是质数.(单称否定判断)

(2) 凡直角都相等;(全称肯定判断)

有些直角不相等.(特称否定判断)

(3) 所有无穷递增数列都没有极限;(全称否定判断)

有些无穷递增数列有极限.(特称肯定判断)

以上各例中的两个判断,都必有一真一假. 对于有相同主项、谓项并且既不能同真也不能同假的两个判断间的关系叫做矛盾关系. 例如,A 判断与 O 判断之间,E 判断与 I 判断之间,都是矛盾关系.

对于有相同主项、谓项并且不能同真但可以同假的两个判断之间的关系叫做反对关系. A 判断和 E 判断之间是反对关系.

对于有相同主项、谓项并且不能同假但可以同真的两个判断之间的关系叫做下反对关系. I 判断和 O 判断之间是下反对关系.

在 A 判断与 I 判断之间,E 判断与 O 判断之间有:全称判断真,特称判断必真;全称判断假,特称判断真假不定;特称判断假,全称判断必假;特称判断真,全称判断真假不定. 这种关系叫做"差等关系".

上述四种判断之间的关系可用图 6-1 表示,称为逻辑方阵.

图 6-1 逻辑方阵

二、数学命题及其基本形式

1. 数学命题

关于数学对象及其属性的判断叫做数学判断.判断的表达要依附于语句.用来表示数学判断的陈述句或符号的组合叫做数学命题.由于判断有真假,所以数学命题就有真命题和假命题之分.在逻辑学中,命题的"真"和"假",称为命题的真值,分别用 1 和 0 表示.一个命题要么真,要么假,二者必居其一,且只居其一.

数学中的公式是数学命题的一种形式.公式一般是指用数学符号表示几个量之间的关系的式子,它具有普遍性,适用于同类关系的所有问题.数学中大量有明确结论的习题也是数学命题.一部分带有探索性或创造性的问题,以及一些可以构成多种真命题的开放性命题都是数学命题的组成部分.

2. 命题的分类

依据不同的标准数学命题可以分为几种不同的类型.根据命题本身是否还包含其它的命题可分为简单命题和复合命题.简单命题是不包含其它命题的命题.复合命题是由两个或两个以上的简单命题与逻辑连接词构成的命题.

简单命题依据其所判断的内容是性质或是关系又分为性质命题和关系命题.性质命题就是断定某事物具有(或不具有)某种性质的命题.关系命题就是断定事物与事物之间关系的命题.

应当注意的是,形式逻辑是研究思维形式及其规律的科学.它把思维内容与思维形式相对地分割开来,仅从思维形式的结构方面研究思维本身的明确性、准确性和无矛盾性.因此,形式逻辑只研究判断的形式,而不管判断的内容,并从逻辑真值的角度研究命题的形式及各种命题之间的关系.但是,在数学中,既要研究命题的内容,又要研究命题的形式.并且只有把内容和形式统一起来,才成为数学命题.

例如,"一切正数都大于零","线段 AB 的长为 6 m","三角形 ABC 是等角三角形"等,都是数学命题.而"如果直线 a 平行于直线 b,则雪是白的","如果 $7-4=3$,则三角形 ABC 是直角三角形"则不是数学命题.

第二节 命题演算

一、复合命题与逻辑联结词

如上所述,根据不同的标准可把命题分为几种不同的类型.简单命题就是不包含其它命题的命题.上面例中的几个数学命题,都是不能再分解成更为简单形式的命题,所以是简单命题.简单命题可以分为性质命题和关系命题.性质命题就是断定某事物具有(或不具有)某种性质的命题.关系命题就是断定事物与事物之间关系的命题.

特别地,存在于两个事物之间的关系称为二元关系.一般地,我们用 **R** 表示一个关系,对象 a 与 b 之间有这种关系,就表示为"a**R**b".这里,a、b 叫做主项或关系项,a 叫做关系前项,

b 叫做关系后项. 关系 **R** 又叫做谓项. 例如,"$AB=CD$",就是一个关系命题. 数学中常见的二元关系有自反关系(**R** 满足:aRa)、对称关系(**R** 满足:aRb⇒bRa)、传递关系(满足由 aRb,bRc⇒aRc)和等价关系(**R** 同时满足上述三个关系). 例如,实数间的"=",集合间的"=",直线间的"∥"、"⊥",三角形间的"≌"、"∽"都是对称关系. 并且除了直线间的"∥"、"⊥"关系外,其余还满足自反性、传递性和等价性. 再如,实数间的">"、"<",集合间的"⊃"、"⊂"都只是传递关系而非自反关系与对称关系,当然也非等价关系.

复合命题是由两个或两个以上的简单命题被逻辑连接词结合起来而组成的命题. 复合命题的真假被已知简单命题的真假所决定. 构成复合命题时,联结已知命题的词语称为逻辑联结词或命题联结词. 常用和最重要的逻辑联结词有五个,分别为"非"、"且"、"或"、"蕴涵"、"等价(互蕴)",由它们可以构成五种最基本的复合命题,分别是:负命题、合取(联言)命题、析取(选言)命题、蕴涵(假言)命题,等价(互蕴)命题.

1. 负命题

给定一个命题 P,它与逻辑联结词"¬"构成复合命题"非 P",记作¬P,称为原来命题 P 的否定,也叫做负命题. 事实上,对于每个命题 P,都有一个与它意义相反的负命题¬P. 负命题也可由真值表 6-1 定义.

【例 6-1】 (1) P:7 是素数(真命题);

¬P:7 不是素数(假命题).

(2) Q:$y=6x$ 是偶函数(假命题);

¬Q:$y=6x$ 不是偶函数(真命题).

表 6-1

P	¬P
1	0
0	1

2. 合取(联言)命题

给定两个命题 P 和 Q,用逻辑联结词合取(与,且)"∧",把命题 P 和 Q 联结起来,构成复合命题"P 且 Q",记作 P∧Q,称为 P 和 Q 的合取式,也称为合取(联言)命题. 它的含义是,当且仅当 P、Q 都真时,P∧Q 才为真. 合取命题也可由真值表 6-2 定义.

【例 6-2】 (1) P:4 是 6 的约数;

Q:4 是 16 的约数;

P∧Q:4 是 6 的约数且是 16 的约数.

(2) P:△ABC 是等腰三角形;

Q:△ABC 是直角三角形;

P∧Q:△ABC 是等腰三角形直角三角形.

日常用语中的"和"与"合取"是相当的.

表 6-2

P	Q	P∧Q
1	1	1
1	0	0
0	1	0
0	0	0

3. 析取(选言)命题

给定两个命题 P 和 Q,用逻辑联结词析取(或)"∨",把命题 P 和 Q 联结起来,构成复合命题"P 或 Q",记作 P∨Q,称为 P 和 Q 的析取式,也称为析取(选言)命题. 它的含义是,只要 P、Q 中有一个为真时,P∨Q 就为真. 析取命题也可由真值表 6-3 定义.

【例6-3】 (1) $P: a=0$; $Q: b=0$; $P \vee Q: ab=0$
(2) $P: AB \parallel CD$;
$Q: AB = CD$;
$P \vee Q:$ AB 平行或等于 CD.

表6-3

P	Q	P∨Q
1	1	1
1	0	1
0	1	1
0	0	0

需要提及的是，上例中，"$P \vee Q$"显然包括了 $a=b=0$ 的情形．换句话说，这里的"或"包括了兼而有之的情况，称为"可兼的析取"．在数学中的"析取"，一般是指可兼的析取．

4. 蕴涵（假言）命题

给定两个命题 P 和 Q，用逻辑联结词蕴含"→"，把命题 P 和 Q 联结起来，构成复合命题"若 P，则 Q"，记作 $P \rightarrow Q$，称为蕴涵式，也称为蕴含（假言）命题．它的含义是，只有在 P 真且 Q 假时，$P \rightarrow Q$ 方为假．其中的 P 叫做前提（前件），Q 叫做结论（后件）．蕴涵命题也可由真值表 6-4 定义．

表6-4

P	Q	P→Q
1	1	1
1	0	0
0	1	1
0	0	1

当蕴涵式"$P \rightarrow Q$"为真时，我们称 P 蕴涵 Q，或叫做充分条件假言命题．

由于判断可以反映对象本身存在或不存在，或判断对象有没有某种属性．所以，一个命题有真假两种可能的情况，定义蕴涵的真值表就得有 4 行．

但是，人们常常对蕴涵命题真值表中的后两行感到不好理解，也常常会有些含糊不清甚至错误的理解．下面通过具体的例子，做一些说明．

【例6-4】 "如果明天不下雨，那么我们去游泳"．设 P：明天不下雨；Q：我们去游泳．上面的复合命题可表示为 $P \rightarrow Q$．如果明天确实不下雨，我也确实去游泳了，那么所说的（$P \rightarrow Q$）就是真的；如果明天没有下雨，我却没有去游泳，那么说的那句话就是假的；如果明天下了雨，不管我去没有去游泳，所说的话（$P \rightarrow Q$）与之都没有矛盾，所以仍是真的．蕴涵命题的真值表正是反映这几方面的意思．

【例6-5】 "如果两个加数都能被 3 整除，那么它们的和也能被 3 整除"．设 P：两个加数都能被 3 整除；Q：这两个数的和能被 3 整除；上面的复合命题可表示为"$P \rightarrow Q$"（我们知道，这个命题是真的）．"$P \rightarrow Q$"反映了这样几方面的意思："如果前件 P'所给的两个加数都能被 3 整除'为真，那么后件 Q'所给的两个加数都能被 3 整除'为真"的判断或命题必为真；或者说，"如果'所给的两个加数都能被 3 整除'为真，那么'所给的两个加数都能被 3 整除'为假"的判断或命题必为假；"如果前件 P 为假，也就是说所给两个加数不是都能被 3 整除的（这时有两种情况，其一是，两个加数都不能被 3 整除，其二是，两个加数中有且只有一个不能被 3 整除），那么后件 Q 可能真，也可能假（即是说，它们的和可能被 3 整除，也可能不被 3 整除）"的判断或命题均为真．蕴涵式"$P \rightarrow Q$"的真值表正是这几个方面意义的综合．

综上，"$P \rightarrow Q$"的真值表前两行的意义是说有之必然，后两行的意义则表明无之未必不然，即当前件 P 为假时，无论后件 Q 为真为假，"$P \rightarrow Q$"的真值都为真．

在形式逻辑中，由于只从真值的角度研究命题的形式和命题间的关系，而不管命题的内容，所以在命题演算中，当蕴涵式的前件是已知的假命题时，则不论后件是真还是假，都认为整个蕴涵式为真．这种观点的蕴涵关系叫真值蕴涵关系，也称真值蕴涵（即指只考虑真值，不管内容).

例如,命题"如果$2\times 2\neq 4$,那么雪是黑的"中,前件和后件都是已知的假命题,它们的真假已经确定,没有其他的可能,并且前件与后件之间没有内容、意义上的联系.但在形式逻辑中一般仍然认为它是一个蕴涵式,而且认为它的真值为真.

另一种观点认为,意义上没有任何关系的两个命题不存在实际意义的蕴涵关系.因此不接受"如果$2\times 4=8$,则雪是白的","如果任一四边形都是平行四边形,则$6+3=9$"之类的命题为真命题的看法.并且认为只有在前件、后件间存在内容、意义上的实际联系时,方可认为蕴涵式为真;蕴涵式为真时,方能称 P 蕴涵 Q.这种观点的蕴涵关系称为实质性的蕴涵关系.

在数学中,对蕴涵"如果 P,则 Q(P→Q)",要求 P、Q 之间有实质性的蕴涵关系,并总是在前件反映的事物属性存在,即前件为真的条件下来讨论.因此,数学中具有"P→Q"形式的命题必须满足以下两个条件,方可认为是真的:

(i) P、Q 符合数学对象的实际情况,都存在,而且 P、Q 之间在内容、意义上联系着.

(ii) P、Q 之间存在着实质性的蕴涵关系,即在前件 P 为真的条件下,能够推出后件 Q 也是真的.

例如,"如果$3\times 4=12$,则三角形内角和为$180°$",虽然按真值蕴涵关系,这是个真命题,但事实上,条件与结论之间没有实质性联系,因此,在数学中不是真命题.

在数学中,如果命题具有形式"P→Q",并且 P、Q 都存在,P、Q 之间在内容、意义上联系着,P 是给出事物具有(或不具有)某种属性,则称这个命题为条件命题(或假言命题).由此可知,条件命题都是蕴涵式,但蕴涵式并不都是条件命题.换句话说,条件命题的集合是蕴涵式集合的真子集.

当条件命题"P→Q"为真时,方可称之为"由 P 可推出 Q",记为"P⇒Q".当条件命题"P→Q"为假时,称之为"由 P 推不出 Q".

例如,命题"如果 P:两个三角形有两条边、一个角对应相等,那么 Q:这两个三角形全等",这是个假命题.事实上,我们可以通过作图作出两个有两边和一个角分别对应相等、但不全等的三角形,从而确定这个命题是假的.故此时"由 P 推不出 Q".

5. 等价(互蕴)命题

给定两个命题 P 和 Q,用逻辑联结词蕴含"↔",把命题 P 和 Q 联结起来,构成复合命题"P 当且仅当 Q",记作 P↔Q,称为等价式,或称为充要条件假言命题.例如,"当且仅当$k<0$时,$y=kx$是减函数".

"P↔Q"的含义是,只有当 P、Q 同为真或同为假时,这个等价式是真的,否则是假的.P↔Q"也可由真值表 6-5 定义.

在数学中,当命题"P→Q"和"Q→P"都为真时,称 P、Q 可以相互推出,记为"P↔Q".

如果计算复合命题(P→Q)∧(Q→P)的真值表,我们会看到它和 P↔Q 的真值表是完全相同的.对于真值表相同的两个命题 R 与 S,意味着它们是同真同假的关系,称它们是逻辑等价的,记为"R≡S",在推

表 6-5

P	Q	P↔Q
1	1	1
1	0	0
0	1	0
0	0	1

理中彼此是可以互相代换的. 因此,上面的例子可表示为:
$$P \leftrightarrow Q \equiv (P \rightarrow Q) \wedge (Q \rightarrow P)$$

需要注意的是,等价式"$P \leftrightarrow Q$"与逻辑等价不同,前者是从 P、Q 构成一个新命题,后者是说两个命题之间的的关系 $R \equiv S$.

逻辑联结词可以看作是对命题的运算,而对命题的研究可以化作命题的演算. 负命题、联言命题、选言命题、假言命题和等价命题是复合命题中最简单、最基本的形式. 由这些基本形式,经过各种组合,可以得到更为复杂的复合命题. 为了省略括号,通常约定逻辑联词 $\neg$,$\wedge$,$\vee$,$\rightarrow$,$\leftrightarrow$ 的结合力依次减弱. 例如,可以将 $(P \wedge Q) \rightarrow S$ 记作 $P \wedge Q \rightarrow S$. 运用等值公式和推理规则可以对命题进行符号化、形式化的研究,运用它们不仅有助于作出正确的推理,也有利于鉴别出错误的推理.

二、命题演算规则

1. 复合命题的值

一个复合命题可以用真值表计算它的值. 例如,$\neg(p \rightarrow q)$,$\neg(p \wedge q)$ 与 $(\neg p \vee \neg q)$ 的真值表如下:

表 6-6

p	q	$\neg(p \rightarrow q)$	$\neg(p \wedge q)$	$\neg p \vee \neg q$
1	1	0	0	0
1	0	1	1	1
0	1	0	1	1
0	0	0	1	1

特别地,若一个命题 s 在任何情况下都为真,则称为恒真命题,记为 $s \equiv 1$. 同样地,若一个命题 s 在任何情况下都为假,则称为恒假命题,记为 $s \equiv 0$. 例如,利用真值表可以证明,$(p \wedge q) \rightarrow p$ 就是恒真命题;$(p \wedge \neg p)$ 就是恒假命题.

2. 命题演算中常用的逻辑等价式

在逻辑学中,若两个命题的真值完全相同,则这两个命题称为等价命题(或逻辑等价),记作"$\equiv$". 逻辑等价的两个命题,在推理论证中可以互相代换. 利用真值表直接证明,可以得到命题演算中常用的逻辑等价式如下:

(1) 双重否定律:$\neg(\neg p) \equiv p$
(2) 幂等律:$p \wedge p \equiv p$;$p \vee p \equiv p$
(3) 交换律:$p \wedge q \equiv q \wedge p$;$p \vee q \equiv q \vee p$
(4) 结合律:$(p \wedge q) \wedge r \equiv p \wedge (q \wedge r)$;$(p \vee q) \vee r \equiv p \vee (q \vee r)$
(5) 分配律:$p \wedge (q \vee r) \equiv (p \wedge q) \vee (p \wedge r)$;$p \vee (q \wedge r) \equiv (p \vee q) \wedge (p \vee r)$
(6) 吸收律:$p \vee (p \wedge q) \equiv p$;$p \wedge (p \vee q) \equiv p$
(7) 德·摩根律:$\neg(p \wedge q) \equiv \neg p \vee \neg q$;$\neg(p \vee q) \equiv \neg p \wedge \neg q$

(8) 极元律：$p \wedge 0 \equiv 0$；$p \vee 1 \equiv 1$（这里 1 表示恒真命题，0 表示恒假命题）

(9) 么元律：$p \wedge 1 \equiv p$；$p \vee 0 \equiv p$

(10) 互补律 $p \vee \neg p \equiv 1$；$p \wedge \neg p \equiv 0$

3. 其他常用推理规则

(1) $(p \rightarrow q) \wedge p \Rightarrow q$（称为假言推理的分离规则，即肯定了前件就必然肯定了后件）

(2) $(p \rightarrow q) \wedge \neg q \Rightarrow \neg p$（这表明对蕴涵式，否定了后件，也就否定了前件）

(3) $(p \rightarrow q) \wedge (q \rightarrow r) \Rightarrow p \rightarrow r$

(4) $(p \vee q) \wedge \neg p \Rightarrow q$（这表明对选言推理而言，否定一部分，就必须肯定另一部分）

三、命题运算运用举例

1. 四种数学命题的关系

数学命题一般都可以用蕴涵命题"若 p，则 q"，或蕴涵式 p→q 给出．其中 p 称为命题的前提或条件，q 称为命题的结论或后件．

在数学中，当蕴涵命题为真时，它反映了数学对象之间实质性的蕴涵关系．其中 p、q 可以是数学概念，也可以是数学对象的属性，也可以是数学判断．

对于给出的数学命题"p→q"，把命题的条件和结论"换位"得到"q→p"，二者称为互逆的命题；把条件和结论"换质"得到"¬p→¬q"，二者称为互否的命题；把条件和结论既"换质"又"换位"得到"¬q→¬p"，二者成为互为逆否的命题．由此构造出不同形式的四种数学命题：

原命题：p→q（p 则 q）

逆命题：q→p（若 q 则 p）

否命题：¬p→¬q（若¬p，则¬q）

逆否命题：¬q→¬p（若¬q，则¬p）

可以知道，它们之间满足如下的关系：

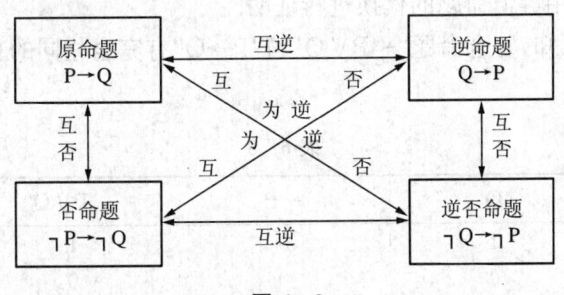

图 6-2

我们可以从下面的例子来探究这四种命题的真假之间的逻辑联系．

【例 6-6】 原命题："如果两个角是对顶角，则这两个角相等"（真）

逆命题："如果两个角相等，则这两个角是对顶角"（假）

否命题："如果两个角不是对顶角，则这两个角不相等"（假）

逆否命题:"如果两个角不相等,则这两个角不是对顶角"(真)

【例 6-7】 原命题:"在同圆或等圆中,如果两个圆心角相等,则它们所对的弧相等"(真)

逆命题:"在同圆或等圆中,如果两条弧相等,则它们所对的圆心角相等"(真)

否命题:"在同圆或等圆中,如果两个圆心角不等,则它们所对的弧也不等"(真)

逆否命题:"在同圆或等圆中,如果两条弧不等,则它们所对的圆心角不等"(真)

【例 6-8】 原命题:"如果一个四边形有一组对边平行,则这个四边形是梯形"(假)

逆命题:"如果一个四边形是梯形,则这个四边形有一组对边平行"(真)

否命题:"如果一个四边形没有一组对边平行,则这个四边形不是梯形"(真)

逆否命题:"如果一个四边形不是梯形,则这四边形没有一组对边平行"(假)

【例 6-9】 原命题:如果一个四边形的对角线相等,则这个四边形是平行四边形.(假)

逆命题:如果一个四边形是平行四边形,则这个四边形的对角线相等.(假)

否命题:如果一个四边形的对角线不相等,则这个四边形不是平行四边形.(假)

逆否命题:如果一个四边形不是平行四边形,则这个四边形的对角线不相等.(假)

综上可知,互逆或互否的两个命题的真实性之间没有什么必然的联系,可以同真同假,也可以一真一假.而互为逆否命题的两个命题必定同真或同假.这一性质通常称为逆否律.用符号表示就是:

$$P \rightarrow Q \equiv \neg Q \rightarrow \neg P; \quad Q \rightarrow P \equiv \neg P \rightarrow \neg Q$$

逆否律可以由真值表直接证明.

"$P \rightarrow Q$"和"$\neg Q \rightarrow \neg P$"的真值表如下:

表 6-7

P	Q	$\neg P$	$\neg Q$	$P \rightarrow Q$	$\neg Q \rightarrow \neg P$
1	1	0	0	1	1
1	0	0	1	0	0
0	1	1	0	1	1
0	0	1	1	1	1

逆否律也可以利用等值命题的代换进行证明.

首先由表 6-8 可知,复合命题"$\neg P \vee Q$"与"$P \rightarrow Q$"有完全相同的真值表,所以它们是等值的命题,同真同假.

表 6-8

P	Q	$\neg P$	$\neg P \vee Q$	$P \rightarrow Q$
1	1	0	1	1
1	0	0	0	0
0	1	1	1	1
0	0	1	1	1

故有 $P \rightarrow Q \equiv \neg P \vee Q \equiv Q \vee \neg P \equiv \neg Q \vee \neg P \equiv Q \rightarrow \neg P$

根据具有逆否关系的两个命题的等价性,可知在蕴涵命题的四种形式中,实质上不同的命题只有原命题和逆命题两种,其他两种命题分别只是它们的不同形式而已.

2. 反映逻辑规律

(1) 同一律

在同一思维过程中,每一个思维对象都必须是严格确定和同一的.它的公式是"A≡A",表示成命题形式"A→A",则可由真值表(表 6-9)得知它是一个恒真命题.同一律的内容包括三个方面:① 在同一个思维过程中,思维的对象必须保持同一;② 使用的概念必须保持同一;③ 在同一时间,从同一方向,对同一思维对象作出的判断必须保持同一.

表 6-9

A	A	A→A
1	1	1
0	0	1

同一律解决的是"是什么".在数学中,同一律就是要求在给定的数学思维过程中,使用的概念和判断必须保持同一,即保持确定的意义.它反映的是客观事物发展变化相对稳定性这一侧面.注意它不是指事物本身,而是指思维对象.我们知道,任何事物都处于绝对的运动变化之中,而思维过程中思维对象则需要保持相对的稳定性,这是人类认识客观事物发展变化的必要前提.

违反同一律导致思维混乱.这方面的逻辑错误,叫做偷换概念或偷换命题.

【例 6-10】 数是可以比较大小的;虚数是数;所以虚数可以比较大小.

结论是错误的.产生错误的原因是,第一句中的"数"是指实数,第二句中的"数"是指复数,偷换了概念.

【例 6-11】 ∵ $\sqrt{ab}=\sqrt{a}\cdot\sqrt{b}$ ∴ $\sqrt{(-9)\cdot(-25)}=\sqrt{(-9)}\cdot\sqrt{(-25)}=3i\cdot 5i=-15$

事实上,此结论是错误的.导致错误的原因是,前式仅对非负实数 a、b 成立,而在后式计算中,偷换成了两个负实数的等式.

(2) 矛盾律

在同一思维过程中,同一对象的两个相互矛盾的思想不能同真.矛盾律的公式是"A 不是¬A"或"¬(A∧¬A)".可由真值表(表 6-10)证明它是一个恒真命题.

表 6-10

A	¬A	A∧¬A	¬(A∧¬A)
1	0	0	1
0	1	0	1

矛盾律是同一律的引伸,解决了 A"不是什么"的问题,是用否定形式来进一步表达对思维确定性的要求.矛盾律强调,在同一时间,从同一方向,对同一思维对象不能既是 A,又是¬A,即不能作出有矛盾关系或反对关系的判断与认识.因为它不容许思维互相矛盾,它其实是"不矛盾律".

在数学思维中,矛盾律是说,在同一个思维过程中对同一对象的两个互相矛盾的判断不能同真,必有一假.违反矛盾律的错误叫做自相矛盾.

【例 6-12】 对于两个实数 a 和 b,"$a\neq b$"与"$a=b$"是两个矛盾判断,不能同真、至少有一个是错误的;"$a>b$"与"$a<b$"是两个反对判断,也至少有一个是错误的.对于直线 a 和 b,"$a=a_1 \wedge a_2$ 与 b 共面"和"a 与 b 异面"是两个矛盾判断,也不能同真、至少有一个是错误的.

(3) 排中律

在同一思维过程中,同一对象的两个互相矛盾的思想不能同假,必有一真.排中律的公式为"或者是 A,或者是 ¬A"或"A∨¬A".排中律要求思维的明确性,在两个矛盾的判断之间,不能有中间的存在,不能模棱两可、含糊不清,故称"排中律".

在数学思维中,排中律强调,在同一论证过程中,对同一对象的两个矛盾判断中,不能同假、必有一真.

数学中,对于一个给定的思维对象的两个矛盾判断,常表现为对于这个对象的肯定判断和否定判断.例如,对于一个给定的数 a,"a 是有理数"和"a 是无理数"就是两个矛盾的判断,根据排中律,其中必有一个为真.

例如,"一组对边平行的四边形是平行四边形",如果记作 A,即 A 为:"所有的一组对边平行的四边形都是平行四边形",它的矛盾判断(即负命题)是 ¬A:"存在一组对边平行的四边形不是平行四边形",而不是"一组对边平行的四边形不是平行四边形".根据排中律,A 和 ¬A 中必有一个为真.事实上 ¬A 是真的.

上面的例子及分析提醒我们,在数学中,为了表达的简便,全称量词常常省略,这时要特别注意矛盾命题 ¬A 的正确表述.对于性质命题的否定,在实际应用中必须把握住实质,要弄清表示思维对象数量的词(称为量词)是全称量词"所有的"($\forall$),还是存在量词"有的"($\exists$),以正确理解和运用排中律.

特别地,如果用 x 表示思维对象,用 P(x) 表示 x 具有性质 P,对性质命题的否定,可以得到如下等价式:

$$\neg(\forall x(P(x))) \equiv \exists x(\neg P(x))$$
$$\neg(\exists x(P(x))) \equiv \forall x(\neg P(x))$$

(4) 充足理由律

在同一思维过程中,对思维对象断定为真,必须有充足的理由.充足理由律的公式是"B 真,因为 A 真并且 A 能推出 B",这里 A、B 都是判断,A 也可以由若干判断所组成.A 叫做理由,B 叫做推断.

充足理由律在 19 世纪时由数学家莱布尼兹提出,并且得到认可,使之成为推理和证明的逻辑基础,它与前三个规律有着密切的联系,如果违反了同一律、矛盾律、排中律之一,必然导致违反充足理由律.

在数学思维中,公理是客观规律的直接反映,这就是它的充足理由.充足理由律就是除公理而外的所有数学命题都必须由已建立的概念和已确定真实性的命题推出,理由必须是推断的充分条件,或者说推断是理由的必要条件.在推理过程中,所根据的已有判断叫做推理的前提,作出的新判断叫做推理的结论.正确的数学推理要求前提真实,推理过程符合形式逻辑的规律,这样才能得出正确的结论.

总之,形式逻辑的基本规律要求在数学推理和证明的过程中,对象要确定(符合同一律),判断不能自相矛盾(符合矛盾律),不能摸棱两可(符合排中律),并且要有充分根据(符合充足理由律).

3. 命题的制作

(1) 逆命题的制作. 逆命题是相对于原命题而言的一种命题形式,它的制作按逻辑学上的规定,只要将原命题的结论与条件换位即可.

① 若命题的条件与结论都只含有一个简单判断,即 P→Q,P、Q 都是简单判断,这时只要把条件与结论换位,就可以得到有原命题的惟一的逆命题:Q→P. 事实上,无论是简单命题还是复合命题,它们的条件和结论都作为一个整体交换位置,这时可以得到惟一的逆命题,而且这样的逆命题才具有"四种命题形式"中的等价关系.

② 如果一个命题含有 m 个条件和 n 个结论,并把部分条件和部分结论换位,所得的命题称为原命题的偏逆命题. 初等数学中往往研究其中的一类偏逆命题,即将一个复合命题中相同个数的条件、结论(不是全部)交换位置所得的偏逆命题.

例如,命题"若 $a>0, b>0$,则 $ab>0$"有两个条件一个结论,因此,它有一个逆命题"若 $ab>0$,则 $a>0, b>0$"和两个偏逆命题"若 $ab>0, a>0$,则 $b>0$"及"若 $ab>0, b>0$,则 $a>0$".

再如,对于命题"三角形两边中点的连线等于第三边的一半. 即在 $\triangle ABC$ 中,D、E 分别是 AB、AC 上的中点,则 $DE=\frac{1}{2}BC$",可表示为:在 $\triangle ABC$ 中,$\left.\begin{matrix}AD=DB\\AE=EC\end{matrix}\right\} \rightarrow DE=\frac{1}{2}BC$(真). 它的一个偏逆命题为:在 $\triangle ABC$ 中,$\left.\begin{matrix}AD=DB\\DE=\frac{1}{2}BC\end{matrix}\right\} \rightarrow AE=EC$(假).

上述例子还告诉我们,偏逆命题的真假与原命题的真假之间并没有什么必然的联系.

又如,对于命题"等腰三角形顶角的平分线也是底边的垂直平分线",用记号表示为:

在 $\triangle ABC$ 中,$\left.\begin{matrix}AB=AC\\AD\text{ 平分}\angle BAC\end{matrix}\right\} \rightarrow AD\perp BC$(真).

它的偏逆命题有两个:

在 $\triangle ABC$ 中,$\left.\begin{matrix}AB=AC\\AD\perp BC\end{matrix}\right\} \rightarrow AD\text{ 平分}\angle BAC$(真).

在 $\triangle ABC$ 中,$\left.\begin{matrix}AD\perp BC\\AD\text{ 平分}\angle BAC\end{matrix}\right\} \rightarrow AB=AC$(真).

而这两个偏逆命题的否命题分别为:

在 $\triangle ABC$ 中,$\left.\begin{matrix}AB\neq AC\\\text{或 }AD\text{ 不}\perp BC\end{matrix}\right\} \rightarrow AD\text{ 不平分}\angle BAC$(假).

在 $\triangle ABC$ 中,$\left.\begin{matrix}AD\text{ 不}\perp BC\\\text{或 }AD\text{ 不平分}\angle BAC\end{matrix}\right\} \rightarrow AB\neq AC$(假).

上述例题表明,偏逆命题的否命题与原命题之间并不象逆否命题与原命题之间那样有同真同假的关系,即偏逆命题的否命题与原命题之间之间等价关系不成立.

在上例中,虽然原命题的逆命题为假,但是两个偏逆命题却为真. 这启示我们,有可能从研究偏逆命题的角度,由一个真的原命题出发制作出若干新的真命题,从而促进我们多角度和更深刻地认知与揭示数学对象之间的内在逻辑关系.

最后对逆命题、偏逆命题的相对性做一些说明.

一个命题的条件在不同的看法之下,可以有不同的表述.例如,命题"等腰三角形顶角平分线也是底边上的高"可以有下面两种表述:

在$\triangle ABC$中,$\left.\begin{array}{l}AB=AC \\ AD\text{ 平分 }\angle BAC\end{array}\right\} \rightarrow AD\perp BC.$

在等腰$\triangle ABC$中($\angle BAC$是顶角),$(AD\text{ 平分 }\angle BAC)\rightarrow(AD\perp BC)$.

同样,命题"等腰三角形底边上的高也是顶角的平分线"也可有两种看法:

在$\triangle ABC$中,$\left.\begin{array}{l}AB=AC \\ AD\perp BC\end{array}\right\} \rightarrow AD\text{ 平分 }\angle BAC.$

在等腰$\triangle ABC$中($\angle BAC$是顶角),$(AD\perp BC)\rightarrow(AD\text{ 平分 }\angle BAC)$.

按前一种看法,这两个命题互为偏逆命题,按后一种看法,这两个命题互为逆命题.

正因为有这样的相对性,所以我们在研究条件命题的这方面问题时,要首先确定在什么范围内讨论,即确定把什么作为讨论问题的前提.我们常常选择有利于简化讨论的那一种看法.

③ 当命题的条件、结论中含有选言判断,在制作逆命题时,选言判断只能当作一个整体,不能再加分解.例如,命题"若$a>0$或$a<0$,则$a^2>0$"只有一个条件(选言判断)和一个结论,因而也只有一个逆命题:"若$a^2>0$,则$a>0$或$a<0$",而没有偏逆命题.

(2) 分断式命题及其逆命题.数学中常常出现如下的命题:

【例 6-13】 在$\triangle ABC$中,如果$AB>AC$,那么$\angle C>\angle B$;如果$AB=AC$,那么$\angle C=\angle B$;如果$AB<AC$,那么$\angle C<\angle B$.

这个命题实际上是由三个命题组成的(不妨称为分命题),它们的条件互不相容,并且包括了AB与AC关系中所有可能的情况(大于、等于、小于);它们的结论也是如此,彼此互不相容,且包括了$\angle C$与$\angle B$关系的所有情况(大于、等于、小于).

一般的,如果一个命题实际上是由几个命题组合而成,并且这几个命题的条件和结论满足:所含事项互不相容,又包括了一切可能的情形,那么就把这个命题叫做分断式命题.

在上例中,可以看出后两个分命题实际上包括了第一个分命题的否命题:如果$AB\not>AC$,那么$\angle C\not>\angle B$.同理,第一个命题实际上也包括了后面两个分命题的否命题.

一般的,一个分断式命题,如果它是由n个分命题合成的,那么任意一个分命题的否命题实际上已包括于其余$n-1$个分命题之中.由于逆命题与否命题之间是互为逆否的,根据逆否律即知,如果一个分断式命题为真,那么它的逆命题也必然为真.

(3) 逆否命题的制作.对于简单命题,在制作逆否命题时,只需将条件、结论分别否定,再交换位置即可.对复合命题的逆否命题制作,则需通过命题运算才能得到.例如,求命题"若$a=0$或$b=0$,则$ab=0$"的逆否命题.首先将命题表述为$(a=0)\vee(b=0)\rightarrow(ab=0)$;然后进行命题运算:$\neg(ab=0)\rightarrow\neg[(a=0)\vee(b=0)]\equiv(ab\neq0)\rightarrow(a\neq0)\wedge(b\neq0)$;最后,得到所给命题的逆否命题"若$ab\neq0$,则$a\neq0$且$b\neq0$".

四、命题的条件

对于命题的四种形式,由于互为逆否的两对命题的逻辑等价性,因此,可以依据其中两个不等价命题的真与假,将命题中的条件和结论间的逻辑关系进行剖析.它们之间的逻辑关系可以分为充分条件、必要条件、充要条件和既不充分又不必要条件.

(1) 若命题"A→B"为真,则称 A 是 B 的充分条件,B 是 A 的必要条件.

(2) 若命题"A→B"和"B→A"都为真,则称 A 是 B 的充分必要条件(简称充要条件),或 B 是 A 的充分必要条件.

(3) 若命题"A→B"为真,而"B→A"为假,则称 A 是 B 的充分而不必要条件,B 是 A 的必要而不充分条件.

如图 6-3 所示,如果一个命题 A 的充分条件的集合用 R 表示,必要条件的集合用 S 表示,那么 R∩S 就是它的充要条件的集合,R-S 就是它的充分而不必要条件的集合,S-R 就是它的必要而不充分条件的集.

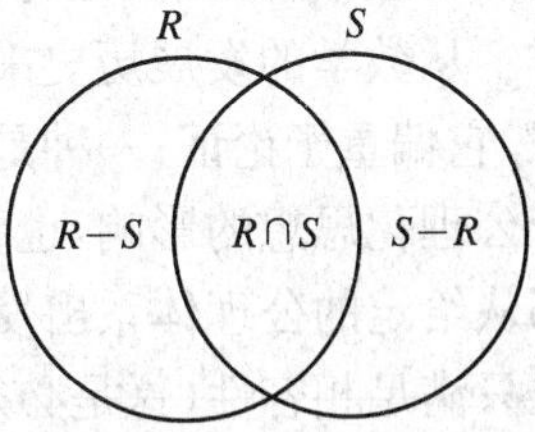

我们可以通过真值表(表 6-11),很好理解前三种条件的意义.从表中可知,当 A→B 真时,A 真足可保证 B 也真①(不排除 A 假时,B 还可真③),因而 A 是 B 的充分条件;当 B→A 真时,没有 A 真就不会 B 真④(不排除有了 A 真 B 还可假②),因而 A 是 B 的必要条件;当 A→B 与 B→A 同真时,A 与 B 同真同假① ④,因而 A 与 B 互为充要条件.

图 6-3

表 6-11

序号	A	B	A→B	B→A
①	1	1	1	1
②	1	0	0	1
③	0	1	1	0
④	0	0	1	1

这样,命题条件与结论间的逻辑关系,实质上可分为四种情形:A 是 B 的充分而非必要条件(表 6-11 的③);A 是 B 的必要而非充分条件(表 6-11 的②);A 是 B 的充要条件(表 6-11 的① ④);A 是 B 的既不充分又不必要条件.

充分条件和必要条件揭示了条件与结论之间的内在逻辑关系,可以用来指导数学证明.要证明一个数学命题成立,只要证明能够使这个命题成立的一个充分条件成立即可;要证明一个命题不成立,只要指出使这个命题成立的一个必要条件不具备就可以了.

五、公理和定理

在数学中,对于命题的真实性,一般都需要加以证明,即要从一些已知为真的命题按逻辑规律推出.而这些为真的命题,其真实性又是通过另一些真命题证出的.如此追溯上去,必定要有一些命题,它们的真实性不能再用别的命题来证明,而它们却是证明其他真命题的依据.这些不加证明而被承认其真实性的命题叫做公理.公理虽然不能加以证明,但有其合理性,它是从大量客观事物与现象中抽象出来的,符合客观规律.正如恩格斯指出的"数学上的所谓公理,是数学需要作为自己出发点的少数思想上的规定."

公理化方法,是指从尽可能少的原始概念和公理出发,应用形式逻辑演绎推理,建立数学理论体系的方法.

按照现代数学的观点,在数学科学中,各专门分支研究各种特殊的结构,每一种结构由相应的公理体系确定.由此可知,原始概念和公理是组成数学理论的主要基础.

一个良好的公理体系,所设置的公理应当满足相容性、完备性和独立性这三项基本要求.相容性是指该体系的各公理之间没有矛盾.完备性是指该分支的形成除了相应的公理体系外,不依赖于任何别的东西.独立性是指该体系中各公理是相互独立的,没有一个可以由其他公理推出.独立性对整个公理体系而言,具有锦上添花的作用.

从数学的发展历史来看,有两种思想发挥了重要的作用,一种是源于西方的公理化思想,它偏重于论证;一种是源于我国的程序化思想,偏重于计算.而现代中学数学课程,不仅受公理化思想的影响,也受到程序化思想的深刻影响.事实上,中小学数学不能要求各分支都从给定的公理体系出发,即便是从公理体系出发的中学数学的平面几何内容,其公理体系也只满足相容性(这是必须满足的)而不满足独立性和完备性.这是因为依据人类认知由易到难的认识规律,其中适当增加了公理的数目,而在一定程度上依赖于直观.这正是中学数学教学严谨性与量力性相结合原则的理论依据及其具体体现.

在给定的公理体系中,经过逻辑证明确认其真实性的命题叫做定理.可由公理或定理直接得出的真命题叫做推论.推论和定理的含义没有什么本质的区别.如果一个定理的逆命题经过证明是真命题,则称为原定理的逆定理.

特别地,真实的分断式命题叫做配套定理.并且,配套定理必有逆定理.下面是配套定理的例子.

【例6-14】 实系数方程 $ax^2+bx+c=0(a\neq 0)$,当 $b^2-4ac>0$ 时,有两个不相等的实数根;当 $b^2-4ac=0$ 时,有两个相等的实数根;当 $b^2-4ac<0$,没有实数根.

在数学中,还有所谓判定定理和性质定理.用来确定某个数学对象存在的充分条件的定理,称为这一对象的判定定理.用来确定某个数学对象存在的必要条件的定理,称为这一对象的性质定理.

第三节 数学中的推理与证明

一、推理及其相关概念

1. 推理的含义

推理是从一个或几个判断,得出一个新判断的思维形式.任何推理都包含前提和结论.推理的前提是推理所依据的部分,它告诉我们已知的知识是什么.推理的前提可以是一个,也可以是几个.推理的结论是根据前提所推出的命题,它告诉我们推出的知识是什么.

2. 推理的分类

首先,推理按照推理中思维进程的方向性,即根据思维进程中,从一般到特殊,从特殊到一般,从特殊到特殊的区别,把推理分为演绎推理、归纳推理和类比推理.

其次,根据推理中前提的数目是一个还是两个或两个以上,把推理分为直接推理和间接推理.

再其次,根据推理的结果的真假不同,推理又可分为必然推理与或然推理.或然推理的结果未必为真.

3. 数学推理

数学中常用的推理有演绎推理、归纳推理和类比推理.它们各有其特点及作用.

完全归纳和演绎推理是必然性的推理,是严格的科学证明方法.在数学的论证推理中,演绎推理是最基本的、最主要的方法,并且在用完全归纳法时,在对所研究对象的一切情况进行讨论的每个具体过程中,也常常要用演绎的方法.这一点,在数学归纳法中表现得特别明显.数学归纳法属于完全归纳法,总体上是归纳,而每一步又是演绎.

不完全归纳和类比推理虽然是或然性的推理,但却是发现结论、作出判断、获得猜想的重要源泉,甚至也能从中获得证明方法的启示.在数学教学中,应重视结论引入的方法,让学生了解和体会是如何想到这些结论的.因此,数学教学中应重视运用不完全归纳和类比推理这两种方法,帮助学生形成和发展辩证思维和创造性思维,提高分析问题和解决问题的能力.当然,也要让学生明白由不完全归纳和类比得到的结论,还必须用其他方法分析其是否正确.正确的要用演绎法或数学归纳法加以证明,不正确的,则要举出反例.

二、常用演绎推理方法

演绎推理是由一般到个别或特殊的推理.演绎推理的前提和结论之间有着必然的关系.只要前提是真的,推理是合乎逻辑的,就一定能得到正确的结论.因此,演绎推理可以作为数学中严格证明的工具.

演绎推理有多种形式,其中最主要的是三段论,此外关系推理、联言推理、选言推理和假言推理等都是间接的演绎推理.这里着重讨论数学中常用的三段论和关系推理.

1. 三段论

三段论是由两个包含着一个共同项的性质判断而推出一个新的性质判断的推理.三段论由三个性质判断所组成,两个是前提,一个是结论.

例如,菱形的对角线互相垂直平分,正方形是菱形,则正方形的对角线互相垂直平分.

任何一个三段论都包含着三个项:小项、大项和中项.结论中的主项叫做小项,以"S"(四边形 ABCD);结论中的谓项叫做大项,以"P"表示(平行四边形);两个前提所共有的、而在结论中消失的项叫做中项,以"M"表示(菱形).在两个前提中,含有大项的前提叫大前提;含有小项的前提叫小前提.三段论的一个形式是

大前提:集合 M 的所有元素具有属性 P,表示为 M—P;

小前提:集合 S 是 M 的子集;

结论:集合 S 的所有元素具有性质 P,可表示为 S—P.

三段论是基于下述公理的:一类事物的全部是什么或不是什么,那么这类事物中的部分也是什么或不是什么.换句话说,如果对一类事物的全部有所判定,那么对它的部分也有所判定.

在数学推理中常有几个三段论联结在一起,成为复合三段论.其中前一个三段论的结论作为后一个三段论的前提.

三段论有简略形式,熟知的大前提常常作为理由加括号注在结论的后面、或者略去不写;复合三段论中,如果前一个三段论的结论是后一个三段论的小前提,那么这个小前提常可省略,不再写出.通常的数学证明中的三段论都采用简略形式.

上面的三段论涉及的是性质命题.在数学中还有一种推理也是常用的,它涉及的是关系命题.

2. 关系推理

关系推理是根据数学对象间关系的逻辑性质(对称性、传递性等)进行的推理.它的前提和结论都是关系命题.关系推理是数学中用得较多的推理.

关系命题即判断数学对象之间关系的命题.例如,"$AB=CD$",就是一个关系命题.实数之间的"$=$"、"$>$"、"$<$",集合之间的"$=$"、"$\supset$"、"$\subset$",直线之间的"$//$"、"$\perp$",三角形之间的"$\cong$"、"$\backsim$"等,都是相应的两个对象间的一种关系.一般地,我们用 R 表示一个关系,对象 a 与 b 之间有这种关系,就表示为"aRb".这里,a、b 叫做主项或关系项,a 叫做关系前项,b 叫做关系后项.关系 R 又叫做谓项.主项的数量叫量项,也有单称、特称、全称三种.但是关系命题中没有联项.

(1) 对称关系推理

根据对称关系进行的推演.实数间的"$=$",集合间的"$=$",直线间的"$//$"、"$\perp$",三角形间的"$\cong$"、"$\backsim$"都具有对称性.例如,$a=b$,所以 $b=a$;$AB//CD$,所以 $CD//AB$ 等.这里"相等"、"平行"等关系都有对称性质,据此可进行推理.只是在推理过程中常因其显然而不予特别注意.

(2) 传递关系推理

根据传递关系的性质进行推演的关系推理.传递关系推理的依据是一些关系所具有的传递性.例如,实数间的"$=$"、"$>$"、"$<$",集合间的"$=$"、"$\supset$"、"$\subset$",直线间的"$//$",三角形之间的"$\cong$"、"$\backsim$"都具有传递性.如由 $a>b,b>c$,即可推得 $a>c$.

应当指出,有人把关系推理看作三段论这是不对的.三段论仅仅是对性质判断来说的,而这里涉及的是关系判断,且关系判断无主、谓之分,硬用三段论来套是不恰当的.

三、归纳推理

归纳推理是由个别、特殊到一般的推理.根据归纳推理的前提和结论所作判断的范围是否相同,即归纳对象是否完备可分为不完全归纳推理和完全归纳推理.

1. 完全归纳推理(完全归纳法)

根据某类事物中每一个对象的情况,而作出关于该类事物的一般性结论的推理.

完全归纳推理的形式为:完全归纳推理的前提判断中已对结论的判断范围全部作出判断,如果前提判断是真实的则结论是完全可靠的,因此它可以作为数学的严格推理方法.

2. 不完全归纳推理(不完全归纳法)

根据对某类事物中的一部分对象的情况,而做出关于该类事物的一般性结论的推理.

不完全归纳推理仅列举了对象中的一小部分,是从部分推广到全体,前提和结论之间未必有必然的联系.因此,由不完全归纳推理得到的结论不一定可靠,不能作为数学的证明方法.但是,它是一种常用的数学发现方法.

四、类比推理

类比推理又称类比法.所谓类比,是指根据两个或两类对象一些属性相同或相似的比较,推出它们的某些其他属性也相同或相似的思维方法.类比推理是由特殊到特殊的推理,其推理形式为:

类比对象　　　　　　类比属性
X　　　　　　　　　　性质 p,q,r,s;
Y　　　　　　　　　　性质 p,q;
于是,猜想 Y 也有性质 r,s.

类比结论的可靠度,依赖于两个或两类对象的共有属性.一般说来,共有属性愈多,结论的可靠度也就愈大;共有属性愈是本质的,结论的可靠度也愈高.类比的客观依据是事物之间的普遍联系以及这些联系之间存在的相似性或可比较性,正如欧拉指出的:类比是一种大胆的创造,不过,你应该首先找到双方的相似性或一致性.因此,当我们面对一个未知的问题时,寻找到一个与之具有某种相似性的已知对象 X 便成为实施类比的前提条件和基础.这就需要观察和联想,要在认真审视和观察研究对象 Y 及其问题特征的基础上,通过联想(如眉头一皱、计上心来)在已有的认知结构中去找到一个与问题特征具有某种相似性的、合适与熟知的类比对象 X,并借助对已知对象 X 研究中已取得的成功经验、思想、方法、和结果,展开研究对象与已知对象之间或外部特征的相似、或内部结构之间的相似、或对象某些性质上的相似、或对象地位、作用等之间(从各个方面、由外至内)的相似性比较,将已知迁移到未知,由低维迁移到高维,从而使未知问题已知化、复杂问题简单化,进而由已知去探索未知、由低维去推断高维,在求同存异中寻找思路、发现规律、提出猜想,从而或解决新的问题、或建构新的概念、或发现新的命题.

上述借助观察和联想去寻找可类比的对象、进而将已知迁移到未知的分析与讨论,既揭示和触及了类比的基础与实质,同时又给予我们若干令人鼓舞的启示与发现.首先,类比的实施和目标是基于新旧知识之间的联系与比较,并在瞻前顾后中寻求与获得新的发现.因此从认识论的观点来看,这无疑表明了类比天然拥有一种强大的联旧引新、启发思维、触类旁通和发现创新的功能.其次,根据类比所指向的属性,我们还发现可将类比划分为结构的类比、性质的类比、内容的类比、地位的类比等等.

事实上,回眸历史,乔治·波利亚在他的著名论著《怎样解题》及《数学与猜想》中曾从数学研究对象的角度深入讨论了数式与图形、平面与空间、有限与无限等类比.还有学者则从类比的结果出发将类比推理分为两种思维形式:一种是由简单去探索复杂,由低维探索高维,由一元去探索多元,目的是从简单事物所具有的属性去推测复杂事物可能具有的属性,其价值在于发现和创新;另一种则反过来,以复杂类比简单,目的在于寻求解决复杂问题的思路,其思维价值在于借鉴方法并解决问题.我们若从中学数学包含的主要内容:数学概念、数学命题、数学论证三大内容结构来看,亦即从数学教学研究的角度来看,则会发现中学数学课堂教学中大量地存在着数学概念之间的类比,数学命题的类比和论证方法的类比.

用类比法得到的结论,虽然不一定都真实,但在人们认识活动中仍有着它重要而积极的意义,科学上有不少重要的假说,是通过类比法提出来的;数学中有不少重要的发现是由类比法先提供线索的;生产实践和科学实验中许多创造发明,也是受到类比法的启发.因此,类比法是一种获得新知识和新发现的重要工具.

五、数学中的证明

1. 证明的意义和结构

证明是依据一些真实的命题来确定某一命题真实性的思维过程.应用逻辑方法来判断数学命题真实性的过程叫做数学证明.任何证明都由论题、论据、论证三部分组成.

这个有待判断真实性的命题叫论题.论据是指被用来作为证明的理由.论据一般来自两个方面:一是已经规定了的真实命题,如定义和公理;二是已经证明了的真实命题,如定理、推论、公式、性质、法则等.

论证,就是证明的过程,是指从论据推出论题的过程,它表明了论据与论题之间存在必然的逻辑联系.证明过程其实也就是推理过程,就是把论据作为推理的前提,应用正确的推理形式推出论题的过程.

证明和推理既有联系又有区别:从本质上来说,证明就是推理,是一种特殊形式的推理.但是,就具体问题来分析,证明和推理又不同.① 从它们的结构上看,推理包含前提和结论两个部分,前提是已知的,结论是根据前提推出来的;证明由论题、论据、论证三部分组成,论题相当于推理的结论,是已知的,论据相当于推理的前提,是事先不知道的,需要我们去探求的.因此,它们的思维过程正好相反,使得证明比推理要复杂得多.② 从它们的作用来看,推理只解决形式问题,对于前提和结论的真实性是管不了的,而证明却要求论据必须是真实的,抽象而概括的数学命题,经过证明其真实性是确信无疑的.例如,"e 和 π 都是无理数,而无理数与无理数的和是无理数,所以 $e+\pi$ 也是无理数".作为推理可以,但作为证明就是错误的.

2. 证明的规则

规则1 论题必须明确并且保持同一.论题是证明的目标和方向,论题必须确切、清楚地表述出来,才能使证明有的放矢.否则就要犯论题不清的逻辑错误.同时,根据同一律的要求,在证明过程中,论题应当始终同一,不得中途变更.否则,就要犯偷换论题的逻辑错误.

规则2 论据要真实、充分.论据是论题的支柱,论题靠论据来证明.因此,论据必须是已知的公理或已经证明其真实性的数学命题.如果论据是假的,或者未经证明,那就不能确定论题的真实性,就会犯虚假论据的逻辑错误.

规则3 论据不能靠论题来证明.论题的真实性是靠论据来证明的,如果论据的真实性又要靠论题来证明,那么结果什么也没有证明.违反这条规则的逻辑错误,叫循环论证.

规则4 论据必须能推出论题.证明是特殊的推理.因而证明过程应该合乎推理形式,遵守推理规则,论据必须是推出论题的充足理由.否则,就要犯不能推出的逻辑错误.

3. 数学常用的证明方法

数学中常用的证明方法分为直接证法与间接证法两大类.

(1) 直接证法

直接证法,顾名思义是直接证明论题的真实性,即由论题的已知条件和已知定义、公理、定理等作为论据,利用逻辑推理法则直接推出论题结论真实性的证明方法. 可表示如下:

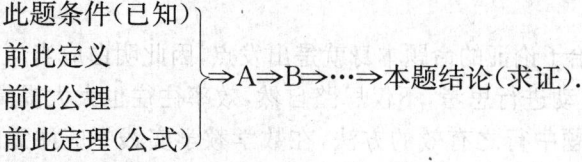

① 综合法

从题设的已知条件出发,运用一系列有关已确定真实性的命题作为推理的依据,逐步推演而得到要证明的结论,这种证明方法叫综合法. 综合法的推理方向是由已知到求证,特点是从"已知"推"可知",逐步推向"未知",表现为由因导果. 其逐步推理,实际上是寻找它的必要条件.

② 分析法

分析法的推理方向是由题断到题设,论证中步步寻求使其成立的充分条件,如此逐步归结到已知的条件或已经及成立的事实,命题便获证. 分析法的特点是:从"未知"看"需知",逐步靠拢"已知",表现为执果索因. 其逐步推理,实际上是要寻找它的充分条件.

综合法与分析法的逻辑依据是相同的,都是蕴涵的传递性,只是思考的顺序相反,其中每个蕴涵都是已知的真命题.

一般地,要证明条件命题"若 A 则 D",大多有两种思考顺序,我们把两种思考顺序图解如下(图 6-4):

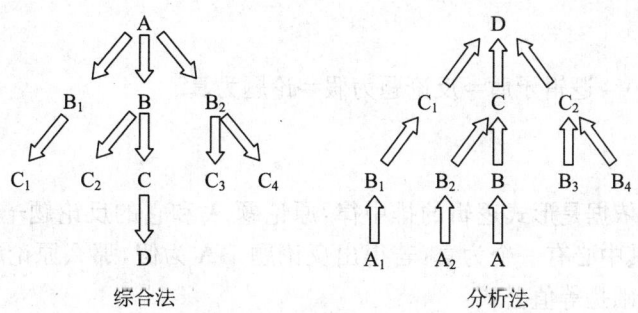

图 6-4

在分析法中,对于一种成功的思路,用语言可叙述为:要证 D,只要证 C;要证 C,只要证 B;而 B 可以由题设推出.

综合法与分析法各有其优缺点. 从寻求解题思路来看,分析法执果索因,常常追根溯源,有希望成功;综合法由因导果,往往枝节横生,不容易奏效. 就表达过程而论,分析法叙述繁琐,文辞冗长;综合法形式简洁,条理清晰. 也就是说,分析法利于思考,综合法宜于表述. 因此,在实际解题时,常常把分析法和综合法结合起来运用,先以分析法为主,寻求解题思路,再用综合法有条理地表述解题过程.

但是,在数学中,证明一般都用综合法表述,中学数学教材也不例外,因为综合法显得简捷,逻辑关系表现得很清楚. 然而在数学教学中,综合法的表述常表现出它的弱点,每一步是在做什么,怎样做,并不那么容易看清楚,而每一步是怎么想到的更容易使人困惑,尤其困难的是如何找出作为论证出发点的真命题,还有,为什么取那一个真命题为出发点也很难说清楚.因此,在教学中照本宣科地用综合法来论证,学生不仅难以弄明白,而且往往觉得是人为地想出来的.

如果用分析法思考,学生知道要给予论证的命题本身就是出发点,因此明白应当从什么地方开始工作,能够自觉地、有序地主动进行思考,不仅思路自然,效率往往也大大提高.因此,这常常是数学命题教学与数学解题中行之有效的方法,在数学教学实践中应注意加以应用.

当然,分析法并不是总是行得通的.另外,对于一个论题,特别是较为复杂的论题,在实际思考探索它的证明时,常常不是单一地循着一个顺序,而是可以同时从题设和题断两端出发,分别使用综合法与分析法,逐步过渡到一个共同的中间过程,从而使思路得以接通.

(2) 间接证法

对有些命题,采用直接证法,过于麻烦,甚至不便证明时,可通过证明与其等值的某个命题为真而得,这种推证方法叫做间接证法.它又分为反证法和同一法.

① 反证法

关于反证法,法国数学家阿达玛曾说过:"这种证法在于表明,若肯定定理的假设而否定其结论,就会导致矛盾."这是对反证法的精辟的概括.即假设题断的反面成立,在已知条件和"否定题断"这个新条件下,通过逻辑推理,得出与公理、定理、题设、临时假定相矛盾的结论或自相矛盾,从而断定题断的反面不能成立,即证明了命题的结论一定是正确的,这种证明方法就叫反证法.可表示如下:

$\left.\begin{array}{l}\text{题断反面}\\ \text{前此定义}\\ \text{前此公理}\\ \text{前此定理}\\ \text{本题题设}\end{array}\right\}\Rightarrow\cdots\Rightarrow\text{逻辑矛盾}\Rightarrow\text{反论题为假}\Rightarrow\text{论题为真}.$

反证法的逻辑依据是形式逻辑的排中律,原论题 A 和它的反论题 ¬A 是矛盾关系,因为二者不能同假,其中必有一个为真,若得出反论题 ¬A 为假,那么原论题 A 必真.也可以说反证法的逻辑基础是等值公式:

$$\neg A \to F \equiv A \quad (*)$$

(事实上,显然有:$\neg A \to F \equiv \neg(\neg A \vee F) \equiv A \vee F \equiv A$)

它表明要证 A 为真,可转化为证 ¬A→F 真,即在肯定 ¬A 时,证 ¬A→F.这里 F 是一个恒假命题,任何逻辑矛盾都构成恒假命题.这里的逻辑矛盾有多种情况,可以是推出的结果与题设的矛盾,可以是与已有的定义或公理或已证的定理的矛盾,可以是与反证法中的题设本身的矛盾.

在使用反证法时,如果原论题的结论的矛盾方面(即否定方面)只有一种情况,只要把这种情况否定了,原论题即成立,这种反证法叫做简单归谬法,简称归谬法.例如,要证明"$\sqrt{2}$ 是无理数",就是假设 $\sqrt{2}$ 是有理数,即写成既约分数 $\frac{s}{t}$,亦即 $\sqrt{2}=\frac{s}{t}$,这里 s、t 是互素的正整数,导致逻辑矛盾.

当原论题结论的矛盾方面(即否定)不止一种情况时,需把它们逐个否定,原论题才得证.这种反证法又叫穷举归谬法,简称穷举法.

穷举法的逻辑基础表示如下(为简便起见,不妨设 $q=q_1 \wedge q_2$)

$p \rightarrow q \equiv (p \wedge \neg q) \rightarrow F \equiv p \wedge \neg (q_1 \wedge q_2) \rightarrow F \equiv p \wedge (\neg q_1 \vee \neg q_2) \rightarrow F$
$\equiv (p \wedge \neg q_1) \vee (p \wedge \neg q_2) \rightarrow F$
$\equiv [(p \wedge \neg q_1) \rightarrow F] \wedge [(p \wedge \neg q_2) \rightarrow F]$

现在来看几个例子.

【例 6-15】 求证:若 b 是奇数,c 是整数,则方程 $x^2+bx+c=0$ 没有相等的实数根.

证明(简单归谬法):

假设该方程有相等的实数根,那么 $\Delta=b^2-4c=0$,又已知 b 是奇数,于是 b^2 是奇数,而 $4c$ 为偶数,所以 $b^2-4c\neq 0$,矛盾.

【例 6-16】 在一个三角形中,如果两个角不等,那么它们所对的边也不等,大角所对的边较大.

初中几何教材中对此采用直接证法证明.也可如下用反证法(穷举归谬法)证明.

已知:在 $\triangle ABC$ 中,$\angle A > \angle B$,

求证:$a > b$.

证明:假设 $a \not> b$,那么 $a < b$ 或 $a = b$

若 $a < b$,则得 $\angle A < \angle B$,与已知矛盾;

若 $a = b$,则有 $\angle A = \angle B$,与已知矛盾;

所以 $a > b$ 得证.

② 同一法

一般地,一个命题与它的逆命题之间,未必有等值关系,即二者未必同真同假.但在命题的条件和结论所确定的对象都是惟一存在的情况下,也就是一个命题的条件和结论所指的概念同一的情况下,该命题和它的逆命题是等价的.这时,我们称这一命题符合同一法则.例如,"北京是中华人民共和国的首都",与它的逆命题"中华人民共和国的首都是北京"是同真的.根据同一法则,如果一个命题的条件和结论所确定的对象是同一个对象时,这个命题与它的逆命题同真.

在数学中,根据同一法则,如果一个论题的逆命题为真,而且这个论题的条件和结论所确定的概念同一时,原论题也为真.

在数学证明中,对于符合同一法则的论题,我们常常不直接证明原论题为真,而是先证明它的逆命题为真,再说明原论题结论中所指的对象与结论所指对象是同一对象,得出原结论为真,这种证明方法称为同一法.

同一法常用于几何证明,一般先作出符合题断的图形,然后证明它符合题设,再据题设的对象与题断的对象都是唯一的,说明它们重合,得出原论题为真.

【例 6-17】 定理:在直角三角形中,斜边上的中线等于斜边的一半.

已知:在 $Rt\triangle ABC$ 中,$\angle ACB$ 为直角,CD 是斜边 AB 上的中线,如图 6-5.

求证:$CD=\dfrac{1}{2}AB$.

证 过 C 作射线 CD',交 AB 与 D',使 $\angle BCD'=\angle B$,于是有 $BD'=CD'$,

又因为 $\angle A+\angle B=90°$,$\angle BCD'+\angle ACD'=90°$,

所以,$\angle A=\angle ACD'$,所以 $AD'=CD'$.

所以,$AD'=BD'$,故 D' 为 AB 的中点.

又知 D 为 AB 的中点,而 AB 的中点唯一,

所以,D 与 D' 重合. 所以有

$$CD=AD=BD,即 CD=\frac{1}{2}AB.$$

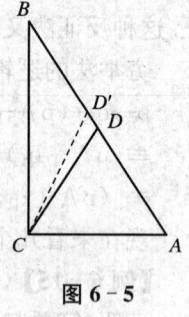

图 6-5

需要说明的是在初中教材中并没有先提出这个定理,然后用同一法证明,而是把这个定理作为演绎推理的结果,总结出定理.这样避免了应用同一法,降低了教学的难度,学生比较容易接受.

下面的例题若直接证会十分困难,而用同一法证明则变得相对容易.

【例 6-18】 已知:如图 6-6,E 是正方形 $ABCD$ 内部一点,且 $\angle ECD=\angle EDC=15°$.

求证:$\triangle EAB$ 是正三角形.

证明:在正方形 $ABCD$ 内部作正三角形 $E'AB$,连接 $E'C$、$E'D$,则 $\triangle BCE'$ 是一个等腰三角形,它的顶角 $\angle CBE'=90°-60°=30°$,底角 $\angle BCE'=90°-\frac{1}{2}\angle CBE'=90°-15°=75°$,所以有

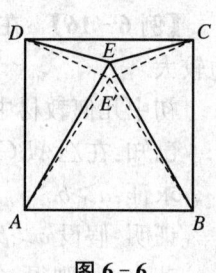

图 6-6

$$\angle DCE'=90°-75°=15°.$$

同理可证 $\angle E'DC=15°$.

由此可知,E' 和 E 是同一点,所以,$\triangle EAB$ 是正三角形.

最后,我们来看同一法的逻辑基础.容易看出,同一法的证明很容易改成反证法的论述方式.如上例中,先假设 E' 和 E 不重合,最后导出矛盾.所以同一法可以看成反证法的特殊情形.

在初中几何课本里,从平行公理与"同位角相等两直线平行"这一判定定理,得出"两直线平行,同位角相等",就是这样的例子,虽然可以用同一法证,但是课本中一般采用了反证法的论证方式.

③ 数学归纳法

数学归纳法是用来证明某些与自然数有关的数学命题的一种证明方法.它是以皮亚诺自然数公理中的归纳公理为大前提的,以证明过程中的第 1、第 $n+1$ 步为小前提的三段论形式的演绎法.归纳公理是:任意自然数集合,如果包含 1,并且假设包含 a,也一定包含 a 的后继 $(a+1)$,那么这个集合包含所有自然数.

数学归纳法有第一数学归纳法、第二数学归纳法、反向数学归纳法和双重数学归纳法等几种形式.

第一数学归纳法:设 $P(n)$ 是一个关于自然数 n 的命题,如果(1) 当 $n=1$ 时,命题 $P(1)$ 成立;(2)假设当 $n=k$ 时,命题 $P(k)$ 成立,可以推出 $P(k+1)$ 成立.则 $P(n)$ 对一切自然数 n 都成立.

第二数学归纳法:设 $P(n)$ 是一个关于自然数 n 的命题,如果(1) $n=1$ 时,命题 $P(1)$ 成立;(2) 假设对所有适合 $1\leqslant m\leqslant k$ 的自然数,命题 $P(m)$ 都成立,可以推出 $P(k+1)$ 成立.则

$P(n)$对一切自然数n都成立.

反向数学归纳法:设$P(n)$是一个关于自然数n的命题,如果(1) 由无穷多个自然数使$P(n)$成立;(2) 在$P(k+1)$成立的假定下,可以证明$P(k)$成立.则$P(n)$对一切自然数n都成立.

双重数学归纳法:设$P(n,m)$是一个含有两个独立自然数n,m的命题,如果(1) $P(1,m)$对任意自然数m成立,$P(n,1)$对任意自然数n成立;(2) 假设$P(n+1,m)$与$P(n,m+1)$成立,可以证明$P(n+1,m+1)$成立.则$P(n,m)$对任意自然数n和m都成立.

注意上述数学归纳法的四种形式本质是一致的.

【例6-19】 试证大于7的整数可以用若干个3和5连加而得.

证明:(1) 奠基 当$n=8$时,因为$8=3+5$,所以命题成立.

(2) 归纳假设 当$n=k(k\geq 8)$时,命题成立.即k能用若干个3和5连加而得.

(3) 则$n=k+1$时,

① 若k是全由3连加而得,则至少需要三个3(不然$2\times 3=6<8$,)而把这三个3换成两个5减去1,即得$k+1$(如$k=3+3+3,k+1=3+3+3+1=10=5+5$),即这时命题成立.

② 若k不是全由3连加而得,则把其中一个5换成两个3减1,即得$k+1$(如$k=3+3+3+5,k+1=3+3+3+5+1=3+3+3+3$),这时命题也成立.综上所述,命题得证.

【例6-20】 任一正方形都可以分成$n(n\geq 6)$个小正方形.

证明:(1) 当$n=6$时,只要将边三等分就可得到6个大小不一的正方形,所以命题成立.

(2) 归纳 假设当$n=k(k\geq 6)$时,命题成立.

则当$n=k+1$,因为任意一个正方形可以分成四个正方形,任选其中一个再将此小正方形一分为四,这就证明了$n=7$时命题是正确的;当$n=k+2$时,将一个正方形的边四等分,就可将一个正方形分成8个小正方形,所以$n=8$时命题也成立.

当$n=k+3$时,只要在假设$n=k$成立时的k个正方形中的任意选一个,将它一分为四即可.综上所述,所以命题成立.

注意事项:① 在用数学归纳法解题时,奠基和归纳两个步骤缺一不可;② 证题的关键是第二步即"归纳",要合理应用归纳假设,对于从$n=k$推出$n=k+1$的结果时,应注意$n=k+1$的结构与$n=k$的结构是否一致,否则不足以证明"归纳"这一步;③ 不能形式套用数学归纳法的两个步骤.

第四节 数学命题的教学

一、数学命题的学习

1. 数学命题学习的内容

数学命题学习主要是指学习数学公理、定理、法则、公式,其目的是为了理解和掌握这些数学命题,并能应用数学命题解决实际问题,或为进一步学习其他数学命题做必要的准备.具体而言,数学命题学习包含以下四个方面:① 明确数学命题所反映的内容及其意义;② 掌握数学命题的条件与结论之间的逻辑关系;③ 弄清数学命题与相关数学知识之间的关系;

④ 会用数学命题解决问题.

命题由概念组成,概念由命题揭示.数学命题揭示了数学概念之间的关系,是数学知识的主体,它与概念、推理、证明都有着密切的联系.因此,数学命题的学习是数学学习的一个十分重要的有机组成部分.

2. 数学命题学习的方式

数学命题学习的方式可以分为以下两种形式:

(1) 数学命题发现学习

发现学习是学生在教师引导和帮助下能动地获得知识的学习方式.学生从具体例子出发,通过操作、实验、分析、推理,发现一般结论.数学命题发现学习的过程大致有以下几个环节:① 探索发现;② 提出假设;③ 验证假设;④ 得出结论;⑤ 理解和应用.

教学中通过设置具有挑战性的问题情境,激发学生进行思考;提出具有一定跨度、层次分明的问题系列引导学生进行自主探索;通过"与同学交流你的想法"等导语鼓励学生进行交流;提供一些开放性(在问题的条件、结论、解题策略或应用等方面具有一定的开放程度)的问题,使学生在探索的过程中进一步理解所学的知识;适当提供需学生经由合作交流来解决问题的活动,如设置研究性课题、社会调查等,使学生经历从多角度认识问题、用多种形式表述问题、运用多种策略分析解决问题、尝试解释不同方案合理性的活动,以发展他们创新意识和实践能力;并且通过提出一系列问题,引导学生对学习过程进行监控和反思.

【例 6-21】 探索规律

① 计算并观察下列每组算式:

$6 \times 6 =$ $9 \times 9 =$ $12 \times 12 =$

$5 \times 7 =$ $8 \times 10 =$ $11 \times 13 =$

② 已知 $25 \times 25 = 625$,那么 $24 \times 26 =$?

③ 你能举出一个类似的例子吗?

④ 从以上的过程中,你发现了什么规律,你能用自然语言叙述这个规律吗?你能用代数式表示这个规律吗?

⑤ 你能证明自己所得到的规律吗?

在这个例子中,通过设置问题系列,使学生经历从特殊到一般进而归纳猜想,并尝试用数学符号表示和探究证明等数学发现、探索与论证的过程.

(2) 数学命题接受学习

接受学习是将学习的内容以定论的形式呈现给学生,学生将这些内容加以内化.数学命题接受学习的过程大致有以下几个环节:① 分析命题;② 激活旧知识;③ 证明命题;④ 理解和应用.

数学命题发现学习和接受学习两种形式各有利弊,发现学习有助于培养学生的探索精神,但花费时间相对较多.接受学习则由教师控制,比较紧凑,节约时间,但对激发学生的学习兴趣、发展学生的发现创新能力等方面有其不足.因此,教师应根据所学命题的特点和学生的思维水平选择与设计适当的教学形式,注重发现学习与接受学习方式的融合,注重调动学生学习的主动性和积极性,注重学生思维的发展.

3. 命题学习中学生的心理特点

数学定理、公式、性质的学习与概念学习的过程基本相似.需要注意的是,不同年龄阶段的学生在掌握数学命题时,其心理特征有所差异,但就总体而言,主要有以下一些特点,而且年级愈低,其特征就愈加明显.

(1) 对定理、公式、性质的学习很大程度上依赖于直接感知.人们的理性认识依赖于感性认识,对于没有能很好感知的或没有感性认识基础的抽象、理性的东西,人们在心理上往往难于理解和接受.尤其当中学生初次接触一个数学定理或公式时,如果结论是直接给出的,那么他往往会质疑"为什么是这样的?""怎么知道的?"在这种状态下进行定理、公式证明和运用的教学,往往是事倍功半,学生难以深入和主动的思考.为此,教师需要遵循认知规律,借助观察、实验或者归纳、类比、联想,乃至直觉,"先磨刀后砍柴"给学生的思维"热身",引导学生先初步感知、发现或猜想要研究的数学命题,从中体验发现与创造的乐趣,进而使其大脑皮层进入高度兴奋状态,引发认知的需求,以有效地解决上述问题.

(2) 难以从条件与结论的关系上把握公式和定理.学生往往注重定理、公式的结论,而常常忽视了导出结论的条件,因此容易犯割裂因果关系、扩大定理使用范围的错误.这些问题的产生既与学生的年龄特征有关(年级越低、抽象思维能力越弱的学生,越容易发生上述现象),也与教师的教学有很大关系.如果教师在教学过程中,只注重照本宣科给出结论或急于完成演绎证明,只求学生能形式地套用定理或公式的结论去多解几个题目,这些问题就会常常发生.

反之,如果教师注重对命题的条件和结论进行分析,注意揭示由因导果或执果索因的探究,注重引领学生充分认识和领悟条件在证明过程中的作用,这对于发展学生的数学思维,培养学生分析和解决问题的能力具有重要的意义.实践证明,命题教学中带领学生一起进行波利亚式的"怎样解题"的探究活动,可以有效地解决上述问题.

(3) 孤立地学习定理、公式.中学生往往不注意或不容易找到所学的公式、定理和已学定理、公式的内在逻辑联系,常常把定理、公式看成孤立的结论,其结果是所学知识支离破碎,缺乏整体理解,因而容易遗忘、难于运用.这方面问题的产生,除了与中学生逻辑思维的水平有关外,同样也与教师的教学密切相关.如果教师不注重向学生揭示数学命题间的关系,学生往往会孤立地看待数学命题;反之,如果教师注重将所教的数学命题放到已有的知识体系中进行探究、分析、揭示,那么这方面的问题就较少发生和容易得到纠正.

二、数学命题教学的基本要求与主要步骤

1. 数学命题教学的基本要求

数学命题教学的基本要求是使学生弄清命题的条件和结论,掌握命题推理的思路和证明的方法,会用所学命题进行推理论证和解决实际问题,并明确相关数学命题之间的内在逻辑关系,能够将学习的命题系统化,以形成结构紧密的知识网络和体系,从而发展和提高数学思维水平与能力.

正如章建跃指出的"数学命题的学习,重要的不是获得几个从天而降式的结论和推论,而是要从中获得和发展认识数学对象、发现数学结论的基本方法和策略,其中蕴含了用数学观点研究和刻画现实世界的方法和途径,这是一个以数学知识结论发生发展过程为载体的学生认知和思维发展的过程,是以学生为主体的数学再发现与再创造的过程".因此,有效的数学命题教学,应有助于学生深入理解数学知识的结构,有助于学生分析和解决问题能力的提高,有助于学生数学思维能力的发展.

2. 数学命题教学的主要步骤

(1) 命题的引入.众所周知,问题是数学的心脏,在这一环节通常要由教师这一教学的设计者、组织者、引导者去创设恰当的问题情境,进而启发学生运用实验、计算、观察、比较、类比、归纳等数学思想与方法,去探究问题、发现结论、作出猜想、建构命题.

(2) 认识命题的结构.在这一环节教师要引领学生弄清数学命题的条件与结论,尤其是弄清条件与结论的文字、符号、图形三种语言的表达与转换,为探究命题的证明思路铺设思维的台阶.

(3) 探究命题的证明思路.正如布鲁纳所言:教学若无思想方法之供给,教授必枯燥而寡味.在这一环节教师须要引领学生通过执果索因或由因导果等数学方法去亲历命题证明思路的探究过程,从中切实发展学生分析问题和解决问题的能力.切忌照本宣科、空降式的命题证明.

(4) 掌握命题的运用.通过简单运用、变式运用、综合运用等多层次、多角度的运用,由易到难、由浅入深逐步深化对所学命题的理解和掌握,不断提高学生的数学思维能力和水平.

三、数学命题教学过程的设计

数学命题是数学基础知识的重要组成部分.数学真命题是人类数学活动的结果,反映了对现实世界的空间形式与数量关系的认识,公理、定理(公式)是重要的数学真命题.在数学科学中,追求的是揭示数学现象的本质,因此,数学命题本身及其证明是否真实,具有决定性的意义.并且,除了教给学生公理、定理、公式的结论以外,引领学生掌握蕴含其中的数学思想与方法,让学生亲历数学结论的发现、产生、证明的思维过程,具有更为重要意义.因此,对于公理、定理、公式的教学,不能仅作为科学内容来研究,更应注意把它们作为教学内容来处理,要学会并且善于将数学命题的学术形态转化为适合于学生学习的教育形态.

现代课堂教学应该是以学生为主体的课堂教学,通过学习主体的主动学习来促进学生的全面发展.数学命题教学过程的设计应强调以学生为主体,应促进学生的主动参与,让学生在积极主动的参与过程中,掌握相关的知识与方法,培养学生独立获取知识、创造性运用知识解决问题的能力,不断发展其创新精神和动手实践的能力.应注重通过多样、丰富的交流互动形式,发展学生倾听、交流、协作、分享的合作意识和能力;应注重学生自主学习及差异发展,培养学生自我选择、自我监控、自我调节进而逐步形成自主学习的能力;要鼓励学生质疑问难,挖掘学生自身的创造潜能,培养学生的创新意识和精神,并创设机会使学生充分体验创造的乐趣.为此,数学命题教学过程的设计应解决好以下主要问题.

1. 相关知识复习的设计

常言道,复习是学习之母.孔子则强调"温故而知新,可为师也".因此,注重相关知识的复习,为命题教学的引入和证明铺路搭桥、扫清认知的障碍,是数学命题教学设计优质高效的前提和基础.复习的设计要注意:① 知识复习的针对性;② 问题设计的层次性;③ 学生参与的广泛性.

复习的针对性是指重点回顾和复习与定理、公式有关的概念.定理、公式往往揭示了概念与概念之间的内在联系,表达了人们应用数学概念所作出的正确判断.因此,弄清与定理、公式相关的概念,揭示和厘清概念与概念之间的关系是学习定理、公式的前提.例如,学习定理"在角平分线上的点到这个角的两边距离相等",首先要引导学生复习和回忆"角平分线"和"点到直线的距离"这两个概念.又如,学习定理"同弧或等弧所对的圆周角相等"时,就需特别强调复习同弧与等弧的概念,它们并非仅仅是长度相等的弧,而是"在同圆或等圆中,能够互相重合的弧."

在复习与定理、公式有关的概念时,如果遇到对学生来说容易模糊和产生困惑的概念时,需要运用正反例对比特别加以提醒,使之清晰与明确.例如,定理"如果三角形的外角平分线外分对边成两条线段,那么这两条线段和相邻的两边对应成比例".除了"对应成比例"的概念外,还需特别强调"线段的外分点"的概念.

2. 数学命题引入的设计

数学中的定理、公式是从现实世界的空间形式和数量关系中抽象出来的一般规律.定理、公式的引入方法直接关系到教学的效果.

《数学课程标准》明确指出:"有效的数学教学活动是教师教与学的统一,应体现'以人为本'的理念,促进学生的全面发展.学生是数学学习的主体.学生获得知识,必须建立在自己思考的基础上,可以通过接受学习的方式,也可以通过自主探索等方式;学生应用知识并逐步形成技能,离不开自己的实践;学生在获得知识技能的过程中,只有亲身参与教师精心设计的教学活动,才能在数学思考、问题解决和情感态度方面得到发展……

教师应成为学生学习活动的组织者、引导者、合作者,为学生的发展提供良好的环境和条件.教师的'组织'作用主要体现在两个方面:第一,教师应当准确把握教学内容的数学实质和学生的实际情况,确定合理的教学目标,设计一个好的教学方案.第二,在教学活动中,教师要选择适当的教学方式,因势利导、适时调控、努力营造师生互动、生生互动、生动活泼的课堂氛围,形成有效的学习活动".

因此,在命题教学中,一般不应直接给出公式、定理的内容,而应遵循由直观到抽象、由具体到一般的认知规律,带领学生通过实验、计算、观察等进行归纳与猜想,即发现式地引入命题而非"空降式"地告知.例如,公理的教学,可从日常生活中所熟知的实际事例或从直接的实验观察中归纳地引入,充分说明建立公理的合理性.又如,勾股定理揭示了直角三角形三边的关系,由此引导学生类比联想任意三角形的三边之间的关系及其数学化表达,从而导入余弦定理的课题.对于数学公式、性质的引入,都应尽量通过实验、演算、作图、设问等方法,引导学生动手、动脑、动口,通过观察、思考、归纳或类比,主动地去发现规律、猜想结论、获得命题,然后再去设法证明.

为此,在数学命题引入的设计时应注意解决好以下具体问题:① 典型例子的选取;② 实验与操作的设计;③ 富有启发意义的设问;④ 讨论和交流的设计;⑤ 多媒体教学设备的运用.

在传统的教学中,往往由教师把数学结论直接告诉学生,然后证明给学生看,表明它的真实性.这种"空降式"的引入方法十分生硬,不符合学生的学习心理.在这种教学模式中,把数学教学看成是传授知识——即数学活动结果的教学,而没有看成是数学活动的教学,学生处于被动接受的地位.实践证明,这样的教学方式不符合现代人才培养的要求和学生全面发展的需要.以下是《数学课程标准》倡导的几种引入方法.

(1) 通过对具体事例的观察、实验等实践活动,作出猜想

例如,初中三角形内角和的定理教学,可让学生在课前各自准备一个任意形状的三角形纸片,通过在课堂上的剪拼、测量实验,不仅探究与发现三个内角之和等于一个平角,即 $180°$ 的结论,而且从拼接前后图形变化的观察中还可以发现命题证明的思路与方法.

又如,对等腰三角两底角相等的命题教学,也可以通过对等腰三角形纸片的测量、剪拼等实验与观察活动,引导学生获得发现与猜想,而通过将纸片对折,则可进一步明确这一结论,同时还可发现等腰三角形顶角的平分线、底边上的中线和底边上的高三线合一的结论及其证明的思路与方法.

再如,在一元一次方程和它的解法一节中,进行移项法则的教学时,首先要复习同解原理,然后结合具体的方程带领学生进行同解变形:

∵ $x+4=9$

∴ $x+4-4=9-4$

即: $x=9-4$

这时,教师不必直接给出移项法则,因为学生在上述变形过程中,能感觉到书写的麻烦,进而产生了简化书写的愿望.教师通过设问:"你发现了什么规律吗?能不能简化写法?",可以启发学生自主发现数学发展史上那个著名的"还原与对消的科学法则"——移项法则.

(2) 运用归纳或类比推理作出猜想的方式引入定理、公式

随着年级的增高,中学数学内容中定理的推导和公式的证明越来越多,因此,命题教学对学生学习的影响也越来越重要.无论是命题的导入或发现,还是命题证明思路的寻找,类比猜想常常有着非常重要的作用.例如,人教版高二数学教材"空间向量及其运算"一节中,不仅空间向量概念的引入、表示和运算可通过与平面向量的概念、表示、算法等相对应的复习、类比、设问来展开,而且这一节内容中的三个主要定理:空间共线向量定理、向量共面定理、空间向量基本定理也可通过设计三次类比猜想来引导学生通过平面去探索空间、进而自主发现规律和寻找证明的思路,并从中获得命题意义的建构和创新思维的发展.

类比对象:平面向量　　　　　　　　空间向量

类比属性:平面共线向量定理　　　　类比探索 1:空间共线向量定理?

$\forall \vec{a},\vec{b}\in R^2 (\vec{b}\neq 0)$ 共线 $\Leftrightarrow$ 　　　$\forall \vec{a},\vec{b}\in R^3 (\vec{b}\neq 0)$ 共线 $\Leftrightarrow$?

$\exists \lambda \in R$,使 $\vec{a}=\lambda \vec{b}$.($\exists \lambda \in R$,使 $\vec{a}=\lambda \vec{b}$.)

类比猜想 2:空间共面向量定理?

$\forall \vec{p}\in R^3$ 与 $\vec{a},\vec{b}$ 共面(若 $\vec{a},\vec{b}$ 不共线)$\Leftrightarrow$?

($\exists x,y\in R$,使 $\vec{p}=x\vec{a}+y\vec{b}$.)

平面向量基本定理:　　　　　　　　类比猜想 3:空间向量基本定理?

如果 $\vec{a},\vec{b}$ 不共线,则　　　　　如果 $\vec{a},\vec{b},\vec{c}$ 不共面,则?

$\forall \vec{p}\in R^2$,存在唯一有序实数组 x,y,　($\forall \vec{p}\in R^3$,存在唯一有序实数组 x,y,z,

使 $\vec{p}=x\vec{a}+y\vec{b}$.　　　　　　使 $\vec{p}=x\vec{a}+y\vec{b}+z\vec{c}$.）

事实上,中学数学不同学段中的大量命题均可通过对其内容、结构、形式等多角度的类比,来打通平面与空间、一元与多元的联系,引导学生将低维空间中的相关知识迁移到高维空间中来,从中不仅发现新命题的内容,探究证明新命题的方法,进而作出推理和论证,而且使前后不同学段学习的知识、方法、经验等系统化、结构化、网络化,从而从根本上提高学生掌握知识、应用知识和自主探索、发现创新的能力.

再如,高中对数的运算法则 $\log_a MN=\log_a M+\log_a N$ 的教学,如果"天上掉下来个林妹妹"式的直接给出此法则,学生会难于认知和理解.教学设计时可根据抽象与具体相结合的原则,通过具体运算,比如以 2 为底的指数和对数的具体计算,并列表 6-12 类比,引导学生观察:

表 6-12

n	1	2	3	4	5	6	7	8	9	10	...	$\log_2 N$
2^n	2	4	8	16	32	64	128	256	512	1024	...	N

进而发现 $256=4\times 64$,$\log_2 256=8$,$\log_2 4+\log_2 64=2+6$ 等等,从而由特殊到一般,归纳猜想出一般法则.

拉普拉斯指出:"在数学里发现真理的主要工具是归纳和类比",开普勒则强调"我珍视类比胜过任何别的东西,它是我最可信赖的老师".欧拉曾大胆和创造性地进行了有限与无限的类比,用 $2n$ 次代数方程去类比和模拟超越方程 $\frac{\sin x}{x}=0$,从而发现和获得了 $\sum\frac{1}{n^2}=\frac{\pi^2}{6}$ 的著名结论.归纳与类比作为数学发现中最常用、最有效、也最富有创造力的两种思维方法,不仅是提出假说、进行猜想的基础,是创造与发现的源泉,而且在数学的教学与研究中天然拥有一种强大的联旧引新、启发思维、发现创新、触类旁通的功能.因此,在以培养和发展学生的创新意识和动手实践能力为目标的素质教育中,充分重视和认真研究它们在数学教学中的应用,对于着力培养学生的自主探索、会学善思和发现创新的能力,无疑具有重要而深远的意义.

(3) 通过命题间的关系,由一个命题制作出它的逆命题来引入定理与公式

一些公式和定理可以通过与原有的公式和定理的联系推广引入.例如,在几何教学中,可以从已学的性质定理的逆命题探究,导入和发现判定定理的讨论.又如,从指数公式的反问题入手,自然引入对数公式的研究.逆命题引入的教学方式,既可以为新命题的导入铺路搭桥,又为学生深入理解和感知新命题与原有命题之间的内在逻辑联系铺设了思维的台阶,有助于发展学生依据已有知识系统和结构去探索和创造新知识的能力.

例如,学习了线段垂直平分线的性质定理,可引导学生讨论条件与结论的互换,来引入它的逆命题——判定定理.又如,学习了垂径定理"垂直于弦的直径平分这条弦,并且平分这条弦所对的弧"之后,可带领学生用制作偏逆命题的方法来引入它的几个推论.

(4) 通过演绎推理发现定理与公式

例如,"三角形任何两边的和大于第三边"是通过公理"两点之间,线段最短"直接推出的."直角三角形斜边上的中线等于斜边的一半",则可以采取由演绎推理直接推出的方法.

再如,多边形的内角和定理可以由三角形的内角和定理经由计算推理而得出.

3. 数学命题证明过程的设计

公式、定理的教学重点在于让学生掌握证明的思路和方法.因此,在数学命题证明与推导的教学中,教师应重点揭示命题证明思路和方法的探究过程.对于有典型意义的数学思想、方法,教师应及时加以总结,以促进学生发现、分析和解决问题能力的不断发展.

命题证明的过程往往表现为一系列的推理.从心理学的角度来看,学习者进行证明的过程就是把新的命题(论题)与认知结构中已有的有关命题和概念(论据)关联起来,通过对它们的重新组织,运用一系列的推理形式而使新命题的真实性得以确立的过程(论证).因此,数学命题证明的教学包括以下几个方面:① 分析命题的条件与结论;② 探究命题证明的思路;③ 给出命题证明的规范表述;④ 揭示命题证明中的数学思想方法.以下进行具体阐述.

(1) 帮助学生切实分清定理、公式的条件与结论.这既是弄清命题本身的要求,又是对命题进行证明的前提,并且是正确应用命题去解决问题的基础.

定理、公式是为真的条件命题.一般地,前提是结论的充分条件,具有"若 p 则 q"的形式.但有一些定理的表述采取的是简化形式,这使得命题简练,同时却又使条件和结论变得不十分明显,因而增加了学生学习的困难.例如,"对顶角相等"命题的教学,首先需要引导学生弄清其蕴含的条件是"如果两个角是对顶角",然后才有结论"那么这两个角相等".

对于用文字叙述的定理,在引导学生弄清条件和结论后,还要帮助学生学会选择和运用恰当的数学符号表达出来.例如,"三角形三个内角的和等于180°"命题的教学,首先要弄清条件是"如果三个角是某个三角形的三个内角",结论为"那么这三个角的和等于180°".并且,因为先有三角形,才会有三角形的内角及其关系,而在三角形的概念教学中已约定 $\triangle ABC$ 的三个内角用 $\angle A$、$\angle B$、$\angle C$ 表示,所以该定理的条件用数学符号表达即为"已知:$\angle A$、$\angle B$、$\angle C$ 为 $\triangle ABC$ 的三个内角".相应地,该命题的符号化表达为:

已知:$\angle A$,$\angle B$,$\angle C$ 为 $\triangle ABC$ 的三个内角.

求证:$\angle A + \angle B + \angle C = 180°$.

在教学中重视引导学生弄清定理的条件和结论,注重对关键的词语加以分析,并帮助学生掌握其符号化的表达,有助于学生养成认真读题、审题的良好习惯和发展学生的数学表达与交流能力.

(2) 突出命题证明思路与方法的探究

定理、公式等命题的证明既是命题教学的重要组成部分,也是命题教学的重点.处理好命题证明的教学,可以使学生建立起所学命题和已有认知结构之间的联系,加深对命题的理解,从而实现命题教学"心中明白,记得牢固,用起来顺手"的目标.许多命题的证明方法本身代表着重要的数学方法,所以命题的证明不仅是得出结论的手段,它本身也是学生学习的重要内容.命题证明的教学还是学生学习思维方法,发展思维能力,形成良好的思维品质和思维习惯的最为重要的过程.

在命题证明的教学中,教师应切忌做"搬运工",即机械地将命题和证明过程从教材搬运到黑板上或课件中.教师应在深入理解教材的基础上,创造性地使用教材,将教材的学术形态通过教师的能动建构与再创造转化为符合学生认知规律的教育形态.然而,课上一分钟,课前十年功.以下对初三"圆周角"的教材分析和教学设计启示我们,教师只有在课前备课中透彻地理解教材,创设出有效的教学设计,才可能在课堂上的有限时间内高质有效地帮助学生理解和掌握数学的知识以及蕴含在其中的数学思想与方法.

正如恩格斯所言"数学是研究现实世界空间形式与数量关系的科学".我们认真解读初三"圆周角"的教材内容,首先会发现它既包括对一类特定图形"圆周角"的定性研究(由此作出其概念界定),又涉及角的大小的算法与定量讨论(由此获得圆周角定理),因此本课题教学任务集几何概念教学和定理教学于一体,高度体现了上述恩格斯的著名论断.

其次,圆周角作为几何学的内容之一,研究对象离不开图形的形状、大小、结构和位置关系这几个要素——对于数学教师而言,对几何的这种整体认知既是高屋建瓴的又是基本必要的,这引领我们认识与发现圆周角的实质是角和圆相对位置运动、变化(由角的顶点从圆心运动、变化至圆上)过程中形成和产生的一类特定图形,进而启发我们在教学设计和实施中应借助CAI的直观、动态演示或自制教具,应用"数学实验"的方法引导学生充分观察和比较未知对象与已有知识"角和圆心角"从图形的形状、位置、结构以致特征的联系和区别,并经由类比迁移和归纳概括在水到渠成中去发现与获得圆周角本质属性"角的顶点在圆上,并且两边都和圆相交"的认知和圆周角的概念建构.

接下来,圆周角的定量研究及其证明是本节课的重点与难点.但是,正如波利亚所指出的:数学家创造性工作的结果是论证推理、是一个证明,但在证明结论之前你必须先发现它.牛顿也强调"没有大胆的猜想,就作不出伟大的发现".因此,接下来的教学设计,不应该直奔圆周角定理及其证明,而应带领学生先探究和发现圆周角与已有知识圆心角的关系.根据"化陌生为熟悉、化未知为已知"的认知经验,引导学生联想能否将"陌生的"的圆周角计算转化为已知的圆心角度数来研究?亦即需要进一步考察二者之间还存在什么关系?通过回顾"圆心角的度数等于它所对的弧的度数",引领学生发现和找到"角所对的弧"这一连接新旧知识之间的桥梁,进而借助测量、剪拼等所熟知的研究角的实验方法,发现与获得"一条弧所对的圆周角等于它所对的圆心角的一半"这个重要的猜想与结论.

然而,进一步观察与比较一条弧所对的圆周角和圆心角时,会惊异地发现同弧所对的圆周角有无限多,而圆心角则唯一.因此,命题的证明因为面对"人生有限,圆周角无限"这一矛盾和现实而变得十分复杂与困难.当我们回顾和检索已有的知识与方法,会"失望"地发现别无选择、只能回到"出发点"——经由对圆周角产生与形成的再次"回放"、演示以及仔细地观察:角的顶点从圆心变化、运动至圆上而形成的图形,引导我们发现那个重要的事实:随着顶点在圆上的运动变化而产生的无限多的圆周角与固定的圆心之间构成了三种位置关系:圆心在圆周角的边上、内部、外部,从而找寻到命题证明的突破口——将无限转化为上述三种情形,进而找到"分类证明、各个击破"的论证策略.

最后的具体证明过程,需要再次借助和遵循由简单到复杂、化繁为简、化陌生为熟悉的认知经验,先探究对"圆心在圆周角边上"这一特殊且简单情形的证明.然后,在化繁为简思想的指导下,经由观察、比较、探究,找到几何中常用的"割补法"(如果教师还知晓并加以适时介绍,它来源于中国古代数学最重要的成果之一——刘徽著名的出入相补原理,那么数学课堂会更有情趣,教师"浇出去的这瓢水"也会因充满古代先贤的智慧而更富有营养,学生的收获与发展也会更丰富和全面),进而将其余"圆心不在圆周角边上"的两种复杂情形通过作辅助线进行"分割"与"填补",转化为"圆心在圆周角边上"这一简单情形的"出入与相补"的推理和角的加减法计算,从而完成命题的证明,最终将猜想变成事实.至此,教师基于以上对教材内容"透过现象看本质"的认知、理解、分析和研究,去设计和引领学生体验与领悟圆周角知识中蕴含着的观察与实验、类比与概括、割补与转化、形数结合、分类讨论、无限转化为有限等丰富的数学思想与方法,并从中理解和感悟数学思想方法在建构数学概念、发现数学结论、论证数学命题中的作用、价值与威力.

一般地,对于命题的证明,以下的教学策略与方法常常是有效的.

① 运用分析法探索证明的途径

教材由于文字表达的局限,多采用由因导果的综合法写出证明.但是,我们知道,综合是通向论证之路,分析是通向发现之路.因此,命题教学设计时,教师应突出命题证明方法的探究与分析,切不可照本宣科、照猫画虎.

在用分析法探究定理证明的过程中,最重要的是引导学生发现与弄清证明的思路和方法.当证明比较复杂、步骤比较多是时,要特别注意边分析、边板书,通过执果索因的分析,"由未知,看需知,还需知,……得已知",这既有助于厘清证明的思路,方便学生掌握要领,还因为学生眼、耳、脑等多种认知通道的运用,而印象深刻、促进理解,并且为后续运用综合法得出证明打好基础.

例如,证明对数运算法则:
$$\log_a MN = \log_a M + \log_a N (M>0, N>0, a>0 \text{ 且 } a \neq 1).$$

教材中往往通过演绎得出公式.这固然反映由演绎可以获得知识,但因为推理的目标不够明确,学生对于每一步为什么要这样做并不清楚.而如果采用执果索因的分析法,既解决了上述弊端,证明思路也会变得更为清晰和自然.

由概念, $\quad \log_a MN = \log_a M + \log_a N$
$\Uparrow$
$a^{\log_a M + \log_a N} = MN$(由对数的定义可以直接得到 $a^{\log_a M} = M$.
$\Uparrow$
$a^{\log_a M} \cdot a^{\log_a N} = MN$.

② 注重合理设问,充分调动和发挥学生学习的主体作用,引导学生独立思考、体验发现与成功的快乐

《数学课程标准》强调要注重启发式教学,并且明确指出"教师的'引导'作用主要体现在:通过恰当的问题,或者准确、清晰、富有启发性的讲授,引导学生积极思考、求知求真,激发学生的好奇心;通过恰当的归纳和示范,使学生理解知识、掌握技能、积累经验、感悟思想;能关注学生的差异,用不同层次的问题或教学手段,引导每一个学生都能积极参与学习活动".因此,数学命题发现与证明的教学中,教师应加强设问策略的运用通过分层次、成系列的问题设计,为学生铺设认知和思维的台阶.由此引导学生去自主猜想和发现命题,探究证明的策略与思路,促使学生主动、积极地学习.

③ 追求最简单的证法和一题多解,善待学生的非标准思路,鼓励学生的创见

追求最简洁的表述与证明是数学"与生俱来"的特点,它既受数学的简单性原则的驱使,也是数学美的体现,掌握了这一特点,可以帮助我们更深刻地理解数学.

对定理寻求多种证法和最简证法,离不开分析比较.显然,最简单的证法应视为最佳方法.需要说明的是,这里说的简单,并非完全指表达上的简单,而首先应该是思路相对于学生而言是最简单和自然的.

例如，对等腰梯形判定定理的证明，有的教材是通过证明在同一底上的两个角相等的梯形是轴对称图形而完成的．这一证法对于学生巩固和运用轴对称概念固然有些好处，但从证法本身来说，并不简单，思路也不自然．让学生自己思考，比较自然地会想到下面的几种证法（如图6-7）：

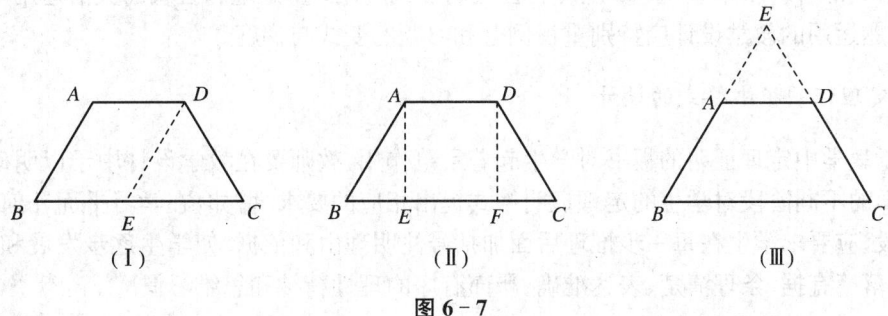

图 6-7

如图6-7（Ⅰ）所示，在等腰梯形性质定理证明的影响下，过D作$DE/\!/AB$，交BC与E，通过证明$\triangle DEC$是等腰三角形来解决．

如图6-7（Ⅱ）所示，证明$Rt\triangle ABE \cong Rt\triangle DCF$．

如图6-7（Ⅲ）所示，延长BA、CD交于E，得$\triangle EAD$、$\triangle EBC$，显见都是等腰三角形，由等量减等量即知$AB=CD$．

值得注意的是，如果在教学过程中，学生思考出的证法表现出独立的见解，在教师的预料之外，教师应及时予以肯定；如学生想出的方法优于教师所讲解的证法，或表现出创见，更应毫不含糊地予以表扬和鼓励，以激励和培养学生自主学习、独立钻研的精神和创新的能力．

④ 尽可能充分地暴露思维过程，让学生从中学习思维的方法

学生常会感到困惑的是，为什么教师的分析总是成功的，而自己就往往分析不出来．其实，他们不知道除了水平与经验的差别以外，教师的解题分析也并非每次都行得通．为此，在教学设计和实践中应尽可能暴露思维的过程．必要时，对于自然会想到、但实际走不通的思路，不妨也提一提，使学生体验和懂得，走不通，赶紧回头，再另辟新径．

5．数学命题应用的设计

数学命题是解决数学问题的工具，学习公式、定理的目的就在于应用，这是理论联系实际的重要教学环节．

在公式、定理教学之后，首先要通过例题、习题的教学，使学生熟悉所学定理、公式的简单应用；然后逐步发展对公式和定理的逆用、变形应用以及综合运用，从中引导学生弄清公式、定理的运用条件和适用范围，积累应用公式、定理解决问题的方法和经验，不断提高分析和解决问题的能力，发挥思维定势的积极作用；最后，还应让学生探索所学公式、定理在生活和生产实际中的广泛应用．

例如，学习勾股定理之后，不仅要使学生熟悉定理在解直角三角形中的应用，还应逐步掌握定理在三角函数求值、解析几何中求两点距离公式等方面的具体应用．学生对公式、定理的掌握与应用，往往是随着学习过程的螺旋上升而逐步发展和完成的．

此外,还应注重建立数学命题知识系统的教学.数学是由概念、命题构成的逻辑体系,若要学生对公式、定理有较深刻的认识,教师还必须在教学设计和实施中注重揭示公式与定理在数学知识体系中的地位、作用及相互间的内在逻辑联系.

数学命题应用的教学包括以下几个方面:① 定理和公式成立的条件与使用的范围;② 定理和公式的各种基本应用;③ 定理和公式的变式应用;④ 定理和公式的灵活运用与拓展.所以,命题运用的教学设计应特别重视例题和习题的变式与梯度.

6. 定理证明板书格式的设计

课堂教学中定理证明的板书对学生起着示范作用,教师要在教学设计中予以明确.同时根据教学的不同阶段对学生的定理证明格式提出相应的要求.譬如,在学习平面几何论证的开始阶段,应要求学生在每一步推理后面加括号注明理由和依据.使学生逐步发展和养成言之有理、落笔有据、条理清楚、表达准确、严谨有序的理性精神和思维习惯.

第五节 数学命题的教学案例及评析

正如第惠多斯所言"教学的艺术在于激励、唤醒和鼓舞".教学有法,教无定法,贵得得法,重在启发.请阅读以下的教学案例并结合数学课程标准的理念和命题教学的要求,思考下列问题,在小组活动中交流与研讨.

(1) 该课例的教学目标设计是否恰当?重点是否突出?难点是否突破?整体设计思路有哪些特点?

(2) 该课例中主要使用了哪些教学策略?对你有哪些启发?你认为需要改进什么?

(3) 如果你来设计和组织这一节课,你会采用哪些教学策略?为什么要用这些策略?

一、义务教育阶段数学命题教学案例及评析

【案例 6-1】

商不变的性质[①]

一、教材分析

教材以例 5 为载体,通过具体的计算填表、提出问题引导学生自己探究商的变化规律.商的变化规律共包括三条:被除数不变时,除数与商的关系;除数不变时,被除数与商的关系;商不变的性质.按教材的安排这三个规律只给了一课时的教学时间,这三个规律本身不容易理解,且知识点之间容易混淆,学生在一节课要将这些知识完全掌握,这对于四年级的学生来说,容量太大,接受起来有一定的困难.因此,教师在设计本节教学时,将其分为三个课时来完成,下面是关于第三课时"商不变的性质"的教学实录.

二、教学目标

知识与技能:

(1) 经历探索发现"商不变性质"的探究过程,了解商的变化规律.

---

① 数学课程标准人教版实验教材四年级上册.

(2)巩固除法计算的知识,会灵活运用商的变化规律进行除法的简化计算.

过程与方法:

经历观察、实验、猜想、验证等数学活动过程,发展合情推理和初步的演绎推理能力,能有条理、清晰地阐述自己的观点.

情感、态度与价值观:

能积极参与整个猜想、验证活动,对数学有好奇心与求知欲.形成事实求是的态度以及进行质疑和独立思考的习惯.

三、教学过程

(1)创设问题情境

师:我们即将迎来一年一次的"校冬运会",同学们高不高兴?

生:高兴!(兴奋地)

师:咱们班为参赛同学买来了容量为600毫升的同一品牌的矿泉水,购买情况如下(课件出示购买情况):

李欣:在超市买了4瓶,共用去8元.

王东:在小店买了8瓶,共用去16元.

老师:在超市买了40瓶,共用去80元.

指名读出上面的材料.

师:谁买得便宜,怎样列式计算?

生:李欣用去的8元除以买到的4瓶,算出她每瓶花了2元钱.(师同时板书出算式:8÷4=2(元))

生:王东用去的16元除以买到的8瓶,算出他每瓶花了2元钱.(师同时板书出算式:16÷8=2(元))

生:老师用去的40元除以买到的20瓶,算出她每瓶也花了2元钱.(师同时板书出算式:80÷40=2(元).算式中的数字之间留出一定的空隙,并将三个算式上下对齐.)

师:可以下结论了吗?

生:他们三个买的一样的便宜.

(2)引导探究新知

师:请同学们仔细观察这三道算式的被除数、除数和商,什么数变了,什么数没变?(师同时在三道算式的上面对应数字写上他们的名称:被除数、除数、商)

生:它们的被除数和除数变了,而商没变.

师:你真会观察!

师:请同学们从这三道算式中任选两道,从上往下观察它们的被除数、除数和商的变化有什么样的特点?(师在三道算式的左上角板书从下往上的箭头↓)

思考片刻后,有不少同学在举手.

师:把你的想法和你的同桌交流交流.

同桌的两名同学进行充分的交流.

师点了其中的一名同学汇报交流的结果.

生1:我选第一道和第二道算式作比较:被除数由8变成16,乘了2,也就是扩大了2倍;除数由4变成了8,也乘了2就是也扩大了2倍,而商没变.(师同时将这个变化过程板书出)

师:你的观察能力真强!其他同学发现了吗?

生:发现了!

师:谁再来选一组?

生2:我选择第一道和第三道作比较:被除数由8变成80,乘了10,也就是扩大了10倍;除数由4变成了40,也乘了10就是也扩大了10倍,而商没变.(师同时将这个变化过程板书出)

师:同意吗?

生:同意!(坚定地)

师发现还有学生在举手,便又点了其中的一名.

生3:我选择第二道和第三道作比较:被除数由16变成80,乘了5,也就是扩大了5倍;除数由8变成了40,也乘了5就是也扩大了5倍,而商没变.(师板书)

师:同学们真了不起!既会观察又能够清晰地表达.

师:通过刚才三名同学的发现,你可以得出一个什么样的结论?

生4:我得出的结论是,商不变,被除数扩大几倍,除数也扩大相同的倍数.

师:我们把这三数的变化顺序换一下.这样来描述:被除数在扩大、除数也在扩大,可以简洁地说:被除数和除数同时扩大.怎样理解"同时扩大"这个词?(师同时板书:被除数和除数同时扩大,并在"同时扩大"四个字下面标上重点符合.)

生5:我想"同时扩大"也就是"一起扩大"的意思.

师:说得太好了!你的理解真准确!也就是被除数扩大了,除数也一起跟着扩大的意思.

师:被除数和除数扩大的倍数是相同的,就可以说:被除数和除数同时扩大相同的倍数,而商不变.(师将补充板书:相同的倍数,商不变.)

师:刚才我们是从上往下观察这三道算式,还可以怎样观察?

生6:还可以从下往上观察.

师:真棒!

师:请同学们还是从这三道算式中任选两道,从下往上观察,你又发现了什么?(师在三道算式的左上角标出从下往上的箭头↑)

生1:我选第三道和第二道算式作比较:被除数由80变成16,除以了5,也就是缩小了5倍;除数由40变成了8,也除以了5就是也缩小了5倍,而商没变.(师板书出变化过程)

生2:我选择第三道和第一道作比较:被除数由80变成8,除以了10,也就是缩小了10倍;除数由40变成了4,也除以了10就是也缩小了10倍,而商没变.(师板书出变化过程)

生3:我选择第二道和第一道作比较:被除数由16变成8,除以了2,也就是缩小了2倍;除数由8变成了4,也除以了2就是也扩大了2倍,而商没变.(师同时板书)

师:你又可以得出一个什么样的结论?

生7:被除数和除数同时缩小相同的倍数,商不变.

师:归纳得真好!

师:谁可以将我们得出的两个结论并成一句话来说?

生:被除数和除数同时扩大或缩小相同的倍数,商不变.

师:谁听清楚了,再来重复一遍.

(师在扩大后面补充板书"或缩小")

师：请同学们思考一个问题：在这三道算式中，被除数和除数同时扩大或同时缩小了2倍、5倍、10倍，商没变.那么是不是就意味着被除数和除数扩大或缩小的倍数可以是任意的倍数呢？

马上就有几名同学高高的举起了手,师点了其中的一名.

生8：同时扩大或缩小的倍数不能是0倍.

师：为什么呢？（吃惊状）

生9：如果被除数和除数同时扩大0倍,也就是都要乘0,除数一乘0就等于0,而我们学过除数不能为0,否则算式没有意义,所以被除数和除数不能同时扩大0倍.

生10：我接着补充,被除数和除数也不能同时缩小0倍.如果被除数和除数同时缩小0倍,也就是都要除以0,那么也就是0要作为除数,算式是没有意义的,所以被除数和除数也不能同时缩小0倍.

师：把掌声送给这两个爱动脑的棒孩子.(教室里响起来热烈的掌声)

那么这个结论可以怎样补充一下呢？

生：在倍数的后面加上"0除外".

师：老师也觉得这个主意不错.(师在原板书的基础上,加上："0除外"三个字.

师：谁来完整的读一读今天我们发现的这个重要结论？

师请一名同学读一遍.

师：根据这三道算式我们得出了这样一个结论,那么这个结论对于一般的除法算式也同样成立吗？下面我们来进行验证.

师：请同学们翻到教材93页,通过计算填表.

教师在视频上出示表格：

序号	①	②	③	④	⑤
被除数	14	140	280	560	5600
除数	2	20	40	80	800
商					

请一名同学上视频展示台上完成,并订正答案.

序号	①	②	③	④	⑤
被除数	14	140	280	560	5600
除数	2	20	40	80	800
商	7	7	7	7	7

师：请同学们从这五道算式中任选两道,可以从左往右观察,也可以从右往左观察,看看被除数、除数和商的变化又有什么样的特点？

生11：我选第一道和第二道算式从左往右观察：被除数由14变成140,乘了10,也就是扩大了10倍；除数由2变成了20,也乘了10就是也扩大了10倍,而商没变.

生12：我选第三道和第四道算式从左往右观察：被除数由280变成560，乘了2，也就是扩大了2倍；除数由40变成了80，也乘了2就是也扩大了2倍，而商没变．

生13：我选第五道和第四道算式从右往左观察：被除数由5600变成560，除以了10，也就是缩小了10倍；除数由800变成了80，也除以了10就是也缩小了10倍，而商没变．

生14：我选第四道和第二道算式从右往左观察：被除数由560变成140，除以了4，也就是缩小了4倍；除数由80变成了20，也除以了4就是也缩小了4倍，而商没变．

师：同学们汇报得真好！

师：通过刚才的验证，我们可以将这个结论推广到一般的除法算式了吗？

生：可以．

师：所以，我们就可以在这个结论的前面加上"两数相除"，也就是：只要是两个数相除，这个结论都成立．(师补充板书)

师：全班齐读这个结论！(全班声音洪亮地朗读)

师：我们把这个结论叫做"商不变的性质"，这就是我们这节课学习的主要内容．(师出示课题：商不变的性质)

师反问：两个数相除，要使得"商不变"，被除数和除数要满足一个什么条件？

生：被除数和除数要满足的条件是：同时扩大或同时缩小相同的倍数．

师指一名重复．

师进一步解释：两个数相除，要使得"商不变"，被除数和除数要满足：要么同时扩大，要么同时缩小，并且同时扩大或缩小的倍数相同．

师再追问：反过来，两个数相除，只要被除数和除数同时扩大或缩小相同的倍数，必然可以得出一个什么结论？

生齐回答：商不变．

师：同学们学得真好！

师：下面我们将用今天学到的知识来解决一些问题，请看大屏幕．

(3) 运用巩固练习

例1 根据第一道算式的商，很快说出下面几道题的商，并说说你的理由．

① $72 \div 9 = 8$
　$720 \div 9 =$
　$7200 \div 9 =$

② $4200 \div 7 = 600$
　$420 \div 70 =$
　$42 \div 7 =$

例2 填一填．

$24 \div 4 = ($　　　$)$

$(24 \div 2) \div (4 \div 2) = ($　　　$)$

$(24 \times 30) \div (4 \times 30) = ($　　　$)$

例3 根据 $300 \div 60 = 5$，分别在○里填上运算符号，在□里填上适当的数．

① $(300 \div 5) \div (60 ○ □) = 5$

② $(300 ○ □) \div (60 \times 2) = 5$

例4 口算下面各题，看谁算得又快又准确．

$120 \div 30 =$　　　　　　　　　　$49000 \div 7000 =$

$480 \div 40 =$　　　　　　　　　　$8100 \div 300 =$

$5400 \div 900 =$ 　　　　　　　　$4000 \div 50 =$
$300 \div 50 =$ 　　　　　　　　　$9600 \div 800 =$
$6600 \div 200 =$ 　　　　　　　$16000 \div 200 =$
$360 \div 90 =$ 　　　　　　　　　$6600 \div 200 =$
$6300 \div 700 =$ 　　　　　　　$7000 \div 500 =$

例5 判断下面各题,对的打"√",错的打"×".

① 两数相除,被除数和除数扩大(或缩小)几倍,商不变.(　　)
② $24 \div 4 = (24 \times 2) \div (4 \div 2)$(　　)
③ $24 \div 4 = (24 \times 2) \div (4 \times 3)$(　　)
④ $24 \div 4 = (24 + 6) \div (4 + 6)$(　　)
⑤ $24 \div 4 = (24 - 2) \div (4 - 2)$(　　)

【评析】 好的开头是成功的一半.首先,教师关注到了学生身边的热门时事话题,结合即将到来的学校冬运会,创设了"冬运会期间班级给参赛同学买矿泉水"的情境,把教材中枯燥、抽象的知识,改编成学生亲身经历、富有情趣的生活问题,并通过实例中采用班上同学的真名,吸引了学生的注意力,激发了学生参与学习的积极性,极大调动了学生的感官和学习热情.

《义务教育阶段数学课程标准》倡导的有效学习方式是引导学生经历知识的发现过程.为此,在发现规律的教学环节中,该案例遵循"实验—猜想—验证"的认知模式,在引导学生观察三道算式的被除数、除数和商的联系与区别的基础上,通过同桌讨论、全班交流初步探究几个算式之间的变化特点.为实现"商不变的性质"的归纳发现,教学中特别设计了两个观察方向,从上往下和从下往上,这样的分类观察使学生的探究内容和目标更为清晰而避免了盲目性.对教材93页表的计算验证,则进一步证实了猜想的正确性,将"商不变的性质"推广到一般的"两数相除"的情况.从而使学生在生活情景的数学化活动中,能动、自主地完成了数学知识的主动建构,体验了学习的乐趣,并且在探究知识的同时,潜移默化地渗透和感悟了归纳发现这种创新思维方法的价值和威力.

练习的设计在教材原有的基础上也进行了拓展.例如,第一题书上只列举了扩大的情况,考虑到知识的完整性,教师又补充了一组缩小的讨论.这有利于学生将学到的知识进行系统化.几组练习的补充设计与编排,既遵循了学生掌握知识的规律,又有一定的变化、层层递进、循序上升.从教学的实际效果来看,这个拓展练习使学生兴趣倍增,大家跃跃欲试,纷纷利用所学的知识进行解答,极大地提高了课堂教学的效率.

【案例6-2】

镶　嵌[①]

一、教材分析

本节课通过对镶嵌平面图形的研究,帮助学生了解正多边形在镶嵌中所起的作用,并对本章所学知识进行一个系统化的复习和整理.因此本节课既是对本章所学知识的小结与巩固,也是对本章知识的应用与拓展.

---

① 课程标准实验教科书华东师大版《数学》七年级(下).本案例改编自云南师范大学数学学院刘云老师对应用"情景——问题"数学教学模式组织的数学课堂教学实录与评析.

二、教学目标

知识与技能目标：

① 通过探索平面图形的镶嵌，知道和理解任意一个正三角形、正四边形、正六边形可以镶嵌平面，并能运用这几种图形进行简单的镶嵌设计；

② 体验数学知识间的内在联系，初步形成对数学整体性的认识；

③ 获得一些研究问题的方法和经验，发展思维能力；

④ 进一步发展观察、动手和操作等能力.

过程与方法目标：

经历收集、观察、整理、抽象、分析、归纳等过程，体验解决实际问题的方法.

情感、态度与价值观目标：

① 发展合作交流、探究知识的意识和创新精神；

② 在数学活动中感受数学美，发展数学的审美能力，增强学好数学的信心.

三、教学重点和难点

教学重点：现实生活中的图形镶嵌.

教学难点：图形镶嵌的原理.

四、学生情况分析

学生已学过《瓷砖的铺设》、《用正多边形拼地板》，对本章学习也有基础，而且七年级学生具有好胜、好动的特点，班级中已初步形成合作交流、主动探索、勇于实践、善于发现的科学精神和创新意识.

五、教学设计

依据教材设计了四个活动：① 收集生活中用平面图形铺满地面的实例. ② 想一想为什么用一种正多边形铺满地面时，只有正三角形、正方形和正六边形三种. ③ 探究用任意一种四边形铺满地面的可能性. ④ 设计一幅用平面图形铺满地面的美丽图案. 这些活动都需要动手制作、动脑思考，并要求学生课外收集与制作图案.

六、教学过程

（1）创设情境，直奔主题

引导学生观察教室地砖和墙面瓷砖，引出课题及平面镶嵌的数学定义.（导入活动主题，激发学习兴趣，让学生用"数学"的眼光看待多姿多彩的世界，以抽象思维深层次地诠释比生活本身更丰富的内涵.）

（2）自主实践，探索新知

① 教师提出问题情境1：如果限用一种正多边形进行镶嵌，哪几种正多边形能镶嵌成一个平面？研究和探讨只限于一种正多边形的镶嵌，需要满足什么条件？

学生活动：用课前准备好的正三角形、正方形、正五边形、正六边形、正八边形进行试验，动手操作并交流得到的结论：单独用正三角形或正方形或正六边形能够镶嵌成一个平面.

（观察与评析：学生讨论热烈，有的学生还把答案整理在练习本上，在老师参与讨论时，学生悄悄地问："这样行吗？"学生代表本组回答交流思路比较清晰、清楚.诸如，六个正三角形的六个角绕着某一点拼在一起恰好组成一个周角，就能够铺满地面.学生学会观察和处理信息，并乐于探究，这有助于养成合作学习、主动探究的意识和习惯.）

师生合作：设一个顶点周围有 k 个正 n 边形，则有：$k \cdot \dfrac{(n-2)180°}{n} = 360°$

此式可化为:$(n-2)(k-2)=4$

解此不定方程,得正整数解:① $k=3, n=6$;② $k=4, n=4$;③ $k=6, n=3$.

② 教师给出问题情境 2:如果用两种不同的正多边形进行镶嵌,一定能够镶成一个平面吗?

学生试验、探索、交流,结论如下:

结论 1 用 2 个正六边形和 2 个正三角形镶嵌能够镶成一个平面;

结论 2 用 2 个正方形和 3 个正三角形镶嵌能够镶成一个平面;

结论 3 用 1 个正五边形和 3 个正七边形镶嵌能够镶成一个平面.

教师让学生代表动手检验结论的正确性,发现结论 3 是错误的,进而引导学生从数学上探究错误的原因:正五边形的 1 个内角加上正七边形的 3 个内角,它们的和大于 360°.

教师展示一些诸如图 6-8 所示用两种不同正多边形镶嵌的美丽图形.

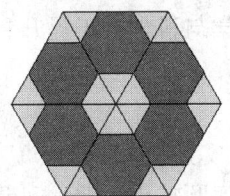
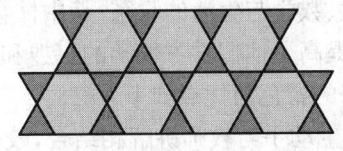

图 6-8 两种不同正多边形镶嵌的美丽图形

师生合作进行归纳概括:如果用两种正多边形进行镶嵌,能够镶成一个平面的条件是:同一顶点处各正多边形的内角之和等于 360°.

③ 教师给出问题情境 3:如果用三种不同的正多边形进行镶嵌,一定能够镶成一个平面吗?

学生通过动手试验、探索、交流,找到了用一个正十二边形,一个正六边形和两个正方形镶嵌成一个平面的方法.

学生展示镶嵌拼图如图 6-9 所示.

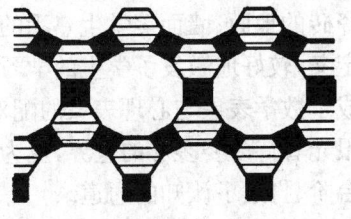

图 6-9

(3) 课外知识和欣赏

教师介绍 M·C 埃舍尔与他的镶嵌图形. 镶嵌图形是完全没有重叠并且没有空隙的封闭图形,一般来说,能构成一个镶嵌图形的基本单元是多边形或类似的常规图形,例如,经常在地板上使用的方瓦. 但许多其他不规则的多边形平铺后也能形成镶嵌,例如,许多镶嵌就使用了不规则的五角星形状. 埃舍尔被镶嵌图形迷住了,不管是规则的还是不规则的,他利用几何学中的反射、平滑反射、变换和旋转等获得了更多的变化图案,并经过多次对称得到了镶嵌图形,这样镶嵌出来的图形惊人而美丽.

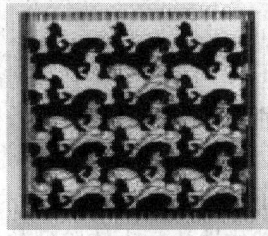

图 6-10

【评析】 本节课从生活情境入手,经过分析提取其中的数学信息,引出镶嵌的数学定义,同时由教师从情境中分离提出问题1"一种正多边形的镶嵌必须满足什么条件",通过学生的思考、小组讨论和全班交流,建立了模型:$k \cdot \frac{(n-2)180°}{n} = 360°$,将问题转化为了不定方程的求解问题.解决了问题1之后,教师又提出了"两种不同正多边形进行镶嵌的条件是什么?",在教师的引导下,学生动手操作、探究交流后得到结论:不论哪一种镶嵌,只要满足同一顶点处各正多边形的一个内角之和等于360°即可.接着,教师又给出了问题情境3"尝试用三种不同的正多边形进行镶嵌",让学生在解决问题的过程中巩固了所得的结论.总之,该堂课的教学,随着问题情境的不断拓展,引导学生在讨论与主动探究的过程中,发现数学知识、体验和归纳数学的方法与思想.最后,在对M·C埃舍尔制作的一组美丽的镶嵌图形的鉴赏中结束本节课教学的方式,既给学生带来快乐、惊奇的情感体验,又深化了学生认识数学与艺术、数学与生活的联系,从中体会数学与科学对于提升和丰富艺术与生活的价值和功能,有效提高了他们学习数学的兴趣和愿望.

本节课的特色与优点如下:

(1) 学生动手与教师讲解相结合,较好地攻克了教学难点

本节课有三个难点:镶嵌的概念;由镶嵌问题转化为数学问题;不定方程问题及其解法.教师在处理这三个难点时,采用小组学习的方式,让学生先自己动手、探究、观察、归纳,然后进行全班交流,进而从学生的交流中归纳出解决问题的思路与方法,较好地攻克了以上三个难点.

(2) 从具体的问题情境导入,促进学生由感性认识向理性思考的过渡.本节课从铺设了瓷砖的地面、墙面等学生熟悉的生活情景入手,创设数学问题、导入课题和平面镶嵌的数学定义,较好地激发了学生的学习兴趣,抓住了初一学生的注意力.这种情境与概念的结合,形成了数学表象与心理表象的配对和一种积极有效的刺激,既有助于发展学生学会用数学的眼光看待多姿多彩的世界,也为学生由感性认识向理性思考过渡创造了条件,铺设了思维的台阶、打通了认知的通道.

(3) 以问题为情境让学生动手、动脑、动口,发展学生的观察、动手实践和发现探究能力

大量的实践活动,是这一节课的一大亮点.在教学中,教师通过三个问题情境,展开了学生的能动探究和合作学习等活动,使学生以这三个问题为活动平台,在教师的指导下动手实验、讨论交流、互相启发探究结论,发现和建构新的知识,有效地发展了学生的观察能力、动手探究能力.促进学生相互学习、团结协作,并学会欣赏他人和肯定他人的成果.教师在课堂上组织学生进行思考、实验、交流、汇报、推荐等活动,整堂课体现了"教师为指导,学生为主体,探索为主线,思维为核心"的现代教学理念,转变了教师的"一言堂、注入式"角色,发挥了学生学习主体作用.体现教师是学生学习的组织者、引导者、合作者和帮助者,充分体现了课堂民主气氛及教师的亲和力.

(4) 融艺术于数学课堂教学,在数学美的体验中激发学生学习数学的兴趣

在课堂教学中,教师利用多媒体向学生展示了各种各样的美丽的正多边形镶嵌,引起了学生的阵阵欢呼,在使学生对正多边形镶嵌的观察与鉴赏中,初步体验数学图形的美.在课程结束时,教师向学生进一步介绍了M·C埃舍尔的艺术镶嵌图形,将艺术融入了教学,在带给学生快乐与惊奇的同时,潜移默化地让学生体验到数学的广泛应用,极大地激发了学生

学习数学的兴趣.

本节课存在的不足：

由于授课教师与上课班级刚参加实验,教师顾虑到难以引导学生提出问题,教师包办了问题的提出,以问题为情境让学生展开探究,虽较好地激发了学生学习的积极性,但对学生问题意识的培养不够(事实上,来自课堂教学的观察说明,学生本身有着强大的创新意识和创造能力,这也使教师在后继的教学中敢于让学生尽情发挥,而不是对学生束手缚脚).另外,本节课没有引导学生复习正多边形内角和的相关知识,而"复习是学习之母",确定学生的"最近发展区"对一堂数学课教学的成效而言,常常起着决定性的作用.

二、高中数学命题的教学案例及评析

【案例 6-3】

直线、平面平行的判定[①]

一、课型

新授课.

二、教学目标

1. 知识与技能

(1) 了解直线与平面的位置关系,知道直线与平面平行的定义；

(2) 理解和证明直线与平面平行的判定定理,并能用数学语言表述；

(3) 会用直线与平面平行的判定定理证明直线与平面平行,能把线面平行问题转化为线线平行的讨论.

2. 过程与方法

(1) 经历观察、感知、实验,归纳出直线与平面平行判定定理的过程；

(2) 探究证明线面平行判定定理的方法,体会化归与类比数学思想方法的价值与运用；

3. 情感态度与价值观

(1) 经历数学发现和创造的历程,体验数学学习的快乐和数学知识源于实践又服务与实践；

(2) 提高观察、空间想象、抽象概括、推理论证的能力；

(3) 养成用联系、运动、发展的观点看问题的意识,激发学习数学的好奇心和求知欲.

三、教学重点、难点和关键点

重点：

① 直线与平面平行的判定定理的理解；

② 直线与平面平行的判定定理的运用.

难点：直线与平面平行的判定定理的证明及其运用.

关键点：运用化归与类比的数学思想方法,将线面平行问题转化为
平面内的线与线平行问题.

四、教学方法

启发探究式教学法

---

① 本案例选自云南师范大学数学学院 2007 级刘文芬的数学课堂教学的教案.

五、教学用具

多媒体、图纸、尺子.

六、准备知识

直线与平面的位置关系;直线与平面平行的定义.

七、教学过程设计

教学内容	教师活动	学生活动	设计意图
忆旧迎新 回顾直线与平面的位置关系及直线与平面平行的定义,从直线与平面平行的定义引出课题.	前面我们已经学习了直线和平面的位置关系,直线与平面的位置关系有几种? 哪三种? 我们分类的依据是什么? 哪位同学能在教师里找出这三种位置关系?(播放幻灯片) $a \subset \alpha$ $a \cap \alpha = A$ $a // \alpha$ 直线与平面位置关系中平行是一种非常重要的关系,举例:用提前做好的模型说明.生活中需要判断直线与墙面是否平行.它还是学习平面与平面平行的基础. 直线与平面平行的定义是什么? 怎么判断直线与平面有没有公共点?	三种 平行、相交、在平面内 直线与平面的交点个数 思考,回答 若直线与平面没有公共点,则直线与平面平行. 思考(回答不出来)	回顾旧知识,为新知识作铺垫,同时引出新课. 从实际物体找出线面位置关系,空间几何图形具体化,加强学生空间想象力. 借用图纸让学生不觉得课堂的枯燥,吸引学生的眼球,提高学生的求知欲.并能体会到知识的来源与用途.

续表

教学内容	教师活动	学生活动	设计意图
	直线无限延伸,平面无限延展,怎么保证直线与平面没有公共点呢? 这个问题你们不知道,老师也不知道,那我们一起来寻求判断直线与平面平行的新方法,这就是我们今天要学习的主要内容,直线与平面平行的判定.	思考(回答不出来)	
探究新课 (1)定理探究 ① 直线和平面平行的判定定理:若平面外一条直线与此平面内的一条直线平行,则该直线与此平面平行. ② 符号表示: 若(i) $a \not\subset \alpha$, (ii) $b \subset \alpha$, (iii) $a // b$,则 $a // \alpha$.	我们一起观察: **实例一** 门框的两边所在的直线 a 与 b 的位置关系是什么? 开门　我们把门框所在的面看作平面 α,直线 b 与平面 α 的位置关系是什么? 直线 a 与平面 α 的位置关系是什么? 在开门的过程中直线 a 与平面 α 有没有公共点? 也就是说直线 a 与平面 α _____ **实例二** 请同学们把书合起来,把书的两边看作直线 a 与 b,书面看作平面 α. 直线 a 与 b 的位置关系是什么? 现在把书慢慢打开,直线 b 与平面 α 的位置关系是什么? 直线 a 与平面 α 的位置关系是什么? 在开门的过程中直线 a 与平面 α 有没有公共点? 也就是说直线 a 与平面 α _____ 这两个实例,把它抽象出来就是: 那是不是对所有满足条件 ① $a \not\subset \alpha$ ② $b \subset \alpha$ ③ $a // b$ 都有 $a // \alpha$? 下面我们证明我们的猜想. **分析** 直线 a 与 b 共面吗? 判断的依据是什么?	平行 $b \subset \alpha$ $a \not\subset \alpha$ 没有 平行 平行 $b \subset \alpha$ $a \not\subset \alpha$ 没有 平行 思考,回答 共面 两条平行线确定一个平面	从实际背景出发,直观感知直线与平面平行的位置关系.通过引导学生观察书和门的边缘所在的直线互相平行,进一步得出书和门不论怎样转动到什么位置,封面边缘和门框边缘所在直线 a 与桌面和门框所在平面 α 都平行.在此基础上提出探究性的问题. 由探究引起学生思考,吸引学生的注意力,调动学生的学习积极性.培养学生自己获取知识的能力和逻辑思维能力及空间想象能力,不断提高学生的几何语言表达能力.

续 表

教学内容	教师活动	学生活动	设计意图
	记直线 a 与 b 确定的平面为 β，则有 $a\cap\beta$ _____. 假设直线 a 与平面 α 相交，它们的交点会在哪里？ 从而可以得出 _____. 与直线 a 与 b 平行矛盾，所以直线 a 与平面 α 没有交点，那么它们就 _____ **证明**（反证法） ∵ $a// b$，设直线 a 与 b 确定的平面为 β. 又∵ $b\subset\alpha$，且 $b\subset\beta$， ∴ $\alpha\cap\beta=b$. 假设 a 与 α 有公共点 P，则必有 $P\in b$， ∴ $a\cap b=P$，这与 $a// b$ 矛盾. ∴ $a//\alpha$. 其实我们猜想得出的结论就是直线与平面平行的判定定理. 请学生根据符号表示说出文字. 多媒体显示定理内容，并在黑板上写出符号表示. 从上面的判定定理可以知道，今后要证明一条直线和一个平面平行，只要在这个平面内找出一条直线与已知直线平行，就可断定这条已知直线必和这个平面平行，即可由线线平行推得线面平行. 下面我们通过例题来看是怎么用线线平行推得线面平行的.	b 直线 b 直线 a 与 b 相交 平行 回答	规范证明过程，锻炼思维，让定理更有理论依据. 体会划归与转化的数学思想. 引导学生根据直观感知以及已有经验，进行合理推理，获得正确的结论.进一步加深对定理的理解.
(2) 例题讲解 **例1** 判断下列命题是否正确： (1) 若平面 α 外一条直线 a 与直线 b 平行，则直线 $a//$ 平面 α； (2) 若直线 a 与平面 α 内一条直线 b 平行，则直线 $a//$ 平面 α； (3) 直线 a 在平面 α 外，直线 b 在平面内，则直线 $a//$ 平面 α.	播放多媒体，老师和学生一起动手操作 错因：$b\not\subset\alpha$ 错因：直线 a 没有在平面 α 外 错因：直线 a 与直线 b 不平行 强调直线与平面平行的判定定理中的三个条件缺一不可.	动手操作	在例题的讲解中，主要给学生对题目的题设和结论进行分析，引导学生找出符合判定定理的三个条件，从而得出要证结论.注重证题思路的探索.通过对例题的分析，教给学生运用定理的方法.不断提高学生运用知识的能力.

教学内容	教师活动	学生活动	设计意图
例2 求证:空间四边形相邻两边中点的连线,平行于经过另外两边的平面. 已知:空间四边形 $ABCD$ 中,E,F 分别是 AB,AD 的中点如(图6-11) 求证:EF//平面 BCD. 图6-11	**分析** 此题是证明线面平行的,根据定理我们可以转化为证明什么? 也就是:需要在平面 BCD 中找一条直线与直线 EF 平行. 那我们要找的直线是哪条呢? **证明** 连结 BD. ∵ E,F 分别是 AB,AD 的中点 ∴ EF//BD(三角形中位线的性质) 又 $EF \not\subset$ 平面 BCD,$BD \subset$ 平面 BCD ∴ EF//平面 BCD.	线线平行 直线 BD	
(3) 课堂练习	播放多媒体,让学生练习 **练习1** 如图6-12,正方体 $ABCD$—$A_1B_1C_1D_1$ 中,E 为 DD_1 的中点,试判断 BD_1 与平面 AEC 的位置关系,并说明理由. 图6-12 **练习2** 已知:如图6-13,P 是平行四边形 $ABCD$ 外一点,M,N 分别是 PC,AB 的中点. 求证:MN//平面 PAD. 图6-13	练习	及时安排学生练习是巩固新知识的有效方法,为此按梯度安排了2个练习,前1个练习要求全班同学做,第2题难度稍大,只要求有能力的同学做.这样安排既照顾全体同学,又兼顾优生.
(4) 方法归纳	线面平行证明转化为线线平行证明.		及时总结方法,让学生做题时有法可依.

教学内容	教师活动	学生活动	设计意图
课堂小结	我们这节课学了些什么内容?观察学生反应并及时点出本次课的内容.	思考,回答	使学生整体的系统的掌握本节课的知识.
布置作业	课题练习2做在作业本上,自己做练习册.		通过练习巩固所学的知识,形成技能.

【评析】（作业）.

【案例6-4】

一元二次不等式的解法[①]

一、课型

新授课(第一课时).

二、教学目标

1. 知识目标

① 理解一元二次方程、一元二次不等式、二次函数之间整体与局部关系;

② 掌握看图像找解集的方法,熟悉一元二次不等式的解法.

2. 能力目标

通过看图像找解集,渗透数形结合、分类讨论的思想与方法,提高从特殊到一般、由具体到抽象的归纳概括能力.

3. 情感目标

在观察、分析、探究中激发学习兴趣,发挥主体作用,发展用联系、运动、变化的观点看问题的意识,增强数学学习的主动性.

三、教学重点、难点、关键点

1. 教学重点

一元二次不等式的解法.

2. 教学难点

一元二次方程、一元二次不等式、二次函数之间的关系.

3. 关键点

结合图像、应用形数结合思想理解"三个二次"的关系.

四、教学方法

启发探究式教学法.

五、教学用具

多媒体课件.

六、准备知识

九年级下册"二次函数与一元二次方程".

---

① 本案例教学设计选自云南师范大学数学学院2005级王志宏在"云南师范大学2009届本科生课堂教学比赛"中荣获特等奖的参赛教案.

七、教学过程设计

教 师 活 动	学 生 活 动	设 计 意 图
1. 忆旧迎新，探究"三个二次"的关系 今天我们来研究一类新的不等式， **投影1** $x^2-x-6<0, x^2-2x+1>0, x^2+4x+5>0$ 问题(1)：观察上述不等式有什么特点？ **归纳** 这类不等式我们称作一元二次不等式. 问题(2)：怎样求出满足一元二次不等式成立的解集呢？ 问题(3)：先思考解方程 $x^2-x-6=0$ 的方法？ 最直观最形象的方法是_____？ **概括** 也就是说一元二次方程的根就是相应二次函数的图像与 x 轴交点的横坐标. 问题(4)：那么我们能不能也运用二次函数图像这种几何法来解一元二次不等式呢？ **投影2** 复习二次函数 $y=x^2-x-6$ 相关知识，并作出它的图像，回答下列问题： ① 开口方向_____ ② 函数图像与 x 轴有两个不同的交点分别为_____？ ③ 函数图像在 x 轴下方部分对应的函数值_____？ 函数图像在 x 轴上方部分对应的函数值_____？ 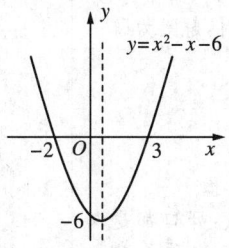 问题(1)：不等式 $x^2-x-6<0$ 的解集是_____？ (2) 解法是：转化为二次函数 $y=x^2-x-6$ 的图像和 $y<0$ 的图像的交集 (3) 不等式 $x^2-x-6>0$ 的解集是_____？ (4) 解法是：转化为二次函数 $y=x^2-x-6$ 和 $y>0$ 的图像的交集 **投影3** 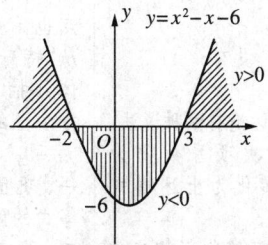 **归纳** (1) 要解不等式 $x^2-x-6<0$，只需要找出函数图像在 x 轴下方部分所对应自变量 x 的取值范围即可.	观察得到：每个不等式中都含有一个未知数，并且未知数的最高次数是2 配方法、求根公式法、分解因式法 运用图像(几何法) 回顾和思考二次函数与一元二次方程的联系. 心中有形，形数结合展开联想与思考 向上($a>0$) ($-2,0$)和($3,0$) $y<0, y>0$ 由图像观察可得： $\{x\|-2<x<3\}$ $\{x\|x<-2$ 或 $x>3\}$	了解一元二次不等式，引入我们今天研究的内容 通过思考二次函数与一元二次方程的联系进而引入一元二次不等式与前两者之间的联系，把"三个二次"展现出来，为下一步探究三者关系作准备. 引导和明确这堂课我们是运用几何法(图像)来解不等式 重温函数及方程的联系 形数结合探究一元二次不等式的解法，并深入理解"三个二次"的关系. 意识到要解一元二次不等式需借助对应一元二次方程根和对应二次函数图像.

教师活动	学生活动	设计意图
(2) 要解不等式 $x^2-x-6>0$，只需要找出函数图像在 x 轴上方部分所对应自变量 x 的取值范围即可。 **观察** 两个不等式解集与对应一元二次方程的两个根之间我们可以发现有什么关系？又可以提出什么问题？ 2．归纳提炼、得出一元二次不等式解法 **幻灯片 4** **例 1** 小组讨论试求出以下两个不等式的解集 ① $x^2-2x+1>0$ 和 ② $x^2+4x+5>0$ **总结** 通过以上三个例子发现由二次函数图像与 x 轴的交点可以确定对应一元二次方程的解和对应一元二次不等式的解集。 把上面三个函数图像同时给出： 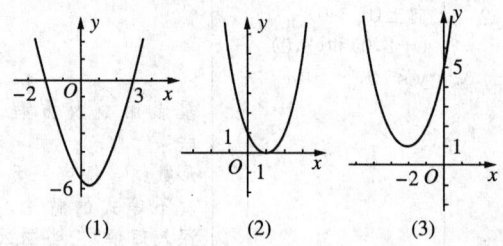 　(1)　　　　(2)　　　　(3) **幻灯片 5** 这三个函数图像的相同点与不同点是什么？上述图像与 x 交点的个数取决于 $\Delta>0$、$\Delta=0$ 还是 $\Delta<0$. 一般 $ax^2+bx+c<0(>0)(a>0)$ 先研究对应二次函数 $y=ax^2+bx+c<0(a>0)$ 与 x 轴的交点情况有几种？函数图像与 x 轴位置关系怎样？ 填表 $\Delta>0$ 时　引导学生解答； $\Delta=0$ 时　学生口答，教师讲评 $\Delta<0$ 时　学生口答，教师讲评 **思考** 若 $a<0$ 怎样求出不等式 $ax^2+bx+c<0$ 或 $+bx+c>0$ 的解集呢？ 3．巩固新知、熟练掌握一元二次不等式的解法． **例 1** 解不等式 $2x^2-3x-2>0$ **分析** 不等式 $2x^2-3x-2>0$ 与表中 $ax^2+bx+c>0$ ($a>0$) 形式完全一样．因此先考虑对应方程判别式及求出方程的根，再结合相应二次函数图像就可以得出不等式的解集．	两个不等式的解集与对应方程的两个根有关： 只要先判断对应方程根的情况再结合二次函数图像能获得一元二次不等式的解集． **分析** 函数① 图像与 x 轴只有一个交点，$y=0$ 时，解集为 $\{x\|x=1\}$ $y<0$ 时，解集为 $\varnothing$ $y>0$ 时，解集为 $\{x\|x\neq1\}$ 函数② 图像与 x 轴没有交点，$y=0$ 时，无实解 $y<0$ 时，解集为 $\varnothing$ $y>0$ 时，解集为 $\mathbb{R}$ 观察图像 相同点：开口都是向上即二次项系数 $a>0$. 不同点：与 x 轴的位置关系（交点个数）不一样． 分三种情况： $\Delta>0$ 两个 $\Delta=0$ 一个 $\Delta<0$ 没有 学生讨论有两种说法：将二次项系数化为正，转化为上述模式求解； 提出直接判断相应方程根的情况结合相应函数图像写出解集．	明确"三个二次"关系并且发现用此三者关系可以解一元二次不等式．初步了解解不等式的解法． 运用"三个二次"关系解不等式，体验用"三个二次"的关系和形数结合思维方法的作用与威力，从而发现解不等式的方法是先讨论一元二次方程根的情况，然后借助相应二次函数图像进行判断． 分类讨论：根据 Δ 的不一样得出与 x 轴交点也有三种情况，为从"特殊到一般，从具体到抽象"做好思维方法上的准备． 一、巩固一元二次不等式的解法应用； 二、规范一元二次不等式的解题格式．

续 表

教 师 活 动	学 生 活 动	设 计 意 图
幻灯片6 例3 解不等式 $-3x^2+6x>2$ 分析 学生思考并口答，教师板书 幻灯片7 解答. 归纳 解一元二次不等式的一般步骤——四部曲 一、化正；二、算 Δ；三、求根；四、写解集. 幻灯片8-9 例4、例5作为课堂练习	学生思考并口答，教师板书	突出对于二次项系数是负数($a<0$)时，可以先把二次项系数化为正，再求解的策略.
幻灯片10 4.课堂小结 ① "三个二次"的关系：方程的解即函数图像与 x 轴交点的横坐标，不等式的解集即函数图像在 y 轴下方或上方图像所对应自变量 x 的范围. ② 解一元二次不等式"四部曲" 一、化正；二、算 Δ；三、求根；四、写解集. 5.布置作业 必做题 习题1.5：1,3 探究题 ① 若 a,b 不同时为零 记 $ax^2+bx+c=0$ 的解集为 P，$ax^2+bx+c>0$ 的解集为 M，$ax^2+bx+c<0$ 的解集为 N，那么 $P\cup U \cup M=$ _____. ② 已知不等式 $ax^2+bx+c>0$ 的解为 $\{x\mid -\frac{1}{2}<x<\frac{1}{3}\}$，求 a,b 的值.	学生思考并口答 学生练习、教师巡视指导、反馈和讲评学生完成情况	解例2、例3，师生一同总结解一元二次不等式的一般步骤. 寻找学生的闪光点，给予热情表扬 必做题：为了使全体学生巩固所学知识 探究题：为学有余力的学生留有发展空间

八、板书设计

一元二次不等式解法 一般地：$ax^2+bx+c<0(>0)$ $(a>0)$ 　　　　　　　　　　　　　　$(a<0)$ 例1 ……	解一元二次不等式的"四部曲" 一、化正 二、算 Δ 三、求根 四、写解集

【评析】（作业）.

【案例6-5】

椭圆的简单几何性质[①]

一、课型
新授课（第一课时）.

二、教学方法
学案导学教学法.

[①] 该案例选自云南师范大学数学学院2004级教育硕士陈士钊硕士论文.

三、教学目标

知识与技能：
① 理解椭圆的几何性质，掌握椭圆草图的画法；
② 掌握用曲线方程研究曲线几何性质的方法；
③ 熟悉椭圆方程中基本量的几何意义，会用椭圆的几何性质解决问题．

过程与方法：
通过用椭圆的方程探索研究椭圆的简单几何性质的初步尝试过程，进一步体会用代数的方法研究几何问题的基本思想方法．

情感、态度与价值观：
在合作交流、探索发现椭圆的简单几何性质，体会研究圆锥曲线的几何性质的一般方法的基础上，体验学习的乐趣和探索的快乐，并提高分析问题和解决问题的能力．

四、教学过程

(1) 自学课本完成下表

椭圆的标准方程及简单几何性质

标 准 方 程	$\dfrac{x^2}{a^2}+\dfrac{y^2}{b^2}=1(a>b>0)$	$\dfrac{x^2}{b^2}+\dfrac{y^2}{a^2}=1(a>b>0)$
图 形		
顶 点		
长短轴		
焦 点		
焦 距		
离心率		

(2) 合作探究

问题 1 总结出椭圆的其他的定义方式．
问题 2 试说明离心率和椭圆形状的联系．

(3) 典例展示

例 1 已知椭圆 $x^2+(m+3)y^2=m(m>0)$ 的离心率 $e=\dfrac{\sqrt{3}}{2}$，求 m 值及椭圆的长轴和短轴长、焦点坐标、顶点坐标．

解 椭圆方程可化为 $\dfrac{x^2}{m}+\dfrac{y^2}{\dfrac{m}{m+3}}=1$

∵ $m-\dfrac{m}{m+3}=\dfrac{m(m+2)}{m+3}>0$，∴ $m>\dfrac{m}{m+3}$，

即 $a^2=m, b^2=\dfrac{m}{m+3}, c=\sqrt{a^2-b^2}=\sqrt{\dfrac{m(m+2)}{m+3}}$

由 $e=\dfrac{\sqrt{3}}{2}$ 得，$\sqrt{\dfrac{m+2}{m+3}}=\dfrac{\sqrt{3}}{2}$，∴ $m=1$；

∴椭圆的标准方程为 $x^2+\dfrac{y^2}{\frac{1}{4}}=1$,∴ $a=1,b=\dfrac{1}{2},c=\dfrac{\sqrt{3}}{2}$.

∴椭圆的长轴长为2,短轴长为1;焦点坐标分别为 $F_1\left(-\dfrac{\sqrt{3}}{2},0\right),F_2\left(\dfrac{\sqrt{3}}{2},0\right)$;

四个顶点坐标为 $A_1(-1,0),A_2(1,0),B_1\left(0,-\dfrac{1}{2}\right),B_2\left(0,\dfrac{1}{2}\right)$.

选题意图:椭圆简单几何性质应用.

提示:解决椭圆的有关问题一般首先应弄清椭圆的类型.

变式引申:已知椭圆 $\dfrac{x^2}{k+8}+\dfrac{y^2}{9}=1$ 的离心率 $e=\dfrac{\sqrt{3}}{2}$,求 k 的值.

例2 求适合下列条件的椭圆的标准方程:

① 经过点 $P(-3,0),Q(0,-2)$;② 长轴长为20,离心率 $e=\dfrac{3}{5}$.

选题意图:椭圆的标准方程的求法.

提示:由椭圆的几何性质,求椭圆的标准方程的一般步骤是:① 求出 a,b 的值;② 确定焦点所在的坐标轴;③ 写出标准方程.

变式引申:已知 $c=8,e=\dfrac{2}{3}$,求椭圆的标准方程.

(4) 同步自测

① 椭圆 $\dfrac{x^2}{a^2}+\dfrac{y^2}{b^2}=k(k>0)$ 与 $\dfrac{x^2}{a^2}+\dfrac{y^2}{b^2}=1$ 有(　　).

A. 相同的离心率　B. 相同的焦点　C. 相同的顶点　D. 相同的长、短轴

② 已知点 $P(x,y)$ 在椭圆 $\dfrac{x^2}{25}+\dfrac{y^2}{16}=1$ 上,则 $2x+1$ 的范围是_____.

③ 中心在原点,长轴长为18,两个焦点恰好三等分长轴,则其方程为_____.

④ 椭圆以坐标轴为对称轴,离心率 $e=\dfrac{2}{3}$,长轴长为6,则椭圆方程为_____.

⑤ 椭圆 $\dfrac{x^2}{9}+\dfrac{y^2}{16}=1$ 上的一点 P 到一条准线的距离与 P 到相应焦点的距离的比为_____.

⑥ 设 P 是椭圆上一点,F_1,F_2 为焦点,$\angle PF_2F_1=75°$,$\angle PF_1F_2=15°$,则离心率为_____.

⑦ 求椭圆 $9x^2+y^2=81$ 的长轴和短轴的长、离心率、焦点坐标、顶点坐标,并画出草图.

⑧ 已知 P 是椭圆 $\dfrac{x^2}{a^2}+\dfrac{y^2}{b^2}=1(a>b>0)$ 上一点,F_1,F_2 为焦点,且 $PF_1\perp PF_2$,若 P 到到两准线的距离分别是6和12. 求此椭圆方程.

(5) 作业布置:

已知椭圆 $\dfrac{x^2}{a^2}+\dfrac{y^2}{b^2}=1(a>b>0)$ 的焦点坐标是 $F_1(-c,0),F_2(c,0),P(x_0,y_0)$ 是椭圆上的任意一点,求证:$|PF_1|=a+ex_0,|PF_2|=a-ex_0$,其中 e 是椭圆的离心率.

【评析】 (作业).

第六节 数学命题教学讲习

《数学课程标准》明确提出:"教学活动是师生积极参与、交往互动、共同发展的过程.数学教学应根据具体的教学内容,注意使学生在获得间接经验的同时也能够有机会获得直接经验,即从学生实际出发,创设有助于学生自主学习的问题情境,引导学生通过实践、思考、探索、交流等,获得数学的基础知识、基本技能、基本思想、基本活动经验,促使学生主动地、富有个性地学习,不断提高发现问题和提出问题的能力、分析问题和解决问题的能力.

在数学教学活动中,教师要把基本理念转化为自己的教学行为,处理好教师讲授与学生自主学习的关系,注重启发学生积极思考;发扬教学民主,当好学生数学活动的组织者、引导者、合作者;激发学生的学习潜能,鼓励学生大胆创新与实践;创造性地使用教材,积极开发、利用各种教学资源,为学生提供丰富多彩的学习素材;关注学生的个体差异,有效地实施有差异的教学,使每个学生都得到充分的发展;合理地运用现代信息技术,有条件的地区,要尽可能合理、有效地使用计算机和有关软件,提高教学效益."下面请你依据《数学课程标准》的基本理念和要求,进行数学命题教学的设计和讲习.

一、数学命题教学讲习课题

(1) 六年级数学"圆的面积""乘法交换律"等课题的教学设计与讲习;

(2) 七年级数学"有理数的乘法""有理数的混合运算"等课题教学设计与讲习;

(3) 八年级数学"平行线的判定""轴对称图形""圆周角"等课题教学设计与讲习;

(4) 高一数学"函数的性质""直线与平面平行的判定""正弦、余弦的诱导公式"等课题教学设计与讲习;

(5) 高二数学"两条直线的位置关系""解含有绝对值的不等式""三垂线定理""排列与组合"等课题教学设计与讲习.

二、请你查阅并研读上述课题在中学数学教材中的内容及其相关背景材料

(1) 独立思考和尝试解决下列问题:

① 这节课的教学目标是什么?

② 这节课的重点、难点、关键点是什么?

③ 如何设计教学过程:怎么引入、怎么探究、设计哪几个活动、采用什么策略、怎样组织教与学双方的活动、活动应体现哪些目标和新理念等?

④ 各个活动之间的内在联系是什么?

⑤ 如何设计归纳小结?

⑥ 怎样设计作业?

⑦ 怎么设计板书?

⑧ 在上述基础之上设计出教学方案.

(2) 分小组就上述问题展开讨论,交流与分享你的思考和教学设计,在分享与讨论之后,改进和形成一份新的教案.

(3) 分小组讲习和展示汇报,在实践中检验你的教学方案,小组成员之间就教学方案进

行研讨和点评.

(4) 再次反思与改进教学方案,并且在小组或班级中讲习、研讨、总结与点评.

三、数学命题教学讲习评价表

数学命题教学讲习评价表

课题： 命题(高中/初中　　年级)教学　　时间:25分钟/人
姓名:＿＿＿＿　学号:＿＿＿＿　班级:＿＿＿＿　时间:＿＿＿＿

评价项目		评价内容	分值
教学过程	课题引入	忆旧迎新,创设情景,激发兴趣	10
	探究结论	启发、探究、发现,归纳概括,把握内在联系	15
	证明命题	执果索因,突出数学思想与方法,思路清晰	10
	例题讲解	注重分析,方法得当,讲解熟练	10
	课堂小结	层次清晰,突出重点,强调方法	5
	时间掌握	各环节时间安排科学、合理,不提前、不拖堂	3
教法教态	教学方法	注重启发,突出重点,突破难点,思维活跃	10
	内容衔接	自然语言与数学语言衔接良好,思路清晰	5
	教态表情	精神饱满,自然大方,能够恰当运用目光、表情、体态与学生交流,富有激情	4
	师生互动	善于提问,启发思维,及时反馈,做好调控	5
板书设计	科学性	公式图表正确、规范,板书清晰,形数结合	4
	计划性	主次分明,详略得当,一例(图)多用	4
	启发性	以简驭繁,前后呼应,无错别字,色彩运用适度	4
语言能力	普通话	发音准确清晰,语言流畅	3
	语速音量	声音洪亮,语速适中,有感染力	4
	表情达意	表达准确,有启发性,逻辑性强	4
总　分			

点评记录(优点与存在的问题或建议至少各两条):

(1) 优点:

(2) 问题及建议:

指导教师签名：

本章要点

(1) 判断是对客观事物(思维对象)有所肯定或否定的思维形式.表示数学判断的语句叫做数学命题.

(2) 推理是从一个或几个判断,得出一个新判断的思维形式.任何推理都包含前提和结论.常见的数学推理有演绎推理、完全归纳推理、不完全归纳推理、类比推理等,它们与证明既有联系,又有区别.

(3) 证明是引用一些真实的命题来确定某一命题真实性的思维形式.应用逻辑方法来判断数学命题真实性的过程叫做数学证明.任何证明都由论题、论据、论证三部分组成.

(4) 在逻辑学中,若两个命题的真值完全相同,则这两个命题称为等价命题(或逻辑等价),记作"≡".逻辑等价的两个命题,在推理论证中可以互相代换.数学命题的真假不仅依赖于逻辑,还必须由实践来检验.

(5) 概念、判断、推理、证明、反驳是形式逻辑思维的基本形式,它们必须遵循逻辑的基本规律.形式逻辑的基本规律要求在数学推理和证明的过程中,对象要确定(符合同一律),判断不能自相矛盾(符合矛盾律),不能摸棱两可(符合排中律),并且要有充分根据(符合充足理由律).

(6) 在给定的公理体系中,经过逻辑证明确认其真实性的命题叫做定理.可由公理或定理直接得出的真命题叫做推论.推论和定理的含义没有什么本质的区别.如果一个定理的逆命题经过证明是真命题,则称为原定理的逆定理.

(7) 数学命题的学习,重要的不是获得几个从天而降式的结论和推论,而是要从中获得和发展认识数学对象、发现数学结论的基本方法和策略,其中蕴含了用数学观点研究和刻画现实世界的方法和途径,这是一个以数学知识结论发生发展过程为载体的学生认知和思维发展的过程,是以学生为主体的数学再发现与再创造的过程.

(8) 数学命题教学包含以下四个方面:① 获得数学命题所反映的内容及其意义;② 掌握数学命题的条件与结论之间的逻辑关系;③ 弄清数学命题与相关数学知识之间的关系;④ 会用数学命题解决问题.

(9) 命题证明的过程往往表现为一系列的推理.从心理学的角度来看,学习者进行证明的过程就是把新的命题(论题)与认知结构中已有的有关命题和概念(论据)关联起来,通过对它们的重新组织,运用一系列的推理形式而使新命题的真实性得以确立的过程.因此,数学命题证明的教学包括以下几个方面:① 分析命题的条件与结论;② 探究命题证明的思路;③ 给出命题证明的规范表述;④ 掌握命题证明中的数学思想方法.

(10) 数学命题揭示了数学概念之间的关系.有效的数学命题教学,有助于学生深入理解数学知识的结构,有助于学生分析和解决问题能力的提高,有助于学生数学思维的发展,所以数学命题的教学十分重要.

思考与练习

1. 什么是判断?数学中常用的判断形式有哪些?
2. 什么是命题?常见的数学命题有哪些?
3. 什么是推理?什么是证明?数学中常用哪些推理与证明方法?
4. 逻辑思维的基本形式是什么?遵循的基本规律有哪些?
5. 举例说明数学命题的结构,分别制作它的否命题、逆命题和逆否命题,并且判断其真假.
6. 调查和分析中学生对某一数学公式的错误认识、表现及其原因.
7. 数学命题教学的基本要求是什么?主要环节有哪些?
8. 数学定理教学中定理的引入有哪些常用的方法?各有什么功能?
9. 比较数学定理和公理两种命题教学目标与策略的异同点.
10. 请选择初中和高中的各一个数学定理,分析它的条件和结论及其证明的思路与应用的数学思想方法,以加深对它的理解.
11. 对你设计与实施的数学命题教学进行反思,并分析自己在数学命题教学中所存在的问题,提出改进的措施.

12. 试证明如下等值公式：

(1) $(p \to r) \wedge (q \to r) \equiv (p \vee q) \to r$

(2) $p \to (q \vee r) \equiv (p \wedge \neg q) \to r$

(3) $p \to (q \to r) \equiv (p \wedge q) \to r$

(4) $p \equiv \neg p \to (r \wedge \neg r)$

(5) $p \to q \equiv (p \wedge \neg q) \to (r \wedge \neg r)$

相关文献链接

涂荣豹,王光明,宁连华.新编数学教学论[M].上海:华东师范大学出版社,2006.

本章参考文献

[1] 曹才翰.中学数学教学概论[M].北京:北京师范大学出版社,1991.
[2] 中华人民共和国教育部.全日制义务教育数学课程标准[M].北京:北京师范大学出版社,2001.
[3] 中华人民共和国教育部.普通高中数学课程标准[M].北京:人民教育出版社,2003.
[4] 丁尔升.中学数学教材教法总论[M].北京:高等教育出版社,1989.
[5] 翁庆凯.数学教育学教程[M].成都:四川大学出版社,2003.
[6] 波利亚.怎样解题[M].上海:上海科技教育出版社,2008.
[7] 朱水根,王延文.中学数学教育导论[M].北京:教育科学出版社,2003.
[8] 张奠宙,宋乃庆.数学教育概论[M].北京:高等教育出版社,2004.
[9] 田万海.数学教学论[M].杭州:浙江教育出版社,1992.
[10] 赵振威,等.中学数学教材教法[M].上海:华东师范大学出版社,2001.
[11] 吴和贵,朱维宗,陈静安.新课标下数学课堂教学过程的优化[J].数学通报,2007,46(3):16—18.
[12] 孔企平.数学教学过程中的学生参与[M].上海:华东师范大学出版社,2002.
[13] 陈静安.关于中学数学教育现代化的构想——由日本数学教育改革与发展引出的思考[J].学科教育,1998(4):24—27.
[14] 陈静安.建构类比在数学分析教学中的应用一例[J].数学教育学报,1997,6(3):75—77.

第七章　数学解题及其教学

学数学,就要解数学题.数学解题学习对学生巩固知识、培养素质、发展能力和促进个性心理发展都具有极其重要的作用和意义.数学学习离不开解题学习,这必然导致数学教学离不开数学解题的教学.因此数学教学的一个很重要的任务,就是教学生学习如何解数学题,教学生学会数学地思维.本章就什么是数学解题、数学解题的一般过程、方法和数学解题教学的要求与培养学生数学解题能力的基本途径等问题,分别进行讨论.

学习目标

学习本章后,你将会:
- ◆ 对数学解题的一些基本概念有进一步的了解;
- ◆ 知道数学解题教学的基本要求和解题能力培养的基本途径;
- ◆ 能对数学解题进行教学设计和实施有效教学.

第一节　数学解题的基本认识

一、数学解题

数学解题就是求出数学题的答案.这个答案在数学上也叫做"解",所以,解题就是找出题的解的活动.小至一个学生算出作业的答案、一个教师讲完定理的证明,大至一个数学课题得出肯定或否定的结论,一个数学技术应用于实际构建出适当的模型等,都叫做解题.数学家的解题是一个创造和发现的过程,数学教学中的解题则是一个再创造或再发现的过程.解题教学的基本含义是,通过典型数学题的学习,去探究数学问题解决的基本规律,学会象数学家那样"数学地思维".

在数学解题教学中,"解题"是一种最基本的活动形式,无论是数学概念的形成,数学命题的掌握、数学方法与技能的获得,还是学生能力的培养与发展,都要通过解题活动来完成.同时"解题"也是评价学生认知水平的重要手段.波利亚说:"中学数学教学的首要任务就是加强解题训练","掌握数学就是意味着善于解题".但是,传统意义上的解题,比较注重结果,强调答案的确定性,偏爱形式化的题目.由于"考试功利"的驱使,数学教学中出现了愈演愈烈的"题海战术"、舍本逐末与越俎代庖等现象,值得大家注意.

二、数学解题的过程

在其他科学领域用数学去解决问题,只需要求得问题的结果就行了,至于求得这个结果的方法是利用什么原理得到的,求得这个结果的方法是如何想到的,并不特别关心.

在数学领域的解题则不同,数学解题不但关心问题的结果,而且更关心求得结果的过程,也就是解题的思维过程和策略.

数学解题过程是指人们寻找数学问题解答的活动,它包括从接触问题到完全解出的所有环节与每一步骤.

由此看来,我们不能认为解题就是写出解答,在得出解答之前,有一个分清条件与目标,并找到它们联系的过程,在写出解答之后,如果是采取认真负责的态度,那还应有一个检验、讨论与回顾所得到的解答的过程.

这就是说,数学解题过程一般应包括:

(1) 审题:正确理解问题,分清问题的条件与目标;
(2) 分析:寻找条件与目标的联系、探索解题的途径;
(3) 解答:得出解答过程;
(4) 校核:检验与讨论所得解答,解后回顾与反思.

波利亚在"怎样解题表"中给出了一个宏观程序,分成四步:弄清问题,拟定计划,实现计划,回顾.在每一步中都配有许多问句或提示,从而体现出模式识别、联系转化、特殊化与一般化、归纳、类比等思维策略的指导(参看波利亚《怎样解题》).

其中,关键的是第二个环节.我们在下一节中主要的就是围绕数学解题的一般程序来讨论解题教学中如何培养学生分析、解决问题的能力.

三、数学解题的方法

这里说的解题方法,是指中学阶段用于解答数学题的方法.此处将其分为三类,即具有创立学科功能的方法,体现一般思维规律的方法,具体进行解题的方法.

(1) 具有创立学科功能的方法.如公理化方法、模型化方法、结构化方法,以及集合论方法、极限方法、坐标方法、向量方法等.在具体解题中,具有统帅全局的作用.

(2) 体现一般思维规律的方法.如观察、试验、比较、分类、猜想、类比、联想、归纳、演绎、分析、综合等.在具体解题中,有通理通法、适应面广的特征,常用于解题思路的探求.

(3) 具体进行论证演算的方法.这又可以依其适应面分为两个层次,第一层次是适应面较广的求解方法,如消元法、换元法、降次法、待定系数法、反证法、同一法、数学归纳法(及递推法)、坐标法、三角法、形数结合法、构造法、配方法等;第二层次是适应面较窄的求解技巧,如因式分解法以及因式分解中的"裂项法",函数作图中的"描点法"以及三角函数作图中的"五点法",几何证明中的"截长补短"法、"补形法",数列求和中的"拆项相消法"等,不一而足.

仅仅是不等式的证明,我们就可以列举出一长串的解法或技巧:比较法、放缩法、综合法、分析法(及递推法)、反证法、基本不等式法、叠加法、连乘法、数学归纳法、判别式法、求极值法、配方法、辅助函数法、构造法、微分法等.而微分法又可以有求极值、确定单调性、中值定理、凹凸性质等形式.

四、数学解题策略

注重解题策略的研究已经构成中国解题教学的一个特色,它可以看成是对波利亚启发性解题策略研究的继承与发展,徐利治教授提出的原理是这方面工作的杰出代表.

策略是指导行动的方针(战略性的),它区别于具体的途径或方式(战术性的).数学解题的策略是为了实现解题目标而采取的方针.解题策略的思维基础是逻辑思维、形象思维、直觉思维的共同作用,离开逻辑是不行的,单靠逻辑是不够的.

在《数学习题理论》(戴再平,1991年)中提出了八个解题策略:枚举法、模式识别、问题转化、中途点、以退求进、推进到一般、从整体看问题、正难则反.

在《数学思维论》(任樟辉,1990年)中提出了十个解题策略:以简驭繁、进退互用、数形迁移、化生为熟、正难则反、倒顺相通、动静转换、分合相辅、引参求变、以美启真.并且认为数学思维策略的研究就是数学解题策略的研究.

在《数学解题学引论》(罗增儒,1997年)中提出了十个解题策略:模式识别、映射化归、差异分析、分合并用、进退互化、正反相辅、动静转化、形数结合、有效增设、以美启真.

解题策略介于具体的求解方法与抽象的解题思想之间,是思想转化为操作的桥梁.作为方法,一方面它是用来具体指导解题的方法,另一方面它又是运用解题方法的方法、寻找解题方法的方法、创造解题方法的方法.

如果把解题策略理解为选择与组合的一系列规则,那么这些规则应该具有迅速找到较优解题操作的基本功能,能够减少尝试或失败的次数,能够节省探索的时间和缩短解题的长度,体现出选择的机智和组合的艺术.

第二节 数学解题教学

一、数学习题的类型及其使用

在中小学数学中,围绕数学基础知识及其思想方法的系统,为达到深入理解、巩固和应用这些知识和方法,为培养和发展学生相应的数学能力,为提高学生的数学素质、促进良好品格的形成而设置的任何计算、求解、证明或研究的问题、练习题、习作题、复习题、总复习题等,都称为数学习题.在中学数学的教学体系中,由于数学习题的设置的目的和作用不同,其依托的知识背景不同,因此,首先就要掌握习题的类别与使用.

1. 导入教学而设置的习题

这类问题包括实例和已有的数学问题.其知识背景是客观事物的类特征、运算规律,概念间的关系及联系.其作用是通过研究这些背景较单一的素材和问题,使学生参与教学活动,经过观察、试验、分析、综合、抽象和概括,能初步识别数学事实,引入概念、形成命题,归纳出法则和概括出公式.

2. 典型示范而设置的例题

这类习题是课堂教学内容不可缺少的.其知识背景一般是课内学习的知识、方法以及有关的已有基础知识、技能和思想方法.其作用是对所学知识进一步深化,同时对技能的应用进行示范,把知识、技能和思想方法联系起来并最终转化为能力,从中领会知识方法要点、熟悉规范解答,为进一步理解基础知识,掌握基本方法和提高数学能力奠定基础.

3. 巩固"双基"而设置的课内练习题

这类数学习题是专供课堂上学生进行随堂练习使用的。其知识背景是单一的概念、运算法则、某种数学技巧、性质及其简单应用。其作用是及时巩固所学知识，理解并熟练掌握所学的基本技巧和方法。其基本形式有口答练习和笔答练习两种。

应该指出，课上设置的例题和练习题还要注意根据知识的不同层次和学生学习的认知水平，进行精心安排，要以巩固"双基"、提高能力、发展智力为目的，由简到繁、由易到难、有条理地组成一个突出重点、分散难点的整体系统。这样做，才有利于学生举一反三、触类旁通，逐步提高对数学原理和解题过程的认识，从而逐步掌握数学思想方法，实现教学目的。

4. 训练学生而设置的习题、复习题和总复习题

这类数学习题是供学生课内外独立作业和阶段复习、总复习进行训练使用的。其知识背景是多个知识点的综合、深度广度不同的数学思想方法的综合，其形式除纯形式化的数学题之外，一般还有应用问题。它的内容要求要有教育性、典型性、层次性和灵活性，它的作用是通过有计划、有目的的系统训练和习作，加深对"双基"的理解和牢固掌握，能够逐步深刻应用、综合应用、灵活应用，从而提高分析问题解决问题的能力。

总之，数学习题遍布于中学数学教学过程之中，其内容不仅包括引进概念、形成命题、归纳公式、运用法则等知识的发生、发展过程中的问题，也包括知识应用过程中的例题、练习题、习作题、复习题和总复习题。而且由于知识的发生、发展过程与知识方法的应用过程是统一的。数学知识体系的高度系统化、结构化表明，旧知识的应用过程正是新知识的孕育、发生过程，而新知识的继续应用和发展，又会有更新的知识孕育发生。因此，数学习题的教学应该贯穿于整个数学教学过程中，而且应该成为中学数学教学的中心。

二、数学解题教学的要求

前苏联教育家斯托利亚尔曾指出："怎样教学生解问题？显然，这是最复杂的数学问题之一。"正如所知，数学教学是数学活动的教学，数学活动的教学其实质是思维的活动，而思维活动的根本在于发现问题、提出问题、解决问题。那么，解题教学应该是最活跃、最生动活泼的。因此，数学解题教学总的要求是：必须按照思维发展的规律有目的、有层次、有系统以及生动有趣地进行教学。具体地说，数学解题教学在体现一般的教学原则和数学教学原则的基础上，还应体现解题教学的自身的基本要求。

1. 制定明确而具体的教学目标

无论是哪个层次的解题，都要确定切实可行的目标，即巩固什么基础知识，巩固到什么水平，理解和掌握什么技能、方法，掌握到什么水平，应用到什么程度，主要训练什么能力，通过什么途径，达到什么水平等等，预先有明确的目标，便可根据这些目的，组织教学活动，并能在活动之后比较便利地进行评价，及时反馈，进一步强化目标，提高教学效益。

2. 交代解题的思维过程

习题课教学中，学生常常惊诧教师解题思路的"准、简、奥"。殊不知教师一题在手，何尝

不是"十月怀胎"才"一朝分娩". 习题课教学,绝不能只讲解一招一式,而应该把教师是怎样摆脱困境,少走弯路,达到"柳暗花明又一村"的理想效果的求解过程教给学生. 只有这样,学生才能真正学到教师高明的思维方法. 清代著名数学家华蘅芳主张"一切算法无不坦白示人",一切解法"不求简奥,不避粗俗,惟使人易明而已". 不避粗俗,是指解题过程中不可避免的弯路;不求简奥,不是指排斥简奥,而是指简奥来自于挣脱困境的反思,仔细咀嚼,其味无穷.

3. 科学严谨,趣味生动

在数学习题教学中,依据数学习题的各种功能和教学目标,配置符合学生思维发展水平的科学严谨的各类型习题,以利于不断激发学生学习数学的积极性与主动性,以保持良好的解题情趣,促使学生生动活泼地主动参与解题. 在习题教学中,首先要保证习题内容的正确性、科学性,不能超越学生的知识水平和思维发展的限度.

同时应注意训练的层次,保证循序渐进,后一次训练要较前一次有创新、超越,不宜过多地重复一个水平的训练,使问题失去应有的教育价值.

其次,在科学严谨要求之下,并不排斥在习题教学中有意精心设计一些"陷阱",诱使学生得出错误的结论,再利用对比激发学生反思,从而明辨是非,这种做法的最终目的是为了纠正错误,深化理解,还可收到启迪思维,引起兴趣的效果.

再其次,严谨性也不排除适当设计一些"条件不足"或"条件多余"的习题,这样既可加大思维跨度,增加思维的发散性,而且通过这样的习题还可以培养学生思维的灵活性、敏捷性、批判性、深刻性等良好的思维品质.

最后,习题课的趣味生动是指问题的提法常表现出艺术性. 习题的形式新颖、言简意赅,富有启发性,解答方法妙趣横生,且有独特的创新色彩,都能使学生不仅学习知识,增长本领,而且能持久地保持"解题胃口",学习数学的积极性定会大增.

4. 注意解题后的反思

习题课上,解题后的反思总是指引导学生回顾所完成的解答过程,对它们进行检查和讨论,寻求其他解题方法,进一步考察问题的变化和发展,探讨条件变化会引起结论的相应变化,确立解题思路的关键是什么等等,以达到检验和深化知识的目的,真正使习题教学成为理论知识教学的补充和延伸.

三、培养学生数学解题能力的基本途径

数学解题能力是一种综合的能力,一般是指综合运用数学基础知识、基本方法和逻辑思维规律,整体发挥数学的基本能力和思维水平,对数学问题进行分析、解决的能力. 对于学生来说,其中包括了思维创造性的能力. 因此,在教学中,要提高学生的解题能力,除了抓好基础知识、基本能力的学习与培养外,更重要的培养途径就是解题实践,就是遵循科学的解题程序,有目的、有计划地引导学生"在游泳中学会游泳",在亲自参与的解题实践过程中,学会解题,从中获得能力. 下面就围绕解题的一般程序,来讨论如何培养学生的解题能力.

1. 养成仔细、认真地审题习惯

仔细、认真地审题,提高审题能力是解题的首要前提. 因为审题为探索解题途径提供方

向,为选择解法提供决策的依据.因此,教学中要求学生养成仔细、认真的审题习惯,就是要对问题的条件、目标及有关的全部情况进行整体认识,充分理解题意.把握本质与联系,不断提高审题能力.具体地说,就是要做到以下四项要求:

(1) 全面了解题目的文字叙述,清楚地理解全部条件和目标,并能准确地复述问题、画出必要的准确图形或示意图;

(2) 整体考虑题目,挖掘题设条件的内涵、沟通联系、审清问题的结构特征.必要时,要会对条件或目标进行化简或转换,以利于解法的探索;

(3) 发现比较隐蔽的条件;

(4) 判明题型,预见解题的策略原则.

以上具体要求中,前两项是基本的,后两项是较高的.事实上,审题能力主要体现在对题目的整体认识、对条件和目标的化简与转换以及发现隐藏条件等方面的能力上.

2. 分析解题思路、探求解题途径

审题之后,进入分析解题思路,寻求解题途径的探索阶段.这一阶段是培养学生解题能力的核心和关键,应让学生学会分析和探索,掌握思维方向.

求解一个问题的主要成绩或最有魅力的工作是构想出解题的思路.这个思路一般是逐渐形成的.或者在明显失败的尝试和一度犹豫不决之后,突然闪出了一个"好念头".教师为学生所能做的最大的好事是通过比较自然的帮助,促使他自己想出一个好念头.为此,在探索阶段,最好向学生介绍下面这一套探索方法:

(1) 想方设法将所给的题同你会解的某一类题联系起来.如果连这一点也做不到,就尽可能找出你所熟悉的,最适合于已知条件的一种解题方法.

(2) 要记住:题的目标是寻求解答的主要方向.仔细分析题的目标是什么?试试看,能不能用你所熟悉的某种方法去解出题目.

(3) 将所得到的局部的结果同题的条件和目标作比较,用这种办法经常检查解题的意图是否合理.试验的次数(包括思考过的和实际做过的)不要太多.

(4) 试试能不能部分地改变题目,换一种方式叙述它的条件,故意简化题的条件(也就是编一个与所给题目相似的、但条件比较简单的题,再设法解它),试试能不能扩大题的条件(编一个比所给题目更一般的题),而且将与该题有关的概念用它的定义来代替.

(5) 将题的条件分成几个部分,尽可能将这几部分构成一个新的组合(也可能出现同题中不讨论的东西组合到一起的情况).

(6) 试试能不能将所给题目分成一串辅助问题,依次解答这些辅助问题就可以构成所给题目的解,对于所给题目的情境中的各个部分编一些局部性的题,这样作当然要服从基本题的目标.

(7) 研究题的某些部分的极限情况,看看这样会对题的基本目标有什么影响.

(8) 改变题的某一部分,看看这样改变会对题的其他部分有什么影响,根据看到的改变题的某些部分所出现的结果,试试能不能就题的目标作出一个假设.

在这个阶段,记住波利亚的话是有益的.他说:"当解决问题时,我们总要利用以前解过的问题,用其结果或用其方法,或利用解决它们时所得到的经验.当然,我们所利用的这一问题必须在某一方面与我们当前的问题有关."

在这个阶段,寻求解答时目的明确具有相当重要的作用.也就是说,自觉地限制试验的次数和防止在解题的开始阶段出现错误,是很重要的.

有时,学生不会独自分析问题,没有教师的帮助就解不出来.但是,在这种情况下,不能将现成答案告诉学生,更不能叫学生死记硬背现成的解法和步骤.向学生指出分析问题的关键环节,而且这些关键环节将来还可以用来进行分析,教师可以用这种办法打破学生思维的停滞状态,促进学生独立地进行思维活动.

在探索阶段,教师应把着眼点放在培养学生的探索能力上.避免上课时教师就把自己想好的解题思路讲一遍(在讲解过程中只是问学生,"对吗?"),把解好的过程书写一番,把总结好的解题方法硬塞给学生.提倡老师当面回答学生提出的问题,让学生看看老师的思考过程(包括成功的思路和失败的尝试).

3. 严格依据逻辑规律表达出规范的解题过程

在解题教学中,经过认真审题、探求解题途径、掌握证明方法,明确解题思路后,还要进一步去达到正确、合理、简捷、清楚、完满地表达出问题解决的过程.这就要求将思路理顺、有理有据地按逻辑规律由已知条件出发,逐步推演、转化,进行有序合理、正确的推理、运算、作图,建立起已知到结果的清楚、简捷、完善的通路,实现问题解决.

一般来说,各种形式的数学习题都有一定的解答格式,解题中要严格按标准格式表达.当然,根据学生的不同学习阶段,标准格式的详略可以不尽相同,但逻辑顺序不能违反,证明推理中关键步骤的大前提必须表达清楚.这样做,可以培养和提高学生的逻辑思维能力和逻辑表达能力,同时也有助于学生解题能力的提高.

4. 回顾与探讨解题过程,养成解题后的反思习惯,也是提高学生解题能力的基本途径

解题后的回顾与探讨、分析与研究就是对解题的结果和解题的方法进行反省,对解题中的主要思想观点,关键因素及类同问题的解法进行概括、推广,从而帮助学生从中提炼出数学的基本思想和基本方法加以掌握,成为以后解新的问题时的有力工具.因此,使学生养成解题后的反思习惯,是解题教学非常重要的一环,必须十分重视.

解题后的回顾,包括检验结果,讨论解法和推广三个方面.

(1) 检验结果.主要是核查结果是否正确无误,推理是否有据,解答是否详尽无漏.

(2) 讨论解法.主要是改进解法或寻求其他不同的解法;分析解法的特征,关键和主要思维过程,总结规律,概括为一般性的解法定式等.这将有利于开拓思路、积累经验,整理方法,有助于增强思维的灵活性和发展提高解题能力.

(3) 推广.解题后一般可朝三个方向进行推广.一是一般化,就是减弱问题的条件,把结果推广到条件更一般的情形,从而研究结论会有什么变化;二是特殊化,就是强化问题的条件,把结论用于条件更特殊的情形,从而研究结论又会有何变化;三是"发展性"推广,就是在原有条件、结论的基础上,进一步发展其空间形式或数量关系所得到的变化.它既不是一般化,也不是特殊化.例如,证明"任意四边形的四边中点顺次连结成一个平行四边形"以后.可进一步发展推广为:"这个平行四边形的周长等于原四边形的两条对角线长之和".

解题后的推广,也是培养学生积极思维、发明发现、创造突破能力的有效途径.如果能让学生养成习惯,那么就可以在解题训练中跳出"题海",通过少而精的解题,收到很大的效益.

5. 合理调控解题活动,全面提高学生的解题能力素质

学生思维的发展,是通过他们学习过程中对思维方法的掌握来实现的,数学的思维方法在数学解题的过程中体现得最为明显和突出,从而决定了数学解题活动最能影响学生数学思维的发展.要使数学解题活动在发展学生数学思维方面发挥出最佳效果,必须把学生的解题活动置于一定的控制之下,控制成教师指导下的、合乎思维规律的、由学生独立进行的探索解题的过程.

那么,应该如何合理地控制学生的解题活动呢?

其一,数学解题活动应由学生主动独立地进行,教师的指导应体现在为学生创设情境、启迪思维、指引方向,学习的主动性、独立性原则决定了解题必须由学生独立地进行.波利亚说,学习解题的最好途径就是自己去发现.这也正是所谓的"梨子效应",即要想学会如何解题,就必须自己动手解题,要知道解题方法是如何探索得到的,那就要自己学着思考."那些曾使你不得不亲自动手发现了的东西,会使你受用终身",G·波利亚的这句名言说的就是这个道理.

其二,教师在指导学生解题时,要给学生充分思考的机会,不能由教师把整个解题过程完全包下来.实际教学中,教师常常自己忙着解题,不留出足够的时间让学生自己思考,使学生处在知其然而不知其所以然的状态,这样的解题教学不可能收到很好的效果.教师的指导,只是一种"催化剂",只能是一种通向目标的"跳板",要最终达到目标,学生还必须进行一番积极思考与不懈努力.

其三,向学生提供的数学题本身应尽可能具有一定的控制学生思维活动的功能.

学生解题能力的形成,并不取决于解题数量的多少,而与题目的质量有密切关系,所谓题目的质量,是指题目有一定的控制功能,不仅有助于知识的巩固和理解,而且有助于掌握探索问题解法的方法.因此,教师设计和选编的习题,在很大程度上决定了解题教学的效果.

教学设计和选编习题时,一般应注意适用性、巩固性、实践性和发展性原则.

适用性原则是指选编的题目既要符合教学目标要求,又要适合学生的实际水平,在习题的数量、难易程度、不同阶段的不同要求和提高解题技能方面都要有的放矢.

巩固性原则是指选编的习题应有利于理解、巩固和复习学过的基本知识,形成技能和技巧.要有利于巩固基础知识,基本技能和基本方法的理解和掌握.

实践性原则是指着眼于培养学生面向实际的意识和理论联系实际的作风,提高解决实际问题的能力.

发展性原则是指主要体现解题教学的目的在于发展学生的能力,发展学生的思维,掌握探索解题的方法,培养他们独立思考、勇于创新的精神.因此,要精心选择和编制包括运用科学方法,提高逻辑素养,培养创造力的数学问题,例如,系列题、变式题等.

总之,培养学生的解题能力要通过掌握科学的解题程序、掌握解题的策略与方法、技巧;要通过教师引导下的主动参与活动;通过创设问题情境,调动学生的智力与非智力等因素.因此,要使学生的解题能力达到较高水平,并上升为一种创造才能,就要在整个的教学过程中,始终都要注意培养和发展学生解题能力的各种因素,注意提高学生的整体素质.只有这样,解题能力的提高才有根底和源泉,解题的功底才扎实.

第三节 数学解题的教学课例及评析

【案例 7-1】

按波利亚的解题表来认识解题过程

例 在 $\triangle ABC$ 中，$\angle A$、$\angle B$、$\angle C$ 所对的边分别是 a、b、c，且 $c=10$，$\dfrac{\cos A}{\cos B}=\dfrac{b}{a}=\dfrac{4}{3}$，$P$ 为 $\triangle ABC$ 内切圆上的动点．求点 P 到顶点 A、B、C 的距离的平方和的最大值与最小值．(1984 年理工科高考题)

(1) 理解题意

本题的条件是① $c=10$；② $\dfrac{\cos A}{\cos B}=\dfrac{b}{a}=\dfrac{4}{3}$；③ P 是三角形 ABC 内切圆上的动点，(显然，条件②实质上包含二个等式) 所求的结论是要求出 P 点到 A、B、C 三顶点的距离的平方和的最值．

综观之，这是一道关于图形的最值问题．

(2) 拟定计划

设想以前未曾遇到过这个问题，但曾见过也解过与它密切相关的两类问题：

第一，已知三角形中某些边角之间的数量关系，要求判断这三角形的形状或解出它．

第二，在一确定的三角形中的某曲线上有一动点，求这点到三角形三顶点或三边的距离的和或平方和的最值．

于是原问题可分裂为两个较为简单的问题：

① a、b、c 为 $\triangle ABC$ 的三边，且 $c=10$，$\dfrac{\cos A}{\cos B}=\dfrac{b}{a}=\dfrac{4}{3}$，试确定 $\triangle ABC$ 的形状及其大小．

② 在确定 $\triangle ABC$ 的内切圆上有一动点 P，试求 $PA^2+PB^2+PC^2$ 的最大值和最小值．

对第①小题，$\triangle ABC$ 已具备了三个条件式，这类问题据以前的经验，只要对数式进行适当的推算，三角形不难解出来．对第②小题，在确定了三角形的形状大小以后，因涉及内切圆上一个动点，拟引入直角坐标系，即能利用解析法列出目标函数，其最值也可用一般的代数三角方法顺利求出．至此，一个比较完整的解题计划可说是已经拟定了．

(3) 实现计划

解法 1 由 $\dfrac{\cos A}{\cos B}=\dfrac{b}{a}$，用正弦定理作代换，得 $\dfrac{\cos A}{\cos B}=\dfrac{\sin B}{\sin A}$．

即 $\sin A\cos A=\sin B\cos B$ 或 $\sin 2A=\sin 2B$．

∵ $\dfrac{\cos A}{\cos B}=\dfrac{4}{3}$，知 $A\neq B$，且 A、B 是三角形的内角．

∴ $2A=\pi-2B$，即 $A+B=\dfrac{\pi}{2}$．

∴ $\triangle ABC$ 是直角三角形．再由 $c=10$，$\dfrac{b}{a}=\dfrac{4}{3}$，及 $a^2+b^2=c^2$，可解得 $a=6$，$b=8$．

如图 6-1 建立坐标系，使 $Rt\triangle ABC$ 的三个顶点为 $A(8,0)$、$B(0,6)$、$C(0,0)$．

因在 $Rt\triangle ABC$ 中，$a+b=c+2r$，所以内切圆半径

$$r=\frac{a+b-c}{2}=\frac{6+8-10}{2}=2.$$

∴ 内切圆的圆心为 $O'(2,2)$, 方程为 $(x-2)^2+(y-2)^2=4$. 设圆上的任一点为 $P(x,y)$, 则有

$$\begin{aligned}S&=|PA|^2+|PB|^2+|PC|^2\\&=(x-8)^2+y^2+x^2+(y-6)^2+x^2+y^2\\&=3x^2+3y^2-16x-12y+100\\&=3[(x-2)^2+(y-2)^2]-4x+76\\&=3\times 4-4x+76=88-4x\end{aligned}$$

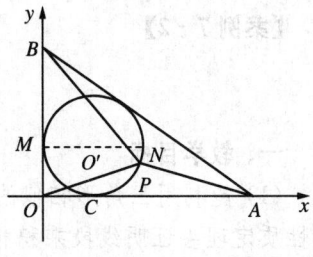

图 7-1

因 P 是内切圆上的点, 故 $0\leqslant x\leqslant 4$, 于是

当 $x=0$ 时, 有 $S_{最大值}=88-0=88$,

当 $x=4$ 时, 有 $S_{最小值}=88-16=72$.

(4) 回顾讨论

对上面解题过程的运算检验无误后可考虑:

$x=0$ 时, P 点运动到 BC 边上的切点 M, 此时得所求平方和最大值为 88, 当 $x=4$ 时, P 点运动到过 M 的直径的另一端点 N, 此时得所求平方和最小值为 72.

此外, 能否用别的方法来导出结果呢?

对第①小题也可一开始用余弦定理作代换, 对第②小题除选择不同的位置建立坐标系外, 圆上的动点 P 也可以利用参数式表示, 于是有

解法2 由 $\dfrac{\cos A}{\cos B}=\dfrac{b}{a}$, 用余弦定理作代换, 有

$$\frac{\dfrac{b^2+c^2-a^2}{2bc}}{\dfrac{a^2+c^2-b^2}{2ac}}=\frac{b}{a},$$

整理得 $a^4-b^4=c^2(a^2-b^2)$.

∵ $a\neq b$, 由上便可得 $a^2+b^2=c^2$,

∴ △ABC 是直角三角形.

同前解得 $c=10, b=8, a=6$ 后, 仍建立坐标系如图 7-1, 因内切圆方程为 $(x-2)^2+(y-2)^2=4$, 可设圆上的动点为 $P(2+2\cos\theta, 2+2\sin\theta)$, 则有

$$\begin{aligned}S&=|PA|^2+|PB|^2+|PC|^2\\&=(2\cos\theta-6)^2+(2+2\sin\theta)^2+(2+2\cos\theta)^2+(2\sin\theta-4)^2+(2+2\cos\theta)^2\\&\quad+(2+2\sin\theta)^2\\&=80-8\cos\theta.\end{aligned}$$

∵ $-1\leqslant\cos\theta\leqslant 1$,

故知 $S_{最大值}=80-8\times(-1)=88$.

$S_{最小值}=80-8\times 1=72$.

【评析】 如果本题前半部分不用正弦、余弦定理作代换, 后半部分不使用解析法, 虽仍能设法确定三角形并推导出目标函数, 但解题过程的繁复程度会明显上升. 其次, 通过讨论, 我们还可认识到图形中的最值常在动点位于某些特殊位置时产生. 经此回顾, 我们对整个问

题可说有了更明晰的了解.

【案例 7-2】

相似三角形性质定理习题课

一、教学目标

(1) 能利用三角形相似的判定定理去发现或构造相似三角形,会灵活运用相似三角形的性质定理去证明线段乘积相等的问题.

(2) 能利用比例的基本性质,将线段比例式化为线段乘积式,或将线段乘积式化为线段比例式,并能灵活进行两者的互换.

(3) 养成将已知条件图形化的良好习惯,即将已知条件(如相等的角,相等的边,……)搬到图形上——在图形上作出醒目的记号,增强直观效果,利于开拓思路.

(4) 养成分析图形特点、挖掘有用的隐含条件的良好习惯,这样做有利于扫除思维障碍,提高解(证)题的能力.

二、教学过程

(一) 复习

提问 1 相似三角形的性质定理有哪几条?

(1) 相似三角形对应高的比……,都等于相似比;

(2) 相似三角形周长的比等于相似比;

(3) 相似三角形面积的比等于相似比的平方. 强调:根据定义还可得到……;

(4) 相似三角形的对应角相等;

(5) 相似三角形的对应边成比例.

提问 2 在以前的解题中,经常用到的相似三角形性质定理是哪几条?

【**评析**】 提问 1 是全面复习相似三角形性质定理,在面上过一次"电影";提问 2 则是引导学生重点掌握"相似三角形的对应边成比例"这一用途广泛的性质.

(二) 讲授

这节课,我们继续讨论相似三角形性质定理的应用(板书课题). 我们看几个例题:

例 1 在 Rt$\triangle ABC$ 中,斜边 BC 上的高 AD 与内角平分线 BE 相交于点 F(图 7-2). 求证:$AF \cdot FD = \frac{1}{2} BF \cdot FE$.

分析 我们知道,运用相似三角形的性质定理能够证明线段比例式. 然而本题的结论却是一个线段等积式,怎样达到证明的目的呢?

(引导学生作下列探讨与思索.)

逆探:$a \cdot d = b \cdot c \Rightarrow \frac{a}{b} = \frac{c}{d} \Rightarrow \triangle \backsim \triangle$,

即:乘积式→比例式→相似形.

顺推:即,相似形→比例式→乘积式.

强调指出:乘积式、比例式、相似形三位一体,由此及彼.

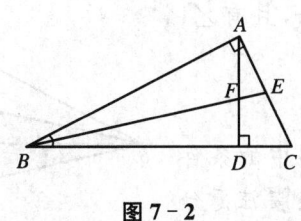
图 7-2

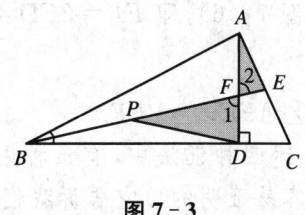
图 7-3

【评析】 逆探是引导学生探索解题的思路与途径,顺推是引导学生掌握解题的方法与技巧.这是思维过程的两条线索.培养学生这种良好的思维习惯,对于提高学生的各种能力,具有不可估量的意义.

思路1 由 $AF \cdot FD = \frac{1}{2} BF \cdot FE \Rightarrow \frac{AF}{FE} = \frac{\frac{1}{2}BF}{FD}$.

怎样得到 $\frac{1}{2}BF$ 呢?取 BF 的中点 P(图 6-3),显然 $PF = \frac{1}{2}BF \Rightarrow \frac{AF}{FE} = \frac{PF}{FD}$,且有 $\angle 1 = \angle 2$.

关键:证明 $\triangle AEF \sim \triangle PFD$.

启发:思路1中的 $\frac{1}{2}$ 是与 BF 结合在一起,欲造 $\frac{1}{2}BF$,因而必须取 BF 的中点.试问 $\frac{1}{2}$ 还可以与谁结合在一起呢?

思路2 由 $AF \cdot FD = \frac{1}{2} BF \cdot FE \Rightarrow \frac{AF}{\frac{1}{2}FE} = \frac{BF}{FD}$.

取 FE 中点 P(图 7-4),显然 $FP = \frac{1}{2}FE \Rightarrow \frac{AF}{FP} = \frac{BF}{FD}$,且有 $\angle 1 = \angle 2$.

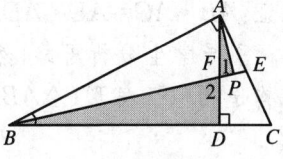
图 7-4

关键:证明 $\triangle AFP \sim \triangle BFD$.

强调:FE 的中点 P 的出现,不仅满足了 $FP = \frac{1}{2}FE$ 的要求,更重要的是,由于点 P 是等腰三角形 AFE 底边 FE 的中点,得到了 $AP \perp FE$,即 $\angle APF = 90°$,$\triangle AEP$ 成为一个直角三角形了.

启发:结论中的系数 $\frac{1}{2}$ 显然可以化为最简单的整数,这时等式两边须乘以2,得到 $2AF \cdot FD = BF \cdot FE$

思路3 由 $2AF \cdot FD = BF \cdot FE \Rightarrow \frac{2AF}{FE} = \frac{BF}{FD}$.

倍长 FA(图 7-5),即 $PF = 2AF \Rightarrow \frac{PF}{FE} = \frac{BF}{FD}$,且有 $\angle 1 = \angle 2$.

关键:证明 $\triangle PFE \sim \triangle BFD$

思路4 由 $2AF \cdot FD = BF \cdot FE \Rightarrow \frac{AF}{FE} = \frac{BF}{2FD}$.

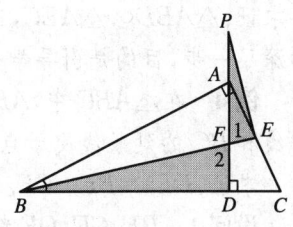
图 7-5

倍长 FD(图 7-6),即 $FP=2FD \Rightarrow \dfrac{AF}{FE}=\dfrac{BF}{FP}$,且有 $\angle 1 = \angle 2$.

关键:证明 $\triangle AFE \backsim \triangle BFP$.

强调,在上述四种证法中,有三种用到了图形中的条件 $AF=AE$(这是容易证明的).它告诉我们,证几何题要注意分析图形特点,挖掘并利用图中隐含的条件.

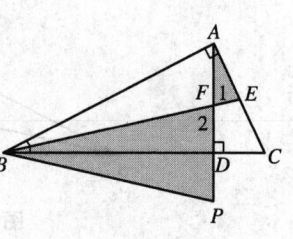

图 7-6

还要指出,在本例证明中要抓住以下要点:

(1) 我们要及时将线段积化为比例式问题;

(2) 由于结论中有"$\dfrac{1}{2}$",我们又要善于对某一线段进行倍、分;

(3) 在线段倍、分过程中,引进了点 P,造成了以 P 为一顶点的三角形与另一三角形相似.这说明证题中的辅助线不能凭空想象,而要紧紧把握住图形特点与结论形式,才能添得恰当、有用.

【评析】 将已知条件图形化,即在图形中作出表明等量关系的记号,可增强直观效果,有助于加深学生对图形及题目条件的认清与理解,有助于学生寻找解题的思路.在平时教学中,注意引导学生进行这方面的训练是大有作用的.

例 2 AD 是 $\triangle ABC$ 的高,AE 是 $\triangle ABC$ 的外接圆直径(图 7-7).求证:$AB \cdot AC = AE \cdot AD$.

引导学生分析思路,然后看书上的证明与分析.强调:添加辅助线去构造相似三角形($\triangle ABE \backsim \triangle ADC$,对解决线段乘积式的证明很有效).

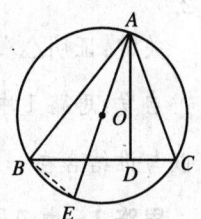

图 7-7

【评析】 为什么安排这个例题呢? 有两个作用:其一,加深学生对处理线段乘积式问题思路的理解,并要求学生在推理论证中,力求叙述简练,条理清晰,步骤合理;其二,这个例题,实为一个用途极广的几何命题.在今后的解题中,实际上可以作为定理加以运用.

再看下面两例:

例 3 将 $\triangle ABC$ 的内角平分线 AD 延长交 $\triangle ABC$ 的外接圆于 E 的外接圆于 E(图 7-8).

求证:$AB \cdot AC = AD \cdot AE$.

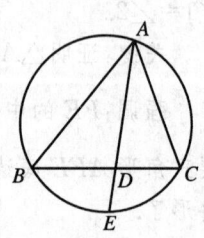

图 7-8

要求学生板演证明过程(略).指出:这是书上习题的演变,原题要求证:$\triangle ABD \backsim \triangle AEC$,这里改为 $AB \cdot AC = AD \cdot AE$,在难度上加深了一步,目的是引导学生设法寻找或构造相似三角形.

例 4 在 $\triangle ABC$ 中,$AB>AC$,AD 为内角平分线,AD 的垂直平分线和 BC 的延长线交于点 E(图 7-9).

求证:$DE^2 = BE \cdot CE$.

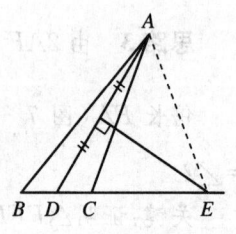

图 7-9

设问 1 BE、CE、DE 都在同一条直线上,不可能形成三角形,怎么办?

引导学生利用 AE 代换 DE,从而构造出相似三角形.

设问 2 题目中为什么附加了 $AB>AC$ 的条件?

(1) 若 $AB=AC$,结果会怎样?

(2) 若 $AB<AC$,图形将有什么样的变化?你能想象出来吗?画图试试看.

(三) 总结

(1) 利用相似三角形性质定理既可以证明线段比例式,也可以证明线段乘积式,因为比例式与乘积式可以互相转化.

(2) 证明线段比例式或乘积式,是不是就只有这一种方法呢? 除掉相似三角形性质定理以外,还有哪一些定理可以用来证明这个问题,课后同学们总结一下.

(3) 利用相似三角形性质,必须先构造相似三角形.构造的依据是三角形相似的判定定理,在三角形相似的判定定理中,"两角等"是经常用到且行之有效的方法.我们所讲的四种证法,就是利用"两角等"来构造相似三角形的.

(四) 布置课外作业

补充题:如图 7-10,已知:PA、PB 与 $\odot O$ 相切于 A、B,AC 是 $\odot O$ 的直径.

求证:$AB \cdot AC = 2PA \cdot BC$.

要求:用两种以上方法加以证明.

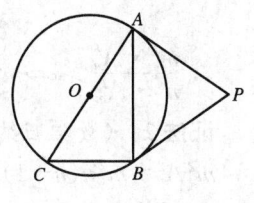

图 7-10

【评析】 证明线段等积式或成比例的问题有很多.无论是平时教学中的测验、考试,还是各类竞赛,这种题目常常可以见到.引导学生掌握证明线段等积式或成比例问题的思路、方法与技巧,对于深化、活化所学知识,提高思维能力和解题能力,都是十分必要的.

在初中阶段,证明线段等积式或成比例的各种方法大体上可以归结为八种方法,而相似三角形性质定理,占有重要的位置.所谓"乘积式,比例式,相似形三位一体,由此及彼"的确是有用的口诀和成功的经验.上述这节课的设计体现了这个精神.

还要指出,相似形和圆的关系密切,圆中的许多定理往往都与相似三角形的性质定理有关.教者设计的诸多例题、习题中,有意地选用了三道与圆有关的题目,其目的是加深对这两章知识内在联系的理解,提高学生综合运用所学知识的目的.

【案例 7-3】

一道高考数学试题解题思路的分析

一、教学目标

(1) 加深对排列数、组合数定义、二项式定理、不等式等的基本知识的理解;提高运算、逻辑推理和逻辑表达能力.

(2) 通过一题多解侧重训练发散性思维和灵活变更命题的创新思维,丰富解题经验.

二、教学过程

1. 分析、探索解题思路

例 已知 k, m, n 是正整数,且 $1 < k \leq m < n$.

(1) 证明:$n^k \cdot A_m^k < m^k \cdot A_n^k$;

(2) 证明:$(1+m)^n > (1+n)^m$. (2001 年高考题)

分析 本题所涉及到的内容是排列数、组合数定义、二项式定理、不等式的基本知识和逻辑推理.是一道综合性较强的阶梯性的试题.易知第一问只要按排列数公式展开,或变更命题,即可发现解法.如证法1,3;若意识到$k,n,m\in\mathbb{N}^+$,容易发现可用数学归纳法来证明,如证法2;对于第二问显然可用二项式定理证明,如证法1;若能意识到正整数k,n,m,可发现用均值不等式证明,如证法2;当思维受阻时,可考虑综合分析法,如证法3;若将命题变更为$(1+m)^{\frac{1}{m}}>(1+n)^{\frac{1}{n}}$易可发现$y=\sqrt[x]{x+1}(x\in\mathbb{N}^+)$是一减函数,从而可得证法4.

(1) 证法1 ∵ $1<k\leqslant m<n$,

∴ $\dfrac{m}{n}$是真分式 $\Rightarrow \dfrac{m}{n}>\dfrac{m-k}{n-k}$

即 $\dfrac{n}{m}<\dfrac{n-k}{m-k}$(或由$m(n-k)>n(m-k)$直接推得).

于是有

$$\dfrac{m^k\cdot A_n^k}{n^k\cdot A_m^k}=\dfrac{m^k}{n^k}\cdot\dfrac{n}{m}\cdot\dfrac{n-1}{m-1}\cdot\dfrac{n-2}{m-2}\cdot\cdots\cdot\dfrac{n-k+1}{m-k+1}>\dfrac{m^k}{n^k}\cdot\underbrace{\dfrac{n}{m}\cdot\dfrac{n}{m}\cdot\dfrac{n}{m}\cdot\cdots\cdot\dfrac{n}{m}}_{k\text{个}\frac{n}{m}}=1,$$

∴ $\dfrac{m^k\cdot A_n^k}{n^k\cdot A_m^k}>1\Rightarrow m^k\cdot A_n^k>n^k\cdot A_m^k$.

证法2 (数学归纳法)当$k=2$时,
$m^2A_n^2=m^2n(n-1)=m^2n^2-m^2n$
$>m^2n^2-n^2m=n^2A_m^2$,
即$k=2$时,命题成立.
假设$k=i(2\leqslant i\leqslant m)$命题成立,即$n^i\cdot A_m^i<m^i\cdot A_n^i$,
那么当$k=i+1$时
$n^{i+1}\cdot A_m^{i+1}=n\cdot n^iA_m^i(m-i)=n^iA_m^in(m-i)$
$<m^iA_n^im(n-i)=m^{i+1}A_n^{i+1}$,
∵ $n>m\geqslant i>1,n(m-i)<m(n-i),n^iA_m^i<m^iA_n^i$
故$k=i+1$时命题亦成立.
综合上述得,对于一切$1<k\leqslant m<n$的整数k命题成立.

证法3 对于$1<k\leqslant m<n$,有$\dfrac{A_m^k}{A_n^k}=\dfrac{m}{n}\cdot\dfrac{m-1}{n-1}\cdot\cdots\cdot\dfrac{m-k+1}{n-k+1}$ (1)

又∵ $\left(\dfrac{m}{n}\right)^k=\underbrace{\dfrac{m}{n}\cdot\dfrac{m}{n}\cdot\cdots\cdot\dfrac{m}{n}}_{k\text{个}\frac{m}{n}}$, (2)

而$1<k\leqslant m<n\Rightarrow\dfrac{m}{n}>\dfrac{m-i}{n-i}(i=1,2,\cdots,k-1)$, (3)

由(1),(2),(3)得 $\dfrac{A_m^k}{A_n^k}<\left(\dfrac{m}{n}\right)^k$,

∴ $n^k\cdot A_m^k<m^k\cdot A_n^k$.

(2) 证法1 由(1)的结论知:

$m^k\cdot A_n^k>n^k\cdot A_m^k\Rightarrow\dfrac{m^k\cdot A_n^k}{k!}>\dfrac{n^k\cdot A_m^k}{k!}\Rightarrow m^k\cdot C_n^k>n^k\cdot C_m^k$.

令 $k=2,3,4,\cdots,m$,则有
$m^2 C_n^2 > n^2 C_m^2, \cdots, m^m C_n^m > n^m C_m^m$,
又 $\because\ m^0 C_n^0 = n^0 C_m^0 = 1, m^1 C_n^1 = n^1 C_m^1$,于是有:
$(1+m)^n = 1 + C_n^1 m^1 + C_n^2 m^2 + \cdots + C_n^m m^m + C_n^{m+1} m^{m+1} + \cdots + C_n^n m^n$
$> 1 + C_m^1 n^1 + C_m^2 n^2 + \cdots + C_m^m n^m + (C_n^{m+1} m^{m+1} + \cdots + C_n^n m^n)$
$> (1+n)^m + (C_n^{m+1} m^{m+1} + \cdots + C_n^n m^n)$
$> (1+n)^m + 0 = (1+n)^m$.
故命题得证.

证法 2 (由均值不等式证明) $\because\ 1>0, 1+n>0$.
$\therefore\ (1+n)^m = \underbrace{1 \cdot 1 \cdots 1}_{(n-m)\uparrow 1} \underbrace{(1+n)(1+n)\cdots(1+n)}_{m\uparrow(1+n)} \leqslant \left[\frac{(n-m) \cdot 1 + m(1+n)}{n-m+m}\right]^n$
$= (1+m)^n$.

证法 3 $\because\ (1+n)^m = C_m^0 n^0 + C_m^1 n^1 + \cdots + C_m^m n^m$,
又 $(1+m)^n = C_n^0 m^0 + C_n^1 m^1 + \cdots + C_n^m m^m + C_n^{m+1} m^{m+1} + C_n^{m+2} m^{m+2} + \cdots + C_n^n m^n$
于是要证 $(1+m)^n > (1+n)^m$,
只要证 $(1+m)^n - (1+n)^m > 0$,
只要证
$(C_n^2 m^2 - C_m^2 n^2) + (C_n^3 m^3 - C_m^3 n^3) + \cdots + (C_n^m m^m - C_m^m n^m) + C_n^{m+1} m^{m+1} + C_n^{m+2} m^{m+2} + \cdots + C_n^n m^n > 0$,
只要证
$(C_n^2 m^2 - C_m^2 n^2) + (C_n^3 m^3 - C_m^3 n^3) + \cdots + (C_n^m m^m - C_m^m n^m) > 0$,
$\because\ 1 < k \leqslant m < n$,
故只要证 $C_n^i m^i > C_m^i n^i$,
只要证 $\dfrac{A_n^i}{i!} m^i > \dfrac{A_m^i}{i!} n^i$,
只要证 $A_n^i m^i > A_m^i n^i$.
由(1)结论得知此式显然成立,于是原命题成立.

证法 4 设函数 $y = \sqrt[x]{x+1}\ (x>1, x \in \mathbb{N}^+)$,显然 y 是一递减函数,事实上,当 $1 < x < x+1$ 时,则有

$\dfrac{\sqrt[x]{x+1}}{\sqrt[x+1]{x+2}} = \left(\dfrac{(x+1)^{x+1}}{(x+2)^x}\right)^{\frac{1}{x(x+1)}} = \left[\left(\dfrac{x+1}{x+2}\right)^{x+1} \cdot (x+2)\right]^{\frac{1}{x(x+1)}}$

$\because\ \left(\dfrac{x+1}{x+2}\right)^{x+1} = \left(1 - \dfrac{1}{x+2}\right)^{x+1}$

$= 1 - C_{x+1}^1 \left(\dfrac{1}{x+2}\right) + C_{x+1}^2 \left(\dfrac{1}{x+2}\right)^2 - \cdots + C_{x+1}^{2k} \left(\dfrac{1}{x+2}\right)^{2k} - C_{x+1}^{2k+1} \left(\dfrac{1}{x+2}\right)^{2k+1} + \cdots +$

$\qquad (-1)^{x+1} \left(\dfrac{1}{x+2}\right)^{x+1}$ (*)

而 $C_{x+1}^{2k} \left(\dfrac{1}{x+2}\right)^{2k} - C_{x+1}^{2k+1} \left(\dfrac{1}{x+2}\right)^{2k+1} = C_{x+1}^{2k} \left(\dfrac{1}{x+2}\right)^{2k} \left(1 - \dfrac{x+1-2k}{(2k+1)(x+2)}\right) >$

$$C_{x+1}^{2k}\left(\frac{1}{x+2}\right)^{2k}(1-1)=0.$$

于是当 $x+1$ 为奇数时,展开 * 式有偶数个项,此时有

$$(x+2)\cdot\left(\frac{x+1}{x+2}\right)^{x+1} > (x+2)\left[\left(1-C_{x+1}^{1}\frac{1}{x+2}\right)+0+\cdots+0\right]=(x+2)\left(\frac{1}{x+2}\right)=1$$

当 $x+1$ 为偶数时,展开 * 式有奇数个项,此时有

$$(x+2)\cdot\left(\frac{x+1}{x+2}\right)^{x+1} > (x+1)\left[1-C_{x+1}^{1}\frac{1}{x+2}+\left(\frac{1}{x+2}\right)^{x+1}\right] > 1.$$

即无论 $x+1$ 是奇数还是偶数都有 $\dfrac{\sqrt[x]{x+1}}{\sqrt[x]{x+2}} > 1$.

所以 $y=\sqrt[x]{x+1}$ 是减函数(这里也可以用取对数法证).

又∵ $1 < m < n$,∴ $\sqrt[m]{m+1} > \sqrt[n]{n+1}$,即 $(1+m)^n > (1+n)^m$.

于是命题证.

【评析】 本题是 2001 年高考题,试题立意基础、新颖,既考查了基础知识又考查了运算、推理能力.同时还突出检测了学生灵活变更命题的创新思维能力.由于试题新颖别致,故解法也灵活多样,各有特色.第(1)问的证法 1,充分运用了真分式的性质和排列数公式的定义;证法 2 利用了数学归纳法,思维直观、自然;证法 3,通过分离变量,变更命题巧用了排列数公式的定义.第(2)问是有关两个二项式的不等式的问题,其中证法 1,通过变更命题,将排列数的问题转化为组合数的问题,并巧妙地运用了二项式定理,思维直接、明了;证法 2 灵活地运用了均值不等式,思维独到,优化了解法;证法 3 充分运用了综合分析法,思维简洁、自然;证法 4 采用的是:先证明一个辅助命题,再借用辅助命题来解决本命题,这都是常用的通法.

然而对于本题的证明,我们开始总是感到困惑,甚至还摸不清楚题目的意图.如对于第(1)问认为 A_m^i 是以 m 为足码,i 为指数的幂,根本没有从排列数的问题上来认识,从而导致错解;有的学生虽然认识到了这一点,但对排列数公式不够熟练,记忆混淆导致书写不完整,解答不够全面,或没有大胆的试探猜想精神,不敢用数学归纳法证明.对于第(2)问,由于在第(1)问中没有认识清楚题目的意图,从而在本问中也找不到入门的向导,以致失分,或者是未想到可用综合分析法探求解法.另外,从试题及其解法可启发我们创造一个新命题:函数 $y=(1+x)^{\frac{1}{x}}$,其中 $x\in\mathbb{N}^+$,是一递减函数.这样我们的思维又可以得到进一步的发展、提高.因此,这些问题都是我们在平时的学习中应重视的问题.

由此可见,正确的解题思路的确定,是由正确的数学思维的产生而决定的.因此,我们一定要把握好题意,依从题设条件分析,寻找入门的蹊径.对于错误的思路也不要轻易放过,应看看错在哪里,有何借鉴和启发,要从错解中解放出来.使我们的思维走进一个勇于创新、探索的新世界.诚然,在平时的学习中,我们务必充分注意认真钻研、摸索、总结,寻求解题思路,掌握分析问题的规律,探求一题多解,促进数学思维能力的提高.促使我们有所发现,有所发明,有所创造,有所前进.

【案例 7-4】

一道中考数学试题解题思路的分析

教学目标分析:中考数学压轴题常常是中考试卷中的把关题,它在考查学生基本运算能力、思维能力、灵活运用数学知识分析和解决问题的能力的同时,还要着重考查学生对数学思想方法的理解和掌握.中考数学的区分层次和选拔使命主要靠这类题型来完成预设目标.目前的中考数学压轴题已经由单纯的知识叠加型转化为知识、方法和能力综合型尤其是创新能力型试题.中考压轴题设计特点是知识点多,覆盖面广,条件隐蔽,关系复杂,解法灵活,能力要求高,突显数学思想方法的运用以及要求学生具有一定的创新意识和创造能力等特点.要解好数学压轴题,一方面要具备扎实的基础知识和熟练的基本技能,另一方面要掌握常用的解题策略.

由上分析可以确定如下目标:在教学中注意多角度思考问题,提高学生灵活运用数学知识解决综合问题的能力;注意数学思想方法的渗透.

中考压轴题解题教学主要把握问题:绝大部分的中考压轴题都是与坐标系、几何图形及函数知识有关的,其特点是通过建立点与数即坐标之间的对应关系,一方面可用代数方法研究几何图形的性质,另一方面又可借助几何直观,得到某些代数问题的解答.因此,在解答这些类型的压轴题时,要充分利用形数结合思想,合理利用函数的性质和几何图形的直观来提高解压轴题的能力.

题目:如图 7-11,在平面直角坐标系中,两个函数 $y=x$, $y=-\frac{1}{2}x+6$ 的图像交于点 A,动点 P 从点 O 开始沿 OA 方向以每秒 1 个单位的速度运动,过点 P 作 $PQ//x$ 轴交直线 BC 于点 Q,以 PQ 为一边向下作正方形 $PQMN$,设它与 $\triangle OAB$ 重叠部分的面积为 S.

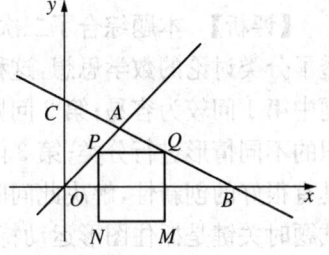

图 7-11

(1) 求出点 A 的坐标;

(2) 试求出点 P 在线段 OA 上运动时,S 与时间 t(秒)的关系式;

(3) 在(2)的条件下,S 是否有最大值?若有,求出 t 为何值时,S 最大值,并求出最大值;若没有,请说明理由.

(4) 若点 P 经过点 A 后继续按原方向、原速度运动,当正方形 $PQMN$ 与 $\triangle OAB$ 重叠总部分面积最大时,运动时间 t 应满足的条件是_____.

解析:(1) 由 $\begin{cases} y=x \\ y=-\frac{1}{2}x+6 \end{cases}$,得 $\begin{cases} x=4 \\ y=4 \end{cases}$,∴ $A(4,4)$,$OA=4\sqrt{2}$.

(2) ∵ 点 P 在 $y=x$ 上,且 $OP=t$,

∴ 点 P 坐标为 $\left(\frac{\sqrt{2}}{2}t, \frac{\sqrt{2}}{2}t\right)$.

将 $y=\frac{\sqrt{2}}{2}t$ 代入 $y=-\frac{1}{2}x+6$,得 $x=12-\sqrt{2}t$.

∴ 点 Q 的坐标为 $\left(12-\sqrt{2}t, \dfrac{\sqrt{2}}{2}t\right)$.

∴ $|PQ|=12-\sqrt{2}t-\dfrac{\sqrt{2}}{2}t=12-\dfrac{3\sqrt{2}}{2}t.$

当正方形的边 MN 与 x 轴重合时,

则 $12-\dfrac{3\sqrt{2}}{2}t=\dfrac{\sqrt{2}}{2}t$,得:$t=3\sqrt{2}$(秒).

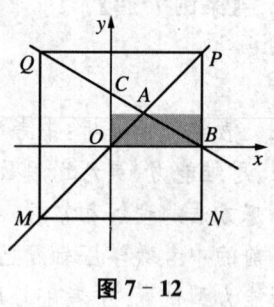

图 7 - 12

当点 P 到达 A 点时,则 $4=\dfrac{\sqrt{2}}{2}t$,得:$t=4\sqrt{2}$(秒);

① 当 $0\leqslant t\leqslant 3\sqrt{2}$ 时,$S=\dfrac{\sqrt{2}}{2}t\left(12-\dfrac{3\sqrt{2}}{2}t\right)=-\dfrac{3}{2}t^2+6\sqrt{2}t.$

② 当 $3\sqrt{2}<t\leqslant 4\sqrt{2}$ 时,$S=\left(12-\dfrac{3\sqrt{2}}{2}t\right)^2=\dfrac{9}{2}t^2-36\sqrt{2}t+144.$

(3) 叠面积有最大值,最大值应在 $0<t\leqslant 3\sqrt{2}$ 中,

$S=-\dfrac{3}{2}t^2+6\sqrt{2}t=-\dfrac{3}{2}(t-2\sqrt{2})^2+12$,所以当 $t=2\sqrt{2}$(秒)时,S 的最大值为 12.

(4) 由 $y=-\dfrac{1}{2}x+6$,得 B 点坐标为 $(12,0)$,当 P 点运动到 $(12,12)$ 时,正方形 $PQMN$ 恰好能完全覆盖 △OAB,有 $\dfrac{\sqrt{2}}{2}t\geqslant 12$,即 $t\geqslant 12\sqrt{2}$(如图 7-12).

【评析】 本题综合了二次函数,一次函数,正方形等知识,并以图形运动为背景,从中渗透了分类讨论的数学思想,这种类型的题目是近几年中考数学中出现频率很高的压轴题. 本题中第 1 问较为容易;第 2 问则根据点 P 在 OA 上运动时,正方形与 △OAB 重叠部分的面积的不同情形进行分类;第 3 问可以综合利用二次函数和图形运动的特点进行解答;第 4 问具有很好的创新性,解决此问时,可结合前面的分析后就能得出正确答案. 解答这种类型的试题时关键是抓住图形运动特殊性进行综合分析.

第四节 数学解题教学讲习

数学解题教学讲习也是师范生形成数学教学技能,提高数学教学能力的重要环节之一. 如何开展解题教学讲习,以下作几点说明.

一、讲习学生应达到的基本要求

(1) 在体现数学解题教学要求的基础上,解题教学还应突出以下重点:
① 科学的解题程序、策略和方法;
② 进行分析、综合、信息的加工处理;
③ 充分暴露解题的思维过程;
④ 把握解题教学中的三个层次的处理:巩固性习题;深化理解习题;思维拓展习题.

(2) 认真备课,把握内容的科学性,进行合理的教学设计和写出优化教学方案;

(3) 讲习每个学生必须参加,未达要求的,重新讲习.

(4)能对数学解题进行合理设计和有效的教学.

二、讲习指导教师应达到的基本要求

(1)指导教师要认真研究讲习内容和方法,有效地指导学生备课和开展讲习;

(2)对学生的讲习不仅要点评而且要作示范如何教;

(3)对学生讲习中存在的问题,要提出具体的改进意见和建议(避免讲习不该要求的环节),对未达要求的学生,再组织讲习.

三、解题教学讲习的内容、形式与评价依据

(1)解题教学讲习的内容主要以现行初、高数学教材中的典型例习题以及近年中高考典型试的分析、讲解为主.

(2)讲习形式采用一课题,二反思,三设计的模式.即首先学生个人进行试讲,反思自己的学习经历后,修改教案;然后在讲习小组试讲,针对同学们意见,再修改教案;最后在班上进行试讲,在教师的指导下,修改优化教案.

(3)数学解答题教学评价根据参考:

数学解题教学评价表

_____班　　学生姓名_____　　学号_____　　讲习时间_____

评价项目	评价内容	分值权重%
审题	找出相关因素,明确问题,全面理解题意	10
分析过程	找出解决问题的关键,引导学生探索解题思路	30
解题过程	推理正确,层次分明,板书与语言同步	20
教学方法	启发性强,逻辑性强,双边活动好	10
板书	字迹工整,美观	5
语言	流畅,宏亮,准确衔接好,字母读音准确,无习惯口语	5
教态	面向学生,自然大方	5
小结	概括总结知识点,解题方法,数学思想方法	10
时间	把握恰当,不提前,不拖堂	5
总分		

注:给分时要有区分度,90分以上不超过指导学生的人数的20%,至少写两条优点,两条不足.

点评记录:(讲完一个及时点评一个)　　　　讲习指导教师签名:

优点:

缺点:

思考与练习

1. 谈谈你解题中最激动人心的一次经历,从中领悟"数学解题"的过程.

2. 自己先偿试以下题目的解法,然后结合该题目谈谈如何指导学生进行解题方法的探究,并辨析自己进行数学解题与教别人进行数学解题有何不同.

已知:△ABC 的内切圆切三边于 D、E、F,BE、CF 交于 M,A、E、F、M 四点共圆(见图 7-13).

求证:$BM \cdot CD = CM \cdot BD$.

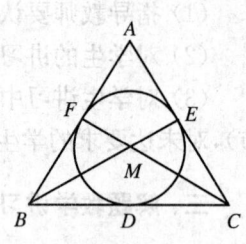

图 7-13

3. 求解下列问题,并结合该问题谈谈如何进行解题反思.

已知 $a \in \mathbb{R}$,函数 $f(x) = x^2(x-a)$.

(1) 当 $a=2$ 时,求使 $f(x)=x$ 成立的 x 的集合;

(2) 求函数 $y=f(x)$ 在区间 $[1,2]$ 上的最小值.

4. 自选你感兴趣的某一课题,进行该课题的数学解题教学设计.并在小组中讲习.

5. 自选一道近三年数学高考试题,写出体现数学解题教学要求的教案,在班上进行讲习.

6. 怎样提高学生的数学解题能力?谈谈自己的见解.

资源链接

1. 张奠宙,宋乃庆.数学教育概论[M].北京:高等教育出版社,2004:271—276.

本书介绍了当代数学教育理论和数学教学有关问题.数学教学案例典型、生动.特别书中设专章介绍和研究《数学课程标准》的制定和实验,并就数学解题和数学考试、数学教育研究等问题进行阐述.

2. 李建才.初中数学教材教法[M].北京:高等教育出版社,1995:187—189,191—192,198—200.

本书对初中数学教材和教法进行了深入的探讨.数学基础知识的教学和基本能力的培养具有针对性、适用性和指导性.

3. 季素月,刘耀斌,戴风明.数学典型课示例[M].长春:东北师范大学出版社,1999:72—78.

本书围绕数学课堂教学中新授、练习、复习、活动等主要范围进行的归纳和总结,是在列举大量实例的基础上,概括出一般的方法和要领,避免了理论上过多的阐述,适合师范院校数学与应用数学专业学生阅读.

本章参考文献

[1] 张奠宙,宋乃庆.数学教育概论[M].北京:高等教育出版社,2004.

[2] 李建才.初中数学教材教法[M].北京:高等教育出版社,1995.

[3] 季素月,刘耀斌,戴风明.数学典型课示例[M].长春:东北师范大学出版社,1999.

[4] 李建才.中学数学教师教学基本功讲座[M].北京:北京师范学院出版社,1991:150—182.

[5] 涂荣豹.数学教学认识论[M].南京:南京师范大学出版社,2006:325—357.

第八章　数学教学评价

> **学习目标**
>
> 学习本章后,你将会:
> ◆ 知道数学教学评价的主要内容、基本程序和常用方法;
> ◆ 了解教育部制订的《数学课程标准》倡导的教学评价理念;
> ◆ 认识学校中使用的各种测验和评价工具的优势与不足;
> ◆ 理解测验和评价在教学过程中扮演的角色;
> ◆ 掌握学生数学学习评价的目的、内容和常用方法;
> ◆ 能够科学界定数学教与学的评价目标,会选择和编制合适的评价方法与测验;
> ◆ 能够有效地编制数学测验、正确解释测评结果,并且有效地使用这些结果;
> ◆ 掌握促进学生全面发展的多元化评价策略,学会正确评价学生的数学基础知识、基本技能和数学能力.

第一节　数学教育评价概述

一、教育评价的产生和发展

自从有教育以来,人们就要求用一定的方式去测量教育效果.考试是一种沿用已久的教育测量方法.我国从唐代开始的科举制度,是公认的最早的笔试,而古代西方国家往往以口试为主.笔试题量少不能测量学生全部知识,口试则存在难以适应学生数量增长、无法统一试题、评分的客观性等问题.为了矫正这些弊病,力求考试客观化,20 世纪初在美国兴起了教育测量运动.但是,对于难以客观地、数量化地加以描述的教育特征,例如,态度、兴趣、思维、实际技能、创造能力和分析批判能力等,仍然被排除在测量对象之外,不能反映教育对象全面发展情况.

20 世纪 40 年代,在美国兴起了教育评价的研究热潮,经过八年实验,提出了史密斯-泰勒报告,后人称为"划时代的教育评价宣言".泰勒的教育评价思想认为,教育不能只是知识的灌输,要以全面发展受教育者的才能为目标.在进行评价时,不仅要评价知识掌握的多少,还要评价应用、分析、综合等高层次的认知能力,以及态度、兴趣、习惯、鉴赏、个性、道德品质等.报告中第一次提出了教育评价思想,论证了教育评价能更加有效地和全面地考查与判定教育效果.

20 世纪 60 年代是教育评价发展史上的一个转折时期,主张教育机会均等的思想逐渐代替过去以优秀儿童为中心的个别差异教育思想.这样,在测验和评价方面,从过去注意人与人之间的差异和选拔优秀,转化为关心每个学生的全面发展.这个转折的标志就是提倡绝对标准的测定和评价.1963 年,格拉泽(R·Glaser)发表文章,提出在学校教育中,应着重推行绝对标准测验和评价.这种评价首先要制定计划到达的目标,并据此评价每个学生达到目标的程度,对于没达到的目标,则要进行补救指导,直到达标为止.由于它关心的是个人内在的发展,是属于教育测定性的,并且有助于引领学生将评价转化为自觉的意识和行动,因此,这方面的理论与实践研究很快在世界各国蓬勃开展.目前,在西方现代教学体系的改革中,绝对标准的测验和评价已获得广泛的应用.

从世界范围来看,至 20 世纪末,教育评价的发展趋势,已由过于注重甄别性和选拔性逐渐转向追求激励性和教育性的方向发展.

二、评价与教育评价

尽管评价活动始于我国隋唐时期开始实行的科举考试,但一直到 19 世纪末期之前,教育领域的评价与考试都是同一个概念.对于什么是评价,仁者见仁智者见智,至今仍未完全获得统一的认识和界定.

一般而言,评价是为决策收集信息和使用信息的各种方法和过程的总称.相应地,为研究某一教育问题所进行的各种有意图的教育测量进而得到种种判断与决策,都可以看作为教育评价.例如,测验、口试、考查等教与学的评价活动.因此,教育评价是以教育为对象,根据一定的目标,运用科学技术与方法,对教育现象及效果进行测量,分析目标实现程度,从而作出价值判断,为进一步教育决策提供依据的过程.换言之,教育评价是有明确目的和周密计划,并且运用恰当方法进行科学分析和合理判断,为改进教学工作、提高教学质量作出决策过程的总称.

教育评价的对象,可以涉及教育的一切方面.如教育目标、课程设置、教育内容、教学方法、教师的教学效益、学生的学习质量,乃至教育发展规划合理性及可行性论证等.但是,作为学校、教师评价的对象,主要针对与教学质量直接有关的对象.

三、数学教育评价的目的与功能

评价是为决策收集信息和使用信息的过程.数学教育评价的目的是为学生、教师和教育系统提供数学教与学状况的准确消息,以改进教师的教和学生的学,促进教师、学生的发展乃至整体教育质量的提高.

依据评价信息的使用对象,可以作出不同层次的教育教学决策,这便是评价的功能.数学教育评价是教育评价的子系统.因此,数学教育评价的功能常常置于教育评价的功能之下,同时联系数学学科的特殊性引申出了数学教育评价的特殊性.

1. 激励功能

数学教育评价对于教学中的学生而言是衡量个体学习进步的准绳.有效的数学教育评价应立足于把评价活动与过程当作是给学生提供一个展示自己在学习过程中的变化、成长与进步的平台和机会,以鼓励和激发学生的数学学习兴趣和信心,同时帮助学生认识自己在数学知识与技能掌握、学习习惯与思维方法、以及分析和解决问题策略等方面的不足,帮助学生正确认识自我,形成积极的学习预期和正确的自我概念,促进学生的数学学习.

2. 诊断功能

从教学的角度看，评价始于对教学目标的确认，止于对教学目标达成程度的判断。因此评价对于教学中的教师而言，旨在帮助教师了解和掌握诸如学生是否做好了接受下一阶段学习任务的准备，还存在哪些学习困难，所制定的教学计划是否适合学生，课堂教学的效率如何，学生在多大程度上达到了教学目标，哪些学生缺乏自我了解，学生的进步达到何种程度等等信息，进而帮助教师扬长避短，完善教学设计，改进教学方法，作出以促进学生的学习为目的的教学决策。

评价对于教学中的学生而言，经由一系列的评价活动，学生亦能够产生自我评价和自我诊断。值得注意的是，学生的自我评价可能带有主观性，容易作出过高或过低的评价，会导致学生产生自满情绪或悲观情绪的倾向。因此，教师要注意对学生的自我诊断加以正确的指导，帮助学生正确认识自己，建立积极健康的心态，排除负面因素干扰，按学习的目标和要求及时调整好自己的数学学习。

3. 管理功能

就实践层面而言，数学教育评价是以《数学课程标准》为基准的价值判断，数学教育评价的目的就是促进一切数学教育活动为实现数学课程标准的各项要求而努力，并通过数学教育评价来判断是否达到这一标准。因此，数学教育评价常常通过检查、指导、鉴别、反馈和强化等手段来达到管理的目的。宏观上，数学教育评价能够对数学教育的宗旨、课程、计划、方法、手段和设备等进行目标制约；微观上，数学教育评价不仅对教师在备课、上课、批改作业、课外辅导和个别化教学过程中常规要求所达到的程度作出价值判断，而且还对学生个体在数学知识、技能和思想方法等方面的掌握程度以及情感、态度、价值观等的发展进行评价，以此实现对数学教育过程进行科学有效的管理，产生对学校数学教育质量的制约和促进作用。

4. 导向功能

从一般意义上来说，教育评价就是将实际教育活动与理想的教育评价目标相比较的过程。换句话说，你测量你追求的，没有评价就没有得到。数学教育的内容、活动对象和结果会随着评价的标准而发生变化。从这个角度来看，评价既是教育状况的温度计，又具有教学改革的风向标作用，因此，数学教育评价对数学教育活动具有明显的导向功能。

宏观来看，通过评价的标准可以协调数学教育现状和社会经济发展的矛盾，使数学教育的目标与社会经济发展的需要相适应。通过评价还可以关注和解决数学在未来科学发展、社会发展中的地位和作用，以适应素质教育的发展目标，从而解决素质教育与一味追求升学率的片面的人才观的矛盾。从微观上看，数学教育评价要求数学教学面向全体学生，使每一个学生学好数学的基础知识和基本技能，避免只抓少数"尖子"学生而忽视大多数学生的发展，同时，也需要处理好如何在大多数学生发展的基础上使优秀学生也得到充分的发展。由于数学的高度抽象性、逻辑严密性和形式化的特点，以及目前我国中小学生在数学学习上课业负担过重，造成学生学习数学的心理压力和困难很大，在教学实践中追求高密度、高难度和高速度的教学方式，常常与发展学生智力、培养能力、建立正确的数学学习情感、态度和价值观发生矛盾。科学的数学教育评价对于解决这些矛盾，能够起到积极的导向作用。

5. 调控功能

通过数学教育评价,可以获得有关被评价对象的数学学习和教学的大量具体信息.评价者按照评价目标,将收集的原始信息经过分析、比较、选择、抽象后,使其成为符合一定目标要求的有效信息.经由信息反馈和评价主体的运用,激发教师和学生对评价结果的责任心,进而调节和控制数学的教与学、推动教学改革,使教学活动能够尽可能地实现数学教育目标,从而实现评价的调控功能.

数学教育的调控功能涉及的范围很广,既可以对数学教育的总目标进行整体调控;也可以对数学教育的某一个局部或某一个评价的个体进行调控;同时,数学教育评价的调控功能还可以在数学教学的进程中发挥作用,例如,调节教学内容和教学方式,控制教学速度、教学节奏、教学密度、教学难度等.通过及时调节与控制教学活动过程,来完善教学的内部结构,激发学生的认知需求,从而达到提高数学教学质量和效益的目的.

总之,通过数学教育评价,可以有效地改善教师的教学和学生的学习活动,调动教师和学生在数学教育活动中的积极性和主动性,进而推动数学教育的改革与发展,提高数学教学的质量和效益.

四、数学教育评价的原则

数学教育评价是一项实践性很强的工作,同时,它又是有强大影响和作用的教育活动.只有在一系列原则指导下,评价过程才能取得最佳效果.在数学教育评价活动中必须遵循以下一些基本原则.

1. 要明确界定评价目标

教育评价始于对教育目标的确认,终于对目标达成程度的判断.因此该原则有两个层次的要求:第一,数学教育的总目标是数学教育评价的依据和前提.数学教育总目标是根据我国的教育方针和人才培养的总目标制定的,是一切数学教育活动的中心.所以,数学教育评价应以数学教育总目标为其判断准则.第二,各种评价活动都是针对不同的评价对象和具体内容,具有很强的针对性,相应地,有其具体的、明确的目标.因此,在进行具体的评价活动时,在与总目标保持一致的原则下,要具体界定和说明测量目标的特性,并据此选择相应、恰当的评价方法.数学教育评价指标体系的设计,信息的收集、整理与分析,做出评价的结论,作出新的决策都应在这些目标的规范下进行.

2. 选择合适的评价方法

数学教育评价必须从客观实际出发,采取实事求是的科学态度,全面考虑制约评价的各个要素,并进行科学的分析.因此,评价方法的选取应依其是否适用于所测量的特征和表现而定,以获得符合客观实际情况的评价结果.运用该原则应主要从两个方面考虑:一是考虑科学的评价方法和手段,正确运用统计原理和方法,准确地收集数据;二是考虑数学学科的特殊性,即考查所用原理与方法在数学教育评价中的适用性和对结果的正确解释.此外,数学教育评价是具有很强的实践性的科学活动.这一原则还要求在进行数学教育评价时,其内容和标准应明确、具体,不能含混不清或不可捉摸;要有统一的评价指标,以保证被评价内容的客观性、可测性,要简化评价程序.

3. 使用多种评价方法

数学教育评价首先需要收集大量的信息,而只有全面地掌握事物本质特征,才能去伪存真,去粗取精,达到对事物的理性认识.对于数学教育强调的所有学习与发展目标而言,没有哪一种方法或工具能够单独挑起评价的重任.因此,数学教育评价常常要求使用多种不同的评价方法.

4. 注重评价的教育功能

评价本身不是目的,它只是达到目的的一种手段.教育不仅仅是捧上一张张高一级学校的录取通知书,而是培养一个个有鲜明个性的活生生的人;教育不仅仅是追求百分之多少的升学率,而是追求每个学生的生动、主动的全面发展;教育不仅仅是汇报时的总结、评比时的数据,而是教师和学生共度的生命历程,共创的人生体验.因此,数学教育评价作为数学教育的一个组成部分,是为学生、教师和教育系统提供教与学状况的准确消息,是为改进教师的教和学生的学,促进教师和学生的发展乃至整体教育质量的提高收集信息的过程.然而,传统的数学教育评价却过多地考虑了那些容易用纸笔测验的简单的知识与技能,过分关注了那一组组抽象、僵化的数据,对学生的数学应用意识、提出问题与假设、猜想与论证、发现与创造等高层次数学思维能力的评价重视不够,至于数学学习的情感、态度、价值观的评价则更是显得薄弱、甚至为盲点.在传统的做法中,教育评价常常异化为分数多少的判断,甚至出现评价者和被评价者对立起来的现象,这些都有悖于实施数学教育评价的目的,这样的评价已越来越不适应"培养全面发展的人"的需要.因此,必须树立新的评价观,倡导立足过程,促进发展的教育评价观,对数学学习的评价必须从过分关注学业成就逐步转向对综合素质的考查,使评价更关注学习个体的进步和多方面潜能的发展.改变过分强调评价的甄别与选拔的功能,充分发挥评价促进学生发展、教师提高和改进教学实践的教育功能.

五、数学教育评价的常用方法

由于教育活动具备多层次性和多因素性,因此对教育活动进行评价具有不同的方法和类型.按照教育的不同方面,教育评价有下面几种不同的分类方法.按照评价的性质可以分为量化评价、质性评价;按照评价的标准可分为绝对评价、相对评价;按照评价的功能分类有安置性评价、诊断性评价、形成性评价和终结性评价.虽然依据分类的标准不同,以上方法之间难免有重复和交叉,但是可以为我们提供一个关于教育评价方法的基本框架和有用的术语.

1. 量化评价

量化评价是指对数学教育评价的对象,通过测验、考试、统计等量化取向的方法与手段,收集数据材料,进行定量分析、处理,找到集中趋势的量化指标和离散度,给出综合性的定量描述与判断.量化评价的特点是,其评价信息的处理需要运用较多的统计知识和方法,评价结果是以数据的形式呈现.量化评价方法旨在把复杂的教育现象简化为数量,从数量的分析与比较中对评价对象进行价值判断.

2. 质性评价

质性评价是对数学教育评价的对象，通过观察、调查、访谈、成长记录袋等非测量方法收集教育的信息，筛选出集中趋势的判断，舍弃非本质的离散的现象，以非数据的形式呈现数学教育评价的内容与结果。质性评价方法的特点是，通过自然的调查，全面充分地揭示和描述评价对象的各种特质，以彰显其中的意义，促进理解、做出价值判断。

3. 相对评价

相对评价是指在评价对象的集合中，取其平均状态或选取一个为评价标准，并依据在群体中的相对位置，对某一对象的级别或状态进行判断和描述。

4. 绝对评价

绝对评价是指在被评价对象的集合之外，预先确定一个评价标准，将评价对象与这个客观标准进行比较，以确定被评价对象是否达到标准及其与标准的距离。

5. 安置性评价

安置性评价是在教学开始前为确定学生的数学学业表现而进行的评价。例如，在学年、学期前进行的摸底测验，目的之一是了解学生对必要的预备知识和技能的掌握程度。试题限于基本的内容，旨在了解教学计划对班级的适合程度，为制定适合班级的教学计划提供信息。有时它也包括为了选拔在数学学习方面相对具有较高水平、具有数学才能的学生而进行的评价。

6. 形成性评价

形成性评价是指在教育实施过程中的评价，也称为过程评价。在形成性评价中，利用反馈的原理和方法，及时检查教育过程中某些环节的优劣，以利于不断地调节和优化教育过程。因此，形成性教育评价的目的，意不在鉴定，而在于诊断和改进。在教育过程中，及时采用形成性检查或测验，不仅可以明确师生已经达到的目标和程度，而且可以提醒师生适时地调节与改进教和学的过程。

7. 诊断性评价

诊断性评价是教育活动开始前或进行过程中实施的测定性评价，其目的是了解评价对象的基础情况，为制定和实施教学计划作出准备，或者为了了解和解决问题搜集必要的资料。诊断性评价具有"诊断"的功能，在教学中运用这种评价方法可以明确学生在知识、技能和能力等方面已经具备的实际水平，为教师备课提供依据，因此在数学教学中被广泛应用。

8. 总结性评价

总结性评价是指教学活动进行到某一阶段或是整个课程结束时对教学成果进行的全面性的评价。例如，教学中的期中、期末、学年末考试及德育评定等。其目的是全面了解和鉴定学生学习及教师教学的成果，了解学生在知识、能力及思想等方面进展的状况，检查达到教育目标的程度.

量化评价和质性评价是数学教育评价中最常见的两类方法.这两类方法在很多方面存在着根本的不同.首先,它们的理论基础不同.量的方法的理论基础是实证主义哲学观以及教育、心理测量理论,其根本思想是任何事物包括人在本质上都是可以量化的,因此,可以对人文社会领域使用自然科学的定量方法进行研究与描述.质的方法的理论基础主要是现象学、解释学等人文主义的哲学理论,其根本思想是强调人与自然的本质差异性,认为自然科学的数量化方法不适用于对人文社会领域的研究与刻画,因为对自然是需要说明,而对人则需要理解.

其次,量的方法和质的方法收集和处理信息的方式不同.量的方法运用结构化程度高和标准化的工具(如设计严密的测验、问卷等)收集数量信息(如学生考试成绩等),并对收集到的定量信息进行计算、统计、假设检验.而质的方法则以研究者本人作为工具,通过细致的观察、耐心的交谈来收集信息,所收集的信息是非数量的、整体性的、直观呈现的(如一篇文章、一段谈话等),对收集上来的信息进行深度描述,强调研究者对材料的体验与感受.

最后,量的方法与质的方法在对待评价对象的态度上不同.量的方法将评价对象看作客观实体,而质的方法则承认评价对象是有感情、有生命、有独特文化背景和价值的人.

以上评价方法实施的有效性依赖于所制定的评价指标体系和方法的正确使用.这些基本的教育评价方法在相关专著和资料中有详细的阐述.

六、数学教育评价的过程

1. 确定评价对象

确定评价对象是数学教育评价的起点,数学教育评价的对象主要有:学生的数学学习(包括数学知识、技能的学习,数学思维与能力的发展,数学价值观、情感、态度的形成等),教师的数学课堂教学、数学课程的设置、数学教材的编写体例等.

2. 收集评价信息

准确收集数学教育评价信息是数学教育评价中关键的一环,没有信息的收集就没法进行分析和判断.而要准确收集信息,就需要建立评价指标体系,以确定在哪些方面收集信息以及收集到何种程度.收集信息的渠道和方法有测验、调查、访谈、观察、自我报告、成长记录袋等,通过这些方法我们首先获得的是原始材料和数据.

3. 分析和整理教育评价信息

该环节是数学教育评价的核心环节.根据教育评价的指标,我们需要对这些信息进行整理与分析,并在此基础上对数学教育评价对象进行解释、诊断、预测和价值判断.有关方法的详细阐述在有关的教育评价书籍中能找到,这里不再详述.

4. 作出数学教育评价的结论

在完成以上工作的基础上,我们需要给出数学教育评价的结论,进而与数学教育目标相比较,提出改进的对策与措施.

第二节 《数学课程标准》倡导的评价理念

一、《全日制义务教育数学课程标准》的评价理念

全面推进素质教育是我国教育改革的根本任务.《基础教育课程改革纲要》提出了一系列新的理念和方法,包括课程目标、课程结构、课程内容、教学方法等方面的改革,其中教育评价改革是重要的组成部分,它强调"改变课程评价过分强调甄别与选拔的功能,发挥评价促进学生发展、教师提高和改进教学实践的功能". 在这一基本理念指导下《全日制义务教育数学课程标准》明确提出:"义务教育阶段的数学课程,其基本出发点是促进学生全面、持续、和谐地发展. 它不仅要考虑数学自身的特点,更应遵循学生学习数学的心理规律,强调从学生已有的生活经验出发,让学生亲身经历将实际问题抽象成数学模型并进行解释与应用的过程,进而使学生获得对数学理解的同时,在思维能力、情感态度与价值观等多方面得到进步和发展".

以此为基础的数学教学评价的理念是:"评价的主要目的是全面了解学生数学学习的过程和结果,激励学生学习和改进教师教学. 评价应以课程目标和内容标准为依据,体现基本理念,全面评价学生在知识技能、数学思考、问题解决和情感态度等方面的表现. 评价不仅要关注学生的学习结果,更要关注学生在学习过程中的发展和变化. 应采用多样化的评价方式,恰当呈现并合理利用评价结果,发挥评价的激励作用,保护学生的自尊心和自信心. 通过评价得到的信息,可以了解学生数学学习达到的水平和存在的问题,帮助教师进行总结与反思,调整和改进教学内容和教学过程."

综上所述,评价的目的是全面考察学生的学习状况,激励学生的学习热情,促进学生的全面发展和改进教师的教学. 对学生数学学习的评价,既要关注学生知识与技能的理解和掌握,更要关注他们情感与态度的形成和发展;既要关注学生数学学习的结果,更要关注他们在学习过程中的变化和发展. 应建立评价目标多元、评价方法多样的评价体系. 应重视过程评价,以定性描述为主,充分关注学生的个性差异,发挥评价的激励作用,保护学生的自尊心和自信心. 在呈现评价结果时,应采用定性与定量相结合,以定性描述为主的方式. 定量评价可采用等级制的方式. 定性描述可以采用评语的形式,更多地关注学生已经掌握了什么,获得了哪些进步,具备了什么能力. 使评价结果有利于树立学生学习数学的自信心,提高学生学习数学的兴趣,促进学生的发展. 教师要善于利用评价所提供的大量信息,适时调整和改善教学过程,帮助学生认识自我,建立信心.

二、《高中数学课程标准》的评价理念

数学教育评价和考试改革是基础教育课程改革的重要组成部分,对课程改革的顺利实施有着极为重要的影响. 本次新课改的目标之一是改革课程过于注重知识传授的倾向,强调形成积极主动的学习态度,使获得知识与技能的过程成为学会学习和形成正确价值观的过程;改变过于强调接受学习、死记硬背、机械训练的现状,倡导学生主动参与、乐于探究、勤于动手,培养学生搜集和处理信息的能力、获取新知识的能力、分析和解决问题的能力,以及交流与合作的能力. 为此,中华人民共和国教育部制定的《普通高中数学课程标准》在课程的基

本理念部分明确提出"现代社会对人的发展的要求引起评价体系的深刻变化,高中数学课程应建立合理、科学的评价体系,包括评价理念、评价内容、评价形式和评价体制等方面.评价既要关注学生数学学习的结果,也要关注他们数学学习的过程;既要关注学生数学学习的水平,也要关注他们在数学活动中所表现出来的情感态度的变化.在数学教育中,评价应建立多元化的目标,关注学生个性与潜能的发展.例如,过程性评价应关注对学生理解数学概念、数学思想等过程的评价,关注对学生数学地提出、分析、解决问题等过程的评价,以及在过程中表现出来的与人合作的态度、表达与交流的意识和探索的精神.对于数学探究、数学建模等学习活动,要建立相应的过程评价内容和方法."

在随后的评价建议部分,《高中数学课程标准》进一步提出"数学学习评价,既要重视学生知识、技能的掌握和能力的提高,又要重视其情感、态度和价值观的变化;既要重视学生学习水平的甄别,又要重视其学习过程中主观能动性的发挥;既要重视定量的认识,又要重视定性的分析;既要重视教育者对学生的评价,又要重视学生的自评、互评.总之,应将评价贯穿数学学习的全过程,既要发挥评价的甄别与选拔功能,更要突出评价的激励与发展功能.数学教学的评价应有利于营造良好的育人环境,有利于数学教与学活动过程的调控,有利于学生和教师的共同成长."

三、《数学课程标准》评价理念与传统评价理念的比较

1. 传统教育评价理念与方法的特征

(1) 评价主体以学校和教师为主,缺少学生的自我评价和同伴互评

传统的评价主体主要是教师、学校或考试机构,学生既没有机会对自己的学习状况进行评价,也没有机会进行同伴之间的评价.无论在班级还是学校,从小学到中学,学生都只能被动地接受评价,缺少自我评价和对同伴评价的锻炼与平台.因此,学生往往对评价持消极、逃避的态度.

(2) 评价方式以考试为主,缺少多样化的评价

考试对于考核学生的数学学业成绩是一种重要的量化评价方法.但是,传统的评价方式以考试和测验为主要工具,教师和学校在评价学生的数学学业时往往只重视数学知识、技能的掌握和数学解题能力的水平,并以传统的纸笔测验结果作为主要甚至唯一的依据,而不考虑学生作为学习主体在这一时间段内学习数学的情感、态度、价值观的变化和发展以及学习过程中主观能动性的发挥;只重视定量的测量与评价,忽视了非测量的定性评价与分析;突出了教育评价对学生的甄别与选拔功能,忽略了学生自评和互评的激励与发展功能.这样用一种模式、一套试题作为"惟一尺度"的评价方式,不仅给学生造成了沉重的心理负担,使他们对考试与评价产生抵触情绪,学习数学的热情和愿望也不断消减,而且还造成教师为考试而教,学生为考试而学,实质上是为了获得所谓"好的评价"而进行数学教育,而不是为了学生的发展而实施教育评价,不仅使教育失去了自由自在的主动性和创造性,而且背离了教育的实质与方向.

(3) 评价内容以知识技能为主,缺少对学生全面发展的评价

学生对基础知识和基本技能的理解与掌握是数学教学的基本要求,也是评价学生学习的基本内容.但是,传统的数学学习评价在内容上过分关注学生对数学知识与技能的掌握,

忽视了对学生的独立思考、批判思维能力和分析、解决问题的能力以及过程与方法、情感、态度和价值观等身心素质的发展与评价.评价内容的片面、单一,既严重阻碍了学生的全面、健康与可持续发展,也阻碍了学生创新精神和实践能力的发展.

(4) 评价结果的处理以分数和排名为主,缺少科学的反馈和有效地使用

笔试是定量评价的主要策略,定量评价往往采取百分制或等级制的方式.在传统评价中这种以量化为特征的数学学习评价结果往往被以当众公布和排名的方式处理.这种以"挑毛病和扣分"为特征的"排队"型考试以及持续不断地用分数和排队来甄别学生数学学习优劣的评价,使学生长期处在一种紧张、压抑、自卑的心理状态,往往使原来充满学习热情的学生产生学习上的恐惧与厌恶心理、以至怀疑自己的学习能力、变得越来越不自信,甚至最终彻底放弃学习.尤其是对于数学成绩在中下游的学生,评价结果的这种处理方式,极大地挫伤了他们的自尊心和数学学习的自信心,极大影响了他们学习数学的积极性,是导致他们学习数学的兴趣和信心失落与挫败的主要原因.即使是数学成绩比较好的学生,对排名也普遍抱有畏惧的心理,因为一旦排名下降,往往会对他们产生更大的压力.数学考试被演变成了可怕的"审判日",而不是激励和引导学生学习、不断发展的手段与平台.

综上所述,传统的评价过分关注对学生的甄别和选拔功能,对评价的诊断、激励和发展性功能认识和应用欠缺.主要弊端为,使用的评价方法单一,不重视将评价结果全面、客观、科学地反馈给学生,未能帮助学生对自己的数学学习形成全面正确的认识,未能帮助学生及时诊断出自己在数学学习方面的不足与缺陷,未能及时、合理、有效地激励和引导学生的数学学习和健康发展,不利于学生自我认识和自我评价能力的培养.

2.《数学课程标准》评价理念的特征

(1) 评价主体多元化

《数学课程标准》指出,评价主体多元是指将教师评价、自我评价、学生互评、家长和社会有关人员评价等结合起来,从而构成评价的立体化.评价主体多元化的目的是全面、客观、科学和充分地反映学生的数学学习过程与结果,避免单一主体评价的片面性,从不同视角、不同侧面、不同主体对学生的数学学业进行评价,旨在充分发挥评价的激励、诊断、导向、调控、管理等功能,促进学生的自我认识和自我评价能力的发展.

评价主体的多元化一改以往单独由教师评价学生的状态,将数学学习评价变为多主体共同参与的教育活动.多主体评价对于学生的发展意义重大.首先,自我评价能够极大地提高学生的学习积极性和主动性,具有醒悟和激励功能.通过自我评价学生确认自己在学习发展中的成长表现,从中认识和分析自己学习上的优势与不足,学会全方位、立体式地审视自己.自我评价的过程也是学生主动参与、主动反思、自我教育、自我发展的过程,能有效地促进学生的自我认知、自我发展和自我提升的能力.

现代心理学研究表明:内因性动机的内驱力较大,维持时间也较长.现代社会的发展更要求人具有较高的自我评价、自我调解和自我提升的能力.因此,在多元化的评价主体中,自我评价作为一种自我发展的内在动力机制,应在教育教学中引起我们的高度重视.

其次,学生对他人评价的过程也是学生之间相互学习和交流的过程.通过学生互评的形式,给学生创设了充足的机会,交流彼此的学习经验,分享有效的学习方法,互相激励发展,促进和深化对所学知识的理解,实现智慧与资源共享.互评的形式还可以为学生提供广阔的

思维空间,使学生在对自我和他人做出肯定的同时,学会质疑,引发思考,从中激发学生探究问题的兴趣,提高数学思维的能力.与此同时,学生在互助与竞争中学会沟通和协调,提高人际交往的能力,学会合作,为终身学习和不断发展奠定坚实的基础.

(2) 评价方式多元化

《高中数学课程标准》指出"评价方式多元化,是指定性与定量相结合,书面与口头相结合,课内与课外相结合,结果与过程相结合等".评价应以尊重被评价对象为前提,在呈现评价结果时,应采用定性与定量相结合,以定性描述为主的方式.定量评价可采用等级制的方式.定性描述可以采用评语的形式,更多地关注学生已经掌握了什么,获得了哪些进步,具备了什么能力.使评价结果有利于树立学生学习数学的自信心,提高学生学习数学的兴趣,促进学生的发展.总之"通过多元化的评价,可以更好地实现对学生多角度、全方位的评价与激励,努力使每一个学生都能得到成功的体验,有效地促进学生的发展".

(3) 评价内容多元化

依据以人为本、面向全体学生、促进学生的全面发展的教育目标,对学生进行多方面的评价是促进学生全面发展的必然要求.为此,《高中数学课程标准》提出"评价内容多元化,包括知识、技能和能力,过程、方法,情感、态度、价值观以及身心素质等内容的评价;相对于结果,过程更能反映每个学生的发展变化,体现出学生成长的历程.因此,数学学习的评价既要重视结果,也要重视过程".《标准》还强调,知识、技能、情感、态度、价值观与数学思维和分析解决问题的能力是一个密切联系的有机整体、没有主次之分,对于学生未来的学习、工作、生活与发展都有着十分重要的作用,对以上任何一个方面的忽视都可能造成学生发展的偏颇或缺失.

(4) 评价目标多元化

《数学课程标准》提出了多元化的评价目标,评价的对象,既包括学生也包括教师.针对学生的数学学习评价,其目标也是多元的.首先,《全日制义务教育数学课程标准》根据《基础教育课程改革纲要(试行)》,并结合数学教育的特点,明确了义务教育阶段数学课程的总目标,并从"知识与技能、数学思考、解决问题、情感与态度"四个方面对总目标作出了进一步的阐述.

在《义务教育数学课程标准》中,不仅使用了"了解(认识)、理解、掌握、灵活运用"等刻画知识技能的目标动词,而且使用了"经历(感受)、体验(体会)、探索"等刻画数学活动水平的过程性目标动词,从而更好地体现了《数学课程标准》对学生在数学思考、解决问题以及情感与态度等方面的要求.

《普通高中数学课程标准》则提出了"知识与技能,过程与方法,情感、态度与价值观"三维目标,并且对所涉及的行为动词水平进行了详细的分类与阐述,如下表8-1所示.

针对教师的评价,《义务教育数学课程标准》强调"教师要善于利用评价所提供的大量信息,适时调整和改善教学过程",评价应以促进教师的发展为目的,通过评价使教师获得更多数学教与学的信息,促进教师改进数学教学,提高自身的教育教学能力,使评价成为教师反思和改进数学教学的有力手段.

表 8-1 《高中数学课程标准》的目标领域与水平分类

目标领域	水平	行为动词
知识与技能	知道/了解/模仿	了解,体会,知道,识别,感知,认识,初步了解,初步体会,初步学会,初步理解,求
	理解/独立操作	描述,说明,表达,表述,表示,刻画,解释,推测,想象,理解,归纳,总结,抽象,提取,比较,对比,判定,判断,会求,能,运用,初步应用,初步讨论
	掌握/应用/迁移	掌握,导出,分析,推导,证明,研究,讨论,选择,决策,解决问题
过程与方法	经历/模仿	经历,观察,感知,体验,操作,查阅,借助,模仿,收集,回顾,复习,参与,尝试
	发现/探索	设计,梳理,整理,分析,发现,交流,研究,探索,探究,探求,解决,求寻
情感、态度与价值观	反应/认同	感受,认识,了解,初步体会,体会
	领悟/内化	获得,提高,增强,形成,养成,树立,发挥,发展

四、实施《数学课程标准》评价理念的措施与方法

《数学课程标准》在各个学段都提出了评价建议,这些建议既是对评价理念的具体化解读,也是实施数学课程标准理念的具体措施与途径,教师应创造性地理解和应用这些措施,并把这些措施落实和体现在实际的课堂教学过程中.

1. 重视对学生数学学习过程的评价

《高中数学课程标准》强调,"数学学习的评价既要重视结果,也要重视过程.对学生数学学习过程的评价,包括学生参与数学活动的兴趣和态度、数学学习的自信心、独立思考的习惯、合作交流的意识、数学认知的发展水平等方面".

《义务教育阶段数学课程标准》还进一步指出"学生在数学学习过程中,知识技能、数学思考、问题解决和情感态度等方面的表现不是孤立的,这些方面的发展综合体现在数学学习过程之中.在评价学生每一个方面表现的同时,要注重对学生学习过程的整体评价,分析学生在不同阶段的发展变化.评价时应注意记录、保留和分析学生在不同时期的学习表现和学业成就".

例如,可以设计下面的课堂观察表用于记录学生在课堂中的表现,积累起来,以便综合了解学生的学习表现以及变化情况.观察表中的项目可以根据实际需要自行调整,随时记录学生在课堂教学中的表现.教师可以有计划地每天记录几位同学的表现,保证每学期每位同学有 3~5 次的记录;也可以根据实际情况记录某些同学的特殊表现,如提出或回答问题具有独特性的同学、在某方面表现突出的同学、或在某方面需要改进的同学.经过一段时间的积累,对于学生平时数学学习的表现,就会有一个较为清晰具体的了解.

表 8-2 课堂观察表

上课时间：_____　　科目：_____　　内容：_____

学生 项目	陈钢	李力	赵华					
课堂参与								
提出或回答问题								
合作与交流								
课堂练习								
知识技能的掌握								
独立思考								
其他								

说明：记录时，可以用 3 表示优，2 表示良，1 表示一般。

《高中数学课程标准》还给出了一些具体评价内容的建议与要求"通过数学学习过程的评价，应努力引导学生正确认识数学的价值，产生积极的数学学习态度、动机和兴趣.

（1）独立思考是数学学习的基本特点之一，评价中应关注学生是否肯于思考、善于思考、坚持思考并不断地改进思考的方法与过程.

（2）学习过程的评价，应关注学生是否积极主动地参与数学学习活动、是否愿意和能够与同伴交流数学学习的体会、与他人合作探究数学问题.

（3）学生学好数学的自信心、勤奋、刻苦以及克服困难的毅力等良好的意志品质，也是数学学习过程评价的重要内容.

（4）评价应特别重视考察学生能否从实际情境中抽象出数学知识以及能否应用数学知识解决问题.

（5）评价应当重视考察学生能否理解并有条理地表达数学内容.

（6）评价应关注学生能否不断反思自己的数学学习过程，并改进学习方法".

2. 正确评价学生的数学基础知识和基本技能

《数学课程标准》认为，"学生对基础知识和基本技能的理解与掌握是数学教学的基本要求，也是评价学生学习的基本内容. 评价要注重对数学本质的理解和思想方法的把握，避免片面强调机械记忆、模仿以及复杂技巧". 并且分别给出下面一些具体评价内容的建议与要求.

对基础知识和基本技能的评价，应以各学段的具体目标和要求为标准，考查学生对基础知识和基本技能的理解和掌握程度，以及在学习基础知识与基本技能过程中的表现. 在对学生学习基础知识和基本技能的结果进行评价时，应该准确地把握"了解、理解、掌握、应用"不同层次的要求. 在对学生学习过程进行评价时，应依据"经历、体验、探索"不同层次的要求，采取灵活多样的方法，定性与定量相结合、以定性评价为主.

每一学段的目标是该学段结束时学生应达到的要求，教师需要根据学习的进度和学生的实际情况确定具体的要求. 例如，表 8-3 是对第一学段有关计算技能的基本要求，这些要求是在学段结束时应达到的,评价时应注意把握尺度,对计算速度不作过高要求.

表 8-3　第一学段计算技能评价要求

学 习 内 容	速 度 要 求
20以内加减法和表内乘除法口算	8～10题/分
百以内加减法口算	3～4题/分
三位数以内的加减法笔算	2～3题/分
两位数乘两位数笔算	1～2题/分
一位数除两位或三位数的除法笔算	1～2题/分

教师应允许学生经过较长时间的努力,随着数学知识与技能的积累逐步达到学段目标.在实施评价时,可以对部分学生采取"延迟评价"的方式,提供再次评价的机会,使他们看到自己的进步,树立学好数学的信心.

《高中数学课程标准》还指出:评价对数学的理解,可以关注学生能否独立举出一定数量的用于说明问题的正例和反例.特别地,对核心概念学习的评价应该在高中数学学习的整个过程中予以关注.

评价应关注学生能否建立不同知识之间的联系,把握数学知识的结构、体系.

对数学基本技能的评价,应关注学生能否在理解方法的基础上,针对问题特点进行合理选择,进而熟练运用.

数学语言具有精确、简约、形式化等特点,能否恰当地运用数学语言及自然语言进行表达与交流也是评价的重要内容.

3. 重视对学生发现问题与解决问题能力的评价

《高中数学课程标准》提出"学生能力的获得与提高是其自主学习、实现可持续发展的关键,评价对此应有正确导向.能力是通过知识的掌握和运用水平体现出来的,因此对于能力的评价应贯穿学生数学知识的建构过程与问题的解决过程".

《全日制九年义务数学课程标准》还进一步指出:数学思考和问题解决的评价要依据总体目标和学段目标的要求,体现在整个数学学习过程中.对数学思考和问题解决的评价应当采用多种形式和方法,特别要重视在平时教学和具体的问题情境中进行评价.

对学生发现问题、解决问题的能力可以从以下方面进行考察:能否从现实生活中发现和提出数学问题;能否探索出解决问题的有效方法,并试图寻找其他方法;能否与他人合作;能否表达解决问题的过程,并尝试解释所得结果;是否具有回顾与分析解决问题过程的意识.例如,可以设计如下问题考察学生解决问题的能力.

例如,用一根长为50厘米的细绳围成一个长方形,怎样才能使它的面积最大?针对这个问题,教师首要考察学生是否能围出不同的长方形,并按照一定的规律将这些长方形排列,是否能发现面积与长和宽的关系,从而进一步猜测到当围成一个正方形时,它的面积最大.

如何评价能力既是课程改革面临的一个重要的课题,也是一个挑战.对此,《高中数学课程标准》以数学地提出、分析、解决问题能力的评价为例,给出评价中应关注的方面.

(1) 在日常的数学学习,尤其是数学探索与数学建模活动中,是否具有问题意识,是否善于发现和提出问题.

(2) 能否选择有效的方法和手段收集信息、联系相关知识、提出解决问题的思路,建立恰当的数学模型,进而尝试解决问题.

(3) 能否在解决问题的过程中,既能够独立思考,又能够与他人很好地交流与合作.

(4) 能否对解决问题的方案进行质疑、调整和完善.

(5) 能否将解决问题的方案与结果,用书面或口头等形式比较准确地表达并进行交流,根据问题的实际要求进行分析、讨论或应用.

(6) 评价应当关注学生能否对自己提出问题和解决问题的过程进行自评与互评.

(7) 在评价中,要注意肯定学生在数学学习中的发展和进步、特点和优点.

4. 重视对情感态度的评价

情感态度的评价应依据课程目标的要求,采用适当的方法进行. 主要方式有课堂观察、活动记录、课后访谈等.

情感态度评价主要在平时教学过程中进行,注重考查和记录学生在不同阶段情感态度的状况和发生的变化. 例如,可以设计下面的评价表,记录、整理和分析学生参与数学活动的情况. 这样的评价表每个学期至少记录 1 次,教师可以根据实际需要自行设计或调整评价的具体内容.

表 8-4 参与数学活动情况的评价表

学生姓名:_____ 时间:_____ 活动内容:_____

评价内容	主 要 表 现
参与活动	
思考问题	
与他人合作	
表达与交流	

教师可以根据实际情况设计类似的评价表,也可以根据需要设计学生情感态度的综合评价表.

5. 实施促进学生发展的多元化评价

促进学生发展的多元化评价尤其要重视评价主体的多元化和评价方式的多元化. 评价主体多元化,是指将教师评价、自我评价、学生互评、家长和社会有关人员评价等结合起来,这样可以避免单一主体评价的片面性,从不同视角、不同侧面、不同主体对学生的数学学业进行评价,更全面和客观地反映学生的数学学习状况,促进学生的自我认识和自我评价能力的发展. 例如,每一个学习单元结束时,教师可以要求学生自我设计一个"学习小结",用合适的形式(表、图、卡片、电子文本等)归纳学到的知识和方法,学习中的收获,遇到的问题,等等. 教师可以通过学习小结对学生的学习情况进行评价,也可以组织学生将自己的学习小结在班级展示交流,通过这种形式总结自己的进步,反思自己的不足以及需要改进的地方,汲取他人值得借鉴的经验.条件允许时,可以请家长参与评价.

评价方式多元化,是指定性与定量相结合,书面与口头相结合,课内与课外相结合,结果与过程相结合等,既可以用书面考试、口头测验、活动报告等方式,也可用课堂观察、课后访谈、作业分析、建立学生成长记录袋等方式.在条件允许的地方,也可以采用网上交流的方式进行评价.每种评价方式都具有各自的特点,教师应结合学习内容及学生学习的特点,选择适当的评价方式.例如,可以通过课堂观察了解学生学习的过程与学习态度,从作业中了解学生基础知识与基本技能掌握的情况,从探究活动中了解学生独立思考的习惯和合作交流的意识,从成长记录中了解学生的发展变化,从小组讨论中了解学生以提出问题和解决问题的能力、以及合作交流的意识与技能.

总之,教师应结合评价内容及学生学习的特点,选择适当的评价方式,以考察学生的学习情况,反映学生的进步历程.逐步改变只用考试评价学生一个学期、一个学年或一个学段数学学业的不合理现象.通过多元化的评价,可以更好地实现对学生多角度、全方位的评价与激励,努力使每一个学生都能得到成功的体验,有效地促进学生全面、健康、可持续的发展.

6. 恰当地呈现和利用评价结果

评价结果的呈现应采用定性与定量相结合的方式.第一学段的评价应当以描述性评价为主,第二学段采用描述性评价和等级评价相结合的方式,第三学段可以采用描述性评价和等级(或百分制)评价相结合的方式.

评价结果的呈现和利用应有利于增强学生学习数学的自信心,提高学生学习数学的兴趣,使学生养成良好的学习习惯,促进学生的发展.评价结果的呈现,应该更多地关注学生的进步,关注学生已经掌握了什么,获得了哪些提高,具备了什么能力,还有什么潜能,在哪些方面还存在不足,等等.

例如,《全日制九年义务数学课程标准》给出了如下"某同学第二学段关于'统计与概率'学习的书面评语".

王小明同学,本学期我们学习了收集、整理和表达数据.你通过自己的努力,能收集、记录数据,知道如何求平均数,了解统计图的特点,制作的统计图很出色,在这个方面是全班最好的.但你在使用语言解释统计结果方面有一定困难.继续努力,小明! 评定等级:B.

这个以定性为主的评语,实际上也是教师与学生的一次情感交流.学生阅读这一评语,能够获得成功的体验,树立学好数学的自信心,也知道自己的不足和努力方向.

教师要注意分析全班学生评价结果随时间的变化,从而了解自己教学的成绩和问题,分析、反思教学过程中影响学生能力发展和素质提高的原因,寻求改善教学的对策.

第三节 数学学习评价及案例分析

一、数学学习评价的含义和目的

1. 数学学习评价的含义

评价、测验、测量是三个关系密切的概念.测验是评价的一种特定形式,通常是由一组要求在固定时间内完成的题目组成,并且在相同条件下对一个行为样本施测的工具或方法. 测量是依据特定的规则对测验或其它教育评价方式的结果进行量化描述或测定的过程. 测量回答的是"程度"问题,限于对学生学业的定量描述(如李明答对了 20 道数学题中 17 道题),它不包括定性描述(例如,李明的试卷很清晰),也不包含对所得结果的价值判断. 评价则是指获取关于学生学习信息时所使用各种方法的总称. 它包括对学生学习的定量描述和定性描述,也包括对学生学习结果的价值判断过程. 评价所要回答的问题是:"学生个体的学习表现如何?".

相应地,数学学习评价是指有目的、有计划地收集学生的数学学习信息的方法与过程. 与之密切相关的概念是数学测验与数学测量. 值得注意的是,数学测验或考试不等于、也不能代替数学学习评价,而且考试也不等于笔试.

2. 数学学习评价的目的

自 1970 年代"新数运动"以来,数学基础教育课程改革成为国际数学教育改革的主旋律,而数学教育评价则是当代世界各国共同关注并致力研究的难题. 研究表明,传统的教育评价在评价的目的、方式、内容及评价主体上分别存在过于注重评价的甄别与选拔功能,过于夸大和依赖书面测验与笔试成绩的作用,过多关注对书本知识掌握的评价,并表现为重结果轻过程,重知识轻方法,评价主体和方法单一等弊端. 在教学实践中这些问题已成为严重制约我国数学课程改革和学生全面发展以及新数学课程标准贯彻与落实的瓶颈.

新课程召唤和需要新的教育评价. 对相关理论的大量研究昭示我们,近 20 年来,人们越来越认识到传统教育评价的局限,并积极对其进行改革. 西方国家则经历了一场评价改革运动,教育评价的价值取向渐进完成了从"结果取向的评价"向"过程取向的评价"进而到"主体取向的评价"的转变,并呈现出以下五大时代特征:"以质性评价整合与取代量化评价;评价功能由注重甄别转向注重发展;既重视学生在评价中的个性化反应方式,又倡导学生在评价中学会合作;强调评价问题的真实性与情景性;评价不仅关注学生解决问题的结果,而且重视得出结论的过程".

《义务教育数学课程标准》明确提出:"数学学习评价的目的是全面考察学生的学习状况,激励学生的学习热情,促进学生的全面发展. 数学学习评价也是教师反思和改进教学的有力手段". 为此,数学学习评价主要包括以下几个方面的目的.

(1) 提供反馈信息,促进学生的数学学习

"对学生数学学习的评价,既要关注学生知识与技能的理解和掌握,更要关注他们情感与态度的形成和发展;既要关注学生数学学习的结果,更要关注他们在学习过程中的变化和发展". 因此,数学学习评价要突出评价的教育功能,全面反映学生的数学学习经验,发现和激发学生数学学习方面的潜能,帮助学生认识自我、建立自信,促进学生的数学学习兴趣、方法、能力等的全面发展. 通过数学学习过程的评价,实现对学生多角度、全方位的评价与激励,努力使每一个学生都能得到成功的体验,有效地促进学生的全面发展.

(2) 改善教师的数学教学,促进教师的专业发展

传统教学中,教师往往认为测验与评价的根本目的是为学生的学习评定等级,确定学生在班级中的位置,向家长提供学生课堂表现的证据. 如若评价结果的目的仅在于此,则失去了它应有的价值. 现代教育评价的重要特征之一,就是从重视静态的总结性评价向重视形成

性评价反馈调节的动态过程发展,强调形成性评价的调节功能.通过数学学习评价,教师可以获得数学教与学的丰富信息,促进教师适时调整和改进教学过程,从中提高自身的教育教学专业能力,使评价成为数学教师反思和改进教学的有力手段.

(3) 发展学生对数学的积极态度、情感和价值观

《数学课程标准》指出:"对学生数学学习的评价,还要关注和涉及学生的参与程度,合作交流的意识与情感、态度的发展.对参与程度的评价,应从学生能否主动参与数学学习活动等方面进行考察.对学生合作交流意识的评价,应从学生是否主动地与同学合作、是否认识到自己在数学学习团队中的作用、是否愿意与同伴交流各自的想法等方面考察.对学生情感与态度的评价,教师应结合具体的数学教学过程和问题情境,随时了解每一个学生学习的主动性、学习数学的自信心和对数学的兴趣".因此,数学学习评价评价的手段和形式应多样化,应重视过程评价,以定性描述为主,充分关注学生的个性差异,发挥评价的激励作用,保护学生学习数学的自尊心和自信心.应努力引导学生正确认识数学的价值,产生积极的数学学习态度、动机和兴趣.

(4) 对学生的数学学业和进步进行评价

数学学习评价,既要重视学生知识、技能的掌握和能力的提高,又要重视其情感、态度和价值观的变化;既要重视学生学习水平的甄别,又要重视其学习过程中主观能动性的发挥;既要重视定量的认识,又要重视定性的分析;既要重视教育者对学生的评价,又要重视学生的自评、互评.总之,应将评价贯穿数学学习的全过程,既要发挥评价的甄别与选拔功能,更要突出评价的激励与发展功能.

二、数学学习评价的原则

1. 发展性原则

发展性原则是素质教育评价最重要的原则,指的是评价不仅要关注学生的现实表现,更要重视全体学生的未来发展,重视每个学生在本人已有水平上的发展.这一原则表达了一种从评价过去和现在,转向评价将来和发展的新理念.在评价过程中,要对学生过去和现在作全面分析,根据他们过去的基础和现实的表现,预测性地揭示每个学生未来发展的目标,激励他们通过努力,缩小与发展目标的差距.此外,发展性评价还要设法让学生发展他们的长处,发挥自己最佳的水平.正如加德纳批评的那样,"考试往往用来找出人的弱点而非长处",而发展性评价希望学生能够充分了解自己的优势,释放自己的发展潜能.每个学生都有其发展的潜力,只是表现的领域不同而已.这就需要教师在以促进学生发展为终极关怀的理念下,从不同的视角、不同的层面去认识每一个学生,并促进其优势智能领域的优秀品质向其他智能领域迁移.因此,教师不应以评价结果作为奖惩依据,而是要为学生创造一个宽松和谐的环境,给学生以弹性化、人性化的发展空间,从而促进学生自觉、能动、和谐地发展.

2. 明确性原则

评价的目标要明确,评价的内容也要明确,这是明确性原则的基本涵义.评价的内容与目标明了,才能引领和促进学生的发展.特别地,作为数学教学,在教学活动开始时就让学生了解数学学习的目标,可以引领学生朝着目标去努力,使教学目标得以实现.

3. 差异性原则

人的发展不是整齐划一的,同一年龄的儿童在发展速度、特定的任务领域中的表现会存在很大差异. 从尊重学生的个性发展出发,注意到学生个体间的差异,关心学生全面、和谐、可持续的发展,数学学习评价就不能搞一刀切. 对学生的数学学习评价可以按"上不封顶、下要保底"的差异性原则进行操作. "下要保底"就是要确保每个学生在数学学习中都掌握必需的数学,都经历成功的体验,都在知识与技能、能力与方法和情感、态度、价值观方面获得发展. 即使是数学学困生,也同样能在教师的引领和同学的帮助下,体验到"只要自己努力不放弃,也会获得成长,也会拥有优势". 对数学学困生不追求其全面与最好,评价宜侧重他的某一方面或几个方面、并注重与他自身的进步相比,即关注他的"更好". "上不封顶"就是注重数学学习水平的持续发展性,最大限度地提升广大学生的数学思维水平,在班级中发展一批数学学习的"领头雁".

4. 多元性原则

评价的多元性原则,主要是指两方面. 一是评价主体的多元化,包括教师对学生的评价、学生的自我评价、生生评价、乃至延伸于家长与社会的评价等,从而构成评价的立体化. 二是评价目标的多元化. 根据新课程标准中提出的"知识与技能"、"过程和方法"、"情感态度价值观"的三维目标,对学生数学学习的评价必须从根本上超越传统评价对数学知识的过分关注,使评价的目标不再单一、僵化,而具有多元维度和价值取向. 概括起来,至少应包括以下几个方面的内容及功能:① 反映学生数学学习的成就和进步,激励学生的数学学习;② 判断学生在数学学习中存在的困难,及时调整和改善教学过程;③ 全面了解学生数学学习的历程,帮助学生认识自己在解题策略、思维方法或学习习惯上的长处和不足;④ 使学生形成正确的学习预期,形成对数学积极的态度、情感和价值观,帮助学生认识自我,建立自信.

三、数学学习评价的常用工具

1. 测验与考试

测验通常是由一组要求在固定时间内完成的题目组成,并且在相同条件下对一个行为样本施测的工具或方法,是数学教育中应用最广泛的评价方法. 通常包括纸笔测试与口试. 作为一种量化的评价方法,它是在明确数学教育目标的基础上,通过编制试题、组成试卷,然后对学生进行测试、引出学生的数学学习表现,并按照一定的标准对测试结果加以量化描述和测量. 测验的目的是为了检查数学教学目标的实现程度. 在数学教学中经常采用测验法检验学生知识和技能达到的水平. 值得注意的是,对于学生的数学学习态度、兴趣、情感体验和合作精神等学习目标,则难于用测验加以评价.

根据数学教学不同阶段的特点和测验的不同目的要求,可将测验分为诊断性测验、形成性测验和终结性测验. 诊断性测验是为了诊断学生在某种能力上的特殊优点和缺点;形成性测验的目的是为了检查学生对某一部分数学内容的掌握程度;终结性测验的目的是为了全面检查某一阶段数学学习的效果.

根据测验的来源,还可以把测验分为教师自编测验和标准化测验. 教师自编测验的灵活性较强,教师可根据各自的教学进程与测评需要,自编试题,进行各种类型的测验.标准化测验是指按系统科学的程序组织与编制试卷,具有统一的评价标准,并对试题作严格标准化测量控制、评分及解释的考试.它具有以下特点.

(1) 试题编制标准化

标准化测验是严格按照评价目标的要求,从专家编制的试题库中提取试题编制而成的测验,试题库中的题目是通过对同年级、同知识水平的被试实际预测后筛选而成,有确定的评价目标、内容、方式和标准,这种试题取材广泛、知识覆盖面大,满足各种质量指标.因此,标准化测验不仅具有较好的稳定性,而且在相当程度上反映了教育目标要求.

(2) 测试过程标准化

标准化测试对实施程序与施测条件的控制十分严格,要求对所有测试对象在同一时间、使用同一试卷施测.

(3) 测试评分标准化

标准化测试采用大量客观性试题,其答案是唯一的.在评卷过程中可以消除因人的主观因素带来的误差、并可机器阅卷(高速光学阅读机能达到每分钟几百张).

(4) 分数转换与解释标准化

标准化考试可按照一定的规则和方法将测验所得的原始分数转化为具有可比性、可加性的导出分数.并定出常模,然后对学生的成绩作出科学恰当的解释.

值得注意的是,《数学课程标准》特别强调了"合理设计与实施书面测验".强调"书面测验是考查学生课程目标达成状况的重要方式,合理地设计和实施书面测验有助于全面考查学生的数学学业成就,及时反馈教学成效,不断提高教学质量".并具体给出如下建议:

(1) 对于学生基础知识和基本技能达成情况的评价,必须准确把握内容标准中的要求.例如,对于一元二次方程根与系数关系的考查,内容标准中的要求是"了解",并不要求应用这个关系解决其他问题,设计测试题目时应符合这个要求.

内容标准中的选学内容,不得列入考查(考试)范围.

对基础知识和基本技能的考查,要注重考查学生对其中所蕴含的数学本质的理解,考查学生能否在具体情境中合理应用.因此,在设计试题时,应淡化特殊的解题技巧,不出偏题怪题.

(2) 在设计试题时,应该关注并且体现《数学课程标准》的设计思路中提出的几个核心词:数感、符号意识、运算能力、模型思想、空间观念、几何直观、推理能力、数据分析观念.

(3) 根据评价的目的合理地设计试题的类型,有效地发挥各种类型题目的功能.例如,为考查学生从具体情境中获取信息的能力,可以设计阅读分析的问题;为考查学生的探究能力,可以设计探索规律的问题;为考查学生解决问题的能力,可以设计具有实际背景的问题;为了考查学生的创造能力,可以设计开放性问题.

2. 观察与记录

在教育评价中,有目的、有计划地对评价对象的行为进行系统、深入的观察,从而获得评价信息的方法,叫做观察法.在教育活动中,教师的教学态度和教学方法,学生的学习态度、兴趣、习惯、作业情况及各种能力等,都可通过观察法收集信息,为教育评价的实施提供事实依据.运用观察法要注意,观察要有重点,观察的目的和内容相一致,要克服主观意识的干扰,剔除偶然因素,准确地从众多现象中捕捉有价值的信息资料,以保证观察结果的客观性和真实性.

例如,某教师在数学自习课中对三位学生的学习情况进行了六次观察,记录见表8-5.

表8-5 数学学习观察记录

学生 \ 次数 表现	自己做作业	与人讨论	与人说话	翻课外书	玩
甲	√√√√		√		√
乙		√	√√	√	√
丙	√	√√√√			

初步评价是:甲乐于学习和钻研,偶尔与人说话或玩;丙愿意与人讨论,独立思考不够;而乙则对数学学习投入欠佳.

3. 成长记录袋

建立成长记录是学生开展自我评价的一个重要方式,它能够反映出学生发展与进步的历程.成长记录中的材料应让学生先自主选择,然后与教师共同确定.下例给出数学学习成长记录袋案例中收集的项目资料,能够较好地反映学生数学学习过程中的探究和所取得的进步.

(1) 课前预习中的问题记录;
(2) 课后复习或作业完成情况的反思与记录;
(3) 对每一周数学课堂学习的自我评价;
(4) 每一单元中自己最满意的一次作业;
(5) 单元知识的总结与学习方法的反思;
(6) 为同学出的一份检测卷;
(7) 单元测试或期末考试总结与反思;
(8) 数学日记——数学学习中的成功体验与收获;
(9) 合作学习中解决疑难问题的方案及自己的贡献;
(10) 数学思想在解题中的应用;
(11) 十分钟的小老师——解决某一数学问题的最佳描述与讲解;
(12) 日常生活中发现的数学问题及分析;
(13) 收集数学家的故事并在班上作介绍;
(14) 活动报告或数学小论文.

4. 访谈与记录

访谈,又称为面谈或谈话法,是指通过与被评价者面对面地口头交谈获取评价信息的方法.这种方法与日常谈话的根本区别在于,它是一种有目的、有计划的研究性交谈.运用谈话法,首先应根据确定的评价目标选择访谈对象,为了使收集的信息具有评价的价值,常常采用分层次抽样法选择谈话对象,并事前制订好访谈提纲、设计出谈话的方式和程序.

5. 调查问卷

调查问卷属于一种书面形式的谈话. 主要形式是问卷与调查表. 其优点是:第一,能够在同一时间对群体进行大量问题的调查,大大节省了人力和时间;第二,使被调查者减少了面对面谈话的心理压力,并有充分的时间思考和回答问题,有助于提高所获得信息的可信度.

在数学教育评价中,问卷调查法获得普遍重视和应用,例如,在学生非智力因素评价、教师的教学效果以及数学教材评价等活动中,问卷法都有广泛的应用. 表 8-6 是调查学生关于数学学习兴趣的问卷.

表 8-6 数学学习兴趣调查表

我希望有更多的时间学习数学	A B C D E
我听数学课时非常认真	A B C D E
我对数学作业从不厌烦	A B C D E
我喜欢看数学课本	A B C D E
我常常充满信心地独立解题	A B C D E

(A 表示与你的想法完全符合;B 基本符合;C 有时符合有时不符合;D 基本不符合;E 完全不符合. 在表示符合你的想法的字母上打"√")

四、数学学习评价的常用方法

评价过程会涉及到许多不同的方法. 按照评价所采用的参照体系,可以从不同的角度对这些方法进行分类与描述.

1. 按照评价目标划分

学生的数学学习评价按照目标划分有三种方法,即绝对评价,相对评价和个体内差异评价.

(1) 绝对评价

绝对评价又称目标参照评价,是以预先制定的(评价对象集合以外的)目标为标准,评价每个对象达到的程度的方法. 在绝对评价中,要把每一个评价对象与评价对象集合以外的客观评价标准作比较,作出评价判断. 例如,在教学中按照教学大纲和教学要求(评价标准)编制试题用评分方法评定学生的成绩就是绝对评价. 例如,60 分为及格,100 分为满分,所得分数即为评价对象的评价水平.

设在某次数学测验中,评价对象集合 $A=\{N_1,N_2,\cdots,N_n\}$ 为评价对象,绝对评价的标准是 S,某班(共 n 名学生)第 i 名学生的分数为 N_i,那么在绝对评价中确定每一对象在集合中的相对位置,主要应考察 N_i-S. 绝对评价的优点是评价标准明确、客观,而且在评价前已确定,与评价对象相对独立,并且评价结果不依赖评价对象集合的状态水平,评价后每个评价对象都能明确自己与评价标准的差距,因而易于发挥评价的激励、导向和改进功能. 其缺点是因为评价标准来自评价对象集合外部、很难客观化,评价结果的解释与运用易受评价者的教育观及其主观经验的影响.

(2) 相对评价

相对评价又称常模参照评价,是以评价集合内的某一对象或者以评价集合的平均状况为标准(常模),将每个评价对象与此标准比较,以确定评价对象在这个集合中的相对位置的方法.

设评价对象集合为 $A=\{N_1,N_2,\cdots,N_n\}$,S 为评价标准. 在相对评价中确定每一对象在集合中的相对位置,主要考察 N_i-S. 若设第 i 名学生的得分为 N_i,常模为 $S=\frac{1}{n}\sum_{i=1}^{n}N_i$,则

$$N_i-S=N_i-\frac{1}{n}\sum_{i=1}^{n}N_i=\frac{1}{n}[(N_i-N_1)+(N_i-N_2)+\cdots+(N_i-N_n)]$$

相对评价仅仅针对评价对象构成的集合进行,对于这个特定集合来说,评价结果是相对准确的,因而具有明显的客观性,无论整体水平如何,都能评价优劣,因而能充分发挥评价的鉴定与激励功能. 但由于相对评价是通过集合内部相互比较实现的,对其他集合未必适用,因此有明显的局限性,容易降低客观标准,其评价结果不能表示被评价对象的实际水平,只表示它在该集合中所处的位置. 例如,运用相对评价可以评出某班的优秀生,但在甲班的优秀生在乙班未必是优秀生.

在教育评价中,通常把绝对评价和相对评价结合起来运用. 例如,在高考中,依据教学大纲和教材编制考题,用评分方法评定学生成绩,属绝对评价. 但在招生时,由于受名额限制,甚至要考虑地区差别,因此录取是通过相对评价来实现的.

(3) 个体内差异评价

把评价对象集合中各元素进行先后比较,从而评价各个对象差异的方法,叫做个体内差异评价,也叫做自身评价法. 个体内差异评价方法主要有两种,即纵向评价和横向评价.

① 纵向评价

把某一对象在不同时间的某个侧面的发展变化作出差异比较,并得出评价结论的方法叫做纵向评价法. 例如,对同一学生的某一学科成绩作出前后比较,可以评价学生学习的进步情况.

② 横向评价

把某一对象在同一时间的不同特征或不同侧面进行比较,并得出结论的方法叫横向评价法. 例如,在同一时间对同一学生各学科的成绩比较,或在某一学科的不同能力或各部分内容的学习情况比较等. 通过横向比较可以掌握学生各方面的优劣及发展趋势,便于个体调整与改进.

个体内差异评价充分照顾了个体差异,在评价中不会给评价对象造成压力,有利于个人发挥,易于发挥评价的激励和导向功能,但这种方法有时难以确定评价标准,并且不能对评价对象集合作出整体性比较和评价,为了克服个体内差异评价的这种局限性. 常把个体内差异评价法与相对评价法结合起来运用. 例如,某学生先后两次数学考试成绩分别为 70 分和 80 分,从个体内差异评价法来看,成绩是上升的,但是,如果第一次全班的平均分是 60 分,标准差是 10 分,第二次全班平均 75 分,标准差也是 10 分. 转换为标准分数后,两次成绩分别是 1 分和 0.5 分,显然,按相对评价法来分析,该生的数学成绩则是下降了.

2. 按评价功能划分

按评价功能的不同,数学学习评价又可分为诊断性评价、形成性评价和总结性评价.

(1) 诊断性评价

诊断性评价是指在数学教学活动过程中为诊断造成学生持续学习困难的原因,以排除学生从事后续数学学习活动的障碍,保证数学学习计划能有效实施而进行的评价.诊断性评价是教育活动开始前实施的测定性评价,其目的是了解评价对象的基础情况,为制定和实施教学计划作出准备,或者为了了解和解决问题搜集必要的资料.诊断性评价具有"诊断"的功能,在教学中运用这种评价方法可以明确学生在知识、技能和能力等方面已经具备的实际水平,为教师备课提供依据,因此在数学教学中被广泛应用.

(2) 形成性评价

形成性评价是指在数学教学过程中,检测学生数学学习所达到的程度并及时发现存在的问题,明确教学活动的效果而进行的评价.其目的是为学生和教师提供学会与否的连续的反馈.形成性评价在教学过程中会多次进行,通过它揭示教与学双方存在的问题,为师生提供评价信息.这种信息对学生来说有助于加深了自我了解,强化正确方法,发现错误,找出差距,促进努力.对教师来说,可以使教师了解学生对学习内容的掌握程度,改进教法,因材施教,使教学能始终有效地进行.试题根据有关学习任务和要求确定,注重对学生进行分级评价.

(3) 总结性评价

总结性评价是指在学期、学年或学段教学结束时,为了解学生的数学学习结果是否达到相应数学教学目标的要求而进行的学业成就评价.往往在课程结束或某一学年、学段的教学结束后进行.目的是了解学生这一阶段学习内容的掌握情况或教师的教学效果,属于在给定任务完成后进行的成就性评价.

表8-7 形成性评价与总结性评价对照表

	形成性评价	总结性评价
目的	确定学业进展,提供反馈以修正错误、改进教与学	确定课程结束时的成就,判定最终的学习成果,证明对目标的掌握
作用	获得改进教学的诊断方案	给予成绩评定
评价目标	短期的、较低的教学目标(小范围内的知识、技能与能力等的评价)	长期的、学段的教学目标(较大范围的知识、技能和能力等的评价)
测量内容	测量对教学单元目标达成的状况,以及存在的缺陷和问题	测量相应时段内一般的知识、技能和能力的实际水平
实施时间	在教学过程中进行,一般以每个小单元教学为一个阶段	在教学结束时进行,一般在期中、期末或学年末实施

诊断性评价、形成性评价和总结性评价既有区别又有联系,在教育评价中常常是交替使用,互为补充.

评价方法是解决如何评价的问题,它往往与评价的目的、对象、目标是相互制约的.一方面,为了达到特定的评价目的,评价特定的对象与目标,要采用特定的评价方法.另一方面,对这些评价方法的应用常常不是单一地用在一次数学教育评价中,而是多种评价方法的综合运用.比如,质性评价与量化评价的结合、绝对评价与相对评价结合、形成性评价与诊断性评价结合等.但是,无论采用什么评价方式与方法,根本目的都是为了更好地促进教与学的改进.

五、数学学习评价的过程

数学学习评价过程是一个系统的活动体系,一般可分为设计评价指标、收集评价信息、加工评价资料,作出评价结论、制订改进对策等几个阶段.各阶段间分别形成的反馈调控系统通过若干循环往复,使从评价指标出发的评价又回到了评价指标,从而完成数学学习评价的过程.下面重点讨论评价指标的设计和数学教学目标的解读.

1. 设计评价指标体系

进行数学学习评价,明确评价的标准是评价最首要的条件和前提,是保证评价过程和结果的科学性、有效性的必要条件.因此,在选择好评价对象(如数学教材、课堂教学、数学学习、数学作业等)之后,首先应根据教育目标设计评价指标体系,明确评价标准,这是正确实施评价的关键,直接影响着评价的客观性和有效性.

一般地,教育目标是对教育活动总的原则要求,它的概括性强,抽象程度高.因此,在具体的数学学习评价实践中,很难直接以这样的教育目标为依据,而必须把教育目标具体化,要把数学教育目标分解为若干层次和水平的具体目标,使之变得容易操作和测量.我们把这些不同层次的具体的教育目标称为评价指标.所有评价指标组成一个多层次的指标系统,称为评价指标体系.评价指标体系的一般形式见图 8-1.

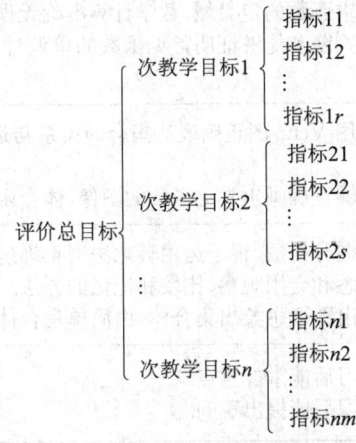

图 8-1 数学学习评价指标体系

指标体系直接影响到评价的客观性和准确性,因此设计指标体系必须遵循下列原则:

(1) 科学性原则

即评价指标体系必须符合数学教育与评价的规律.具体来说,第一,各项指标必须具备客观性,能反映教育目标的某一侧面的规定和要求;第二,各项指标要具有典型性,能反映教育目标的主要因素;第三,各项指标必须具备相对独立性,不能有蕴涵的关系;第四,指标体系应具有完备性,能反映教育目标的整体价值,从而具有全面评价的意义.

(2) 可测性原则

各项评价指标必须是可以测量的行为指标,它的内容应该能通过观察与测量获得具有评价意义的结果.

(3) 可行性原则

整个指标体系在满足完备性要求的前提下应力求简单、明确、易于测量.

例如,高一"集合与函数"学习的评价指标见表 8-8.

表 8-8 高一"集合与函数"学习评价指标

A级指标	基本要素	B 级 指 标
基本知识		(1) 掌握集合的含义,知道常用数集及其记法. (2) 了解元素与集合的关系及符号表示,掌握集合的三种表示方法. (3) 理解子集、全集、补集的含义,理解两个集合的并集与交集的含义,掌握集合之间的关系和基本运算. (4) 了解映射和函数概念及其联系与区别,会求简单函数的定义域与值域. (5) 了解构成函数的要素及分段函数,会判断函数是否相同,掌握函数的三种表示方法,会运用函数图像理解和研究函数的性质. (6) 理解函数的单调性、奇偶性、最大小值及其几何意义,会证明简单函数的单调性、奇偶性、周期性.
基本技能	听说读写技能	(1) 能用数学的三种语言正确表示集合及其相关概念及其之间的关系,感受各种语言的意义和作用. (2) 能用数学的三种语言正确表示函数的概念要素、图像和四个基本性质,感受各种语言的意义和作用.
	运算技能	(1) 会求函数的定义域,数学计算准确无误. (2) 会判断和能够证明常见函数的单调性、奇偶性和周期性,恒等变形技能熟练.
	作图技能	(1) 能用 Venn 图正确表达集合的关系与运算,体会直观图像对理解抽象概念的作用. (2) 能够正确画出常见函数的图像,体会函数刻画变量之间的依赖关系.
基本能力	认知能力	(1) 掌握分析法、善于运用转化法则正确进行简单推理. (2) 熟悉和会用观察、比较和记忆的方法. (3) 能由图形想象出集合体,由简单集合体画出直观图形.
	自学能力	(1) 预习后能掌握重点. (2) 预习后能提出疑问.
	创造能力	(1) 掌握本章知识所蕴含的数学思想与方法. (2) 灵活运用数学思想方法、能够一题多解.

2. 确定指标体系的权值

确定指标体系的权值,是评价的重要环节,权值标志着各指标在整个指标体系中的相对位置,反映了一指标与其他诸指标的关系. 只有赋予不同指标以应有的权值,才能使评价结果准确地反映评价对象的客观价值.

确定权值的方法很多,常用的有专家咨询法、调查统计法、层次分析法等,专家咨询法是通过问卷调查形式,请有经验的教师或专家分别填写,经过汇总、统计、归纳等几轮咨询,使专家们的意见趋于一致,从而确定权值的方法. 设请 m 个专家对某一指标赋值,每一个专家对权值的估值为 ω_i,先计算出平均估值 $\overline{M}(\omega) = \frac{1}{m}\sum_{i=1}^{m}\omega_i$,然后计算每位专家的估值与平均估值的偏差 $\Delta_i = \omega_i - \overline{M}(\omega)$,再请偏差较大的专家重新赋值. 这样经过几轮反复后,就能比较客观地获得该项指标的权值.

3. 数学教学目标

所谓目标,是指组织上预期的结果,就是根据主体的需要对所从事的活动制订的预期要达到的目的、方向和结果. 关于教学目标,世界许多国家都做了大量的研究,并取得了大量成果. 在我国比较流行的是布鲁姆的教学目标分类,把认识领域的教育目标分成六个层次,即识记、领会、运用、分析、综合和评价,各层次之间相互联系,层层递进. 我国现行的数学教学目标,就是国家颁布的《数学课程标准》所拟定的教学目标和要求. 值得一提的是,IAEA(国际教育成就评价协会)的第二次数学教育国际调查结果确认的认知领域的教育目标是:

(1) 计算

计算水平是学生作出的作为教学成果的最简单的行为. 包括运用学过的法则,对问题的要素进行直接操作的能力,即关于具体事实的知识和特定术语的知识及算法的实际应用能力.

(2) 理解

领会水平与回忆概念、通则等有关,还与把问题从一种形式转化为另一种形式有关,重点是反映对概念和它们之间的关系的理解程度. 包括对概念、原理、法则、通则的掌握,以及对问题作各种解释与转换的能力.

(3) 运用

运用水平的行为涉及学生作出的一系列反映. 包括联系和回忆有关知识,分析已知条件,选择适当的算法,作出比较和完成运算的能力,用常规方法解决问题的能力.

(4) 分析

分析是认知水平中最高级、最复杂的行为水平,它包括解决非常规问题的能力,发现关系的能力,构造证明的能力,评判证明的能力,以及形成和证实通则的能力. 这是高层次的思维过程.

六、数学测验的编制

1. 明确测验目的

根据数学教学不同阶段的特点和测验的不同目的要求,测验分为诊断性测验、形成性测验和终结测验. 诊断性测验是为了诊断学生在某种能力上的特殊优点和缺点;形成性测验的目的是为了检查学生对某一部分数学内容的掌握程度;终结性测验的目的是为了全面检查某一阶段数学学习的效果. 根据测验解释分数的参照系,测验又可以分为常模参照测验和目标参照测验. 在实际操作中,首先要弄清测验的目的.

2. 确定测验内容

测验内容的确定,也就是测验目标与内容抽样相结合的过程. 这一过程往往通过制定命题双向细目表来实现. 双向细目表由测验内容和教学目标的比例、选择的题目和任务类型等要素构成,如下表 8-9 所示.

表 8-9 命题双向细目表

学校：　　　　班级：　　　　课程：　　　　时间：

章目	考试内容	权重分布	填空题		选择题		计算题		证明题		解答题		应用题	
			题量	分值	题量	分值	题量	分值	题量	分值	题量	分值	题量	分值
全卷														

命题者：　　　　审批者：　　　　制表时间　　　　年　　　月　　　日

说明：1. 本表须根据《数学课程标准》或经学校审定的《课程教学进度计划》中规定的知识内容和目标层次要求认真编制；
2. 表上第一行为该课程考试题型,如填空题、选择题、计算题等,不同题型具有考查学生不同层级能力的功能,请命题者结合本课程的性质和特点选择 4 种以上题型；
3. "章目"栏中的"其他"项属教科书以外的内容,但不得超纲；
4. "考试内容"如填写不下应单独附页；
5. "权重分布"栏中各项考试内容所占全卷的比重大小,应视各知识单元在整个学科领域中的重要性和教学时数的长短而定；
6. 本表既是命题的依据,也是进行试卷分析、评价考试质量的依据,故须经有关领导审定签字后方可正式命题编卷.

3. 选择和编制一套适宜的题目和任务

在选择和编制测验题目和评价任务时,最基本的一条是看是否能够最直接地测量到目标学习成果,应将测验题目和评价任务与目标学习成果尽可能直接匹配.

4. 制定评分标准

评分标准是阅卷评分应遵循的准则.

七、数学测验质量的定量评价

现代教育评价对测验的科学性和客观性要求越来越高. 教育测量统计学中,通常用试题的难度、区分度,并结合试卷的效度、信度作为衡量数学测验质量的评价指标.

1. 试题的难度(Difficulty)

难度是反映试题难易程度的指标. 试题之间必然有难易之分,如何确定试题难易程度,不能凭主观而定,要依据测验的目的和试题类型不同而定,难易适中的测验是良好的测验. 难度既影响到个体的得分,又影响到群体的成绩分布.

对于答案仅有正确和错误两种可能的测验题(如判断题、选择题等)难度的计算公式是:$I=P/Q$,其中 I 表示某题的难度,P 表示答对该题的人数,Q 是学生的总人数. 对某一测验题来说,I 值越大,答对该题的人数就越多,因而试题越容易;相反 I 值越小,答对的人数越少,试题也就越难,为了与人们日常习惯一致,通常把难度的计算公式改为:$I=1-P/Q$,这时,I 越大,表示答对的人越少,因而该题就越难. 对于一般的综合测验题,其难度可用试题的平均失分率表示,其难度公式为:$I=1-\overline{X}/R$,其中 $\overline{X}$ 是某题的平均得分,R 是某题的满分数,难度 I 的值越小,表示试题越容易;I 的值越大,表示题目越难.

2. 试题的区分度(Discrimination)

区分度是反映试题对于一组学生实际学习水平的区分能力或鉴别程度的指标. 区分度大的测验使程度高的学生得分高,程度低的学生得分低;区分度小的测验则不能有效地将程度不等的学生区别开来.

计算区分度的方法很多,数学测验一般常用两极端组通过率的差异作区分度的指标. 首先将学生的试卷,按其分数的高低依次排列,取出 27% 高分数的试卷作为高分组(H);再取出 27% 低分数的试卷作为低分组(L). 然后分析每个试题的区分度,区分度的数值用符号 D 表示. 对于客观题目,区分度的计算公式是:$D=\dfrac{R_H-R_L}{n}$,其中 R_H 和 R_L 分别为按答题人数 27% 分组后高分组和低分组中答对某个题的人数,n 表示该组人数.

3. 试卷的效度(Validity)

效度是指一次测验能够测出其所要测量结果的有效性指标,它反映了实际所测验结果与预期测验目标之间的符合程度. 根据不同的测验目的,采取不同方法编制试题,就可以达到不同的测验结果,如果测验结果恰好正确反映了测验的目标要求,就可以说这种测验效度高,否则就说效度低.数学测验的效度一般指内容效度,即试题取样是否充分概括了所要测量的全部内容及所要测量的某些能力.为了评价一次考试的内容效度,主要靠逻辑分析和将测验题与教材内容比较的方法.一般是先对测验题逐一分析归类,将其分数填于双向细目表中,再将各行(列)的分数累加,于是各知识点、各行为目标在测验中所占的比例就一目了然了.然后再与课程标准和教材对照分析,就可看出测验的内容是否恰当.通常把测验分数与效度标准间的关系数叫做效度系数,简称效度.测验分数指受试者的测验所得分数,而常取受试者在一定时期内的均值成绩为效度标准,简称效标.例如,某班学生某次测验的分数为 $x_i(i=1,2,\cdots,n)$,全班平均分数为 $\bar{x}$,学生平时测验的平均分为 y_i,全班平均分数为 $\bar{y}$,则此次测验的效度 r 的计算公式是:

$$r = r(x_i, y_i) = \frac{\sum_{i=1}^{n}(x_i - \bar{x})(y_i - \bar{y})}{\sqrt{\sum_{i=1}^{n}(x_i - \bar{x})^2 \sum_{i=1}^{n}(y_i - \bar{y})^2}}$$

可以证明 $|r| \leqslant 1$.一般地,效度 r 值越大,说明测验成绩越接近学生的实际水平,当 $|r| \geqslant 0.45$ 时效度为适当.

4. 试卷的信度(Reliability)

信度是指一份测验对同一群受试者多次应用所得结果的同一性和稳定性的程度,是测验反映学生实际水平的可靠性的指标.

需要指出的是,信度和效度是两个不同概念.信度不涉及测验是否反映评价目标问题,它所反映的只是测验结果能否稳定和一致,一般说来,测试如无信度,则无效度;而有信度,未必有效度,因此信度是效度的必要条件.一次测验的信度,可以用相关系数来表示,表示信度的相关系数,叫做信度系数,简称信度,测量信度的方法很多,常用方法是:

(1) 重测法

用同一份试卷对一批应试者经一定时间间隔后,先后施测两次,然后计算两次测验分数的相关系数即为重测信度.相关程度越高,稳定性也越高.

(2) 复份法

用两份等质试卷,对相同应试者先后施测两次,求得两次分数的相关系数即为复本信度.

(3) 分半法

把一份试卷分为尽可能等值的两半,使两部分题量难度相同,然后计算这两部分得分及其相关系数,这种方法叫分半法.由于分半法实际上是要求同一时间内作两份程度相等的试题,试题宽度及能力的要求缩小了,因而易出现误差.为了解决这个问题,在使用分半法计算出信度之后,一般还要用斯皮尔曼—布朗公式:$r_x = \frac{nr_n}{1+(n-1)r_n}$ 来校正.这里 r_n 表示分半法求得的信度,n 表示要把测验加长的倍数,r_x 表示校正后的信度.

例如,设某次测验用分半法求得信度 $r_n = 0.70$,令 $n = 2$,则校正后的信度:$r_x = \frac{nr_n}{1+(n-1)r_n} = 0.82$,这样可以纠正分半法带来的误差,提高信度的可靠性.

第四节　数学课堂教学评价及案例

一、数学课堂教学评价的要素

数学课堂教学是中学数学教育的主渠道,课堂教学过程构成了数学教育过程的主体.在课堂教学中,教师应依据数学课程标准的要求,通过教材和有效的教学手段,促进学生掌握数学知识、发展学生的数学能力、形成正确的数学观念,从而达成数学教学目标.数学课堂教学不仅反映出数学教师的教学方法、行为和水平,而且也反映着学生的学习内容、学习行为和学习水平.数学课堂教学评价就是对教学的目标、内容、方法和教师的行为、学生活动以及教学心理环境、教学效果等这些课堂教学的要素及其相互作用进行分析和评价,以达到提高教学效果、促进学生发展的目的.数学课堂教学评价,有助于我们更深刻地把握数学课堂教学的规律,有助于教师之间的教学交流和教师的自我反思,有助于激励数学教师提高教学水平、专业能力和工作热情.

在传统的课堂教学评价中,更多地是从教师的角度进行分析,过度关注教师教学设计的完美和对教材的执行程度,而忽视了教学中最核心的学生的需要和发展.并且,在以往课堂教学目标的设定上,单一的知识与技能目标主宰了课堂,而学生的情感、态度、价值观和能力、个性的发展成为一个华丽的摆设,一个不需要落实的空头支票.然而,课堂教学是一种多向交流的活动,数学教学是数学活动的教学,是师生之间交流互动与共同发展的过程.其中,教师作为课堂教学的主导,是课堂教学的设计者、组织者、引导者和参与者,学生则是学习的主体,是数学知识的探究者、发现者和建构者,是课堂教学一切活动的出发点和归宿.对学生来说,课堂教学活动既是一种认知活动,也是一种情感活动,还是一种人际交流活动.因此,现代教育理论把课堂教学看成一个系统,更多地注重教学中教师、学生和媒体之间的相互作用.相应地,课堂教学评价不仅关注教学内容上的要求,促使学生达成知识与技能上的掌握,而且也关注教学中情感、态度、价值观和意志、能力等方面的要求,促使学生获得情感、态度、价值观和个性、能力等的全面发展.因此,教师行为、学生行为和教学目标的全面性是数学课堂教学评价的核心要素.

从国内外课堂教学评价发展状况来看,原来的课堂教学评价在选择评价方法时,大都采用单一的方法,或是单纯定量的方法,或者是单一定性的方法,两方面的融合较少.随着两种方法的对立和争论,越来越多的人认识到两种方法都各有自己的长处和弊端,只能在不同的范围内发挥其独特的作用,因此,将定性与定量的评价方法进行融合,是现代课堂教学评价发展的必然趋势.

现代教育评价的目的"不在于证明,而在于改进",数学课堂教学评价的最终目的在于促进数学课堂教学质量的提.因此,在评价的方法上,不应刻意追求评价方法属于什么范围,而应注意评价方法与评价目的的契合.数学课堂教学评价应采用多种方法收集课堂教学活动信息,同时要对各种评价方法的效果进行分析和比较,应注重简明可行、防止形式化,应以提高评价的可行性和有效性为前提,促进课堂教学评价功能的正常发挥.

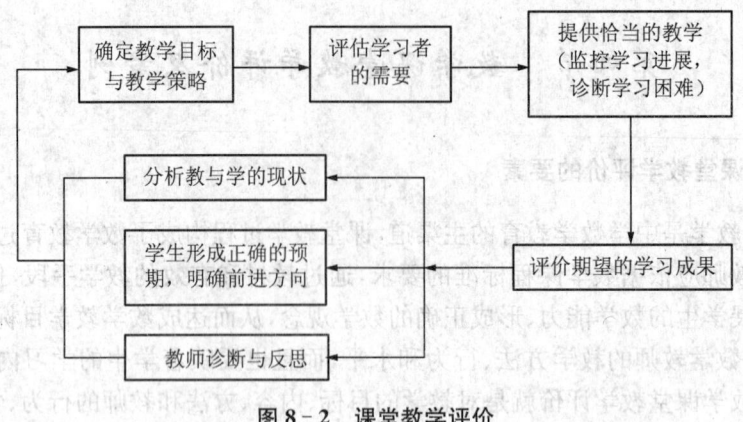

图 8-2 课堂教学评价

二、数学课堂教学评价的基本要求

1. 评价的实践性

对数学课堂教学要作出科学、公正、合理的评价,一定要深入到具体的数学课堂教学实践中去,从中获取师生数学教与学的重要信息,特别要注重观察学生的学习活动,从中既可以反映学生的数学学习习惯、方法、思维能力和综合素质,掌握数学知识的深度和广度,同时也可以折射出教师的数学专业能力、教材分析能力、教学设计能力和教师的教育观、人才观.

2. 评价的整体性

数学课堂教学的优劣"不在于教师教了多少或教得有多好,而在于学生学到多少与发展得有多好". 因此,数学课堂教学评价的核心是学生的学习效果,这种效果不仅包括知识与技能的掌握,还包括学生的思维和能力是否获得很好地发展,情感态度的教育是否得当,学生参与活动的深度、广度与信息交流是否多向,以及学生回答问题的质量如何、学生思维是否活跃、课堂教学的整体效果是否优质高效等等.

3. 教学评价的连续性

在对数学课堂教学评价的各要素充分收集信息的基础上,依据数学课程标准的相关要求进行解释、诊断和进行价值判断,主要是从性质上描述. 在完成以上工作的基础上,还需要与具体的数学教学目标进行比较进而给出数学课堂教学评价的结论,以实现评价的目的与功能.

三、数学课堂教学评价的一般方法

随着课堂教学评价主体由单一向多元的转变,不同的评价主体所采用的方法也不尽相同,每一个方面的评价主体都可以从他们的需要出发选择合适的评价方法进行评价. 这使得现代课堂教学评价方法的层次性大大增强.

1. 根据评价人员分类的方法

根据评价人员的不同,教育评价可分为内部评价和外部评价两种方法.
(1) 内部评价

评价对象依据评价标准对自身作出的评价,叫做内部评价.内部评价的目的在于充分调动评价对象自身的能动性,通过自我检查和自我分析,获得自我反馈信息.这不仅有助于强化评价对自身的目标意识,也有助于调动个体实现目标的内驱力,通过自我调节、自我改进,实现自我完善,充分发挥评价的激励和改进功能.例如,中小学学校的内部评价就是由学校的校长、主任、教师和学生对学校工作进行的评价;再如,教师对自身教学的反思也是一种内部评价.实践证明,评价对象关于评价活动的主动性、自觉性以及合作态度不仅能确保评价结果的客观和公正,而且能充分调动评价对象的积极性,有利于促进评价目标的达成和教育教学的改革与发展.

(2) 外部评价

外部评价又称他人评价,是指由评价对象以外的组织或个人对评价对象作出的评价.外部评价包括国家评价、督导评价、专家评价、同行评价及社会评价等.国家评价是各级教育行政部门及行政领导的视导评价,包括检查性评价、认可性评价及鉴定性评价等.督导评价是督导系统的评价.社会评价则指机关、团体、企业用人单位等非教育部门对教育的评价.

外部评价的评价人员,应有较高的素质要求,不仅具备必要的评价知识和评价技术,而且要有正确的评价态度,能够克服各种偏见,尊重事实,采用全方位、多层次的信息渠道,进行科学有效地评价.

现代教育评价主张把内部评价和外部评价相结合,强调以自我评价为主,在充分发挥评价对象的主体性作用的同时,要重视外部评价,二者取长补短,以保证评价结果的客观和公正.此外,通过对各教育单位外部评价结果的横向比较,更有利于发挥评价的激励和改进功能.

课堂教学评价作为教育评价的一个组成部分,要符合教育评价的基本要求.在具体的实施过程中,需要遵循一定的原则与步骤.

2. 数学课堂教学评价的内容

(1) 教学目标评价

课程标准是数学课堂教学的依据,评价课堂教学首先要看教师是否完成课程标准所规定的教学任务、内容,是否有超过课程标准的内容要求或加重学生学习的负担.

在传统教学评价中,教学目标是评价的重要内容之一,但过去我们往往只注重学生智力因素的变化,常常把着眼点放在学生行为目标:记忆、理解、掌握、应用上.但是从素质教育促进学生全面、和谐、可持续发展的要求来看,仅仅满足于这些是不够的,还必须重视学生非智力因素的开发,即兴趣、态度、情感和价值观等的变化.为此,《高中数学课程标准》在目标领域里特别设置了"知识与技能,过程与方法,情感、态度与价值观"三方面的要求,目的是要在教学目标中体现知、情、行、意等全面发展的教育理念.

(2) 教学过程评价

教学过程包括教学内容、方法、教学原则遵循的情况以及学生在教师启发、诱导下主动学习的情况.

教学内容的正确性,教师把握重点、难点以及教学过程设计的科学性、合理性和教学方法选择的适切性等等,是传统评价课堂教学必须设立的指标.但是要体现素质教育的目标,除了上述评价指标外,还应着重评价教师的教法能否吸引广大学生学习,能否激发学生的学习兴趣和学习动机,是否有利于学生在教师指导下自己去获取知识、发展能力,是否面向全体学生.另外,还要看教师是否发扬民主,是否能灵活主动地进行教学等等.

(3) 教学效果评价

教学效果的评价是测定和诊断学生是否达到教学目标以及达到目标的程度.评价教学效果主要从双基的掌握、能力的提高、情感的培养和个性的发展等方面去衡量.素质教育强调面向全体学生,让每一个学生在原有的基础上都能得到相应的发展.因此,在评价课堂教学效果时,要特别注意增强每一位学生的学习意识、培养良好的学习习惯、不同层次的学生均获得发展这几方面.

(4) 教师素养的评价

教师的素养包括文化知识素养、思想素养和教学能力素养等几个方面.过去,传统教学评价比较注重文化知识素质和教学能力素养,而对思想道德素质评价不够重视.常言道"学高为师,身正为范",在实施素质教育过程中,教师的思想道德素养尤为重要.思想道德素养包括教师的职业道德,教师的事业心、责任心、民主性和进取心等方面.而在课堂教学中教师的责任心和民主性又最为重要.

四、数学课堂教学评价表的设计案例与分析

20 世纪以来,几乎在所有正式的教师教学行为评价中都采用了评定等级量表的形式,这种量表根据评价的需要和教学改革发展的现状,设计了多种维度、多个项目的一览表.目前中小学课堂教学评价表种类多样,其质量主要受到三种因素的制约,一是列出哪些教学方面的内容;二是每项说明或定义是否清晰;三是评价者对每个维度与项目的感知与理解的程度.下面是几种常见的数学课堂教学评价方案.

【案例 8-1】

数学课堂教学评价表 A

学校：　　　　　年级：　　　　　班：
课题：　　　　　　　　　　　　　课型：
教师姓名：　　性别：男/女（老年,中年,青年）　职称：中高,中一,中二

评价要素	AA	BB	CC	DD	评价意见
目标要求					
教材分析					
过程设计					
容量节奏					
方法手段					
教学准备					
教学策略					
教学素养					
师生合作					
学生发展					

说明：有示范性的为 A,较好的为 B,基本合格的为 C,较差的为 D.35 岁以下为青年；36—49 岁为中年；50 岁以上为老年.

总体印象：

　　年　　月　　日　（周）；　　　评价人：

说明：《课堂教学评价表》中"评价要素"的要求

(1) 目标要求：教学目标界定准确、要求明晰，符合学生实际.

(2) 教材分析：对教材内容所包含的知识点及其来龙去脉以及所蕴含的数学思想与方法有清晰地认知与理解.

(3) 教学过程：教学程序合理，逻辑严密，组织顺畅.

(4) 容量节奏：教学容量恰当、节奏适中.

(5) 方法手段：采用适合教材、学生的教学方法和手段.

(6) 教学准备：备课标、备教材、备学生全面和充分；能够恰当运用教育技术和手段，示范、演示或实验操作熟练、规范、效果好.

(7) 教学策略：在教学中体现以学生为本、依据学生的认知发展规律、注重启发引导、培养学生创新意识和实践能力、体现因材施教.

(8) 教学素养：教师的数学专业能力和教学水平俱佳，知识面广、思维敏捷、语言能力强、教态仪表好、板书工整清晰、讲解富有启发性.

(9) 师生合作：注重师生交流，设问质量高，互动充分，面向全体学生.

(10) 学生反映：通过探究、讨论和练习等教学活动，学生在三维目标中均获得较好发展.

(A 档为最高评价，B、C、D 逐档次之)

【评析】 "课堂教学评价表 A"中共有十个评价项目，现代数学课堂教学的主要评价要素都列在其中，分四个评价等级. 每项均要求有明晰的评语，最后为"总体印象". 此表的特点是，评价项目与内容表达简练，便于操作；将被评价者的性别和年龄层次体现出来，便于区别对待，区分度较高. 此表适合于大面积听"家常"课时使用. 若用于示范性公开课，则要进一步在定性评价上给予细化.

【案例 8-2】

数学课堂教学评价表 B

学校：　　　　　年级：　　　　　教师姓名：
课题：　　　　　　　　　　　　　课型：

评估指标	优 5分	良 4分	中 3分	较差 2分	评语
目标要求					
教学内容					
教学结构					
教学策略					
学生参与			（可附页）		
教学效果					
教师素养					
总体评价					
附：学生反馈测试情况	旧知识巩固(好，较好，一般，较差) 新知识掌握(好，较好，一般，较差)				

总体评价:

评委签名:

【评析】 课堂教学评价表 B 共有八个要素,分四个等级.评估指标要点反映了现代数学课堂教学评价的主要项目.该表最大特点是对学生反馈与测试情况也作了等级式评估,注重教学效果的评价,尤其重视旧知识的巩固与新知识的掌握.

【案例 8-3】

数学课堂教学评价表 C

课题:　　　　　　　　　课型:　　　　　　　　课时:
教师姓名:　　　　　　　学校:　　　　　　　　班级:

评价项目		评价内容	分值权重%
教学组织	课题引入	目的明确,创设情景,忆旧迎新,激发兴趣	10
	探究结论	揭示联系,启发探究,发现猜想	15
	建构新知	由因导果,归纳概括,突出数学思想与方法	10
	例题讲解	注重分析,方法得当,讲解熟练	10
	课堂小结	语言简练,突出重点,强调方法	5
	时间掌握	各环节时间安排科学、合理,衔接紧凑	3
教法教态	教学方法	注重启发,突出重点,突破难点,思维活跃	10
	内容衔接	各教学环节和语言转换衔接良好,思路清晰	5
	教态表情	精神饱满,自然大方,能够恰当运用目光、表情、体态与学生交流,富有激情	4
	师生互动	善于提问,启发思维,互动充分,反馈及时	5
板书设计	科学性	公式图表正确、规范,板书清晰、数形结合	4
	计划性	主次分明,详略得当,一例(图)多用	4
	启发性	以简驭繁,前后呼应,色彩运用恰当	4
语言能力	普通话	发音准确清晰,语言流畅	3
	语速音量	声音洪亮,语速适中,有感染力	4
	表情达意	表达准确,简练生动,富有启发性	4
总　分			

评价备忘录:　　　　　评委签名:

1. 优　　点:

2. 问题及建议:

【评析】 课堂教学评价表 C 共有四个维度十六个项目,评估内容比较明确具体,四个维度权重分数的比重较为合理,能较好地反映数学课程标准对数学教学的要求,该表有较强的科学性和全面性.特别适用于新入职教师数学课堂教学专题研究与评价,在评价者有较充分的时间全盘考虑,综合分析之后作出打分,则评价结果会更有价值.但此表要求评价者在众多的项目中迅速作出抉择,又要严格把握评价标准以评估日常教学,实施时会有一定的难度.

【案例 8-4】

数学课堂教学评价表 D

学校:　　　　　　　年级:　　　　　　　班:

课题:　　　　　　　　　　　　　　　　　课型:

教师姓名:　　　性别:男、女　　(老年,中年,青年)　　职称:中高,中一,中二

指标	序号	评 价 标 准	评价等级			
			A	B	C	D
教学目标 20%	1	符合教材要求,切合学生实际	8	6	4	2
	2	体现知识与技能、过程与方法、情感态度价值观三维目标,促进学生全面发展				
教学过程 40%	3	内容正确、设计合理,突出重点、突破难点	10	8	6	4
	4	面向全体学生,激发学生求知欲,学生思维活跃				
	5	注重思维发展,因材施教,教学方法注重面向全体学生				
	6	课堂气氛民主、活跃,教学手段运用得当				
教学效果 24%	7	反馈及时,不同层次学生学有所用	12	10	8	6
	8	学生的学习意识强,理解方法,习惯良好				
教师素养 16%	9	专业知识和教学基本功扎实,知识面广,有驾驭课堂教学的能力	10	8	6	4
	10	教学自信心和育人意识强,能起表率作用				
整体评价	A	B　　C　　D　　说明	总分			

【评析】 以上课堂教学评价表 D 共四个维度十个项目,评价标准的语言表达比较简练,"教学过程与教学效果的评价"所占比重较大,十分注重学生的学习意识和学习习惯的养成,从这个意义上说比较符合素质教育的宗旨.但"学生的学习意识、方法、习惯"难以在一堂课的教学中充分体现,教师也较难在一堂课中采取多种方法来养成这种习惯.因此评价指标有待完善.

【案例 8－5】

数学课堂教学评价表 E

教师		学校		班级		时间				项目得分
课题				课型		课时				
评价项目		评价内容				权重分数	评估结果			
							A	B	C	
教学目标	目标意识	1. 教学目标全面具体明确,符合课标、教材和学生实际.				10	5	3		
		2. 重点难点的界定准确、处理得当,抓住关键以简驭繁.					5	3		
教学程序	主体意识	3. 面向全体、关注差异,因材施教,注重学生的全面发展.				30	5	3		
		4. 教学思路清晰,课堂结构严谨,内容组织有序.					5	3		
		5. 知识密度与思维梯度适中,突出重点,抓住关键.					5	3		
		6. 教学民主,学生参与度高.					5	3		
		7. 引导学生主动探究,注重培养学生的创新能力.					5	3		
		8. 体现知识形成过程,引导学生自主发现与建构.					5	3		
教学方法	主导意识	9. 提问分层次、成系列,激发学生的求知欲,课堂气氛活跃				20	5	3		
		10. 教学方法运用高效,注重发展学生发现、分析和解决问题的能力.					5	3		
		11. 教学信息多向交流、注重反馈,方法得当.					5	3		
		12. 从实际出发恰当运用现代教育技术.					5	3		
情感教育	情感意识	13. 注重民主管理、尊重学生人格,课堂气氛融洽.				8	4	3		
		14. 注重发展学生的学习动机、兴趣、习惯、信心等非智力因素.					4	3		
教学基本功	技能意识	15. 语言规范,表达准确,言简意赅、感染力强.				20	4	3		
		16. 教态自然、仪表端庄,善于调动学生学习的主观能动性					4	3		
		17. 板书设计层次清楚、突出重点,数形结合、便于记忆.					4	3		
		18. 能熟练运用现代化教学手段,讲解生动形象.					4	3		

续 表

评价项目		评价内容	权重分数	评估结果			项目得分
				A	B	C	
教师		学校	班级		时间		
课题			课型		课时		
教学效果	效率意识	19. 重点突出、难点突破，讲练结合、教学效益高.	12	4	3		
		20. 设问面向全体，学生思维活跃，反馈及时，衔接紧凑，落实三维目标效果好.		4	3		
		21. 教学内容精而深透，学生获得发展全面，教学目标达成.		4	3		
教学个性	特色意识	22. 教学有个性，形成特点与风格.	加分	5	3		
综合评价						总分	

评委签名：　　　　时间：　　年　　月　　日

【评析】 作业.

6. 在使用各类课堂教学评价时应注意如下几点

（1）任何一种课堂教学评价表，都不可能涵盖所有的教学评价功能. 不同的评价目标与要求，可产生不同类型的评价表；各种评价表既有共性，也有差异.

（2）学校管理者在使用课堂教学评价表时，要根据听课的类型和评价要求的价值取向，作出选择. 最好不要长期使用一种评价表，应充分发挥不同评价表不同的使用价值.

（3）课堂教学评价是一门科学. 以研究性为主的听课活动，必须与课题相结合，将课题研究的内容体现于课堂教学之中. 为了科学地使用评价表，参评人员最好做一次培训，以便更好地统一标准，达到对评价表中各项目内容的共识. 以此为基础，再结合对各维度的定性评价和总体评价（用文字作评价总结），这样的综合课堂教学评价会产生更高的研究价值.

本章要点

（1）教育评价是以教育为对象，根据一定的目标，运用科学技术与方法，对教育现象及效果进行测量，分析目标实现程度，从而作出价值判断，为进一步教育决策提供依据的过程.

（2）教育评价有下面几种不同的分类方法. 按照评价的性质可以分为：量化评价、质性评价、量化和质性方法结合评价；按照评价的标准可分为：绝对评价、相对评价；按照评价的功能分类有：安置性评价、诊断性评价、形成性评价和终结性评价.

（3）《标准》提出"数学学习评价，既要重视学生知识、技能的掌握和能力的提高，又要重视其情感、态度和价值观的变化；既要重视学生学习水平的甄别，又要重视其学习过程中主观能动性的发挥；既要重视定量的认识，又要重视定性的分析；既要重视教育者对学生的评价，又要重视学生的自评、互评. 总之，应将评价贯穿数学学习的全过程，既要发挥评价的甄别与选拔功能，更要突出评价的激励与发展功能."

(4)《标准》提出"数学教学的评价应有利于营造良好的育人环境,有利于数学教与学活动过程的调控,有利于学生和教师的共同成长"。

(5)数学教育评价过程是一个系统的活动体系,一般可分为设计评价指标,收集评价信息,加工评价资料,作出评价结论、制订改进对策等几个阶段.从一般意义上来说,教育评价就是将实际教育活动与理想的教育评价目标相比较的过程.换句话说,你测量你追求的,没有评价就没有得到.数学教育的内容、活动对象和结果会随着评价的标准而发生变化

(6)数学学习评价是指有目的、有计划地收集学生的数学学习信息的方法与过程。

(7)现代教育评价对测验的科学性和客观性要求越来越高.教育测量统计学中,通常用试题的难度、区分度,并结合试卷的效度、信度作为衡量数学测验质量的评价指标。

思考与练习

1. 什么是评价?什么是测验?数学教育评价的对象有哪些?
2. 良好测验的特征有哪些?测验与评价在教学过程中的作用分别是什么?
3. 数学学习评价的常用方法有哪些?选择三种数学学习评价方法,比较和讨论它们的优缺点.
4. 《数学课程标准》倡导的评价理念是什么?它与传统评价观念的联系与区别有哪些?
5. 在中小学各阶段的数学教学过程中如何贯彻落实《数学课程标准》倡导的评价理念?
6. 请选择初中和高中的各一个数学教学单元,分别分析它们的教学目标,并各自编制一份测验。
7. 获得学生数学学业信息的方法有哪些?
8. 数学课堂教学评价的基本要求是什么?主要环节有哪些?
9. 比较数学学习评价和数学课堂教学评价在目标与内容的异同点.
10. 依据《数学课程标准》的教学目标和评价理念,对你设计与实施的数学教学讲习进行反思,分析自己在数学教材分析、教学设计及教学实施中所存在的问题,提出改进的措施。

相关文献链接

马云鹏,张春莉.数学教育评价[M].北京:高等教育出版社,2003.

本章参考文献

[1] 钟启泉.基础教育课程改革纲要(试行)解读[M].上海:华东师范大学出版社,2001.
[2] 中华人民共和国教育部制订.全日制义务教育数学课程标准(实验稿)[M].北京:北京师范大学出版社,2001.
[3] 中华人民共和国教育部制订.普通高中数学课程标准[M].北京:人民教育出版社,2003.
[4] [美]Robert L Lim, Norman E Gronland.教学中的测验与评价[M].国家基础教育课程改革"促进教师发展与学生成长的评价研究"项目组,译.北京:中国轻工业出版社,2003.
[5] 朱慕菊.走进新课程:与课程实施者对话[M].北京:北京师范大学出版社,2002.
[6] 马复,綦春霞.新课程理念下的数学学习评价[M].北京:高等教育出版社,2004.
[7] 田万海.数学教学测量与评估[M].上海:上海教育出版社,1996.
[8] 教育部师范教育司.新课程与学生评价改革[M].北京:高等教育出版社,2004.
[9] 李雁冰.质性课程评价:从理论到实践(二)[J].上海教育,2001(12):30—32.
[10] 魏超群著.数学教育评价[M].南宁:广西教育出版社,2003.
[11] 唐瑞芬,李士锜,译.国际展望:数学学习评价研究[M].上海:上海教育出版社,1998.
[12] [美]James Popham W.促进教学的课堂评价[M].国家基础教育课程改革"促进教师发展与学生成长的评价研究"项目组,译.北京:中国轻工业出版社,2003.
[13] 李雁冰.走向新的课程评价观[J].全球教育展望,2001(1):45.

第九章　数学教学研究

数学教学研究是一种运用教育科学理论和方法,有意识、有目的、有计划地去探索数学教学的特点及其规律性的研究活动.其目的在于认识数学教学规律,提高数学教学的效果.数学教师结合教学可以开展多方面的教学研究工作,比如集体备课、观摩教学、说课、教学实验、专题研究、教学案例研究等都是数学教师需要而且可能开展的研究活动.本章主要将简述这几方面的研究活动以及数学教学科研论文的撰写.

> **学习目标**
>
> 学习本章,你将会:
> ◆ 了解数学教学研究的一些方法和内容;
> ◆ 能合理进行说案的设计和说课;
> ◆ 通过数学教学案例的学习,体会数学教学的特点和方法,改善自己的教学行为;
> ◆ 了解撰写论文的一般过程,掌握毕业论文写作的基本要求.

第一节　数学教学研究的方法

中学数学教学研究是思想性、理论性很强的工作,必须以唯物辩证法为指导,实事求是地分析古今中外数学教学理论的观点和经验教训,并通过教学实践的检验,吸收其中有益的东西,做到古为今用,洋为中用.同时,也要求我们必须正确地运用辩证唯物主义的立场、观点和方法去研究、解决当前所遇到的一些实际的教学问题,并尽可能地落实到提高教学质量上去.

一、历史分析法

这是通过对人类历史上丰富的数学教学经验的分析研究,去认识数学教学发展规律的一种方法.特别在研究历史性的教学问题时,常采用这种方法,它包括史料的搜集、鉴别、运用三个基本步骤.

二、观察法

这是按照一定的目的和计划,在自然条件下,对数学教学现象作系统连续的观察,作出准确、具体、详尽的记录,从而全面而正确地了解中学数学教学有关情况的一种研究方法,其步骤包括准备(制定计划、准备必要条件)、实地观察、记录(填写表格或借助录音、录像设备等)、分析整理四个步骤.

三、调查法

这是通过直接观察,在系统而周密地掌握第一手资料的基础上,从大量事实中进行分析综合,找出数学教学规律的一种研究方法.调查法与观察法不同,观察法主要依靠研究者个人亲身对所研究的现象进行实地观察;而调查法是通过各种方式、方法对所研究的对象不加任何干涉地搜集反映实况的材料.

调查时通常采用访问、发问卷、开调查会、测验、评价等形式,每一种形式都应包括确定调查对象与范围,拟订调查提纲和计划,开展实际调查活动,得出调查结论(写出调查报告)等过程.调查报告分为:导言、报告主体、结论和建议几个部分.此外有时还要将有关文件、表格、数据、图表等资料作为附件列出.

四、实验法

这是在人为控制的条件下,有目的有计划地观察数学教学情况和结果,从而得出数学教学规律的一种研究方法.实验法的一般步骤是:确定实验方法与组织形式,拟定实验计划,作出实验记录,写出实验报告.

五、统计法

就是将通过观察、测验、调查、实验得到的大量数据材料进行统计分类,对数学教学现象作出定量分析的一种研究方法.一般分为两大步骤:一是统计分类,即按照系统整理数据,分类统计,制成统计表或统计图;二是定量分析,即通过数据进行计算,找出集中趋势、离中趋势和相关系数等,从中提出改进工作的措施.

六、案例研究法

这是对教育、教学中具有典型意义的事件的"真实记录"进行分析研究,寻找规律或产生问题的根源,进而寻求解决问题或改进工作方法或形成新的研究课题的一种研究方法.通过案例研究,可以指导数学教学与教育,帮助树立一种观念,明白一个道理,理解一个概念,学到一些方法.

第二节 数学教学的研究工作

数学教学研究的内容是多方面的,主要有集体备课、观摩教学(教学公开课)、说课、教学实验、专题研究、案例研究等.

一、集体备课

集体备课是教同一门课的老师组成备课小组,集体进行的教学研究活动.集体备课能够集中多数人的智慧,集思广益,共同探讨和研究教学中带普遍性的问题,保证教学工作有目的、有计划地进行,达到共同提高教学质量的目的.

每学期的活动次数可由备课小组确定,一般分学期前的备课、每章或每单元前的备课,甚至每次课的备课.备课小组应该制订一个集体备课计划,确定每次备课的时间、内容和要求,以便每个成员共同遵照执行.集体备课前,教师要先做好充分准备,否则将会流于形式,达不到备课目的.集体备课所讨论的问题主要是分析研究学生的学习情况、研讨教学目的、教材处理、作业布置等问题.备课小组主要完成以下几项任务:

(1) 讨论和制订本课的学期教学计划;
(2) 讨论和确定每章或每单元的教学目的与进度调整;
(3) 评论每一节课中需要统一的问题(如作业要求等);
(4) 讨论教材中的疑难问题(如对处理意见有分歧的教材、难教课题的教法探讨等).

集体备课要抓住主要问题,比如对学生学习情况的分析研究、教学目的的确定、钻研教材的体会、处理教材的意见、拟定教学的基本方案、选择恰当有效的作业等.

二、观摩教学

观摩教学又叫公开研究课,这是一种很有意义的教学研究活动.它是采用典型示范的方法.向听课教师提供一个值得学习的典型性的好课.通过观摩教学,可以集中教师的智慧,研究教学中的某些重要问题,总结交流教学经验,改进教学方法,提高教学质量.观摩教学的范围有大有小,有的在一个教研组举行,有的在校际间举行,还有的在全县、全市范围内举行.公开教学是一种集体的教研活动,主讲人所在学校的同科教师都应积极参加,群策群力,共同做好这一工作,使参加者人人受益.

1. 准备

一次观摩教学的好坏,取决于准备工作是否充分.主要准备工作有:

(1) 确定主讲人.观摩教学的主讲人应该是教学经验丰富的老教师,或者是才学兼备的后起之秀.他们的表达能力和课堂教学艺术须具有示范作用,主讲人可由教研组负责人征得本人同意后确定.

(2) 确定观摩教学内容.观摩教学内容可由教研组讨论选定,每次观摩教学都要有明确的目的,希望能够研究解决大家都关心的某个教学上的重要问题,能够起到典型示范的作用.

(3) 集体备课.主讲人和教学内容确定后,应要求大家深入钻研教材,再在教研组进行集体研究,研究时,先由主讲人谈自己的准备情况和打算,再进行共同讨论.观摩教学的教案可以进行集体创作,共同创造一堂成功课.集体讨论应解决以下的问题:① 教学目的是否明确? ② 重点和难点是否抓准了? ③ 难点突破得怎样? ④ 在内容的思想性和科学性上是否有可研究的问题? ⑤ 对学生的估计是否准确?

(4) 编制教学方案.在集体讨论的基础上,主讲人应写好教案,并在上课前印好,发给参加听课的人使用.

2. 听课

观摩教学的参加者应做好如下工作:

(1) 事先让观摩教学班级的学生知道,使他们思想上有所准备,以免临场紧张、慌乱;
(2) 主讲人应做好事务性准备(如粉笔、教具、挂图等);
(3) 组织好学生;

(4) 教室内应事先安排好听课人的座位,保持室内整洁、安静;

(5) 听课人要本着学习的精神,集中精力,注意观察,并做好笔记,供课后讨论、分析研究使用.

3. 评议

组织观摩教学是为了指导与改进今后的教学工作,共同提高教学质量,因此课后必须认真组织评议. 为了开好评议会,在听课后,应有一定时间,让听课人各自以教学目的、教学原则和教学效果为准则,对观摩课进行认真的回忆、检查和分析,做好评议会的充分准备.

评议会的主要过程是:先由主讲人作出自我分析,再由听课人发表意见,进行讨论,最后由主持人总结.

评议一堂课,就是按上述准则,讨论以下问题:

(1) 教学目的是否明确? 要求是否适当? 是否达到了预定目的?

(2) 教学内容的组织和处理是否恰当? 教学原则运用得是否准确?

(3) 是否重视基础知识的教学、基本技能的训练以及能力的培养和发展?

(4) 重点是否突出? 关键是否抓住了? 难点是否突破了?

(5) 教学方法运用得怎样? 是否充分发挥了教师的主导作用和学生的主体作用? 学生的思维是否积极、主动、自觉?

(6) 教学效果如何?

评议会的总结应根据这次观摩课的目的要求,综合听课人的意见,充分肯定成绩,恰当地指出主要缺点和问题,并提出今后的希望和建议,以利于达到相互学习、共同提高的目的.

三、说课

说课始于20世纪50年代,但自1996年在黄山举办的全国初中数学教学观摩比赛中首次推出"说课"观摩比赛以来,说课活动如雨后春笋在全国各地蓬勃兴起. 随着我国基础教育和课程改革的不断深入,说课已成为学校教学研讨活动的一种重要形式,受到了广大教师的重视和欢迎.

1. 说课的意义

说课,是教师在充分备课的基础上和没有学生参与的场合下,分析教学任务和学生的认知基础,阐述教学目标、教学设计和教学过程的活动,是一种有计划、有目的、有组织、有理论指导的教学研究与交流的形式.

教师的说课与上课虽然都属于教学的范畴,但又有着本质的不同. 其一,实施对象不同,上课的对象是学生,说课的对象则是同学科的教师、教学专家及学校的领导;其二,实施时间不同,上课是在课内完成的,说课则既可以在课前进行,也可以在课后进行;其三,活动的性质不同,上课是师生共同参与的课堂教学活动,说课则是教师之间的教学研究和教学交流活动. 开展说课活动的意义主要有以下三个方面:

(1) 说课提高了备课的质量,把教学设计落到实处,提高课堂教学质量. 说课是备课形式的一个创造,它不但把备课提高到教学设计的高度,而且把教师的教学设计置于大庭广众之下,能够有效地接受公众的检查和批评.

(2) 说课为教师提供了表现自己聪明才智的舞台,增强了教师备课的动力.有了动力就有了积极性,提高备课质量就有了保证.

(3) 说课能够把培养骨干,提高教师素质的要求落到实处.为了说课,教师积极学习有关教育理论和有关部门的教改经验,并且学以致用,把学习理论和备课结合起来,能够解决教学中出现的新情况、新问题,从而有效地促进教学水平的提高.

(4) 说课能够把教改实验的成果落到实处,教改实验的成果应用到教学中去并且发挥实效,是一项极为复杂艰巨的工作,只停留在一般号召上是不够的,必须采取强有力的措施.实践证明,说课活动的开展能够及时有效地把实验与研究的成果应用到教学实践中去,发挥很好的效益.

2. 说课的内容

说课的时间一般限定为 20 分钟.由于时间的限制,只要求简要而概括地就教材的地位与作用、教学对象、教学目标、教学过程、教学方法、教学评价等内容作出阐述,并说明各项设计的指导思想与理论依据.

(1) 教材的地位与作用

包括了两个方面的内容:其一,阐述教材内容在本章、本单元乃至整个教材中的地位,说明该内容在学科知识体系及前后逻辑关联中的作用,剖析教材编写的意图与特点;其二,从学科知识体系及逻辑结构的分析中明确教材的教学重点,从学生的学习基础及心理规律的研究中找出教材的教学难点,并明确突破难点的关键.

(2) 教学对象

首先,要分析学生的认知基础,即与学习教材内容相关的知识的清晰性、稳定性和可利用性,以及学生的能力、思维方式等;其二,分析学生的生理与心理特征,即教材内容与学生的年龄及生理、心理特征是否匹配,以及教学中拟采取的措施;其三,分析学生群体的个体差异,阐述分层教学或个别化教学的策略.

(3) 教学目标

阐述教学大纲对本节教材教学的要求,以及结合学生与教材的实际确定的教学目标,包括认知目标、能力目标和情意目标.其中,能力培养的目标和培养学生的辩证唯物主义基本观点以及个性品质方面的情意目标要求具体化.

(4) 教学过程

一方面,要说明整个教学方案的设计思想;另一方面,要说明教学过程的设计程序,包括问题情景的创设,新课的引入与呈现、知识的探究与深化等教学步骤.同时,要阐述教学方法的选择与学生学法指导的安排.

对于重要的教学环节,诸如操作、实验、探究、讨论等要说明其价值取向和理论依据.对于例题与课内练习,要说明其选择的必要性与实践价值.

(5) 教学评价

要阐述课堂信息反馈与调节的措施,说明对学生学习效果进行评价的手段及补偿教学的方法.

以上就是说课的内容,当然在编写说课教案时,不可能也不需要面面俱到地选取所有内容,而应有所侧重,写出最有特色之处.

3. 说课的基本要求

(1) 说课要具备科学性

说课必须具备科学性,这里的科学性有下述四个方面的要求:其一,教材分析要科学,不仅对教材的地位与作用的阐述要符合数学学科内在的逻辑体系,教学重点与教学难点的确定也要符合教材与学生的实际;其二,教学目标的设计要全面而准确,符合教学大纲的方向和大纲中教学目的的规定;其三,教学模式与教学方法应当体现"教为主导、学为主体"的教学思想,并适合学生的认知特点和心理发展水平;其四,教材的呈现与例题、习题的选择要具有与教学目标的一致性.

(2) 说课要有理论性

所谓理论性,是指无论教材分析和教学目标的认定,还是教学方案的设计和教学方法的选择,都要以现代教学思想和教育理论为依据. 其中,教材分析要遵循数学科学的严谨性即逻辑的严格性;教学目标的认定和教学重点、难点的分析要依据数学课程标准和学生的实际情况;教学过程的设计与师生双边活动的安排要有教育学和数学学习心理学的依据;教学模式的设计与教学方法的选择要以数学教学论为其理论指导等等.

(3) 说课要有实践性

所谓实践性,是指说课应当对指导当前的数学教学改革具有示范性和指导意义,其理论能接受实践的检验. 具体要求有三点:其一,教学过程的设计要具有可操作性,可以付诸于课堂教学实践;其二,正确处理教与学、知识与能力的关系,注重培养学生的创新精神与实践能力,可以指导数学教学改革;其三,要重视现代化教学手段的运用.

4. 典型说案与评析

【案例 9-1】

"直线与平面垂直的判定"说案

一、教材分析

1. 教材的地位和作用

本节教材是在学生学习了空间直线的垂直关系的基础上,研究空间直线与平面垂直关系的重要内容. 判定定理既是线线垂直关系的应用之一,又可以为以后学习三垂线定理、两个平面垂直以及研究空间距离等知识奠定基础,这节教材对于培养学生的空间想象能力和逻辑思维能力也具有重要的意义.

2. 教学内容及教材处理

本节课的主要内容是直线与平面垂直的概念、判定定理及其应用. 通过创设问题情境,让学生在直观上感受线面垂直的概念,激发求知欲望. 然后,让学生通过观察和演示明确线线、线面的垂直关系并归纳出线面垂直的概念与判定定理,在此基础上用多媒体辅助教学突破定理证明的难点. 这样处理教材既体现了数学与社会生活及生产的联系,也可以在探索发现的过程中,使学生感受成功的喜悦.

3. 教学目标

根据教学大纲的要求,结合本节教材的内容和学生认知结构的特点,本节课的教学目标确定为以下三个方面：

(1) 知识目标．理解直线与平面垂直的概念，掌握直线与平面垂直的判定定理，以及由线面垂直向线线垂直转化的思想方法．

(2) 能力目标．培养学生观察、实验、猜想的意识，培养逻辑推理能力和空间想象能力．

(3) 情意目标．培养追求新知、独立思考的创新意识和探索精神，培养学生学习数学的兴趣、信心和毅力．

4．教学重点、难点和关键

(1) 教学重点．直线与平面垂直的定义和判定定理．

(2) 教学难点．直线与平面垂直的判定定理的证明思路的形成．

(3) 突破难点的关键．把线面垂直问题转化为线线垂直问题．

二、教法分析

1．教学策略

本节课的教学策略是"创设情境，启发引导，猜想论证，发展能力．"具体说来，首先从学生的生活经验出发，通过实验和观察，使他们直观感受直线与平面垂直的关系．第二步，通过演示，让学生猜想线面垂直的判定定理，探索证明定理的思路，并论证命题．第三步，应用定理解决社会生产与生活中简单的实际问题．

2．教学思想

贯彻启发式教学原则．在数学教学中既注重提供知识的直观素材和背景材料，又为激活相关知识和引导学生思考探究创设生动有趣的现实问题情境．教学的各个环节均从提出问题开始，在师生共同分析、讨论和探究中展开学生的思路，把启发式思想贯穿于教学活动的全过程．

3．教学模式

本节课采用师生合作教学模式．以师生之间、生生之间的全员互动关系为课堂教学的核心，以合作学习小组为基本形式，使学生共同达到教学目标．教师要当好"导演"，让学生当好"演员"．从充分尊重学生的潜能和主体地位出发，课堂教学以教师的"导"为前提，以学生的"学"为主体，把较多的课堂时间留给学生，使他们有机会进行独立思考、相互切磋，并发表意见．

三、教学过程

1．概念引入

(1) 创设情境，观察体验

问题 1 一根直尺随意放置，它与地面有几种位置关系？

问题 2 操场上的一根旗杆与地面是什么位置关系？

（学生思考，举手回答）

【评析】 数学教学应当从学生的生活体验和客观存在的事实或现实课题出发，为学生提供较为熟悉的问题情境，以便引导学生发现问题、提出问题，思考问题，从而顺利地进入学习情景．教师设计的问题 1 与问题 2 就构成了本节课的第一个问题情境．

(2) 自主探索，形成概念

问题 3 书脊折线与书页底边边线是什么位置关系？

问题 4 当书页底边都在桌面内，书脊折线与书页的底边边线是什么位置关系？与桌面是什么位置关系？由此可以得出什么结论或猜想？（教师引导，让学生分组实验、观察、讨论，小组的代表发表各组的见解．教师引导学生认识"只有当一条直线与平面内的任何一条直线都垂直的时候，才说这条直线与这个平面互相垂直"．然后引导学生给出直线与平面垂直的定义，并利用多媒体再现线面垂直的有关概念，同时利用题组1的正例和反例使学生明确概念．）

题组 1

(1) 若直线 l 垂直于平面 α 内的无数条直线，则 $l \perp$ 平面 α (　　)．

(2) 若直线 $a //$ 平面 α，直线 $b \perp$ 平面 α，则 a 与 b 的位置关系是 (　　)．

(3) 过一点 (　　) 直线和一个平面垂直．

(4) 过一点 (　　) 平面和一条直线垂直．

(3)、(4) 可作为重要结论，直接应用．

【评析】 学生对数学知识的理解和掌握，不是在教师的单纯讲授中完成的，只有在学生自主探索学习的过程中才能真正实现．数学教学应当为学生提供大量的观察、操作、实验和独立思考的机会，通过学生的自主探索与合作交流，使学生自行获得数学结论，实现发现与创新．教师在这儿的处理，就体现了这种思想．

2. 判定定理的探索与证明

(1) 创设情境，引导猜想

问题 5 你知道木工师傅是怎样检查一根立柱是否与板面垂直的吗？用数学语言描述你的结论，并用数学符号表示出来．

（教师投影问题5及实物图形，让学生分组研究检查的方法和其中的道理，分组发表意见．在教师的引导下，使学生形成关于直线和平面垂直的判定定理的命题猜想．）

【评析】 现代数学教学论指出，命题教学必须展现数学命题的形成过程．在这里通过实际问题的情境，使学生在实验观察和讨论中获得关于命题的直觉认识，并形成关于命题的猜想，从而感受了命题的形成过程．

(2) 验证猜想，形成判定定理

首先，引导学生分析已知条件和要证明的结论，并画图表示．然后引导学生思考怎样用定义证明直线 l 与平面 α 垂直，分组讨论证明的思路与方法．在学生思维受阻的情况下，教师利用多媒体引导学生把线面垂直转化为线线垂直，把立体几何问题转化为平面几何问题．这时要充分调动学生学习的积极性和创造性，尽量引导学生作出必要的辅助线，构造出等腰三角形．在思路分析完成后，由学生写出证明的详细过程．

【评析】 现代数学教学论认为，定理与公式等命题的教学，重点在于展现思路的获得过程，应当说寻求证明思路比掌握证明方法更为重要．因为只有展现思路的探索与获得过程，才能使学生了解数学发现与发明的途径，掌握数学创造的规律，从而激发学生的创新精神．根据这种考虑，教师把引导学生探索证明思路作为定理证明的重要内容．另一方面，数学思想方法是形成能力的重要因素，在证明思路的探索过程当中，教师特别注意引导学生完成上述两个转化，渗透了转化与化归的思想．

3. 实际应用，迁移升华

例 1 在一个工件上同时钻很多孔时常用多头钻，多头钻杆都是互相平行的．在工作时，只要调整工件表面和一个钻杆垂直，工作表面就和其他钻杆都垂直，为什么？用数学语言描述这段话,用数学符号表示这段话,并证明这个命题.

(教师让学生根据题意写出已知和求证,并画出图形.然后引导学生用线面垂直的判定定理加以证明.最后指出例 1 的结论可作为定理直接应用,因此例 1 也可以作为本节的定理 2.)

题组 2

(1) 已知平面 α、β 相交于 l,P 是 α、β 外一点,过 P 分别作 $PA \perp \alpha$,$PB \perp \beta$,则 l 与平面 PAB 的位置关系如何?为什么?

(2) 课本 $P_{31}6$

4. 小结(由学生小结)

5. 布置作业

(1) 阅读课本 P_{22-25}

(2) $P_{26}2$, $P_{30}2,5$

(3) 思考:直线 l 垂直于平面 α,P 是 α 内一点,则过点 P 而与 l 垂直的直线 a 和平面 α 的位置关系是什么?

(四) 两点说明

1. 板书设计(略)

2. 时间安排

复习引入 2 分钟,直线与平面垂直的概念 8 分钟,直线与平面垂直的判定定理 16 分钟,例题与练习巩固并得到定理 2 用 15 分钟、小结及作业 4 分钟.

【总评】 教师对本节教材的地位和作用的分析基本正确,教学目标的认定与数学课程标准一致,对教学重点和难点的分析符合教材的实际和学生的认知特点.该教师具有现代教育理论的深厚功底,充分运用了数学教学论和数学学习心理学的基本原理进行教学过程的设计.教学中既发挥教师的主导作用,又注重发挥学生的主体作用,以学生活动为中心构建课堂教学的基本框架,以小组合作学习为教学的基本形式,以全面发展学生的能力特别是探索创新能力为根本教学目标,最大限度地调动了学生学习的积极性和主动性.说案具有科学性、理论性、实践性和创新性.

4. 教学实验

现代科学技术迅猛发展的形势,对中学数学教学不断地提出许多更高的要求,这就迫使数学教学不得不进行各种改革.每种改革方案的效果如何,除要有教育理论根据外,还必须在教学实践中加以检验,通过检验鉴别真伪,总结经验,加以推广.教学实验就是对教学改革方案在教学中加以检验的一种教学研究活动.教学实验的内容有:

(1) 新教材实验.对于一种改革较大的新教材,一般总是先通过教学试验,具体地看看这种教材的适应程度,积累使用新教材的经验.这种试验,一般由教育行政部门负责组织,把任务分配到指定的学校、班级和教师.

(2) 新内容试验.对某些新增加的较高深的教学知识,为了研究它们是否可为中学生所接受,可先进行试验.

(3) 新教法试验.对于新的教学方法的研究,也可以从试验入手.通过试验,总结经验教训,鉴别方法的优劣.

(4) 新教具试验. 对于新设计的教具,为了检验其性能和实际效果,也往往先进行试验. 通过试验,可以发现它的优缺点,从而加以修改,使之更加完善. 教学实验,通常采用观察研究法和控制实验法.

观察研究法,一般先由主持观察的教师确定观察的目的和任务,拟订出进行观察的计划,并通过实验小组讨论通过. 然后按计划分工进行一系列的观察,并把每次观察的结果记录在专门的观察簿里. 最后,把各方面观察所得的材料对照分析,利用教育学、心理学的理论知识,结合前人的研究成果,进行总结并提出合理的改革方案. 这种方法虽然能提供一些研究材料,得出初步的结论. 但很难作出准确的科学论断.

控制实验法是进行教学研究的常用方法,这种方法是在不破坏对象的自然条件下,采用类似实验室中的组织形式进行工作的. 例如,对于某一段教材教学方法的研究,可以在同年级中挑选出条件相同的两个班,由同一位教师采用两种不同的教学方法进行教学;然后进行考试测验,统计分析,了解学生学习的质量、耗费的时间、灵活运用的能力以及对其他学科学习的影响等各项指标,最后得出正确的科学论断. 为了使实验工作更加完善,还可以召开被实验对象的座谈会,进行有目的、有重点的调查. 查阅有关的历史资料,作历史和现状的分析等多方面的工作;这不但能为实验找出更多的论据,也能检查所得结论是否正确.

5. 数学教学的专题研究

数学教学的共同性问题都可进行专题研究. 数学教学工作中需要专门研究的问题较多,现仅对其中几个主要方面作一些说明.

(1) 数学教学课程的研究. 数学课程研究包括制定数学课程标准,探讨教学目标,确定教学内容、方式、方法,编写教科书,以及评价手段的研究等.

随着数学的发展以及数学教学改革本身的需要,关于数学课程的研究在近半个世纪以来,获得了应有的发展. 进入 21 世纪,世界各国都在实行新的数学课程标准. 我国 2001 年颁布了《全国日制义务教育课程标准(实验稿)》,2003 年颁布了《普通高中数学课程标准(实验稿)》. 这样我国新一轮的数学课程改革就进入到实施阶段. 实验将持续 5—10 年. 因此,任何一个数学教师,都不可能回避对数学新课程的研究,一个优秀的教师应对新课程研究有一定的了解,认真总结国内外经验,并尽可能参加数学新课程的改革实验.

(2) 数学教材的研究. 近几年来,我国已有几家出版社编写了与《课程标准》配套的义务教育和普通高中数学实验教材. 其中影响较大的数学实验教材有:人民教育出版社出版的数学实验教材和北京师范大学出版社出版的数学实验教材. 另外还有四川省编写的内地版教材,广东省编写的沿海版教材,上海市编写的城市版教材,中科院心理所等单位编写初中数学实验教材以及江苏省、浙江省各自编写的地方教材等,它们都有一定的特色.

(3) 教学方法的研究. 我国广大中学数学教育工作者对课堂教学积累了宝贵的经验,产生了众多风格各异的不同教法. 随着新的教学理论的确立,信息论、控制论、系统论以及现代教学手段广泛应用于教学,在理论上和实践上为教学方法的研究开辟了新的天地. 我们应在实践的基础上,进一步认真总结各种不同的教学方法.

(4) 学习方法的研究. 现代教学方法的特点之是在研究教法的同时,重视对学法的研究. 应该说,当前不少学生的数学学习方法仍处于比较落后的状态. 例如,不习惯于利用课本,自学能力差,听课、记录抓不住要领,满足于死记硬背,忽视基础知识与基本技能的训练,缺乏分析和解决问题的能力,特别是创新能力偏低等.我们一方面要善于不断总结学生中好的学习方法,加以提高,及时推广;另一方面,要从学生的心理活动特点出发,认识事物的规律,揭示学生的数学认知结构,以达到知识结构与认知结构的最佳组合.

(5)教学形式的研究.当前的课堂教学形式——班级授课制,是第一次工业革命后逐步发展完善的,至今仍起着主导作用.其优点是具有高效的经济性及内部结构的完整性.但随着社会和科学技术的发展,传统课堂教学的局限性已越来越明显,特别是每门学科教学时间分散,教学时间、教学要求过于统一,重理论、轻实践,不利于学生个性的发展,如何使课堂教学与课外教学活动有机地结合起来,已日益显得重要与迫切.针对班级授课制的弊端,国外涌现了分组教学、无班级教学、开放教室等形式.随着计算机的普及,又出现了网络教学,我国一些学校在这方面也积累了一定的经验,但如何进一步深入发展下去,并努力取得成效,也是一个重要的研究课题.

(6)教学手段的研究.近几十年来,世界各国都在发展和推广现代化的教学技术,就是运用幻灯、电影、电视、录音、录像、广播、程序教学机、计算机等进行教学,我国称之为电化教育,并把计算机辅助教学作为现代数学教育技术研究的主要方面.这是世界教育的第四次革命.目前,教育部设有电化教育司,各省市设有电化教育馆、电化教育研究所,高等师范院校也设置了负责电化教育的专门机构,负责领导、推广电化教育工作.关于专题研究,还有数学思维、数学方法、数学解题、数学应用、数学教育价值、数学教育评价、数学成绩考核以及数学教育史的研究等等,限于篇幅,在此不予阐述.

第三节 数学教学案例研究

"案例"这个前几年在中小学教育、教学中还不太为人所熟知的词语,最近已成为广大教师的"通用语言".如果说近年来数学教学研究有什么新的动向的话,那么数学教学案例的研究与开发可以说是其中突出的表现.教学案例正在越来越密切地与教师教学研究结为一体,在教师的职业生涯中,扮演着越来越重要的角色.

一、案例的含义

虽然案例已较为广泛地被不同领域所关注和运用,并且也有一段相当长的历史,但对于何谓案例、衡量案例的标准等,远未达成一致的认识.从教育的角度,以下几种关于案例的阐述值得我们关注.

"案例就是一个蕴涵教育信息的故事,一个好的案例要含有需要解决的两难困境."

"所谓案例,就是指包含有某些决策或疑难问题的教学情境故事,这些故事反映了典型的教学思考水平及其保持、下降或达成等现象."

"一个案例就是一个包含有疑难问题的实际情境的描述,是一个教育实践过程中的故事,描述的是教学过程中'意料之外,情理之中'的事."

"案例是对一个复杂情境的记录.一个好的案例是一种把部分真实生活引入课堂,从而可使教师和全班学生对之进行分析和学习的工具,它可使课堂讨论一直围绕只有真实生活中才存在的棘手问题来进行."

"简单地说,一个案例就是一个实际情境的描述,在这个情境中,包含有一个或多个疑难问题,同时也可能包含有解决这些问题的方法.它一般是从学校管理者或教师的角度来描述的,涉及学生是如何按照学校管理者或教师提出的解决问题的方案,一步步向前运行的."

我们这里所说的案例,就是叙述发生在一个真实教育、教学情境中的、蕴涵一定的教育道理、能启发人思考的、具有一定典型性的教育、教学故事,在这个故事中可能也必须包含有一个或多个教育、教学疑难问题或矛盾冲突,并且有不同的解决办法.

什么是数学教学案例呢?所谓的数学教学案例,就是一个特定的教学故事,是发生在数学教学过程中的某个方面的、含有丰富信息和意义的一个事件.它一般比较详细地叙述具体的故事情节,一件发生过的事实,向人们提供人物、场合、过程、后果,引发思索.它包含有足够多的信息,可以代表或反映一类事物,蕴涵一定程度的理论原理,传达作者的某些理念和价值观,表达作者在某种层次上的感受、想法、态度及意愿.它可以指导数学教学与教育,帮助树立一种观念,明白一个道理,理解一个概念,学到一些方法.但案例本身不必都要正面陈述理论概念或观点,不一定直接探讨理论问题.案例还有个性特点,它呈现特定的问题情境,探讨因素和影响,作一定的分析和反思,希望引发讨论.

确切地理解案例的涵义,是开发案例、从事案例研究的基本前提.如果将案例的涵义无限扩大化,混淆案例与非案例的界限,案例作为一种独到的研究成果的表现方式,其地位和作用就大打折扣了.

二、案例的撰写

1. 数学教学案例的写作要点

数学教学案例,就是一个特定的故事,是指发生在数学教学过程中的某个方面的、含有丰富信息和意义的一个事件,或是一组纵向或横向的事件.当然,并不是所有的事件都是案例.从写作角度看,"事件"能够成为"案例"基本上应具备以下特点:

(1) 案例首先应当真实,描述曾经发生的事实

写作时,尽管允许在细节方面作适当的加工,但不应凭空编造,即案例不能是虚构的故事.为此,案例要比较详细地叙述一段实际情境中的具体情节,向人们提供人物的背景,事件的场合,发展过程,前因后果,以期引发针对事实的思考和讨论.

(2) 它是代表某一类事情的一个实例,具有典型性

通过实际故事,可以使读者对类似的事件作反思和探讨,树立一种观念,明白一个道理,理解一个概念,学到一些方法.但个案本身不必都要正面陈述教育学、心理学的概念或观点,不必直接探讨理论问题.

(3) 它应是"以小见大"

所谓"小",指事情发生在日常平凡的、具体的教学工作中,乍一看,可能很不起眼;而"大",则是说它含有充分多的信息,可以代表或反映一类事物,蕴涵某些理论原理,传达了作者的一定的理念,有较为普遍的价值,可能指导教学与教育.

(4) 它具有个性特点,甚至有戏剧冲突,引人入胜

它可以是成功的体验,也可以是失败的经历,还可以提出个人教学工作中遭遇的无法解决的矛盾,想不通的烦恼、困惑,所遇到的尴尬、左右为难的境地,作一定的分析和反思,由此提出争议性问题、可探索的因素和影响、希望引发的讨论,表达出作者在某种层次上的感受、

想法、态度及意愿.

数学教学案例能够直接地、形象地反映数学教学的具体过程,因而有很强的可读性和操作性,也非常适合于有丰富实践经验的第一线教师来写作.要写好教学案例,首先要有实践的基础和经验的积累,其次要有一定的写作技能,更重要的是加强理论学习,不断地进行实践探索.一篇好的案例,可以胜过许多泛泛而谈.说到底,好文章不是"写"出来,而是"做"出来的.

2. 案例的结构与写作格式

关于教育案例的写作格式,目前并没有很严格的统一的格式要求.一般来说,一篇案例应由案例本体和案例评析两块构成.一般的写作步骤应是首先捕捉案例事件,其次是揣摩确立案例写作主题,再其次是记叙案例本体,最后是进行案例分析.

(1) 案例本体的写作方法

案例本体来自于案例事件.案例事件是一个客观过程,是案例本体产生的生活材料.案例事件中,既包含着与案例写作主题有关的因素,也包括着与案例写作无关的因素.例如,在写作一个教学案例时,老师在擦黑板时,不小心把黑板擦弄掉在地上,他又弯腰将黑板擦拣起.这个细节在写作时就是无关因素.案例本体,就是指从案例事件中提炼出与案例主题密切相关的因素,串联而成的故事.

案例本体是做出来的,它可以是自己做出来,也可以是作者以旁观者的身份看他人做出来两种.自己做的过程,又分依据设计预案做出来和随机做出来.在写作依据设计预案进行教育行动的案例的时候,要注意不要把案例写成了设计.比如,在写作教学案例的时候,往往把教案、教学设计与教学案例混为一谈,教案和教学设计都是事先设计好的教育教学思路,是对即将发生的教学活动的设计与说明,重在预测;教学案例是对已经发生的教育事实的追述与思考,对已发生的教育过程加以反映,写在教之后,是结果,重在反思.

案例本体以记叙的手法写作,它主要回答"事出哪里、怎样发生、怎样发展、怎样解决、结果如何"等问题.也就是说案例本体要包括以下几个基本要素:背景、与主题密切相关的细节、事件发展的结果.

① 关于背景.案例中的事件是发生在一定的时空之中,依托一定的背景.在案例的叙述中,对背景的交代之所以重要,是因为对案例中问题解决方法得当与否的分析、评判离不开背景,是因为完整地把握事件的原委离不开背景.案例需要向读者交代故事发生的有关情况:时间、地点、人物、事情的起因等.如介绍一节课,就有必要介绍教材内容、教学目标、学生情况、教师情况等,说明这节课是在什么情况下上的,是一所重点中学还是一所普通中学,是经验丰富的教师还是工作不久的新教师,是经过准备的"公开课"还是平时的"常规课",等等.背景介绍并不需要面面俱到,重要的是说明故事的发生是否有什么特别的原因或条件.

② 关于细节.在进行细节写作时,要筛选与主题密切相关的原始材料,不要有闻必录,面面俱到.要做到详略得当,突出主题,明确重点.

③ 关于结果.案例本体的写作,不仅要交代在什么情景下发生了什么事情,事情怎样发展,怎样解决等过程,而且还要交代事情最终发展的结果.因为读者知道了结果,将有助于加深对整各过程内涵的了解.案例本体写作时,应注意的两个要点:(i) 对于案例本体,从选材到写作都要突出做的过程,要减过多的旁白.在进行案例本体写作时,要尽量选取那些师生

都有行为、语言交流、情感体验、心理活动、乃至心理碰撞的案例事件进行提炼.要把你想说的旁白,让读者通过你对过程的描述看出来,体验出来.案例写作时,要更多的记叙师生双方的行为、对话、情感表现、心理活动等,要尽量使案例本体展示的故事鲜活化,使其能活生生地展示教育教学过程的多样性和多变性.(ii)依据案例写作的主题需要,对案例事件的过程进行有选择性的记叙.投向案例事件的视角是多元化的,但在写作案例本体时,就要依据案例的主题需要而剪辑,这才能使案例本体部分显得主题突出、结构紧凑、栩栩如生、格外鲜活.下面是一个案例的案例本体,这个案例本体,较好的体现了以上的写作要求.

【案例 9-2】

剩余 0 还是 1——"提公因式法探讨"

上课铃响了,同学们端端正正地坐在自己的位置上.因为后面坐了不少的听课老师,同学们都显得有点紧张,教室里显得异常安静.简单的复习提问后,同学们的紧张情绪也得到了一些缓解.这时,进入新课的内容教学.我用电脑显示:因式分解多项式 $4x^2y^3z^2-6x^3y^4z^2+2xy^2z$.

"这个多项式有多少项?"

我让学生仔细观察上述多项式,然后开始提问.

"3 项."学生们异口同声地回答,他们显然没有料到我会提这么简单的问题."是否有公因式呢?"我接着往下问.

"有."学生们抢着回答,课堂气氛也逐渐活跃起来.

"很好,那么公因式是什么呢?"我微笑着问.

"$2xy^2z$."有不少学生很快得到了这个答案.

"对,看来你们找得还真准,能告诉我你们是怎样找到这个公因式的吗?"

"我认为系数要找他们的最大公约数."一位女生抢着回答.

"还有相同的字母应找指数最低的."一位男生也不甘落后.

"回答的真好,下面来看多项式提出公因式后各项剩什么?"

我不失时机的往下提出这个问题."第 1 项剩 $2xyz$."

几个学生抢着回答."哦,你是怎么知道的?"

我提问了当中的一个学生."因为 4 可以看作是 2×2,提出一个 2,同样 x^2 是两个 x 相乘,提出 x 后还剩 x,y^3 是 3 个 y 相乘,提出 y^2 还剩 y,同样 z^2 是 2 个 z 相乘."

"很好,看来你的口才还真不错."我趁机表扬了这位学生."第 2 项剩 $-3x^2y^2z$."学生未等我问就抢着回答.

"不错,看来你们还考虑了符号,那么第三项剩下什么呢?"我接着问.

"第 3 项整个都提完了,还剩下 0."几个学生表达了自己的观点.

"不对,还剩下 1."几个学生抢着更正.

"应该剩下 0."有学生开始争论起来,还有学生用迷惑的眼睛看着我.这正是我预料到的结果,我暗自高兴起来.

"是剩下 0 还是 1 呢?请同学们讨论一下."我微笑着说,没有表达我的观点.学生开始分组讨论.

"你们的结论是什么?"几分钟后我接着问.

"应该还剩下 1."学生们统一了答案."为什么不是 0 呢?"

我提问了一位数学较好的学生.

"因为剩下的应该是 $2xy^2z$ 的因式,$2xy^2z$ 可以看作 $2xy^2z \times 1$,提出 $2xy^2z$ 后剩下的因式应该是 1,而且 0 不是 $2xy^2z$ 的因式."

"看来你们分析得真不错."我笑着说,学生们的脸上也露出了更多的笑容.

我用电脑显示了答案,并让学生总结一下提取公因式法,学生你一言我一语很快得出以下两点:

① 提公因式时系数找最大公约数,相同字母找指数最低的.

② 如果多项式中某项整项作为公因式提出后应该剩下 1.

(2) 案例评析的写作方法

案例评析是植根案例本体与作者的深厚理论底蕴中生发出来的理性感言.案例评析以写作论文的手法写作,所不同的是,论文的写作是先形成理论的框架,再去寻求支持论点的事实依据——论据.而案例评析的写法,则是先有了事实依据——论据,再去升华成理论,或寻求理论的支撑点,或检验理论的正确性.其表现形式可以是论文写作方法中的纵式或横式.如采用论文写作方法中的横式,可以是总——分——总形式,也可以是分——总的形式.总之,案例评析是对案例本体的理性解读、升华和提炼.

案例评析的写作要点是:突出就事论理,力戒就事论事或从理论走向理论.前者层面太低,后者又显得空泛苍白.

就事论理的方式一般有:① 从案例本体提炼出原理,如皮格马利翁效应(期待效应)的产生.② 从案例本体中提炼出有效的教育行为,如周恩来和田中角荣的成长案例中,提炼出对学生进行理想教育的两个基本策略.③ 用理论解读案例本体,寻找理论对教育行为的支撑,进一步理解理论对实践的指导意义.如某民族中学李老师,用建构主义的同化论,去解读傣族同学的英语学习行为.④ 检验理论的正确性.如门捷列夫在 1869 年依据元素周期律,编制的第一张元素周期表里只有 63 种元素.但依据元素周期律的推测,在元素周期表不同的一定位置上,应存在着相应的元素.随着科学技术的发展,化学家们一次次地验证了门捷列夫的理论的正确性,并使化学元素的种数从 63 种逐步增多到 112 种.这是一个典型的用实际案例检验理论正确性的范例.

(3) 数学教学案例写作的误区

数学教学案例是一种记载数学教学典型事例的有效手段,也是校本教研中具有独具特色的研究成果表达形式.撰写一个具体的数学教学案例,不仅应当有对事件的描述、有解决问题的技巧,还应当蕴含一定的数学教育基本原理和教育思想,置身其中的数学教育者或者是撰写案例的作者应当能够从实践中总结出一定的经验教训,有一定的理性思考.每一位数学教师都有自己的教学实践,都有一定的写作基础,撰写数学教学案例不是一件难事,但是,要写出一篇好的案例,也要掌握一定写作要点和技巧,否则就会出现许多问题和误区.数学教学案例写作中存在的问题

① 文体上的问题.数学教学案例与论文、教案、教学设计、教学实录等教育文体混为一谈,常常把案例写成教案和教学设计.

从文体看,论文是以说理为目的,以议论为主,可举不同的事例,但都是为了论证同一个观点.案例则以记录为目的,以叙述为主,兼有议论和说明.围绕同一事件,但可以从不同的

理论层面来解释,也就是说,案例是讲一个故事,是通过故事来说明道理.

教案和教学设计都是事先设想的教育教学思路,是对即将发生的教学活动的设计与说明,重在预测;而案例是对已经发生的教育事实的追述与思考,对已发生的教育过程加以反映,写在教之后,是结果,重在反思.一个写在教之前,一个写在教之后;一个是预期,一个是结果.

案例与教学实录的文体比较接近,它们的区别也体现了案例的特点和价值.数学实录是有闻必录,从上课到下课师生的语言、动作、效果要尽可能详细地描述出来,是针对一节课的记录,而案例是根据撰写目的和功能,对教育情景有所选择地记录,一般以片断记录为主,可以针对一节课,也可以针对几节存在共同问题的课.

② 选题上的问题.撰写案例时应牢牢树立问题意识,避免描述流于抽象,缺乏具体事件,缺乏解决问题的具体办法,把例证当案例.

问题意识或者说问题的提出是案例形成的第一步,它给案例提供了一个基点和着眼点.任何数学教学案例都是围绕一定问题展开的,如为什么而教、认识教学的复杂性、向教学实际学习、关注学生的学、理解是教学的中心、情感因素很重要等等,也就是案例要突出一个鲜明的主题.

③ 标题上的问题.撰写的案例无标题,或者标题中出现"案例"的字眼,或者用"某某案例引发的思考"做标题等.

每个案例一般都应有一个标题,有的时候案例的主标题就是案例的主题.标题常常有两种形式:一种是以事件来显示,如"为什么我的解答老是不完整?","一次意外而又得意的导入"等;另一种是以主题来显示,如"足球迷不怕学数学了"、"'点火'还是'灭火'"等.

④ 引言与背景叙述上的问题.案例的引言没有写出反映主题是什么,缺乏背景的描述,只写间接背景(学校),缺乏直接背景(自身情况).

引言是用以描述反映主题是什么,通过引言读者就能很清楚的知道这个案例写的是关于什么的;而背景的描述说明故事发生的环境和条件,以使案例的使用者更好地理解,从而既能设身处地思考案例中的问题,也能摆脱情景的束缚,去探讨更深层次的问题,这些都是不可缺少的.

⑤ 问题及解决办法上的问题.有的案例故事的关键环节叙述不够详尽,有的缺乏对解决问题效果的描述,有的过程措施描述不够,还有的案例缺乏对学生状态以及师生心理活动的描述.

对事件进行简单的叙述,主要对案例故事的关键环节作详细的描述,着重围绕关键问题叙述如何处理,描述具体措施,假如又发生相似的情况,你采取什么不同的处理方式?为什么采取这种不同的处理方式等?在这里,案例是坦率的、中立的、戏剧性的、可读性强的叙述,它描述了一系列教学事件而又不仅仅只是描述或描写一些特定的一连串的事件,其间包含了师生的心理活动、观念冲突、反思等.

⑥ 反思与评论上的问题.案例中的反思与评论就事论事或从理论走向理论,层面太低或显得空泛.

案例中的反思应该是联系事件的场景,反思自身处理问题的方式与方法,寻找事件带来的启示,判定事件给予的经验和教训,提出下一步的工作设想与打算.评论可进一步深化对案例事件的认识,它来自于围绕案例事件所进行的讨论,从深厚理论底蕴中发出来的理性感言.它可以为同一论题提供多种不同的视野,可以把案例与研究联系起来,也可以提出可供选择的不同的实施策略.

⑦ 讨论问题的设置上存在的问题.问题流于一般(离开具体场景),不能引发争论,不能使阅读者设身处地地思考问题.

为了使案例易于激发讨论,案例描述的过程要引人入胜,包含经常出现的、令人感兴趣的、犹豫不决或是导致陷入进退两难的困境中的典型事件.事件的发生、发展既在情理之中,又在意料之外,吸引读者身临其境,参与思考.

三、案例学习特点与作用

案例学习的特点是,以实际情景和过程为思考的焦点,让大家从具体问题着手,理论思考,反省实际,分析矛盾,设想解决问题的途径,理解有关的理论观点.先寻找实例,提供反思的对象,阅读者的学习兴趣与动机油然而生.然后,在分析讨论中他们自然地不满足就事论事的认识,透发出寻找开展分析的理论工具的要求,进而转换成学习理论的动因.尝试证明,教师们更乐意接受从实际问题入手展开的实践性和理论性学习.由于案例的开放性,使得它容易开展,几乎每一位读者都有能力直接介入到案例学习的活动中来,取得较大的收获.

案例学习具有以下几个方面的作用:

1. 案例学习可以帮助反思

在案例学习中,教师们将跳出"当局者迷"的处境,可以用平等、一致、俯瞰的眼光来审视,像旁观者那样,放开手脚,评头论足,找出教学中的不足之处,通过反思教学实践,学会发现和界定问题,并探讨可能的解决策略.教师对自己真实、自然的工作过程加以系统分析,在思考和解决问题的过程中改进教育教学实践的同时也提高自己的专业素质,获得专业上的成长.

2. 案例学习可以帮助组织经验,更新教学观念

案例镶嵌于具体情景之中,有时间、有地点、有人物、有起始和结果、有情节和过程,于是,案例学习就会更加关注理论原理的实用性问题.教师必定会将案例及其反省的心得与自己的工作联系起来.于是,就可能会把案例提示的具体的情况和具体做法,与自己过去遇到的情况与做法比较,开展分析,汲取营养.经过去伪存真,去粗取精,由表及里的反省分析,反思者将由下而上地发展出紧密结合教学理论的、有效的、经验性的理解.

3. 案例学习可以帮助内化知识,提高解决实际问题的能力

不少人认为案例是特殊的典型,不能传递理论知识.事实上,学习研究案例会促使学习者对理论运用的方式等作深入的思考.一旦案例中隐含的理论问题或基本的原理被揭示出来,就可以来讨论新的案例.从案例学习中获取的理论知识,就会慢慢地与原有的知识融合,成为所有认知结构的一部分,从而更好地掌握理论.通过案例学习能创设机会让学习者整合教学中的实际问题,大大缩短理论与实践的差距,有助于提高表达能力与解决实际问题的能力.

4. 案例学习可以帮助工作创新

案例学习可以创设对实际教学问题讨论的氛围,通过对案例进行整合教学讨论,可使学习者了解他人如何面对整合问题的,从而反思自己的教学,将自己只能意会不能言传的整合知识提升到理性的高度,结合实际工作创新.

5. 案例学习还可以沟通理论和实践,促进理论分析水平的提高

"麻雀虽小,五脏俱全". 好的案例作为一类事件的"个别案例",一种观点的典型、范例,本身蕴涵了一定意义上的"概括性",能给理论的血脉增添新鲜血液. 为将这种概括性清晰起来,凸显出来,就需在理论层面上对案例作适当的分析. 案例的理论分析也能促进案例含意的深入开发. 这样,可以使我们避免"缺少实例的理论"和"缺少原理借鉴的实践"的状况. 为达到这一目标,读者除了利用个人已掌握的观点,在现有水平上作探讨外,自然会要求开展恰当的理论学习,掌握武器,拓宽眼界,用理论的解剖刀"解剖麻雀",尽可能全面地剖析案例. 这对中小学教师而言,既是一个机遇,也是一个挑战. 实践证明,由于有"对症下药"的实际需要,他们对由案例反思和讨论引发的理论学习很感兴趣,并且能收到一些"立竿见影"的效果. 这种学习不必作统一要求,不必要求过高,可以作个性化的处理,各人"缺什么补什么",扎扎实实地了解一些新的观点,又学会运作这些观点对具体问题作具体分析的方法.

四、读一个数学教学案例的几点启发与收获

国家《数学课程标准(实验稿)》中要求:"人人学有价值的数学;人人都能获得必需的数学;不同的人在数学上得到不同的发展". 同时提出:"数学学习应当是现实的、有意义的、富有挑战性的,有利于学生主动地进行观察、实验、猜测、验证、推理与交流等数学活动. 动手实践、自主探索与合作交流是学生学习数学的重要方式". 教师的职责已经不仅仅是传递知识,而是越来越多地激励思考,教师必须集中更多的时间和精力从事那些有效果的和有创造性的活动. 在实施新课程时,更新教育观念迫不及待,要求教师必须转变传统的教育观念,树立符合时代要求的新的教育观念,全面推行素质教育.

新课程的实施对教师素质的要求越来越高,因此,与时俱进、终身学习提高已成为教师生存、成长、发展的必由之路. 就教师素质提高的途径和方式而言:一是外在因素的影响,指对教师进行有计划、有组织的培训和提高;二是教师个人内因的作用,指教师在教学中自觉地自我反思完善,它源于教师强烈的意识愿望、生存需要以及对实践和成长发展的不懈追求.

在新课程实施的今天,人们把案例分析作为提高教师素质培训的新方法. 案例是一种回忆思考、评价总结教学经验教训的活动过程,是对过去经验的反馈,同时又是做出新的计划和行动的依据,它要求教师反思教学实践的内容和结果,分析其背后蕴涵的理论知识,提出解决问题的假设,并在实践中检验假设,周而复始,不断发展,可提高教师的素质.

案例是一门新兴的课程,每一个案例学习者都会从中获益匪浅,特别是数学教学案例. 下面我们就来看一个数学教学案例,体会其中的利弊.

【案例 9-3】

面对学生的奇思妙想

某中学的数学教师是一个具有二十多年教龄、教了很多届初中毕业生的老教师,他在该中学是一个德高望重、具有丰富教学经验的骨干教师. 现在他带的初一(1)班是他教学生涯的又一起点. 下面是他对关于一元一次方程习题课的教学,这节课该教师设想达到以下目的:一是让学生掌握解一元一次方程的步骤;二是让学生灵活运用移项、变号的基本原则;三是培养学生的观察能力、思考能力及语言表达能力.

以下是一个片段的课堂记录:初一学生的奇思妙想

师:解方程 $0.5x=1$ 时,先两边同除以 0.5,把左边变为 $1 \cdot x$,即 x,这时右边为 $1 \div 0.5 = 1 \times 2 = 2$,所以 $x=2$.

学生 A:老师,我只要两边同时乘以 2,马上就得到 $x=2$,蛮简单.(学生 A 兴趣很浓,高兴地向老师宣布他的新"发现")

师:你的结果是对的. 但以后要注意,刚学新知识时,记住一定要按课本上的格式和要求来解,这样才能打好基础.(学生 A 兴冲冲地等待表扬,但听了老师"语重心长"的教训后,灰溜溜地坐下了,以后的 30 多分钟里一言不发,下课后仍是满不服气的样子)

还是这一节课,讲方程:$4(x-1)=2(1-x)$ 时,"安静"了一会的学生中再次出现了不和谐的音符:

学生 B:老师,我还没有开始计算,就已看出来了,$x=1$!(学生 B 有点"情不自禁"了,还得意地环视周围的同学)

师:光看不行,要按要求算出来才算对.(老师示意该学生坐下算,并请另一名学生回答,这名同学按课本上的要求解完了此题,老师表扬了这名同学.)

学生 C(科代表):我还可以只移项不合并,按乘法分配律可得:$4(x-1)-2(1-x)=0,4(x-1)+2(x-1)=0$……(感觉到老师并不喜欢这一方法,学生 C 迟疑了,老师请该生坐下).

学生 C 听了学生 B 的发言后,看出题目可以把 $x-1$ 看成一个字母,然后按上述步骤求解. 可老师说他的方法不好,他就没有解下去了.

看到自己心爱的弟子也不守"规矩",老师只好亲自板演示范,并特别提醒学生一定要养成按规定格式解题的习惯.

以上是发生在初一"一元一次方程"的一节习题课上的事情. 读完案例让人感触颇深,曾几次为学生的奇思妙想而激动,小小年纪竟蕴藏着这么大的创新潜能!他们凭直觉可猜出结果,能看透题目的实质. 相比之下,作为一名老师应该感到遗憾,学生偶尔闪现的创造性思维火花不仅没有得到呵护,反而被老师几句不经意的评价而扑灭,殊不知,这时正是形成教学高潮的最佳时机,只要引导得法,不仅可以"打好基础",而且可以大大激发学生的探索欲望,培养学生的创新意识和能力.

社会正在呼吁要提高教师的素质,学校要加强培养学生的创新意识和能力,可有时有的教师却在无情地扼杀学生的创新萌芽,这种现象值得我们反思. 现在正是全面实施新课程的时期,通过此案例有以下几点启发与收获:

(1) 教师要转变教学观念,让学生主动学习新课程实施,要认真学习新课程理念,及时转变观念,树立以学生发展为本的思想,教师是学生学习的合作者,不是高不可攀的权威,教学过程既是学生学习过程也是师生共同发展、共同提高的过程,有了这样的理念,教师在遇到特殊情况时就能以学生发展为第一需要,灵活、妥善地解决相关问题.现代认知心理学认为,学习过程是学习主体对学习客体的主动探索,不断改进已有认识和经验、建构自己认知结构的过程,而不是通过静听、静观、死练来接受现有知识的过程.所以,教学中要以学生主动探索发现和解决问题为立足点,让学生对学习对象主动操作、亲身体验、改造已有认知结构.

(2) 教师要创设民主的教育环境,做个有心人

一个班级几十名学生,他们的个性、爱好各异,教师应以一种平等、宽容、引导的心态来对待每一个学生,使学生的身心得以自由地表现和发展.教学中,老师要允许学生发表与自己不同的意见,即使学生的想法错了也应保护和鼓励他们探索的积极性.民主的教育氛围是挖掘学生创新潜能的必要环境,而奇思妙想甚至错误的观点往往可能成为创新的催化剂.教师还要做个有心人,更好地了解学生,融洽师生关系,努力成为学生的朋友,洞察学生的喜怒哀乐,了解学生的兴趣爱好,这样课堂教学就会呈现出勃勃生机,学生会充分感受学习的快乐,教师会充分享受教学的快乐.

(3) 教师要培养一个良好的"学习共同体"

数学教学是"数学活动的教学",数学教学是"数学思维过程的教学".数学课堂教学中师生的互动是多向的,不是师生之间一对一展开的.许多情况下,学生回答问题时,总只有一个听众,那就是老师,而其他学生表现出事不关已,而回答问题的同学把让老师欣赏作为自己的主要目标,甚至错误认为学习是为教师服务的.因此教师要正确引导,让学生明确学习目的,营造一种积极向上学习氛围,进行有效的调控,开展讨论与交流,或激烈的争论,师生之间,生生之间的互动才能真正展开,使课堂教学获得成功.

(4) 教师要把"通法"教"活",不可使"通法"变成"笨法"

数学教学强调"通法"和训练扎实的基本功是必要的.在技能形成的初级阶段,让学生套用程式、模仿练习来熟悉技能也是应该的.但要达到熟练水平,不是每一个学生都需要完成同样多的基础训练,熟练也不一定就能生巧,关键还是在于领会"通法"的实质,灵活运用.解方程 $0.5x = 1$,两边是同乘以 2 还是同除以 0.5 只是手段而已,目的在于使 x 的系数变为 1. 所以学生 A 和 C 的解法都是"通法"的活用.一味强调机械套用"通法",那么,"通法"可能会成为"笨法".

(5) 教师要适当地教一些奇思妙解

教学应以教"通法"为主,但在掌握"通法"的基础上,为了培养学生思维的灵活性,引导学生追求数学美,可以精选少量奇思妙解的习题穿插于教学之中,通过分析、交流和讲评,渗透创新意识,激发学生兴趣,形成学生主动参与、探索的教学氛围.当然,这类问题要在常规中隐含特殊,于"通法"中引出巧解,切不可片面为追求新奇而放弃本质的东西.

(6) 教师要注意理论和业务学习

教师必须更积极地进行理论学习,不断提高自己的理论修养,用先进的教学理念审视和分析教学理论与实践中各种问题.更积极地进行业务学习,扩充自己的知识面,在备课时,应更多地考虑学生可能遇到的不同情况,多思考一些问题,做到有备无患.

从上述实例,可以了解到,所谓数学教学的"案例",就是一个特定的故事,是指发生在数

学教学过程中的某个方面的、含有丰富信息和意义的一个事件,或是一组纵向或横向的事件. 它比较详细地叙述一段具体的故事情节,一件发生过的事实,向人们提供人物、场合、过程、后果,引发思索. 它包含有足够多的信息,可以代表或反映一类事物,蕴涵一定程度的理论原理,传达作者的某些理念和价值观,表达作者在某种层次上的感受、想法、态度及意愿. 它可以指导数学教学与教育,帮助树立一种观念,明白一个道理,理解一个概念,学到一些方法. 案例还有个性特点,它呈现特定的问题情境、探讨因素和影响,作一定的分析和反思,希望引发讨论. 当然,案例以实际情境和过程为焦点,以其斑斓多彩、栩栩如生吸引大家的注意力,让大家从具体问题着手作理性的思考,深刻反省实际,分析矛盾,设想解决问题的途径,理解或树立有关的理论观点,有利于数学教育教学的改革实践.

第四节 数学教育论文的习作

对于初学数学教育论文写作的人来说,除了懂得怎样确定研究课题、拟出合适的论题、掌握必要的研究方法和选读一些优秀论文以外,还要了解数学教育论文的基本结构和写作要求,并进行反复的写作训练,在实践中摸索和总结.

一、论文的基本结构与写作要求

论文结构有"首部、主体和尾部"三部分. 即

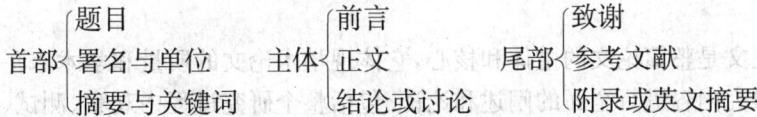

由于每篇论文的内容、形式和长短的不同,因此上述三大部分九项内容,并不是每篇论文均要出现,可视具体情况适当的增减.

1. 论文的首部

论文的首部一般包括:论文的题目、著者姓名和工作单位、论文摘要和关键词这三项具体内容.

(1) 论义的题目

题目又称标题、总题目. 论文的题目应该既能概括整个论文的中心内容,把握论文的基本论点和立意,又能引人注目,使得读者由此可以初步判断有无阅读的价值. 因此,题目用词要求确切、恰当、鲜明、简短,且一般不超过 20 个字. 同时,还要考虑到所用每一词语有助于选定关键词和编制目录、索引等二次文献,可以提供检索的特定适用信息. 有时,为了便于更充分地表现主要内容,可以在题目后面加上副标题.

(2) 署名

论文完成后,一般须在论文上签署作者的真实姓名,这样既表示作者文责自负的认真态度,又反映研究成果的归属,也表示作者对论文所拥有的版权. 署名以是否直接参加全部或主要工作,能否对研究工作负责,是否作出较大贡献为衡量标准. 因此,通常以贡献大小作为署名的顺序的标准.

(3) 摘要与关键词

摘要是论文内容不加注释和评论的简短陈述.它是论文基本思想的缩影,可作为论文的简要介绍.它一般包括课题研究的意义、目的、方法、成果和结论的高度"浓缩".摘要的写作要求是:① 文字应完整、准确、简练,一般不超过 300 字;② 必须对原文作客观介绍,一般不加评论;③ 要独立成文,表达要完整,使其可独立使用.

关键词,一般是从文献的标题以至摘要、正文中抽取出来的,它是对表述文献主题内容具有实际意义的词汇,也是标引文献主题内容特征的语言.因为这些具有实际意义的词汇对能否检索到该篇文献起着关键性的作用,故称为关键词.它是适应目录索引编制过程自动化的需要而产生的,在计算机情报检索中有着广泛的应用.近年来,很多刊物要求提供关键词 3~8 个,且要求另起一行,排在摘要之后的左下方.

2. 论文的主体

论文的主体包括:前言、正文和结论这三部分.在论文的主体中,作者指出自己的观点,运用充分的论据,采取恰当的方法,进行严密的论证.这是论文不可缺少的部分.

(1) 前言

前言又称引言、序言,它是论文的开场白.一般包括课题研究的背景,研究这一课题的实际意义和价值.前言的内容一般包括:① 选题提出的缘由和重要性;② 对本课题已有研究情况的评述,即介绍前人研究的进展和存在问题情况以及有什么分歧等;③ 对本课题研究的目的,采用什么方法、手段,计划解决什么问题,在学术上有什么意义和价值.

(2) 正文

论文的正文是整篇论文的主体和核心,它体现学术论文的质量和学术水平的高低.正文部分必须对研究内容进行全面的阐述和论证.包括整个研究过程中观察、测试、调查、分析的材料,以及由这些材料所形成的观点和理论.论文中的论点、论据和论证,都要在正文中得到充分的展示.为了使论述具有条理性,正文部分一般都划分为若干小节,每一小节都应有一个标题.正文部分撰写的基本要求是:有材料、有观点、有论述;概念清晰,论点明确,论据充分,论述严密,合乎逻辑,无科学性差错;叙述条理应清楚,文字通顺流畅,能用准确、鲜明、生动的词句和语言来表达.

(3) 结论或讨论

论文的最后,需要对正文所论及的内容作归纳小结,以便读者阅读该篇论文后,能加深对论文的概括了解,掌握其核心思想.论文结论可根据文章具体内容不同,分为如下三种常见写法:

① 作出明确的结论.在全文的结尾,作者给出本文的明确结论.也即把论文中的观点或论点用肯定的、明确的、精炼的语言,简洁地表达出来,包括用公式或定理的形式表达,这是对全文起着画龙点睛的作用,是整篇论文的归结.

② 讨论的形式结尾.有一些论文的结束语,作者采用讨论的形式,这是由于作者通过论文的叙述,感到有些问题需要与读者讨论交流,这是一种留有余地的做法.一般来说用讨论式结论有四种:提出待解决的问题;提出对某一数学命题的猜想、推测;对一些数学问题、教育问题提出不确定的看法;提出本文研究结果与他人研究结果的比较性看法.

③ 写结束语的形式结尾.有一些论文采用写结束语的形式进行结尾,写结束语就不能像下"结论"那样写得干脆、明确,也不能像"讨论"那样把一些主要问题列出进行讨论,而是

将两者"合二为一",兼而有之. 即既有结论性的意见,又有讨论、推论、建议等. 中学数学论文中采用写结束语的形式作为文章结尾较为普遍.

3. 论文的尾部

论文的尾部包括致谢、参考文献和附录或英文摘要三个部分.

(1) 致谢

这是对作者完成研究或撰写论文起重要作用的人员,作者为感谢他们的帮助而在论文的后面用书面致谢.

(2) 参考文献

参考文献是指作者在撰写论文的过程中所引用的图书资料,包括参阅或直接引用的材料、数据、论点、语句,而必须在论文中注明出处的内容,如中外书籍、期刊、学术报告、学位论文、科技报告、专刊和技术标准等. 注明出处是论文科学性的要求,也是作者尊重前人或别人研究成果的具体体现,同时还可向读者或同行提供研究同类问题或阅读理解本文可以参阅的一些文献或资料.

《数学教育学报》对附注和所列参考文献就有这样的具体要求:正文后的注释及参考文献应完整、准确,注释序号用①、②、…表示,参考文献序号用[1]、[2]、…表示,各类注释及参考文献的书写格式为:

① 专著:序号　主要责任者. 书名[M]. 出版地:出版者,出版年:起止页码.
② 学位论文:序号　主要责任者. 题目[D]. 保存地:保存单位,授予年.
③ 期刊文章:序号　主要责任者. 题目[J]. 刊名,年,卷(期):起止页码.
④ 论文集中的析出文章:序号　析出文章主要责任者. 析出文章题目[C]//原论文集主要责任者. 原论文集名称. 出版地:出版者,出版年:析出文章起止页码.
⑤ 报纸文章:序号　主要责任者. 文章题目[N]. 报纸名,出版日期(版次).

4. 附录或英文摘要

附录是指因内容太多,篇幅太长而不便于写入论文,但又必须向读者交待清楚的一些重要材料,主要是因为有些内容意犹未尽,列入正文中撰写又恐影响主体突出,为此在论文的最后部分用补充附录的方法进行弥补. 主要包括有关座谈会提纲、问卷表格、测试题与评分标准、各类图表等.

文章到了最后还可以提供英文的题目、姓名、单位、摘要和关键词,以便于论文的国际交流和检索. 这项工作要根据具体要求而定,有些刊物不需要则可以省略.

二、撰写论文的一般过程

撰写数学教育论文一般来说都要经历选题与选材、立纲与执笔、修改与定稿的过程.

1. 选题与选材

对自己所写的文章,是属于理论探讨方面、教材教法方面、解题方法技巧方面、教学经验总结方面,还是争鸣、综述方面,所阐述问题的深度和广度等,作者首先要心中有数,具有明确的目的性和主题.

如果经查阅资料后，发现这是一个别人没有搞过的课题，固然会得到鼓舞．这就要在更大的范围内索取资料，并认真展开探讨与研究，再冷静地分析为何这是一个"空白点"后，进一步核查、分析自己已取得的成果，如果确有突破，就应鼓足勇气钻研下去．

如果经查阅资料后，发现这是一个老课题，已有多人作过探讨与阐述，但也不要轻易否定，失去信心．从深入钻研这些资料中，通过思考能否得到进一步启发和有新的见解，有无必要写出综述，有无必要进一步展开讨论．事实上，目前多数中学数学论文的选题一再重复，屡见不鲜，问题是你能否在类似的题材中从不同侧面，结合不同实例，根据不同对象的需要，写出一定的新意来．使观点更明确，方法更有效，其先进性、针对性、实用性更强．

2. 立纲与执笔

选题选材确定后，如何进行执笔写作？这有一定的方法技巧，也有一个文字功夫的问题．首先要将内容、结构布局好，这与写普通文章一样，先要拟定一个写作提纲，准备分几个部分，各个部分介绍什么问题，这些部分之间的关系如何？都需要进行一番精心设计，使其结构严谨，层次分明，具有科学性、逻辑性．

3. 修改与定稿

修改，是文章初稿完成后的一个加工过程，它包括论文文字的修改、材料的核实、科学性的推敲等．论文初稿形成后，作者应从头至尾反复地阅读，逐字逐句地推敲，审核文中的论点是否明确，论据是否充分，论证是否合理，结构是否严谨，计算是否有误差等．一篇好的学术论文，应该是既有好的论文内容，又有好的文字表达．因此，文字的功夫对写论文来说也很重要．数学教育论文，贵在朴实，少用浮词，免得冲淡文章的中心．

三、毕业论文写作的基本要求

毕业论文又称学位论文，是学生用以申请授予相应的学位作为考核提交的论文．它体现了作者本人从事创造性科学研究而取得的成果和独立从事专门技术工作具有的学识水平和科研能力．由于论文写作目的是获得学位，因而它具有不同于一般学术论文的特点、要求和价值．

1. 毕业论文的特点

毕业论文是高等院校毕业生，在毕业前必须独立完成的一次作业和考核，是高等学校教学过程中的一个环节．它是一项比较复杂的学习、研究和写作相结合的综合训练，是学生在大学阶段全部学习成果的总结．对于高师院校数学教育专业学生，在教师指导下通过撰写数学教育毕业论文，受到一次良好的教育科学研究的训练，获得初步的教育研究和论文写作的能力，可为今后的研究工作打下良好的基础．

国家学位条件中规定，本科毕业生要取得学士学位，必须达到以下两点要求：

(1) 能较好地掌握本学科的基础理论、专业知识和基本技能．

(2) 具有从事本学科科学研究工作和担负专门技术工作的初步能力．

因此，简单说来，所谓学士论文就是优秀本科毕业生的优秀毕业论文．学士论文一般都是在有经验的教师（讲师以上职称）指导下完成的．只有学士论文合格，方可取得学士学位．

2. 毕业论文的结构与要求

毕业论文的构成比一般学术论文的要求更完备,格式更严密.各学校根据实际情况,对其论文的格式设计略有不同,但大体上应主要由以下几方面的内容组成.

（1）封面与扉页

封面是毕业论文的外表面,能提供有用的信息,同时起保护作用.其主要内容有：① 分类号.在左上角注明,其作用是便于信息交流和处理.一般应按照《中国图书资料分类法》的类号进行标注；② 本单位编号；③ 密级；④ 题名和副题名；⑤ 完成者姓名；⑥ 指导教师姓名、职务、职称、学位、单位名称及地址；⑦ 申请学位级别；⑧ 专业名称；⑨ 论文提交日期、答辩日期.

（2）题名页

题名页是论文进行著录的依据.除应有封面和扉页的内容并与其一致外,

还应包括单位名称、地址,责任者的职务、职称、学位、单位名称和地址,以及部分工作的合作者.

（3）摘要

学士学位论文的摘要可以比较简短,其写法与学术论文摘要相同.

（4）目录

由论文的章、节、条款、附录等的序号、题名或页码组成.

（5）引言

引言的主要内容有：① 选题理由,阐述论文的选题理由、意义和论文中心,要求能够反映作者对论文课题的研究方案的充分论证；② 文献综述,文献综述的目的是为了考核学生检索、搜集文献资料后综述文献的能力,了解其研究工作范围和质量.它综合叙述关于本课题的产生、发展,既有历史回顾和关于学科概念、规律的理论分析,也有前景展望和前人工作的介绍,还要说明现在的知识空白.要能够反映作者具有坚实的理论基础和系统的专门知识,具有开阔的科学视野和对文献综合、分析、判断的能力,从而展开作者在本学科发展上的见解；③ 学术地位,阐述本课题解决的具体问题及其工作界限、规模和工作量,说明本课题工作在本学科领域内的学术地位,能够反映作者在论文所属学科领域的学术水平.

（6）正文、结论、致谢、参考文献、附录

这几部分的写作要求与一般学术论文基本一致.

3. 毕业论文的答辩报告

毕业论文的答辩是审查论文的一种补充形式,是对论文的最后检验,是对学生学术水平和研究能力的综合考核,也是学生再学习、再提高的一个过程.通过论文答辩,使学生能够明确存在的问题及今后的努力方向,答辩结果是授予学位的主要依据.

论文答辩须在有领导有组织的答辩会中进行.答辩前须提交答辩报告.答辩报告应该既是内容的简述,更是论文的提炼、充实和评析.应做到突出重点,抓住关键,简要清晰,逻辑性强.只有事先拟好答辩报告,并能对应答情况有所准备,才能收到好的答辩效果.答辩报告的内容应包括以下七个方面：① 选题方面,包括选题的动机、缘由、目的、依据和意义,以及课题研究的科学价值；② 研究的起点和终点,该课题前人做了哪些研究,其主要观点或成果是什么,自己做了哪些研究,解决于哪些问题,提出哪些新见解、新观点,主要研究途径和方法等;③ 主要观点和立论依据,论文立论的主要理论依据和事实依据,并列出可靠、典型的资料、数据及其出处;④ 研究成果,研究获得的主要创新成果,及其学术价值和理论意义;⑤ 存在问题,有哪些问题需要进一步研究、探讨,并提出继续研究的打算和设想;⑥ 意外发现及其处理,设想和研究过程中有哪些意外发现还未写入论文中,对这些发现有何想法及其处理意见;⑦ 其他说明,论文中所涉及到的重要引文、概念、定义、定理和典故是否清楚,还有哪些需要说明的问题等.

思考与练习

1. 怎样进行集体备课是有效的？面对数学新课,教师该如何进行集体备课呢？
2. 试写出高中数学新教材第一章中下列两节课的说案,并在小组和班内说课.
(1) 充要条件;(2) 函数的概念.
3. 联系数学教学的实际、论述案例学习具有哪些方面的意义？
4. 选择自己喜欢的一个中学数学教学案例,写出案例评析.
5. 根据自己的选题,设计一项小型数学教学实验.

资源链接

1. 翁凯庆,等.数学教育学教程[M].成都:四川大学出版社,2002:105—111.

第五章的第五节中学数学的教学研究,主要研究中学数学教学规律,它对于提高教师素质,改进教学工作,进一步提高教学质量具有重要指导意义.

2. 李玉琪.中学数学教学与实践研究[M].北京:高等教育出版社,2005:220—230.

第六章的第三节说课与说案研究,对说课的意义、内容和要求进行研究,并对典型的数学说课案例做简要评述.

3. 张奠宙,宋乃庆.数学教育概论[M].北京:高等教育出版社,2004:308—315.

第十章的第三节数学教育论文习作,对数学教育论文的基本结构与写作要求、写作过程作了简要介绍,特别介绍了本科毕业论文写作的基本要求.

本章参考文献

[1] 翁凯庆.数学教育学教程[M].成都:四川大学出版社,2002.
[2] 李玉琪.中学数学教学与实践研究[M].北京:高等教育出版社,2005.
[3] 张奠宙,宋乃庆.数学教育概论[M].北京:高等教育出版社,2004.
[4] 黄永明,亢红道.中学数学教学法概论[M].昆明:云南大学出版社,2003.
[5] 黄永明,胡克州.谈教育案例的撰写[J].云南教育:基础教育版,2005(9):43—44.
[6] 黄永明.案例学习是教师培训的新方法[J].课程教材教学研究:中教研究,2005(Z5):9—11.